DIE BUGATTIS

DIE BUGATTIS

Automobile
Möbel
Bronzen
Plakate

Mit Beiträgen von
H. G. Conway, H. H. v. Fersen, H. Jedding
R. Malhotra, A. v. Saldern und
H. Spielmann

CHRISTIANS VERLAG

Umschlag Vorderseite:
Kühler eines Bugatti T 57
(Photo Ingo Seiff, Hamburg).

Umschlag Rückseite:
Wandetagere von Carlo Bugatti, Kat.-Nr. C 71
(Photo Marion Höflinger).

Frontispiz, Farbtafel 1
Kühler eines Bugatti T 41 Royale mit Elefant von Rembrandt Bugatti
(Sammlung Harrah, Reno, Nevada; Photo Veedol).

CIP-Kurztitelaufnahme der Deutschen Bibliothek
Die Bugattis: Automobile, Möbel, Bronzen, Plakate; (anläßl. d. Ausstellung
im Sommer 1983) / (hrsg. vom Museum für Kunst u. Gewerbe, Hamburg).
Mit Beitr. von H.G. Conway . . . (Red. Verantw.: Axel von Saldern). –
Hamburg: Christians, 1983
ISBN 3-7672-0820-2
NE: Bugatti, Carlo (Ill.); Conway, Hugh G. (Mitverf.);
Museum für Kunst und Gewerbe ‹Hamburg›

© Museum für Kunst und Gewerbe und Hans Christians Verlag
Alle Rechte, auch die des auszugsweisen Nachdrucks
und der photomechanischen Wiedergabe, vorbehalten
Herausgegeben vom Museum für Kunst und Gewerbe Hamburg,
anläßlich der Ausstellung im Sommer 1983
Redaktionelle Verantwortung: Axel von Saldern
Gesamtherstellung: Christians Druckerei und Verlag, Hamburg
Katalog-Auflage: 7000 (broschiert)
Buch-Auflage: 3000 (gebunden)
ISBN 3-7672-0820-2

INHALT

LEIHGEBER

Auto + Technik Museum, Sinsheim
Lothar Bärz, Mainz
André Binda, Mougins
Udo A. Böttcher, Hamburg
Preben Bronée, Eutin
H. G. Conway, London
Deutsches Auto-Museum Schloß
   Langenburg e.V., Langenburg
Deutsches Plakatmuseum, Essen
De Dietrich & Cie., Reichshoffen
Erich Eckermann, Seeshaupt
Manuel Ferrer, Neu Börnsen
Albrecht Gerster, Wetzlar
Dr. Joachim Jantzen, Essen
Erich Kellenberger, Lausanne
Irmhilt Kelling, Frankfurt a. M.
Paul Kestler, Straßburg
Kestner-Museum, Hannover
Kurt Kiefer, Duisburg
Christiane Klebs, Berlin
Hans-Joachim Klersy, Mainz
Martin Knebel, Siegen
Jürgen Komischke, Friedrichsdorf
Rudolf Kreyer, Melle
Kunsthalle Bremen
Alain Lesieutre, Paris
Eric Lipmann, London
Walter Metz, Schönbrunn-Moosbrunn

Norddeutsches Auto und Motorrad Museum,
   Bad Oeynhausen
Musée d'Orsay, Paris
Musée Royaux des Beaux Arts de Belgique,
   Brüssel
Kent Olsson, Svenljunga (Schweden)
Michael Oprey, Echt (Niederlande)
Friedemann Popp, Heidelberg
Hervé und Isabelle Poulain, Paris
Gerhard von Raffay, Hamburg
Charles G. Renaud, Basel
Michel Seydoux, Paris
Dr. Bernhard Simon, Frankfurt a. M.
Societé Royale de Zoologié, Antwerpen
Staatliche Museen Preußischer Kulturbesitz, Berlin
   Kunstbibliothek
   Kunstgewerbemuseum
Staatsgalerie, Stuttgart
Stadtmuseum, München
Edi Strebel, Schönbühl-Urtenen
S. Martin Summer, London
Nora und Holger Termer, Hamburg
Erwin Tragatsch, Bielefeld
Victoria and Albert Museum, London
Bernd Vögler, Frankfurt a. M.
Werner Wehmeyer, Dinslaken
Klaus Werner, Wuppertal
und ungenannte Leihgeber

VORWORT

Das Museum für Kunst und Gewerbe veranstaltet diese ungewöhnliche Ausstellung in erster Linie aus zwei Gründen. Zum einen schien es uns dringend an der Zeit zu sein, eine eminent begabte Familie wie die Bugattis, die die Zeit um die Jahrhundertwende und die Jahrzehnte danach künstlerisch und technisch mitgeprägt hat, endlich in einer Gesamtschau vorzustellen. Zum anderen sollte gezeigt werden, daß Automobile, die technisch und formal vorbildlich waren und sind, Werken aus dem Bereich der angewandten und freien Kunst qualitativ ebenbürtig sein können.

Die Pariser Weltausstellung von 1900 leitete mit Fanfarenklängen das neue Jahrhundert ein. So verdankt ihr das Museum auch den Grundstock seiner ausgezeichneten Jugendstilsammlung. Das technische Zeitalter, auf den Wogen des Fortschrittglaubens, wie der Herr im »Seelenfrieden« von Max Ernst, selig dahingleitend, machte sich in den Jahrzehnten um 1900 immer stärker bemerkbar. Nichts schien mehr außerhalb des Erreichbaren zu liegen. Elektrisches Licht, Telefon, Orientexpreß, den Atlantik bequem und schnell überquerende Riesendampfer, Turbinen, Automobile, Massenfabrikation — fast alle Bereiche des Lebens wurden von den glorreichen Errungenschaften moderner Technik bestimmt. Der Qualität handwerklicher Verarbeitung und der Phantasie in der Erfindung ornamentaler Formen waren besonders bei den Großprojekten kaum Grenzen gesetzt. Die Speise- und Schlafwagen der Expreßzüge, die mächtigen Verwaltungsgebäude und Kaufhäuser, die Luxusrestaurants und die mit allen erdenklichen Raffinessen eingerichteten Direktorenvillen und internationalen Hotels verfügten in Europa und Amerika über technisch jeweils auf den neuesten Stand gebrachte Ausstattungen, die eingebunden waren in ein die Zeit vom Historismus bis zum Art Déco umspannendes Stilgefüge.

Mit der Technik konnte es allerdings auch schief gehen. Der Untergang der »Titanic« wirkte ernüchternd auf den Fortschrittsglauben. Streiks in den Fabriken, die die neue Wunderwelt ermöglichten, beunruhigten das bequeme Leben der Besitzenden. Rüstungskonzerne verhalfen den Regierungen zu Kriegswerkzeugen, die unendliches Leid über die Menschheit bringen sollten. Durch rücksichtslose Ausnutzung der Bodenschätze und den Bau gigantischer Fabrikkomplexe begannen ökologische Gefahren sich abzuzeichnen, die unkontrollierbar zu werden drohten.

Der Umbruch war in der Kunst um 1900 fast noch deutlicher spürbar. Der Jugendstil löste die Epoche des Historismus ab. Cézanne, van Gogh und Gauguin beschrieben die Welt auf neuartige, für die meisten jedoch unverständliche Weise. 1907 schuf Picasso seine »Demoiselles d'Avignon«, die Futuristen publizierten ihre revolutionären Ideen 1909, und 1911 begann Kandinsky gegenstandslos zu malen. Wenige Jahre später folgten die Bewegungen des »stijl« in Holland und die Einrichtung des Bauhauses in Weimar.

In dieser Zeit des tiefgehenden Wandels, der der Welt folgenreiche soziologische, technische und optische Veränderungen brachte, fallen die Lebensdaten der vier in unserer Ausstellung vertretenen Mitglieder der Familie Bugatti. Carlo, der in den Jahrzehnten um 1900 wirkte, war der erfindungsreiche Schöpfer phantastisch-ornamentaler Möbel, die zwischen Historismus und Jugendstil stehen und heute begierig gesammelt werden. Rembrandt Bugatti gehörte zu den späten Vertretern der französischen »animaliers«; seine letzten, vor dem 1. Weltkrieg entstandenen Tierbronzen zeigen

7

bereits Anklänge an kubistische Plastik. Ettore ist der bekannteste der Bugattis. Von 1900 bis 1946 entwarf und baute er Hochleistungsfahrzeuge und Motore von mechanisch und ästhetisch überragender Qualität, die in den 30er Jahren von seinem Sohn Jean mit vorbildlichen Karosserien versehen wurden.

Zum ersten Male wurde die Familie 1979 in einer vom Londoner Royal College of Art veranstalteten Ausstellung präsentiert. An dieser war Hugh Conway beteiligt, der sich auf unsere Bitten hin entschloß, auch in Hamburg mitzuwirken. In Hermann Jedding besitzt das Museum einen hervorragenden Kenner der Kunst des Historismus, der sich besonders eignete, den Abschnitt Carlo Bugatti zu übernehmen. Heinz Spielmann als Leiter der Modernen Abteilung bearbeitete dankenswerterweise nicht nur das Kapitel Rembrandt Bugatti, sondern lieferte auch einen Beitrag zur Ästhetik des Automobil-Design. Der Abschnitt Plakate lag in der Verantwortung von Ruth Malhotra, die als Kennerin der Graphik um 1900 internationalen Ruf genießt. Der Verfasser dieser Zeilen darf gestehen, daß ihn Autos schon immer fasziniert haben. 1929 saß er zum ersten Mal in einem Delauney-Belleville und einem Auburn, 1930 war er in Niederbronn – wo Ettore zwei Jahre gewirkt hatte –, und später durfte er in Buick-, Packard- und Delahaye-Wagen mitfahren. Ein Bugatti Grand Prix-Rennauto (von Uwe Hucke) zu besteigen, war ihm freilich erst 1983 vergönnt.

Die Zahl der an unserer Ausstellung Beteiligten ist dieses Mal besonders groß. Zunächst gilt unser Dank den Leihgebern, die sich entschlossen, für gut zwei Monate von ihren Möbeln, Bronzen, Automobilen und Plakaten Abschied zu nehmen. Insbesondere verdienen dabei die »Bugattisten« unsere hohe Anerkennung, da viele von ihnen auf ihr sommerliches Lieblingsvergnügen, das Chauffieren ihrer Bugatti-Wagen, großmütig verzichteten.

Ohne Hugh Conway hätten wir allerdings kaum gewagt, das Projekt Ettore und Jean Bugatti in Angriff zu nehmen. Dank seiner unkonventionellen Arbeitsweise war es möglich, diesen Bereich in Hamburg ausnehmend vielfältig zu gestalten. Wir wurden dabei vom Bugatti Club Deutschland und seinem Präsidenten, Herrn Kurt Kiefer, bei der Lösung zahlreicher Einzelprobleme stets auf das liebenswürdigste unterstützt. Durch Rat und Tat erwies sich auch das Ehepaar Monika und Uwe Hucke überaus hilfreich. Beide waren ständig bestrebt, unserer Ausstellung zu einem Erfolg zu verhelfen. Weiterhin gilt unser Dank vornehmlich den Herren Rudolf Kreyer und Jürgen Komischke, die diesem Projekt gleichfalls großes Verständnis entgegengebracht haben.

Schließlich möchten wir einer Reihe weiterer Helfer unseren besten Dank sagen. Bei der Erarbeitung des Katalogs zum Werk Carlo Bugattis unterstützte Frau Regina Jedding selbstlos ihren Mann; Frau Barbe Le Claire übersetzte in diesem Zusammenhang einige Texte. Zum Komplex Ettore und Jean Bugatti erfuhren wir die Hilfe von Curd Borgenstam, Griffith Borgeson, der Deutschen Veedol GmbH, Gilbert de Dietrich, Hans-Otto Neubauer, der Mobil Oil AG, H. Chr. Graf Seherr-Thoss (ADAC), Dr. Jochen Stachow (Deutsche BP Aktiengesellschaft) und Edi Strebel. Bild- und Filmmaterial verdanken wir insbesondere der Deutschen Shell Aktiengesellschaft, dem Ehepaar Albrecht Gerster, Uwe Hucke und Ingo Seiff. Die Einrichtung der audio-visuellen Anlage in den Innenhöfen des Museums übernahm die Firma »Schaulandt« mit ihrem Leiter Thomas Wegner, dem wir für sein Entgegenkommen höchst dankbar sind. Eine Sonderausstellung »in der Sonderausstellung« haben wir Dr. Bernhard Simon aus Frankfurt zu verdanken, der uns seine einmalige Sammlung von detailgetreu nachgebauten Bugatti-Modellautos zur Verfügung stellte. Ihm danken wir herzlich, ebenso wie einigen Studenten der Fachhochschule Hamburg, Fachbereich Gestaltung, die Plakatentwürfe zum Thema Bugatti entwickelten.

Unsere durch eine Sonderzuwendung des Senats geförderte Bugatti-Ausstellung ist über vier Geschosse verteilt − von den Automobilen in den Höfen bis zum Bugatti-Kino im 2. Obergeschoß. Ein derartiges in der Kunstmuseumslandschaft einmaliges Unternehmen erfordert beachtliche Anstrengungen aller Mitarbeiter, Freunde und Verwandte. So haben die Verwaltung, die Restauratoren, die Sammlungsverwalter und die um den Hausmeister Lothar Beier und den Technischen Leiter Reinhold Friede gescharten Damen und Herren unablässig zum Besten der Ausstellung gewirkt. Ernst Kaphengst hat wiederum bei der Beschaffung der Vorlagen und Dias für den Katalog und die Multivision vortreffliche Arbeit geleistet. Meine wissenschaftlichen Mitarbeiter Wolfgang Eckhardt, Bernhard Heitmann, Wilhelm Hornbostel und Nils Jockel, unterstützt von Andreas Stolzenburg, haben bei der Endredaktion und dem Umbruch des Katalogs tatkräftig geholfen. Ausdrückliche Anerkennung wollen wir auch den Damen und Herren des neuen »Bugatti-Komitees« zollen, die sich unter der Leitung von Heilwig Schweim und Sybille von Kries zusammenfanden, um − wie vor zwei Jahren im Tut-Komitee − für Ausstellung, Museum und Hamburg ehrenamtlich tätig zu werden. Für das leibliche Wohl sorgt wiederum die Holsten-Brauerei, deren Mitarbeiter Karl-Heinz Rudolf uns ein guter Freund geworden ist.

Das Bugatti-Kino, die Multivision und vieles andere mehr verdanken wir und die Besucher der Pädagogischen Abteilung unter Leitung von Nils Jockel, der von morgens bis abends »für die Sache« im Einsatz war. Astrid von Friesen leistete als die für die Koordinierung und Öffentlichkeitsarbeit Verantwortliche hervorragende Arbeit. Holger Matthies hat durch sein graphisches Konzept − wie schon bei anderen Gelegenheiten − der Ausstellung einen besonderen Akzent gegeben. Holger Termer stand uns bei anderen graphischen Problemen bei. Die Firma Hasenkamp übernahm verantwortungsvoll den Transport der Leihgaben.

Höchstes Lob verdient schließlich der Christians Verlag für die termingerechte Lieferung des Katalogs; ohne die stete Betreuung von Herrn Klaus Weiß wäre der Band in dieser Form kaum zustande gekommen.

Axel von Saldern

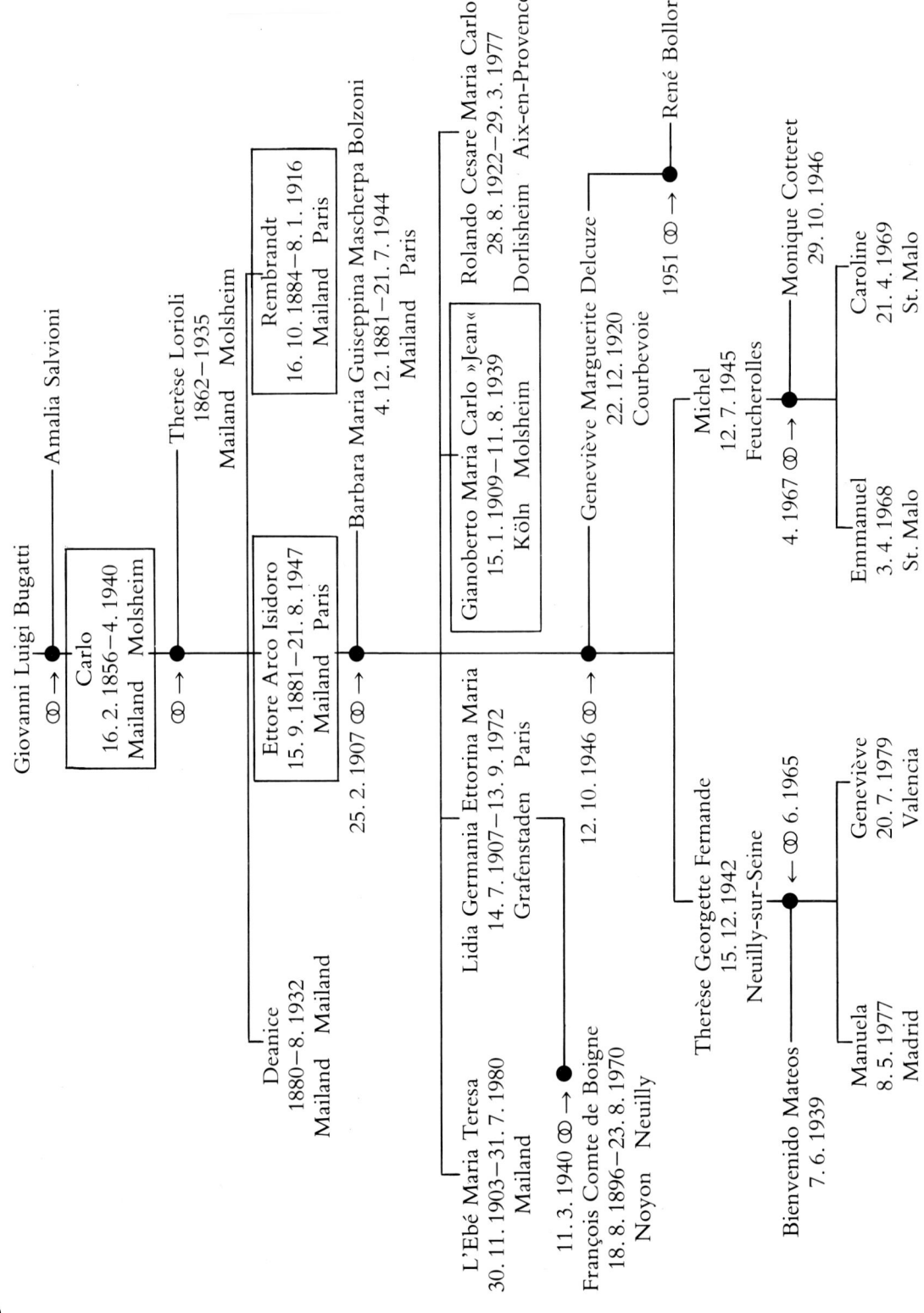

STAMMBAUM DER FAMILIE BUGATTI

Giovanni Luigi Bugatti

Amalia Salvioni

Carlo
16. 2. 1856–4. 1940
Mailand   Molsheim

∞ →

Thérèse Lorioli
1862–1935
Mailand   Molsheim

∞ →

Deanice
1880–8. 1932
Mailand   Mailand

Ettore Arco Isidoro
15. 9. 1881–21. 8. 1947
Mailand   Paris

Rembrandt
16. 10. 1884–8. 1. 1916
Mailand   Paris

Barbara Maria Guiseppina Mascherpa Bolzoni
4. 12. 1881–21. 7. 1944
Mailand   Paris

25. 2. 1907 ∞ →

L'Ebé Maria Teresa
30. 11. 1903–31. 7. 1980
Mailand

Lidia Germania Ettorina Maria
14. 7. 1907–13. 9. 1972
Grafenstaden   Paris

Gianoberto Maria Carlo »Jean«
15. 1. 1909–11. 8. 1939
Köln   Molsheim

Rolando Cesare Maria Carlo
28. 8. 1922–29. 3. 1977
Dorlisheim   Aix-en-Provence

Geneviève Marguerite Delcuze
22. 12. 1920
Courbevoie

René Bolloré

1951 ∞ →

11. 3. 1940 ∞ →

François Comte de Boigne
18. 8. 1896–23. 8. 1970
Noyon   Neuilly

12. 10. 1946 ∞ →

Michel
12. 7. 1945
Feucherolles

Monique Cotteret
29. 10. 1946

4. 1967 ∞ →

Thérèse Georgette Fermande
15. 12. 1942
Neuilly-sur-Seine

← ∞ 6. 1965

Emmanuel
3. 4. 1968
St. Malo

Caroline
21. 4. 1969
St. Malo

Bienvenido Mateos
7. 6. 1939

Manuela
8. 5. 1977
Madrid

Geneviève
20. 7. 1979
Valencia

Farbtafel 2
Stuhl von Carlo Bugatti, Kat.-Nr. C 54
(Sammlung Alain Lesieutre, Paris).

Farbtafel 3
Damenschreibtisch mit Stuhl von Carlo Bugatti,
Kat.-Nr. C 19 und C 30 (Museum für Kunst und
Gewerbe; Photo Marion Höflinger).

Farbtafel 4
Damenschreibtisch von Carlo Bugatti, Kat.-Nr. C 21
(Sammlung Hervé und Isabelle Poulain, Paris).

12

Farbtafel 5
*Armstuhl von Carlo Bugatti, Kat.-Nr. C 56
(Sammlung Alain Lesieutre, Paris).*

Farbtafel 6
*Damenschreibtisch mit Stuhl von Carlo Bugatti,
Kat.-Nr. C 20 und C 55
(Sammlung Alain Lesieutre, Paris).*

Farbtafel 7   *Vergoldeter Silber-Pokal von Carlo Bugatti, Kat.-Nr. C 85 (Sammlung Alain Lesieutre, Paris).*

CARLO BUGATTI

1 *Carlo Bugatti in seiner individuellen Kleidung vor einem seiner mit Kamelhaut bezogenen Schränke.*
London 1888 (nach Amazing Bugattis 1979).

ZEITTAFEL

1856	Geboren am 16. Februar in Mailand. Eltern: der Bildhauer Giovanni Luigi Bugatti und seine Frau Amalia geb. Salvioni. Seit Mitte der 1870er Jahre Studium der Architektur an der Academia Brera in Mailand und an der Ecole des Beaux-Arts in Paris. Freundschaft mit dem Maler Giovanni Segantini (1858–1899). Ende der 1870er Jahre Einrichtung einer Werkstatt in der Via Castelfidardo 6 in Mailand.
1880	Heirat mit Thérèse Lorioli (1862–1935). Die ersten nachweisbaren Möbelschöpfungen: Schlafzimmereinrichtung zur Hochzeit seiner Schwester Luigia mit Giovanni Segantini im Dezember 1880. Bugattis Haus ist Treffpunkt von Künstlern und Musikern. Außer Segantini verkehren dort die Komponisten Giacomo Puccini und Ruggiero Leoncavallo, der Musikverleger Ricordi, Puccinis Librettist L. Illica, der Maler Arturo Rietti, die Bildhauer Fürst Paolo Troubetzkoy, Giuseppe Grandi und Ercole Rosa sowie der Kunsthistoriker und erste Bugatti-Biograph V. Rossi-Sacchetti.
1888	Auf der Mailänder Kunstindustrie-Ausstellung im Mai erste Ausstellung von Bugatti-Möbeln: eine Schlafzimmereinrichtung. – Im Sommer erste Beteiligung an einer Ausstellung im Ausland, der Italian Exhibition in London, auf der Bugattis Möbel einen Ehrenpreis erhalten.
1893	Die ersten nachweisbaren Nachahmer von Bugattis Möbelschöpfungen: auf der Weltausstellung in Chicago zeigen die Möbelfirmen Meroni & Fossati, Lissone bei Mailand, und Maxime Claire, Paris, Mobiliar im Stil »Bugotto«. Bugatti-Möbel im »Turkish Salon« des Waldorf-Hotels, New York.
1894	Bugatti-Möbel auf der Internationalen Ausstellung in Antwerpen.
1895	Bugatti-Möbel auf der Internationalen Ausstellung in Amsterdam. – In der englischen Zeitschrift »Furniture and Decoration & The Furniture Gazette« vom 15. Mai 1895 ausführliche Besprechung von Bugatti-Möbeln, die von der Berliner Firma Ernst Kopp & Cie. angeboten werden.
1896	Weitere Vorstellung von Bugatti-Möbeln in der englischen Zeitschrift »The Cabinet Maker and Art Furnisher« vom August 1896 durch die Berliner Firma Ernst Kopp & Cie.

1898	Bugatti-Möbel auf einer Ausstellung in Turin.

1898   Bugatti-Möbel auf einer Ausstellung in Turin.
Verlegung der Bugatti-Werkstatt in die Via Marcona 13 in Mailand.

1900   Beteiligung an der Weltausstellung in Paris. Bugattis Möbel werden mit einer Silbermedaille ausgezeichnet. – Auf derselben Ausstellung zeigt Eugène Quarti, Mailand, Möbel »genre Bugatti«.

1902   Bugatti beteiligt sich mit vier Raumfolgen an der Ersten Internationalen Kunstgewerbe-Ausstellung in Turin, auf der seine Möbel mit einem Ehrenpreis ausgezeichnet werden. Beachtliches Echo in der internationalen Fachpresse.

1904   Bugatti-Möbel auf der Exposition des Beaux-Arts in Paris. – Verkauf der Mailänder Werkstatt an die Firma De Vecchi. Übersiedlung nach Paris; wohnte im 13. Arrondissement, rue Jeanne d'Arc. Tätig u. a. für die Kaufhäuser Maison Dufayel und Au bon Marché.
In den folgenden Jahren schuf Bugatti Modelle für Silbergefäße und Bronzegeräte für den Unternehmer, Galeriebesitzer und »fondeur« A. A. Hébrard.

1907   Ausstellung von Bugattis Silberarbeiten in der Galerie Hébrard, 8, rue Royale, vom 2. – 25. Dezember.
Ausstellung von Silberarbeiten Bugattis im Salon des Artistes Décorateurs.

1910   Seiner kranken Frau zuliebe Übersiedlung nach Pierrefond bei Compiègne, wo sich Bugatti ein Atelier einrichtete. Malte Bildnisse und Landschaften. 1910 zeigte er ein Porträt im Salon National de Peinture in Paris. 1914–1918 Bürgermeister von Pierrefond.

1932   Tod der Tochter Déanice (geb. 1880).

1935   Tod seiner Frau Thérèse.

1937   Übersiedlung nach Molsheim (Elsaß) zu seinem Sohn Ettore.

1940   Gestorben im April im Château St. Jean, Dorlisheim (Bas-Rhin).

CARLO BUGATTI

»Man schelte nicht auf Bugatti! Wenn die italienische Kunst Einen hat, der auf neuen Bahnen voranschreitet, . . . so ist es Bugatti.«

Wer so über die »fantastischen Möbel-Gebilde« urteilte, die Bugatti auf der Ersten Internationalen Ausstellung für die moderne dekorative Kunst in Turin 1902 zeigte, mußte die »ungeheuer große Sektion« des italienischen Kunstgewerbes als einen »tollen Formen-Karneval« empfinden und die »Verheerungen« kritisieren, die der »Jugend-Stil hier angerichtet hat.« »Wenn einmal diese durch mittelmäßige deutsche, englische und französische Vorlage-Werke eingeschleppte Infektions-Krankheit überwunden sein sollte, dann erst könnte sich Italien wieder auf sich selbst besinnen.« Bugatti scheint für den deutschen Berichterstatter, der so prophetische Worte schrieb, von derartigen Beeinflussungen gänzlich unberührt geblieben zu sein. Gewiß: »Was Bugatti schafft, ist keine ›kurante Ware‹ für den Händler und keine ›brauchbare‹ Einrichtung für den wohlhabenden Bürger . . . Bugatti ist ernst, feierlich«[1].

Doch so dachten damals nur wenige. Manche Rezensenten erwähnten die Bugatti-Räume nicht einmal; einen erinnerten jene Möbel an »unverständliche exotische Geräte«. Er sah darin Anregungen »von den alten Ägyptern« oder gar »von den Theaterdekorationen zu ›Aida‹ und zu anderen am heiligen Nil spielenden Opern« verwirklicht[2].

Aber weder so noch als »maurisch« soll Carlo Bugatti seine Schöpfungen damals deklariert haben, sondern als seinen »ganz persönlichen Stil«[3].

Als »von keinem besonderen Stil«, hatte er sie noch 1888 auf der Italienischen Ausstellung in London vorgeführt[4]. Bugatti-Möbel wurden dort zum erstenmal im Ausland gezeigt, wo man sie als »türkisch«, »östlich«, »arabisch«, »algerisch«, im Hinblick auf die Dekorweise auch als »impressionistisch« oder »japanisch« zu definieren versuchte[5].

Die Engländer mit ihrer Neigung zum Ungewöhnlichen und Phantastischen entdeckten Ähnlichkeiten mit dem von ihnen derzeit besonders favorisierten neuen »quaint style«[6]. Kurz zuvor hatte eine französische Zeitschrift in einem Bericht aus Mailand die »fremdartige Originalität« der hier von Bugatti ausgestellten Schlafzimmereinrichtung hervorgehoben und betont, daß sie »von ganz eigenem Gepräge« sei[7].

»Der junge Leonardo«

Am 16. Februar 1856 wurde Carlo als einziger Sohn des Bildhauers Giovanni Luigi Bugatti und seiner Frau Amalia geborene Salvioni in Mailand geboren[8]. Mit der Herstellung von »monumentalen« und »eleganten« Kaminen für Mailänder Villen verdiente der Vater offenbar so viel, daß er nicht nur seine Familie gut versorgen, sondern auch einer kostspieligen Liebhaberei nachgehen konnte. Bis in sein hohes Alter versuchte er unermüdlich, ein Perpetuum mobile zu erfinden. Es scheint, daß Carlo manche Neigung und Veranlagung seines Vaters geerbt hatte. Er war an allem interessiert, was mit Malerei, Bildhauerei, Architektur sowie der Konstruktion von Maschinen, Fahrrädern und sogar Musikinstrumenten zusammenhing.

Im Familien- und Bekanntenkreis hieß er daher nur »der junge Leonardo«. Mit 18 Jahren begann er ein Architekturstudium an der Mailänder Akademie, da er glaubte, in diesem Fach seine Vorstellungen von einem neuen Stil am ehesten verwirklichen zu können. Wenig später ließ er sich an der Ecole des Beaux-Arts in Paris einschreiben. Sein erster Biograph, der Kunsthistoriker V. Rossi-Sacchetti, schildert den jungen Studenten als einen auffallend »schönen« Mann, schlank, von mittlerer Größe,

2 *Bett und Nachttischetagere von der Schlafzimmer-Einrichtung, die Carlo Bugatti seiner Schwester und Giovanni Segantini 1880 zur Hochzeit schenkte; Bemalung von Segantini (nach Amazing Bugattis 1979).*

»junge Dandy« nur feinste, vorwiegend dunkle Stoffe, die er von einem ausgezeichneten Schneider verarbeiten ließ. Wenn er ausging und bei feierlichen Anlässen trug Carlo ein flaches schwarzes Käppchen mit einer gemusterten Borte; an Werktagen genügte ein fein geflochtener Strohhut. Diesen Kleiderkult, der nicht zuletzt auch Ausdruck seines Selbstbewußtseins war, pflegte Bugatti anscheinend auch während der nächsten Jahrzehnte, wie ein Foto von 1888 belegt (Abb. 1).

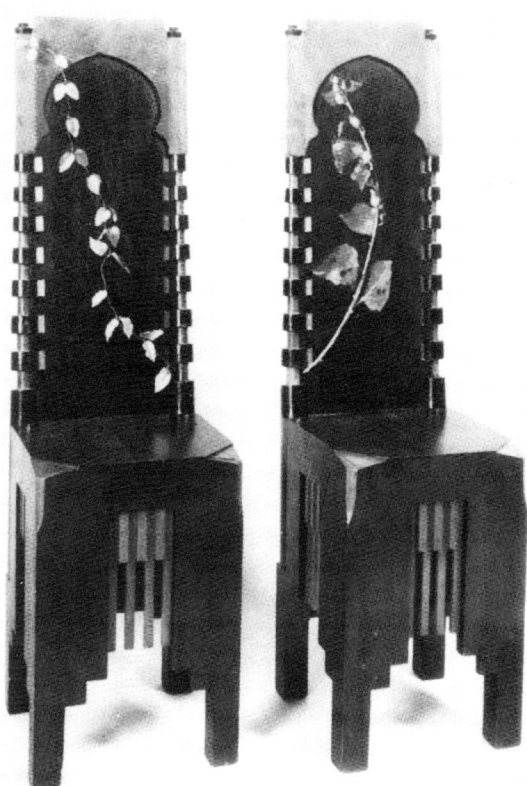

mit leuchtend blauen »phosphoreszierenden« Augen, von hellwacher Intelligenz, der mit spitzen Bemerkungen nicht sparte und sein Gegenüber durch einen scharf fixierenden Blick, je nach Absicht, verwirrte oder bezauberte. Schon als junger Mann trug Carlo einen seidig glänzenden blonden Vollbart, an dem er unentwegt herumstrich oder drehte, − ein Zeichen seiner Nervosität und ständigen Unruhe. Schon früh litt er an Magenbeschwerden, die er mit St.-Pelegrino-Salz und Kompressen zu lindern suchte. Um keinen Gürtel umschnallen zu müssen, erdachte er eine Art von Overall, der durch kurze Hosenträger gehalten wurde. Darüber trug er einen knielangen Gehrock. Der etwa 4 cm hohe Kragen wurde unter dem Kinn mit zwei auffallenden, durch ein Goldkettchen verbundenen, haselnußgroßen Glasknöpfen in Form stilisierter, goldgefaßter Katzenaugen zusammengehalten. Für seine Kleidung wählte der

3 *Zwei Stühle von der Schlafzimmer-Einrichtung, die Carlo Bugatti seiner Schwester und Giovanni Segantini 1880 zur Hochzeit schenkte; Bemalung von Segantini.*

Das Studium der Architektur muß Bugatti schon bald zu Entwürfen und Konstruktionen von Möbeln geführt haben, bei denen er seine manuellen Fähigkeiten voll anwenden konnte. Von Anfang an konzentrierte er sich ganz auf phantasievolles Mobiliar mit orientalischem Flair. Erhalten hat sich das Gipsmodell zu einem Haus in jenem Stil, großflächig und aus Kuben zusammengesetzt, mit einer von Arkaden begrenzten Dachterrasse, die breite Fassade im Obergeschoß durch unterschiedlich hohe und variierte Bogenstellungen rhythmisiert, der Eingang als offener, von zwei Säulen flankierter Kreisbogen gebildet, zu dem eine weitläufige Treppe führt[9]. Wesentliche Zierelemente von Bugattis Möbelschöpfungen sind hier schon vorweggenommen.

Fast ein Vierteljahrhundert — die Jahre zwischen 1880 und 1904 — umfaßt der Zeitraum, in dem Bugatti Möbel geschaffen hat. Er begann damit, als der Historismus seinen Höhepunkt erreicht hatte. Nicht nur die historischen europäischen Stilepochen waren durch diesen wiederbelebt und in allen Details auf allen Gebieten kunstgewerblicher Arbeiten ausgeschöpft worden. Auch von außereuropäischen Kulturen übernahm man, was gefiel und auf irgendeine Weise zu Neu- und Nachschöpfungen — auch in anderen Materialien — herangezogen werden konnte. Das Verlangen nach immer mehr Abwechslungsreichem war groß. Um auf den Weltausstellungen und den vielen anderen Verkaufsausstellungen Auszeichnungen und Aufträge zu bekommen, wollte und mußte man die Aufmerksamkeit auf sich lenken: Neues, besonders Extravagantes, Raffiniertes, kunstvoll Gefertigtes oder auch ungewöhnlich Preiswertes anbieten. Da Gotik, Renaissance, Barock, Rokoko und Empire neben den traditionellen englischen und französischen Stilarten längst in ungezählten Varianten bekannt waren, aber dennoch mehr oder weniger weiterhin aktuell blieben, erschienen das ostasiatische und orientalische Kunstgewerbe als höchst erwünschte Bereicherung des bisherigen Formengutes. Vor allem die Engländer schätzten das Orientalische, diesen »glorious style«, weil er so »reich und heiter« war.

Nach der Mitte des vorigen Jahrhunderts waren außer fernöstlichen Exporten in steigender Anzahl persische, türkische, indische und nordafrikanische kunstgewerbliche Erzeugnisse auf den europäischen Markt vorgedrungen, vor allem Teppiche, Fliesen, Fayencegefäße, Gläser und Metallarbeiten. Bereits 1859 publizierten Eugène-Victor Collinot und Adalbert de Beaumont als Ergebnis einer Orientreise ihren »Recueil de dessins pour l'art et l'industrie«, dessen 217 Radierungen in der Folgezeit besonders von Keramik- und Glaskünstlern viel kopierte Vorlagen boten. Orientalisierende Fayencen von Collinot und Théodore Deck sowie Gläser von Philippe-Joseph Brocard in der Art islamischer Moscheelampen wurden 1867 auf der Pariser Weltausstellung bewundert[10]. Damals zeigte ein in Kairo ansässiger Italiener, Giuseppe Parvis, »Hoflieferant des Vicekönigs und dort der erste Manufacturist seines Fachs«, einen orientalisch reich ornamentierten Prunkschrank: »Das Möbel ist aus den verschiedensten kostbaren, farbigen Holzarten zusammengesetzt und mit großer Geschicklichkeit eingelegt; es ist nach einem arabischen Vorbilde, aber mit völlig freier Benutzung gebaut. In den einzelnen Füllungen sind zum Teil arabische Sprüche in Relief angebracht . . .«[11]. Wie sehr sich solche Orient-Tendenzen weiter ausbreiteten, konstatierte Julius Lessing, Direktor des Berliner Kunstgewerbemuseums, auf der Wiener Weltausstellung von 1873: » . . . dasjenige Mustergebiet, welches augenblicklich den Ton angibt und den gesamten Eindruck der Kunsterzeugnisse wesentlich bestimmt, ist das des Orients . . . Die Arbeiten von Indien, Persien, der Türkei und Arabien sowie die von China und Japan sind die Muster für die neusten Erzeugnisse des Kunstgewerbes geworden«[12]. In Wien zeigte wiederum jener Giuseppe Parvis aus Kairo »den Übergang von den Möbeln des Abendlandes zu den urwüchsigen Erzeugnissen orientalischer Cultur . . . In dem Schemata seiner Möbel knüpft Parvis mit völliger Unbefangenheit an die Formen an, welche Überlieferung und gesellschaftliche Sitte für die Europäer festgestellt haben. Der Divan wird ihm zum Sopha, der in ein Wandgetäfel eingelassene Schrank zum freistehenden Möbel. In den Zierformen aber macht er mit französisch geschultem Geschmack ausgiebige Anleihen bei der Ornamentik der arabischen Kunst«[13]. Die Beschreibung seiner Technik mit Gitterwerk aus Holzstäbchen und vielfältig variierten Intarsienmustern aus Nußbaum-, Ebenholz und Elfenbein kommt schon fast der Charakterisierung von Bugattis Möbeln nahe.

Seit den 1870er Jahren traf man in Europa immer häufiger türkisch oder maurisch eingerichtete Rauchsalons an. Das meiste Zubehör war in ausreichender Auswahl vorhanden. Aber sollte man sich mit den zierlichen perlmutt- oder elfenbeineingelegten Tischchen begnügen, die aus Nordafrika und aus dem Vorderen Orient importiert, mitunter auch im eigenen Land produziert wurden? Reichte es aus, wenn z. B. Designer eine Grundkonstruktion je nach Bedarf mit gotischen Spitzbögen oder mit Alhambra-Bögen versahen, um zum einen ein neugotisches Möbel, zum anderen ein »maurisches« oder »orientalisches« offerieren zu können? Bugatti muß sich dieses Dilemmas schon früh bewußt gewesen sein, zumal er eine ganze Reihe von Möbeltypen plante, um regelrechte Zimmereinrichtungen zusammenzustellen. Schon zeitgenössische Architekten hatten neugotisches Mobiliar, für das es nicht genügend mittelalterliche Vorbilder gab, mit Hilfe gotischer Architekturteile und Ornamentik zusammengebaut. Ähnlich verfuhr Bugatti mit Bauelementen aus dem Orient, doch seine Phantasie und Gestaltungskraft reichen weiter, auch wenn die Addition möglichst vieler kleiner Partikel, die Vorliebe für Troddeln und Fransen und auch Asymmetrien in der Konstruktion durch den Zeitgeschmack vorgegeben waren. Er kreierte mit ihnen neuartige Wirkungen, verlieh ihnen einen exotischen Aspekt, indem er sie mit bisher ungewöhnlichen Materialien fast plakativ fremdländisch kombinierte. Meisterhaft balancierte er die Ornamentik mit dem kalligraphischen Reiz ostasiatischer und arabischer Schriftzeichen aus, die mit Motiven aus der japanischen Graphik und Malerei abwechseln. In gleicher Weise fand er immer neue Varianten bei der Stilisierung von Pflanzen- und Tierformen, besonders der Libelle, wohl angeregt durch mehrere Publikationen der Zeit über die Verwendung von Naturformen in der Kunst.

Um 1900 scheint sich ein tiefgreifender Wandel in Bugattis Möbelstil vollzogen zu haben, den die in Turin 1902 ausgestellten Zimmer deutlich demonstrieren. Allmählich war die Abkehr von allen als orientalisch deklarierten Details erfolgt; gleichzeitig begann eine stärkere Hinwendung zu jenen europäischen Bestrebungen, die einen neuen Stil (Art Nouveau) durch einen einheitlichen Rhythmus in Kontur und Linienführung mit Einbeziehung des Dekors geschaffen hatten. Bugatti realisierte dieses Ziel mit aller Konsequenz. Er verbarg die Existenz seiner Möbel aus Holz völlig unter Pergament, er nahm ihnen das menschliche Maß, weil er mittels der Wandgliederung ihre ornamentale Reihung ins Gigantische ausweitete. Dadurch suggerierte er eine neue Dimension, von den einen als Öffnung zum Art Déco verstanden, von anderen als Vorahnung einer Technik empfunden, die das Möbel durch neue Werkstoffe von den bedingten Möglichkeiten traditioneller Hölzer befreite. Auch fehlte es nicht an Phantasiebegabten, für die bei solchem Anblick Traumwelten, die orientalische Fata Morgana eingeschlossen, in Erfüllung gingen.

Mailand und Bugattis erste Möbel

Mailand, »die prächtige Hauptstadt der Lombardei und eine der reichsten Städte Italiens überhaupt«, zählte gegen 1880 über 300 000 Einwohner und war in der Möbelproduktion führend. Auf den Weltausstellungen erhielten Mailänder Unternehmen wie F. Pogliani, Brambilla, Angelo de Amici, A. Ancini e L. Martinelli oder Ugo Ceruti Preise oder positive Kritiken. Doch werden sie im allgemeinen in der Reihe der Fabrikanten genannt, die Ebenholzmöbel im Stil der italienischen Renaissance traditionell mit prunkvollen Intarsien-Ornamenten und -Bildern aus Elfenbein, Perlmutter und farbigen Steinen überziehen. Sie verfügten über hervorragende Spezialisten und Techniker. Wahrscheinlich ist dieses Reservoir an Facharbeitern auch Bugatti für seine differenzierten, allerdings ganz andersartigen Intarsienmotive zugutegekommen.

Ende der 70er Jahre muß Bugatti bereits eine Werkstatt in der Via Castelfidardo 6 besessen haben. Hier entstanden die ersten bisher bekanntgewordenen Möbel: das Hochzeitsgeschenk für seine jüngere Schwester Luigia, die im Dezember 1880 den Maler Giovanni Segantini heiratete. Segantini war mittellos aus der Provinz nach Mailand gekommen, hatte einen kargen Lebensunterhalt durch Stundengeben verdient und seit 1874 die Abendkurse der Academia Brera besucht. 1878 wurde ihm als Anerkennung für seine Landschafts-Studien eine Bronze-, im folgenden Jahr eine Silbermedaille verliehen, die ersten Erfolge des jungen Malers.

Zu dem eleganten, zwei Jahre älteren Bugatti schaute er offenbar bewundernd auf, jedenfalls wurde er einer seiner engsten Freunde. Wie sich allmählich eine Liebesbeziehung zwischen dem schüchternen jungen Mann und Luigia anbahnte, hat diese später folgendermaßen geschildert: »Segantini war der Freund meines Bruders; als ich ihn 1878 zum erstenmal sah, trug ich noch kurze Kleider und ein Kinderschürzchen. Er gefiel mir zwar gleich; aber heute vermöchte ich nicht zu entscheiden, ob das schon Liebe oder bloß Zuneigung gewesen war. Oft begleitete er mich mit meinem Bruder zur Schule, und manchmal fürchtete ich mich vor ihm, weil er gar so ernst war und so selten etwas sprach. Durch die häufigen Begegnungen erwachte in uns die Liebe, aber selbst darin blieb Segantini stets ernst. Nach kurzem Werben wurde ich 1880 im Dezember seine Frau, und wir gründeten einen eigenen Hausstand . . . Ende August 1881 siedelten wir nach Pusiano über, und mit welcher Freude! Wie berauscht fühlten wir uns von den Schönheiten der Brianza. Nun arbeitete Segantini sehr eifrig, teils im Freien, teils zu Hause, während ich ihm stets vorlesen mußte, denn ohne dem konnte er nicht malen«[14].

Carlos Geschenk war eine vollständige Schlafzimmereinrichtung: ein Bett mit zwei Nachttischetageren, ein Kleiderschrank, eine Toilette-Kommode, ein versiegeltes Eckschränkchen, ein Wandschränkchen mit Spiegel, eine Wandetagere, ein kleiner achteckiger Tisch und zwei Paar unterschiedliche Stühle[15]. In Anlage und Konstruktion erscheinen manche dieser zweckgebundenen Möbel ganz konventionell; so wird die Deckplatte der Toilette-Kommode an der Rückseite durch den üblichen Schubladenaufsatz überhöht und der hohe rechteckige Kleiderschrank durch zwei Fronttüren verschlossen; die achteckige Tischplatte ruht auf ei-

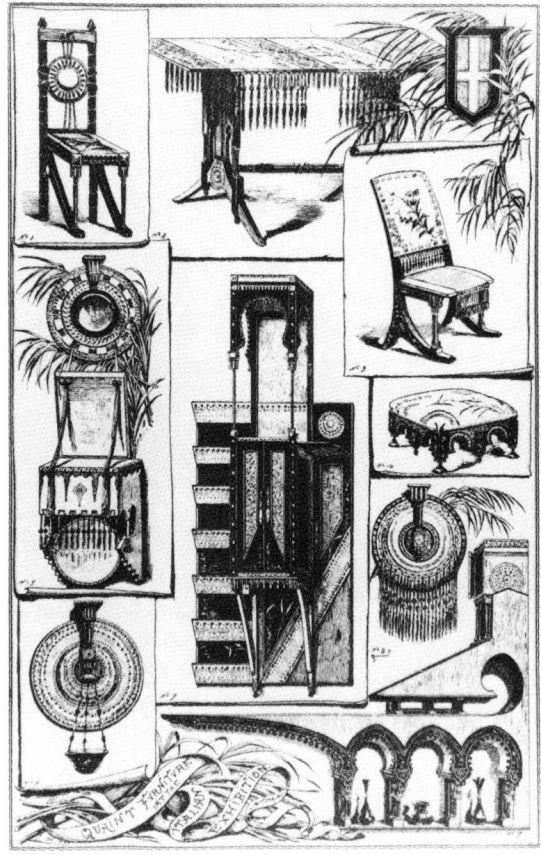

4 Bugattis »Quaint Furniture at the Italian Exhibition«, Ganzseitige Tafel aus »The Queen, The Lady's Newspaper« vom 7. Juli 1888 (nach Amazing Bugattis 1979).

nem von vier Pfosten getragenen vierkantigen Untergestell, und das Stuhlpaar mit der hohen Rückenlehne erinnert noch an Renaissancevorbilder. Doch Formen und Flächen variierte Bugatti so phantasievoll, ungewöhnlich und vielfarbig, daß sich eine märchenhafte Verzauberung zu vollziehen scheint. Da gewinnt das hohe Kopfteil des Bettes trotz seiner flächigen Anlage durch zarte Säulchen, Behangfries, kupferbeschlagenen Konsolenaufsatz und farbige Intarsien das Aussehen eines Baldachins oder Betthimmels, wirkt das Fußende durch

Die ganze Kollektion kann man beschreiben als Resultat der Lektüre eines der Bücher von Rider Haggard, zum Beispiel von »König Salomons Bergwerken« *, denn die Einrichtungen sehen so aus, als wären sie unmittelbar aus dem Palast des Königs Twala gekommen. Gleichwohl habe ich gehört, daß diese exzentrischen Dinge von Künstlern, die die Ausstellung besucht haben, mit großem Gefallen aufgenommen wurden. Einige der führenden Maler gehen sogar so weit, daß sie für ihre Ateliers Reproduktionen bestellten.

* Sir Henry Rider Haggard (1856—1925), englischer Romanschriftsteller. Sein bekanntestes Werk »King Solomon's Mines« war 1886 erschienen.

Beurteilung von Bugattis Möbeln auf der »Italian Exhibition« in London, 1888, in »The Cabinet Maker and Art Furnisher« IX, 1888/89, S. 86.

das treppenartige Ansteigen mit Säulen und Stakett-Geländer wie eine Aufforderung zum Kommen. Schwager Segantini hat die großen dunklen Flächen noch mit zarten Blumen und Gräsern bemalt. Es ist, als ob sie den orientalischen Trend, der sich durch die eigenartigen Stäbchenfriese und Säulen entfalten könnte, wieder zurückdrängen sollten. Auch die hochlehnigen Stühle mit ihrem kompakten Gestell und der kubischen Geschlossenheit, ebenfalls von Segantini, diesmal mit Blatt- und Blütenranken geschmückt, besitzen diese Tendenz kaum. Unwillkürlich fragt man sich, ob der Maler bewußt durch die so harmonisch eingefügten heimischen Pflanzenmotive Bugattis Neigung zum fremdländisch Orientalischen abmildern wollte (Abb. 2—3). Dagegen ist bei den nicht von Segantini bemalten Möbeln Bugattis Bestreben klar zu erkennen. Hier beherrschen maurische Bögen die Fassade; große konzentrisch ornamentierte Kupferscheiben setzen rhythmische Schwerpunkte; asiatische Schriftzeichen akzentuieren die Lisenen; von Kupferbändern spiralig umwundene dünne Säulen sind mit Basen und Kapitellen aus abwechselnd schwarzen, braunen und weißen Stäbchen ausgestattet; Metallintarsien zieren die Kanten, bemaltes Pergament ersetzt Bezüge und Polster. Schon bei diesen ersten Möbelschöpfungen sind all jene Charakteristika vorhanden, die Bugattis Arbeiten auch in den nächsten Jahrzehnten bestimmen. Aber jedes Detail unterliegt einer festen Ordnung; so wirkt die Vielfalt nirgends unruhig. Hinzu kommt ihre völlig symmetrische Anlage. Sollte ein Einzelteil, wie etwa die Nachttischetagere asymmetrisch konzipiert sein, so kann man sich darauf verlassen, daß noch ein spiegelverkehrt angelegtes Gegenstück vorhanden war. Diese konsequente Kombination von europäischer Tradition mit einer auf gewisse Elemente konzentrierten Auswahl eigenwillig abgewandelter orientalischer und asiatischer Motive und ihre streng architektonisch konzipierte Anwendung machen das Besondere und Einmalige von Bugattis Möbeln aus. Dadurch unterscheiden sie sich grundsätzlich von allem anderen Mobiliar der Zeit, das sich allein durch die Häufung orientalischer Ornamente berechtigt glaubte, sich Etikette wie »maurisch« oder »Alhambrastil« zulegen zu können. Bugatti begriff und gestaltete dem Orient Wesensverwandtes.

5 Carlo Bugattis »Bedroom« für Lord Battersea im Surrey House am Marbel Arch in London. Um 1900 (nach Amazing Bugattis 1979).

Die ersten Ausstellungen

Wie seine Schwester gründete Bugatti im selben Jahr 1880 einen eigenen Hausstand durch Heirat mit der sechs Jahre jüngeren Thérèse Lorioli. Über seine Werkstatt gibt es keine Berichte, auch keine darüber, ob und wieviele Hilfskräfte er beschäftigte. Sicher ist jedenfalls, daß er seine eigene Tätigkeit nicht auf Entwürfe und Modelle beschränkte, sondern, zumindest in den ersten Jahren, alle wichtigen Arbeiten an seinen Möbeln eigenhändig ausführte.

In den Rezensionen ausländischer Fachzeitschriften kommt der Name Carlo Bugatti, soweit wir sehen, erstmals acht Jahre später, 1888, vor. Auf der im Mai eröffneten Kunstindustrie-Ausstellung in Mailand zeigte Bugatti bezeichnenderweise eine Schlafzimmereinrichtung. Da sich Bilder davon nicht erhalten haben, ist man auf die Schilderung von Alfredo Melani angewiesen: »Unter den Möbeln zieht mit Recht eine Schlafzimmereinrichtung von eigenartiger Originalität das größte Interesse auf sich. Mehrere Male habe ich davor gestanden, und immer wieder hat sie einen ausgezeichneten Eindruck auf mich gemacht. Ihr Schöpfer heißt Carlo Bugatti, ein sehr eigenwilliger Künstlertyp. Nach zahlreichen Versuchen ist es ihm gelungen, einen ganz persönlichen Stil zu finden, einen originellen maurischen Stil, der seinen Möbeln ein völlig eigenes Gepräge gibt. Dieser Künstler hat besonders das Gefühl für Kontraste und Farben neu geweckt. So bilden in seinen Möbeln große polierte Flächen einen bewußten Gegensatz zu kleinen Säulen oder kleinen delikat und sehr geschmackvoll verzierten Konsolen. Um solche Effekte zu erzielen, schöpfte Bugatti jede Möglichkeit aus. Er verwendete Hölzer verschiedener Farben, monochrome und bemalte Stoffe, dazu eine Marketerie aus Elfenbein, Stahl und Kupfer. Und wenn er sich auch im Detail zum maurischen Stil hingezogen fühlt, so bleibt er doch in der Gesamtkonzeption persönlich und gibt besonders durch den Kontrast der großzügigen, ja grandiosen Linienführung zu der zierlichen Ornamentik seinen Betten, Schränken, Sesseln und Tischchen einen wahrhaft malerischen Effekt«[16].

Diese Beschreibung unterscheidet sich nicht von der Charakterisierung der für das Segantini-Paar geschaffenen Möbel. Es scheint jedoch, daß Bugatti erst jetzt — also acht Jahre später — seine Neuschöpfungen zum erstenmal öffentlich ausstellte. Der Bericht von Melani läßt keinen Zweifel, daß er diesen »eigenwilligen Künstlertyp« und sein Werk als etwas völlig Neuartiges vorstellt, zumal er bei der Beschreibung der Repräsentation anderer Möbelfabrikanten der Ausstellung darauf verweist, daß sie seit langem bekannt seien. Tatsächlich müssen sich Bugattis Möbel in ihrer Originalität so exzeptionell von dem vorwiegend im Neorenaissancestil verharrenden Angebot der übrigen Aussteller unterschieden haben, daß die erstaunte Reaktion des Berichterstatters verständlich erscheinen.

Noch im Sommer desselben Jahres erzielten Bugattis Möbel auf der Italienischen Ausstellung in London einen ähnlichen Effekt. Außer durch Hinweise auf die »charming originality« dieser »eccentric goods« reagierte die englische Fachpresse mit Analysen über den Stil und stellte Einzelmöbel im Bild vor[17]. Die Frauenzeitschrift »The Queen« bot ihren Lesern sogar eine ganzseitige Tafel mit neun Zeichnungen von Bugattis »Quaint Furniture« (Abb. 4), ohne allerdings seinen Namen zu erwähnen. Immerhin erlauben diese Bilder Vergleiche mit den acht Jahre vorher entstandenen »Segantini«-Möbeln, vor allem mit jenen Exemplaren, die ohne den speziellen Dekor des Malers blieben. Einige Modelle sind unverändert oder nur

in Details variiert. Da ist wieder der Stuhl, dessen Rückenpfosten als Pfeiler maurischer Bögen genutzt sind; auf jeder Seite ist eine Verstrebung in leichter Kurve bis nach vorne gezogen, wo sie zugleich die Basis für die Vorderstützen bildet, die als zierliche, kupferummantelte Säulen ausgeführt sind. Der mit Pergament bezogene rechteckige Sitz ist ungepolstert und flach; das runde, von Kupferringen eingefaßte Rückenschild wurde an Seilen beweglich zwischen die Pfosten gehängt. »The Queen« empfiehlt ihren Lesern dieses Sitzmöbel als »Turkish chair«. Die minarettartige Wandetagere mit ihrer dreiseitigen Bogenstellung hat Bugatti jetzt durch ein mit Türen verschlossenes Schränkchen erweitert und durch Kupferbänder und Zinnintarsien angereichert. Daneben beherrschen Konsolen, Wandleuchten in Form von Moscheeampeln, Spiegeltoiletten, gepolsterte Hocker, Wangentische und Aufsatzschränke das Angebot. Besonders durch die häufig verwendeten maurischen Bogenstellungen, die Kupfer- und Messing-Rosetten, die Sternchen-, Zickzack- und Stabfriese und die Troddelgehänge wirken die Möbel orientalisch. In England konnte sich Bugatti mit solchen Schöpfungen durchaus Erfolg versprechen, denn die Orientwelle hatte nirgendwo anders so viele Anhänger. Man braucht nur die englischen Möbel- und Kunstgewerbezeitschriften der 1880er und 90er Jahre durchzublättern, um zu sehen, wie reich das Angebot für Möbel, Textilien, Metallgerät, Keramik und Gläser dieses Stils ist, um »Moresque Rooms« und »Moorish Halls« einzurichten. Der konstruktive Aufbau von Bugattis Möbeln und ihre Extravaganz scheinen vor allem Künstler angesprochen zu haben. Es heißt, »führende Maler« hätten spontan »Reproduktionen für ihre Ateliers bestellt«. Daß Bugatti jedoch nicht nur orientalische Elemente verwendet hatte, wurde damals bereits gesehen. So wird an einer als Paravent mißdeuteten Schrankfront[18] die Bemalung in »exzellenten gedämpften Farbtönungen, mit einer Freizügigkeit der Strichführung wie in der japanischen Kunst« hervorgehoben. Tatsächlich hat Bugatti die beiden mit Pergament bezogenen Türflügel gewissermaßen verunklärt, indem er sie in helle und dunkle Partien aufteilte und asymmetrisch mit weit ausschwingenden zarten Bambuszweigen bemalte, auf denen Vögel wippen. Zu den übergreifenden spitzen Lanzetten des Kupferbeschlags, den formbestimmenden Ausläufern von Schloß und Scharnieren, sowie zu den großen Rosetten über den tragenden kleinen Säulenpaaren, bilden sie einen effektvollen Gegensatz. Auch bei seinen späteren Möbelschöpfungen zeigt sich immer wieder, daß Bugatti keineswegs auf Orientmotive festgelegt ist, selbst wenn sie andere Formelemente zu überwuchern scheinen.

Bugattis Möbelschöpfungen 1890 bis 1900

In Bugattis Repertoire finden sich alle Möbeltypen, die Ende des vorigen Jahrhunderts in der Regel zur Ausstattung eines »vornehm-bürgerlichen Heims«, um einen 1917 geprägten Begriff vorwegzunehmen[19], gehörten. Gewöhnlich bleibt die traditionelle Grundform erkennbar, auch da, wo Bugatti sie variierte und mit einer verwirrenden Fülle oft phantastischer Dekore überzog. Gerade diese Details verleihen seinen Schöpfungen noch unter Artverwandtem die unverkennbare Bugatti-Prägnanz. Selbstverständlich bot seine Werkstatt eine große Auswahl an Kasten- und Behältnismöbeln an, angefangen bei großen zweitürigen Kleiderschränken bis zum halbhohen Modell mit Schüben oder Türen, Zierschränke mit Regalanbauten und verspiegelten Rückwänden, Vitrinen oder offene Etageren, mit Nischen und Fächern versehene Wandkonsolen, Schmuckkassetten, daneben gestaltende Wandelemente, kostbar gefaßte Spiegel oder Bilderrahmen, Garderoben, Paravents und Blumenständer, Guéridons, Tische jeder Art, Schreibmöbel, auch mit Klappult als flacher Wandsekretär und eine große Vielzahl an Stühlen, Sesseln, Bänken, Hockern und Canapés. Bezeichnend bleibt immer der die Konstruktion betonende architektonische Aufbau, in den alle Zierelemente gezielt eingesetzt werden. Ein wesentlicher Akzent sind stets große Rundscheiben, oft aus konzentrisch ornamentiertem, getriebenem und durchlochtem Kupfer oder Messing, mit ebonisierten und intarsierten runden Holzrahmen oder auch von Kupferreifen gefaßte, pergamentbezogene und bemalte Rundfelder; die Variationsmöglichkeiten scheinen sogar in diesem Teilbereich unbegrenzt. Nicht selten sind solche Scheiben beschnitten oder stumpfwinklig fragmentiert, was ihrer prallen Fülle Leichtigkeit, ja mitunter Schwerelosigkeit verleiht, die sich dem ganzen Möbel mitteilt. Dieser Effekt wurde schon 1888 bei dem großen zweitürigen Schrank erreicht, der in der Umzeichnung des »Journal of Decorative Art« als »Screen« dargestellt wird[20]. Als augenfälliger Kontrast zu der großen, kaum gegliederten, pergamentbezogenen Fläche erscheinen die holzgerahmten Kupferrosetten an der unteren Kante wie ein tragender und belebender Fries, auf den locker gesetzte, asiatisch wirkende Zinnintarsien zusätzliche Aufmerksamkeit lenken. Die großen Rundmedaillons dienen Bugatti in der Folgezeit nahezu immer als optische Stütze für die großen Schrankflächen. Doch findet er stets neue Varianten, sie in den Sockel oder in die Fläche einzubinden. Das imposanteste Beispiel ist hier wohl der zweitürige, innen mit Kamelhaut, außen mit Pergament verkleidete Schrank, der erst kürzlich vom Pariser Kunsthandel nach den USA verkauft wurde[21]: aus dem ebonisierten, nur durch kleine Säulchen rhythmisch gegliederten Sockel erwächst wie eine riesige Blume die dunkel gefaßte Rosette, durchstößt mit ihrer braun abgesetzten Kontur die weite helle Pergamentfläche des Aufbaus und bannt zugleich als mächtige Klammer beide Türflügel in eine Ebene.

Ebenso bewußt setzte Bugatti die Rundscheibe in U-förmigen Gestellen zur allseitigen Kennzeichnung eines quadratischen Tisches ein, der durch eine solche Betonung bestimmendes Element im Raum wird[22]. Auch funktional besitzt diese Gestaltung Bedeutung, denn jede Scheibe läßt sich herabklappen, wodurch jeweils fünf flache Schubladen freigegeben werden. An Paravents unterstreichen holzgerahmte Kupferscheiben die Selbständigkeit eines jeden Flügels; sie bilden zugleich den verbindenden Fries, der die Einheit des Ganzen markiert[23]. Bei den Stühlen und Sesseln gewinnt das 1880 und 1888 noch in eine eckige Pfostenkonstruktion gehängte runde Rückenschild in den 90er Jahren vor allem bei den Scherensesseln, deren traditionsreiche Form sich bis in die Antike zurück-

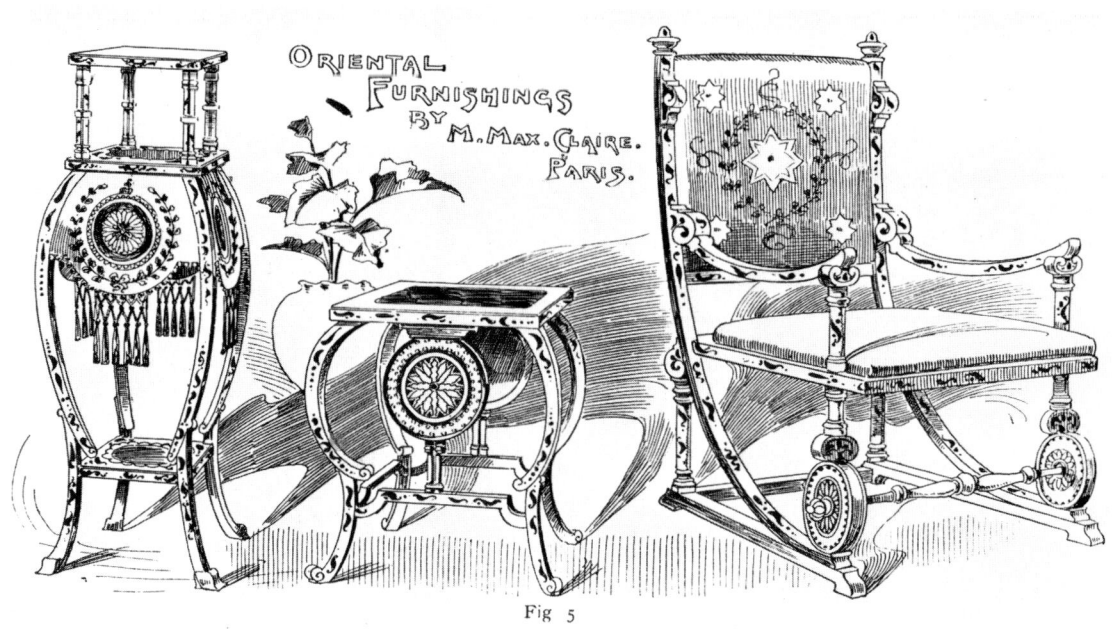

Fig 5

6 *Orient-Möbel der Firma Maximilian Claire in Paris, mit Elementen von Bugatti-Möbeln, ausgestellt in Antwerpen 1894. – The Cabinet-Maker and Art Furnisher XV, 1, 1894, S. 3, Fig. 5.*

verfolgen läßt, an Volumen und damit an bestimmter Funktion (Kat. Nr. C 45–47). In ganzer Breite füllt es den Rücken des Fauteuils, fixiert durch sein Zentralmotiv exakt den Sitzpunkt. Dabei fungieren die seitlich angebrachten ungleichen Pfosten nur noch als Dekoration, in geringem Maße auch als Halterung. Der Vergleich mit einem Thron oder einem »Häuptlingssitz« drängt sich auf. Daß die Kupferscheibe in jeder Größe weitere Funktionen in einem Fries, zur Betonung der Ekken, zur Kennzeichnung von Schmalwänden, ja sogar (allerdings weniger einleuchtend) als Basis von Säulen an Bugattis Möbeln wahrnehmen, kann man an vielen seiner Modelle beobachten. Aber auch das Negativ, die kreisförmige Durchbrechung einer Fläche, ruft am Möbel oft die gleiche Wirkung hervor. Sie bildet das Grundelement des maurischen Bogens, den Bugatti überall einsetzte, wo Nischen, Arkaden oder Galerien zur Gliederung einer Fassade beitragen. An Schreibtischen öffnet der große Kreisbogen die Zarge, klei-

nere markieren die Schübe; der Aufsatz ist als offene Arkade gebildet, und nicht selten überhöht ein minarettartiges Türmchen mit dreiseitiger Bogenstellung das Möbel. Kabinettschränke besitzen gewöhnlich ein bemaltes oder intarsiertes Ablagebrett in der unteren Region, während maurische Bögen in sich steigernder Vielfalt die verschiedenen Etagen, Fächer und Galerien kennzeichnen (Kat. Nr. C 6). Auch Etageren, seien es nun größere Regale oder kleinere Wandgestelle, wurden nahezu regelmäßig mit »Minaretten« ausgestattet, die sich in maurischen Bögen nach vorn und zu den Seiten hin öffnen. Daß Bugatti sogar bei den Gestellen von Stühlen und Tischen nicht auf solche Bogenformen verzichtete, wurde bereits erwähnt. Das asymmetrische Vorziehen eines Bogenpfeilers läßt optisch den Eindruck entstehen, als vollführe der Stuhl oder der kleine Schreibtisch einen Schritt nach vorne (Kat. Nr. C 19 u. 30), eine von Bugatti sicher beabsichtigte, die Funktion unterstreichende Wirkung.

29

Zweifellos verbreiten Rosetten, Minarettürmchen, Arkaden und maurische Bögen an Bugattis Möbeln orientalisches Flair. Da Möbel im Orient zu den Seltenheiten gehörten — man ruhte vorwiegend auf Teppichen und Kissen — bezog Bugatti die Anregungen zu seinen Motiven hauptsächlich von der orientalischen Architektur. So schreibt denn auch Dejean (allerdings ohne Quellenangabe), daß sich Bugatti als Architekturstudent vor allem für »pharaonische und arabische Konstruktionen« interessiert habe[24].

Bei der Herstellung seiner Modelle verwendete er kaum fremdländisches Material, sondern vorwiegend einheimische Produkte. Die Möbel bestehen zumeist aus Nuß- oder Obstbaumhölzern. Dank ihrer feinen Struktur wirken diese, schwarz gebeizt, wie kostbares Ebenholz. Bugatti hat das »Ebonisieren« auch dazu verwendet, seinen Möbeln stärkere farbige Kontraste zu geben, indem er nur gewisse Teile, vor allem Rahmenhölzer schwarz beizte, andere dagegen im Naturton beließ. Dadurch ergeben sich Nuancen von Hellgelb bis Hellrot, welche die Intensität der ebonisierten Partien ungemein steigerten. Furniere schätzte Bugatti offensichtlich nicht. Vielmehr bezog er alle größeren Flächen mit Pergament, einem Werkstoff, den Bugatti als erster in den Möbelbau einführte. Das von Weiß bis gelblich variierende Material garantierte eine gleichmäßige glatte Oberfläche und gab dem Möbel, gerade im Kontrast zu den Hölzern, eine völlig neue Farbigkeit. Die Ränder befestigte er mit Kupferstreifen, die er durch Treiben und Stanzen grob ornamentierte und somit weitere neuartige Kontraste schaffte. Kupfer und Messing waren in ihren warmen Rot- und Goldtönen auch das Material für die großen Rosetten, für Randfriese, Beschläge und die Ornamentierung der zahlreichen Säulen. Bugatti schätzte diese oft zierlich und lang; spiralförmig mit Kupferbändern umwickelt, steigerten sich zugleich ihre Stabilität und die Intensität ihrer Wirkung. Fast nie ließ er sie ungegliedert: klotzhafte Verdickungen, Wulste, vor allem phantasievolle Basen und Kapitelle verdeutlichen ihre Funktion. Wie bei einem Zinnenfries sind sie aus alternierend langen und kurzen Stäben, die wechselnd aus Holz bzw. aus Knochen bestehen, zusammengesetzt. Solche Friese lösen ebenfalls als

Zier von Rosetten und Gesimsen fremdartige Eindrücke aus. In dieser Beziehung konkurrieren sie mit den unerschöpflich variierten Intarsienmustern auf nahezu allen sonst nicht bedachten Holzteilen. Bevorzugt wurden hierfür leicht zu bearbeitende Metalle benutzt, wie das silbrige, aber stumpfe Aluminium, das matt glänzende Zinn und wieder als Kontrast das rötliche Kupfer, zusätzlich auch Knochen und Elfenbein. Anfangs setzten sich die Motive aus geometrischen Grundformen zusammen: Sternen, Dreiecken, Quadraten, Zickzacklinien; daneben sind vor allem an größeren Flächen asiatisch anmutende Bambuszweige, Gräser, Kiefern, Vogelschwärme und kalligraphische Schriftzeichen angebracht, die nicht selten mit arabischen Zeilen kombiniert erscheinen. Reale Texte lassen sich nicht identifizieren. Offenbar orientierte sich Bugatti allein an dem dekorativen Erscheinungsbild. In den späten 90er Jahren werden die Intarsienmuster schlichter, oft bestehen sie nur aus versetzten Quadraten oder Dreieckfeldern; an den stärker betonten Flächen und Rahmen sind dagegen kompliziertere Motive eingesetzt: stilisierte Insekten, Käfer, Libellen oder deren Teile. Es wurde schon darauf hingewiesen, daß in den 1890er Jahren zahlreiche Verlagswerke »für das Verwenden der pflanzlichen und tierischen Formen« im Kunstgewerbe sowohl in Deutschland als auch in England und Frankreich erschienen[25] und offensichtlich nicht ohne Eindruck auf Bugatti blieben. Wie seine auf Pausen, Papier und Karton ausgeführten Zeichnungen zeigen, hat sich Bugatti intensiv damit beschäftigt[26], allerdings noch stärker nach 1900, als solche Motive auch den farbigen Dekor für die Pergamentflächen abgaben. In der Intarsie vermitteln die friesartig aneinandergereihten Stilisierungen von Flügeln, Köpfen, Fühlern und Beinen der (oft schwer zu identifizierenden) Insekten ein häufig spannungsvolleres und ihre Konzentration auf die Konstruktion des Möbels aktivierendes Motiv als die lockerer arrangierten ostasiatischen Komponenten. Auch solche Details machen Bugattis Bemühen sichtbar, die Klarheit der Linienführung und Konzeption hervorzuheben. Parallel dazu unterbleiben in dieser Spätphase gegen 1900 ebenfalls dekorative Zeichnungen auf dem Pergament, die manchen seiner früheren Schöpfungen unbekümmerte Leichtigkeit verliehen hatten. Einige der um 1888 bis 1895 entstandenen Bugatti-Möbel sind in Ölfarben mit orientalischen Figuren bemalt. An Hand von zwei signierten Beispielen unserer Ausstellung (Kat. Nr. C 45 u. 74) kann man derartigen Dekor generell dem Mailänder Maler Riccardo Pellegrini zuschreiben. Der 1866 geborene Künstler, der später als Genremaler und Illustrator wirkte, ist offenbar Ende der 1880er Jahre, damals etwa 20 bis 25 Jahre alt, mit Bugatti bekannt geworden. Seine Darstellungen beleben skizzenhaft einzelne Pergamentflächen, die Seitenwände eines Schrankes, die Schubladenfronten eines Schreibtischs, die Rückenlehnen von Sesseln oder die zentrale Fläche eines Wandelements. Stets sind es Orientalinnen, die unter der Ampel sitzen, auf den Stufen vor ihrem Haus träumen, oder auch nur Köpfe, wie auf dem Armstuhl des Victoria and Albert Museums (Kat. Nr. C 42). Dem Möbeldekor geben diese Malereien einen belebenden zusätzlichen Aspekt. Letzten Endes beanspruchen sie aber ihre eigene Individualität auf den sonst ganz

7 Der »Türkische Salon« im Hotel »Waldorf« in New York. Links eine Gruppe von Bugatti-Möbeln. — The Cabinet Maker and Art Furnisher XV, 2, 1895, S. 218.

THE QUAINT FURNITURE OF THE CONTINENT.

THE fashion—or rather the sentiment—in favour of eccentricity and extremes of form and colour is rampant, not only in this England of ours, but is also being cultivated on the continent of Europe as well as in America. Æstheticism with us has left an impress upon our furniture and decoration which we may, with pride, regard as "quite English." The bold quaintness and strange beauty of our up-to-date furniture are characteristics peculiar to our national art, and in the productions of no other country—of course, excepting Japan—can we detect any semblance to the style which we now know as æsthetic English. The quaint furniture of France and Germany is, however, in quite a distinct style, and having on several occasions had an opportunity of comparing modern foreign quaint furniture with that made to our own country, we have detected, or, at least we think we have, the reason for this difference of style. English æsthetic furniture is and was, for the most part, founded upon the dainty and chaste lines of Japanese art, whilst Continental furniture of "high fancy" is invariably based upon the intricate and baroque richness of the Moorish style of art.

We are able to illustrate our opinions in this matter—thanks to the courtesy of Messrs. Ernst Kopp & Cie.—by affording our readers an interesting glimpse of the latest Continental furniture novelties. A glance at these fanciful and most original designs will at once impress us with a sense of their foreignness. They are intentionally curious, and are quite unlike anything that past furniture history can show or suggest. The designer of these "meubles de haute fantaisie" favoured us with a call a few days

ago, and afforded us some useful interesting information concerning their creation and execution. Agreeably with our preconceived ideas we learned that Mr. Kopp had adopted the name of "Granada Furniture" for his specialities, and it will be noticed, even from our few illustrations, that this peculiar fashion is based upon the marvellous style of the Alhambra. Mr. Kopp, whose central place is in Berlin, is a persistent traveller and has personally introduced his unique productions to the house furnishers of the United States and South America, as well as in every country of Europe, and in some Oriental Empires as well. He is a versatile linguist and a most observant artist. Greece and Turkey were his destinations when he acknowledged our "bon voyage" the other day, and by the time that our readers are glancing at our sketches of his wares, Mr. Kopp will be in the Rue de Pera, Constantinople. "Do you hope to find a market for your fanciful goods in this country?" we asked him. "Yes," he said, "I hope to extend the business that I am already doing here." But then came the all-important question. "Are your goods medium-priced and suitable for the middle-class trade?" "No," said Mr. Kopp, "they are not cheap, and never can be so. They are intended only as quaint fancies and are absolutely unique—no two pieces of similar design are ever made by my artists. My goods are made always from my own suggestions, and before they are produced in the costly woods and materials they are always modelled in clay. They are made in various parts of Europe and are only purchasable by those artistic people who are blessed with long purses."

The few sketches which we publish will be interesting to both designers and makers of English æsthetic furniture, whilst the personal notes we have given concerning their enterprising creator will testify to the energy and devotion which foreign manufacturers of furniture evince in their efforts to do business.

The chief material used in manufacturing this furniture is walnut blackened and inlaid with metal. The columns, which recall mostly the Moorish style, are surrounded by hammered copper, and their capitals inlaid with ivory. Further, they are decorated with hammered copper shields and nails.

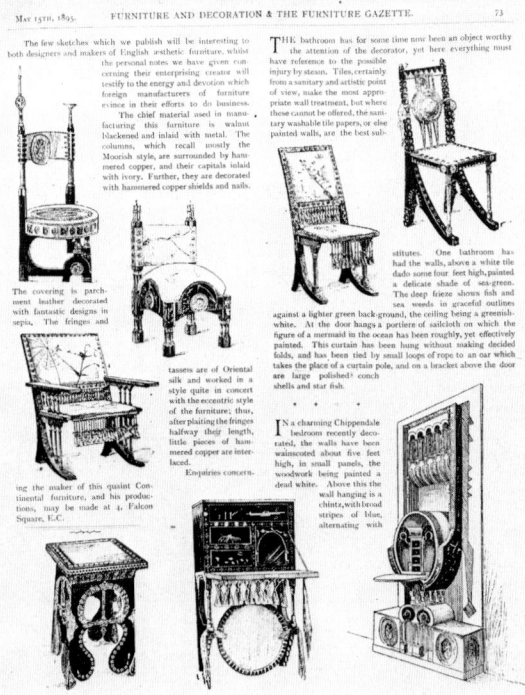

The covering is parchment leather decorated with fantastic designs in sepia. The fringes and tassels are of Oriental silk and worked in a style quite in concert with the eccentric style of the furniture; thus, after plaiting the fringes halfway their length, little pieces of hammered copper are interlaced. Empires concern-

ing the maker of this quaint Continental furniture, and his productions, may be made at 4, Falcon Square, E.C.

THE bathroom has for some time now been an object worthy the attention of the decorator, yet here everything must have reference to the possible injury by steam. Tiles, certainly from a sanitary and artistic point of view, make the most appropriate wall treatment, but where these cannot be offered, the sanitary washable tile papers, or else painted walls, are the best substitutes. One bathroom had had the walls, above a white tile dado some four feet high, painted a delicate shade of sea-green. The deep frieze shows fish and sea weeds in graceful outlines against a lighter green back-ground, the ceiling being a greenish-white. At the door hung a portière of sailcloth on which the figure of a mermaid in the ocean has been roughly, yet effectively painted. This curtain has been hung without making decided folds, and has been tied by small loops of rope to an oar which takes the place of a curtain pole, and on a bracket above the door are large polished conch shells and star fish.

IN a charming Chippendale bedroom recently decorated, the walls have been wainscoted about five feet high, in small panels, the woodwork being painted a dead white. Above this the wall hanging is a chintz, with broad stripes of blue, alternating with

three narrow stripes of the same colour on a white background. There is no frieze, but a wooden moulding in the angle of the ceiling serves the purpose of cornice and picture rail at the same time. The ceiling is papered in white, with small blue figures, tiny garlands, and knots of ribbon upon it. At the windows hang blue thin silk curtains, upon which conventional patterns have been embroidered in white cord. The furniture is finished in white enamel with flowers painted upon it in blue. Even the rug upon the oak floor is a deep blue, with a white goatskin beside the bed. The fireplace, too, is faced with blue and white Delft tiles. A few bright points of colour are introduced in the shades of the lamps, a yellow china silk one upon a table in the corner, and a bright rich red one upon the bureau, and in the two or three bright cushions that lie upon a settle by the fireside, as well as in the few choice books and pictures in the room.

✳ MEXICAN ONYX. ✳

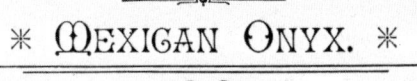

and for tops for tables, bedroom furniture, mantels, and other household articles.

QUAINT FURNITURE BY ERNST KOPP & CIE.

Some of the earlier articles of the sort have considerably decreased in value since the price of the onyx came down and it has been so lavishly used in building. The marble is of course not suited for statuary because its variegated colours would give the subject a motley appearance that would be not beautiful but absurd. The material is too valuable to be used much in places

nach Bugattis Vorstellungen geschaffenen Möbeln, so daß Pellegrini wohl nur wenige Jahre dessen Mitarbeiter war[27].

Außer Pergament verwendete Bugatti gelegentlich etwas gröber strukturierte Tierhäute, vor allem die von Kamelen, aber auch von Antilopen und Ziegen. Seltener schmücken sie eine Möbelfront wie etwa den Schrank Kat. Nr. C 7, öfter dagegen die im Hintergrund bleibenden Rückwandfassungen von Wandetageren und den hohen, schlanken, für die Anbringung an der Wand bestimmten Klappsekretären (Kat. Nr. C 15−16). Auch die Innenräume von Kleiderschränken oder Vitrinen wurden zuweilen mit Kamelhaut ausgepolstert. Schließlich gehören Fransen- und Troddelgehänge aus weißer Seide zur unverzichtbaren malerischen Ausstattung von vielen Möbeln Bugattis. 1880, bei den Segantini-Möbeln, fällt lediglich eine Einzeltroddel als Gehänge an der Mittelrosette des Schrankes auf. Bewegliche Teile wie der Spiegel eines Wandschränkchens oder Rückenscheiben zweier Stühle sind zwar an Seilen aufgehängt, aber nicht mit zusätzlichen Troddeln modifiziert. Doch gerade an solchen Stellen bereicherte Bugatti in der Folgezeit seine Möbel mit dicken Quasten, bis er in den 90er Jahren zunehmend Kanten von Stühlen, Tischen und Etageren mit kompletten, oft ineinander verflochtenen und durch Kupferplättchen zusätzlich verknüpften Troddelbehängen versieht. Erreicht wird damit die Wirkung eines Vorhangs, der die Front eines Stuhls oder seine Rückenlehnen optisch schließt und die kubischen Formen des Möbels betont. Auch bei Tischen und Etageren werden durch den Troddel-Vorhang die auflösenden Details dem Blick zugunsten einer geschlossenen Front entzogen. Diesen Weg hat Bugatti konsequent weiterverfolgt, denn viele der 1902 in Turin ausgestellten Sitze wurden regelrecht, soweit sie nicht vollständig mit Pergament überzogen waren, mit weitmaschigen »Strickkleidern« versehen, die den Sitz an

drei Seiten umspannen, von den Armlehnen herabhängen und auch die Partie zwischen den Rückenpfosten abdichten[28].

Gleichsam als Abschluß dieser Entwicklungsphase und als Zukunftsvision gestaltete er um 1900 das Schlafzimmer von Lord Battersea im Surrey House am Marble Arch in London (Abb. 5). Bugatti beschränkte sich nicht darauf, seine Möbel in einen fertigen Raum zu stellen, sondern bezog die Wände, die Zimmerdecke, das Fenster in sein Konzept mit ein. Große, von Spitzovalen durchschnittene Rundflächen markieren das Kopfende des Bettes und die Position des gegenüber angebrachten riesigen Spiegels, dichte Arkaden von Säulenbündeln gliedern die Rückwand und das Fenstergitter, Rosetten zieren die Zimmerdecke, hochrechteckige Felder die Wände, die partienweise mit umlaufenden flachen Sitzbänken versehen sind. Als raumgreifender rechteckiger Kubus beherrscht das Bett die Mitte des Raumes. Die Formen von Paravent, Tisch, Stühlen und Sesseln sind geprägt von Rundscheiben, gewollt als skandierende, kleinere Vervielfältigungen der großen Rundfelder von Betthimmel und Spiegel. Mehrfach wurde diese Raumschöpfung als der Höhepunkt des Orientalismus angesehen, »dem Eingang zu einer künstlichen arabischen Grotte ähnlich«[29]; doch erscheinen gerade in dieser Komposition die orientalisierenden Elemente gegenüber den raumprägenden Grundformen zurückgenommen. Als optischer Eindruck bleibt das Zusammenwirken großzügiger Strukturen und Linien in einem für jene Zeit ungewöhnlichen und neuartigen Ensemble; orientalische Zierelemente wirken nurmehr wie untergeordnete Zutaten. Daß vor dem Bett des Lords ein gewaltiges Tigerfell den Boden bedeckt, mag den fremdländischen Eindruck verstärken. Bugatti hatte es jedoch nicht eingeplant.

Bugattis Entwicklung geht zweifellos von einem orientorientierten vielfältigen Dekor aus, der phan-

◁

8 »The Quaint Furniture of the Continent«, Bugatti-Möbel, offeriert von der Berliner Firma Ernst Kopp & Cie. − Furniture and Decoration & The Furniture Gazette XXXII, 1895 (15. Mai), S. 72−74.

tasievoll mit europäischen Möbelformen kombiniert wird, sie verwandelt und ihnen oft bizarre Konturen verleiht. Von Jahr zu Jahr gewinnen aber lineare und kubische Strukturen an Bedeutung. In sie werden mehr und mehr Stilisierungen europäischer Pflanzen- und Tierformen integriert, so daß Bugattis Möbelstil sich um 1900 an einer Wende befindet: aus dem Ziermöbel mit orientalischem und asiatischem Flair beginnt ein neuartiges Mobiliar zu werden, beherrscht von den hellen Pergamentflächen, von Rundformen, kühnen Konturen und abenteuerlicher Linienführung. Die dem Historismus eigene kleinteilige, additive Vielfalt wird aufgegeben zugunsten des großzügigen Linienflusses eines neuen Stils.

Möbel im Stil »Bugotto«

Wie umfangreich Bugattis Werkstatt war, die er noch vor 1900 von der Via Castelfidardo in die Via Marcona 13 verlegte, und wieviele Mitarbeiter er beschäftigte, wissen wir nicht. Daß er eine Fabrik »in der Nähe von Mailand« unterhielt, wie Italo Cremona schreibt[30], ist sonst nicht belegt. Cremona berichtet auch als erster, daß der Architekt Antonio Lasciac »einige Möbel für die Villa der Mutter des Khediven in Konstantinopel« bei Bugatti in Auftrag gab[31]. Damit möchte er auf die weltweiten Verbindungen des Unternehmens Bugatti aufmerksam machen. An der heute bekannten Produktion gemessen, kann man eher davon ausgehen, daß Bugatti einem mittelgroßen Betrieb vorstand. Schon früh soll Bugatti seine Söhne Ettore und Rembrandt in den Betrieb aufgenommen haben. Da der erste 1895 gerade 14 und Rembrandt 10 Jahre alt war, können sie sich bestenfalls zum Zeitvertreib oder als Lehrlinge in der Werkstatt des Vaters beschäftigt haben. Obwohl sich Bugatti, soweit uns bekannt ist, damals nur an wenigen Ausstellungen beteiligte, genossen seine Möbel schon Anfang der 1890er Jahre eine gewisse Berühmtheit. Besonderheiten seines Dekors, vor allem die weißen Pergament- und Lederbezüge, die kupfernen Rundscheiben, die Troddelbehänge wurden bald von anderen für orientalisierende Möbel übernommen. Das wäre nichts Ungewöhnliches, denn Firmen, die derartiges Mobiliar in ihr Programm aufgenommen hatten, gab es, wie die Angebote in den Fachzeitschriften belegen, in großer Zahl. Erstaunlich ist allerdings, daß Rezensenten schon zwischen gewöhnlichen Orientmöbeln und solchen im Stil »Bugatti« unterscheiden. So führt ein deutscher Bericht über die Weltausstellung in Chicago 1893 eine französische und eine italienische Möbelfabrik auf, die entsprechendes Mobiliar anbieten. Es klingt fast wie eine Schilderung von Bugatti-Möbeln, wenn dort steht: »Phantasiemöbel arabischer Art schafft Maxime Claire (Paris). Im kecken Schwung der schwarzen Hölzer, mit Kupferbeschlägen und weißem Lederbezug, eignen sie sich für Rauchzimmer junger Elegants, die das Aparte lieben. Es ist dieselbe Gattung, welcher die Italiener den Namen ›Bugotto‹ (sic!) gegeben haben«[32]. Wie solche Möbel aussehen, hat eine englische Zeitschrift bei einer Besprechung der Internationalen Ausstellung in Antwerpen 1894 im Bild vorgestellt (Abb. 6)[33].

In eine dekorative Konstruktion von Tischchen und Blumenständer sind wie bei Bugatti allseitig Kupferrosetten adaptiert; wie bei einem ausgefallenen Bugatti-Sesselmodell dienen gleichartige Rosetten als Basis von Säulen. Auch der kurvig nach vorn gezogene Rückenpfosten ist bei diesem Sesseltyp kopiert. Eine andere englische Zeitschrift bildet einen Stuhl mit Troddelgehänge à la Bugatti aus demselben Möbelhaus ab[34]. Doch wie elementar unterscheiden sich solche dekorativen gefälligen Möbel von den entschiedenen Schöpfungen Bugattis! Dennoch ist dieses Unternehmen, wie man im Katalog der Pariser Weltausstellung 1900 nachlesen kann, auf nahezu allen internationalen Ausstellungen seit 1878 mit hohen Auszeichnungen und Medaillen bedacht worden[35]. Die italienische Firma, die 1893 in Chicago »Phantasiemöbel in arabischem Stil, genannt ›Bugotto‹ (sic!)« ausstellte, hieß Meroni & Fossati in Lissone (bei Mailand)[36]. Sie war auch 1900 in Paris dabei mit »meubles mauresques pour l'exportation« und besaß Filialen in Paris und Mailand[37]. Auf der Pariser Ausstellung werden noch die Möbel des Mailänder Fabrikanten Eugène Quarti mit dem Zusatz »genre Bugatti« charakterisiert. Immerhin mag diese Aufzählung belegen, daß Bugattis Möbel zu jener Zeit

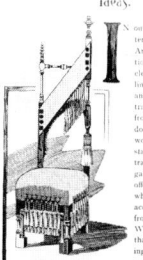
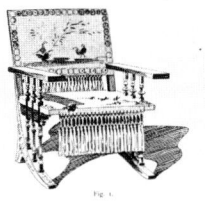

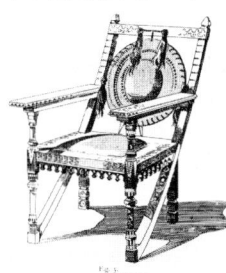

9 »Some Clever Renderings of Oriental Ideas«, Bugatti-Möbel, offeriert von der Berliner Firma Ernst Kopp & Cie. — The Cabinet Maker and Art Furnisher XVII, 2, 1896, S. 37—38.

bekannt waren, geschätzt und als nachahmenswert empfunden wurden. 1893 stattete bereits eines der bekanntesten Hotels, das neu erbaute »Waldorf« in New York, seinen »Turkish Salon« teilweise mit Bugatti-Möbeln aus, wenn sich auch, wie eine Illustration von 1895 zeigt, die dicken Polstersessel anderer Hersteller in diesem Raum in den Vordergrund drängen (Abb. 7)[38].

Ernst Kopp — Plagiator oder Kompagnon Bugattis?

Aufmerksamkeit verdient in diesem Zusammenhang die Firma Ernst Kopp & Cie., Charlottenstraße 25/26 in Berlin. 1895 und 1896 ließ dieses Unternehmen in zwei englischen Fachzeitschriften unter den Titeln »The quaint Furniture of the Continent« und »Some clever Renderings of Oriental Ideas« 21 Modelle von Bugatti-Möbeln als seine eigenen Erzeugnisse vorstellen (Abb. 8 u. 9)[39]. Der Name Bugatti wird an keiner Stelle erwähnt. Daher bezeichnen englische Forscher diesen Akt als »Piraterie« und die Möbel als »Plagiate«[40]. Simon Jervis stellte dabei fest, daß u. a. ein heute nachweisbares und von Bugatti signiertes Schreibmöbel in genau gleicher Form in dem Kopp-Artikel wiedergegeben ist[41]. Auch die gängigen Stuhltypen von Bugatti kommen in dem Kopp-Angebot vor. Da manche dieser Möbel schon seit 1888 bekannt sind, nimmt Jervis an, daß Kopp hauptsächlich die veralteten Bugatti-Möbel imitierte, angeblich auch symmetrische Konstruktionen bevorzugte; schließlich befinden sich unter den 21 verschiedenen Modellen lediglich drei asymmetrisch aufgebaute Exemplare. Andererseits kommt 1896 − dieser zweite Kopp-Beitrag war Jervis noch unbekannt − bereits ein Stuhl mit »Strickkleid«-Dekor vor, der, wie wir nachgewiesen haben, damals zu den neuesten Schöpfungen von Bugatti gehörte. Aus anderen Zusammenhängen kann man gleichfalls schließen, daß manche Typen von Bugatti-Möbeln über einen Zeitraum von 10 bis 15 Jahren nahezu unverändert fabriziert wurden.

Tatsächlich geben die Äußerungen von Kopp Rätsel auf. In dem Artikel von 1895 wird der Unternehmer als ein Manager geschildert, der »ständig auf Reisen ist, seine einzigartige Produktion persönlich bei den Einrichtungshäusern in den USA und Südamerika, in allen europäischen Ländern ebenso wie in orientalischen Staaten einführt«, der sich gerade auf dem Weg nach Griechenland und in die Türkei befindet und anschließend in der »Rue de Pera in Konstantinopel« zu tun hat, »ein vielseitiger Sprachkenner und scharf beobachtender Künstler«. Über die Möbel und ihre Entstehung sagte Kopp selbst wörtlich: »Sie sind als ungewöhnliche Phantasiegebilde erdacht und absolut einmalig − nicht zwei gleiche Stücke wurden von meinen Künstlern gefertigt. Alle entstanden nach meinen eigenen Vorstellungen, und bevor sie in teurem Holz und Materialien ausgeführt werden, sind sie in Ton modelliert worden. Sie entstehen in verschiedenen Teilen Europas«. Ein Jahr später heißt es von »Messrs. Ernst Kopp & Cie.«, einem »Unternehmen, das mit Recht eine erste Stellung als Spezialist in dieser Industriebranche einnimmt, die es so erfolgreich pflegt«, präziser: »Diese Möbel werden in ihren Werken in Nord-Italien produziert.« Die Beschreibung der im Bild wiedergegebenen Möbel und der verwendeten Materialien stimmt absolut mit Bugattis Stil und Werkstatt-Praxis überein. Auffällig ist auch Kopps Mitteilung, daß jeder neue Möbeltyp erst in Ton model-

liert wird. Von Bugatti haben sich verschiedene derartige Möbelmodelle aus der spätesten Phase erhalten (Kat. Nr. C 90−91), die zumindest vermuten lassen, daß der Künstler auch schon früher so verfahren ist. Allerdings verwendete er, jedenfalls zuletzt, nicht Ton, sondern Gips als Modelliermasse. Kopp könnte diese Verfahrensweise also direkt in Bugattis Atelier kennengelernt haben.

Da alle in den Kopp-Artikeln wiedergegebenen Möbel in jedem Detail mit den Bugatti-Modellen übereinstimmen, ist kaum anzunehmen, daß es sich um Imitationen handelt. Solche Nachahmungen ohne Einverständnis des Erfinders in international führenden Fachzeitschriften zu propagieren, wäre wohl auch damals unmöglich gewesen. Vieles spricht vielmehr dafür, daß Kopp in enger Geschäftsverbindung zu Bugatti stand. Vielleicht organisierte er den weltweiten Vertrieb für Bugatti oder war er finanziell an dessen Betrieb beteiligt?

Daß Kopp die Möbel als sein eigenes Ideengut darstellte, war, wenn unsere Vermutung stimmt, sicher nicht korrekt, bleibt aber vielleicht aus dem Bedürfnis eines rührigen Kaufmanns, sich selbst mit der angepriesenen Ware so weit als möglich zu identifizieren, verständlich. Klarheit über das Verhältnis Bugatti − Kopp werden wir erst haben, wenn eingeleitete Recherchen in Mailand und Berlin erfolgreich sind. Ihnen ließe sich eventuell auch entnehmen, ab wann Bugatti seinen Firmentitel mit dem Zusatz »& Cie.« versah. Daß Ernst Kopp wahrscheinlich keine eigene Produktion besaß, sondern als Händler die neuesten Richtungen in der Möbelbranche vertrat, geht ebenfalls aus einem Artikel über Nancy-Möbel im August-Heft 1899 von »The Cabinet Maker und Art Furnisher« hervor, in dem »Messrs. Ernest Kopp & Cie. of Berlin« für die Überlassung der Abbildungen gedankt wird. Bezeichnenderweise erscheint bei der Vorstellung dieser Art-Nouveau-Möbel aus Nancy kein Hersteller- oder Entwerfer-Name, weder der von Emile Gallé noch jener von Louis Majorelle, denn nur aus ihren Betrieben können diese Möbel stammen[42]. Später wird die Firma Ernst Kopp, soweit wir sehen, in der Fachpresse nicht mehr genannt.

Kurz vor Drucklegung erreichte uns eine erste Be-
stätigung unserer Vermutung. Aufgrund unserer
Bitte um Nachforschung teilte Dr. S. v. Falken-
hausen, Berlin, mit, daß die Firma Kopp folgendermaßen im Berliner Stadtadreßbuch von 1898
verzeichnet ist: »Ernst Kopp & Cie, Internat.
Commission Merchants, W Charlottenstr. 25. 26.
Inh. Ernst Kopp (Außerh.)«. Aus dieser Eintra-
gung geht eindeutig hervor, daß die Firma Kopp
keine Möbelfabrik war, sondern lediglich eine
Handels-Gesellschaft, die Verkäufe im Auftrag anderer abwickelte. Daher steht ihr Name auch in
keinem Katalog der zahlreichen Industrie-Ausstel-
lungen jener Zeit, auf denen ausschließlich Hersteller ihre Fabrikate präsentierten.

Turin 1902

Bugattis Haus in Mailand war Treffpunkt von
Künstlern und Musikern. Außer dem Jugend-
freund Giovanni Segantini, der aber bereits 1881 in
die Brianza zog, werden die Komponisten Giaco-
mo Puccini, für dessen Villa in Torre del Lago er
ein Speisezimmer schuf, und Ruggiero Leoncavallo genannt, der Musikverleger Ricordi, Puccinis
Librettist L. Illica, der Pastell- und Bildnismaler
Arturo Rietti, die Bildhauer Giuseppe Grandi und
Ercole Rosa, beide Schöpfer von Mailänder Denk-
mälern, Rosa auch der Pate Rembrandt Bugattis,
sowie der Freund und erste Biograph Rembrandts,
der Kunsthistoriker V. Rossi-Sacchetti. Mit dem
Bildhauer Fürst Paolo Troubetzkoy verband Bugatti eine besonders enge Freundschaft. 1899 widmete ihm der Russe eine Bronzestatuette, die Carlo
in seiner charakteristischen Haltung und Kleidung
wiedergibt[43]. Für die Entwicklung des jungen
Rembrandt wurden Troubetzkoys Ratschläge
wegweisend. Durch Troubetzkoy lernte Bugatti
bei einem Paris-Aufenthalt Tolstoi kennen, »dessen Philosophie«, wie Bugatti-Enkelin L'Ebé
schreibt, »einen dauernden Einfluß auf die geistige
Einstellung der ganzen Familie ausübte«[44].
Bugatti hatte jetzt, gegen Ende des Jahrhunderts,
einen gewissen Höhepunkt erreicht; er zeigte seine
Möbel nun häufiger auf Austellungen, so 1894 in
Antwerpen, 1895 in Amsterdam, 1898 in Turin

und schließlich 1900 auf der Weltausstellung in Paris, wo er mit einer Silbermedaille ausgezeichnet
wurde. Die höchste Ehrung erfuhr Bugatti jedoch
auf der Ersten Internationalen Kunstgewerbe-Ausstellung 1902 in Turin durch die Verleihung eines
»Diploma speciale d'Onore«. Es wurde u. a. auch
Peter Behrens für die eindrucksvolle, expressive
Gestaltung der »Hamburger Vorhalle« der deutschen Abteilung zuteil. In Turin hatte man den
Ausstellern zur Bedingung gemacht, nur neuartige
Entwürfe bzw. Modelle und vollständige Raumausstattungen zu zeigen.
Von Bugatti waren vier komplette Zimmer zu sehen, die an Ungewöhnlichem alles Sonstige über-
trafen. Einen dieser Räume (Abb. 10) schildert
L'Ebé folgendermaßen: »Dieses ›Zimmer‹ aus al-
tem Eichenholz bot wegen seiner Farbe und Oberfläche äußerlich exakt den Anblick einer Schnecke.
Man betrat es auf gleicher Höhe durch eine als Arkade gebildete Tür, die gerade einem Besucher bequem Durchlaß bot. Der Innenraum selbst schien
den spiraligen Windungen eines Schneckenhauses
zu folgen. Das Licht und die Luft wurden geheim-
nisvoll durch kaum wahrnehmbare (Trompe l'oeil-)
Öffnungen gelenkt. Ein dichter, honigfarbener
Teppich bedeckte den Boden der Rampe, die in
sanfter Spirale zu einer Plattform führte, geräumig
genug, einen runden komfortabel eingerichteten
Salon für zehn Personen aufzunehmen.
Dieser konzentrische Endpunkt war in der Mitte
mit einem kleinen Tisch und vier Stühlen möbliert,
typisch ›manière‹ Bugatti. An den Wänden reihten
sich große, mehr oder weniger konzentrisch ornamentierte, mit Pergament verkleidete runde Holz-
scheiben aneinander, der äußere Kreis leicht erhöht, und an einem exzentrisch etwas tiefer gelegenen Punkt mit einer bearbeiteten Kupferscheibe
ausgestattet. Solche Scheiben wiederholten sich
und erzielten durch Reihung die Illusion von Augen. Unter jeder der großen Rundungen, von denen wir gerade gesprochen haben, befanden sich an
der Wand vier Canapés. Eine sanft ansteigende
Neigung bis zu der Umschalung bewirkte eine geschlossene Einheit. Die Sitze und Rückenlehnen
der Canapés waren mit breiten Kissen aus Natur-
leinen geschmückt, die mit geometrischen Bugatti-
Mustern bestickt waren.

Einen Teil dieses Salons nehmen ungemein seltsame Möbel ein. Stellen Sie sich ein Rechteck vor, ganz aus Holz, mit bemaltem Pergament bezogen, 1,50 m lang, 80 cm hoch und ungefähr 60 cm breit. Ein herausragender Teil dieses Rechtecks war als stilisierter Schneckenkopf gebildet, ein ziemlich großer und beeindruckender Kopf. Und durch das Auge, durch seine Pupille aus Kristall, konnte man ins Innere auf die Gläser und Likörflaschen sehen«[44].

Was ist an diesem Spiel- und Konversationszimmer, dem sog. »Schnecken«-Raum, noch orientalisch? Wirken die ungewohnten weißen Pergamentbezüge, ihre in Gold und Rot gemalten Ornamente oder die Kupferscheiben etwa arabisch? Jedenfalls fehlen die maurischen Bögen völlig, keine Ziersäulchen mehr, keine Stäbchen- und Klotzfriese! Dafür beherrschen Rundfelder und kühne Kurvungen, die von breiten Basen zu schmalen Rahmen und wieder zu voluminösen Wandungen führen, das Ensemble. Das Ganze ist aus einem Guß, auch Tisch und Stühle sind in diesen Rhythmus einbezogen, die Stühle als ›G‹ geformt, mit einer vertikal gestellten Rundscheibe als Rückenlehne und einer horizontalen als Sitz, eine verblüffend einfache und auch praktische Konstruktion. Alle

10   Der sog. »Schnecken«-Raum von Bugatti auf der Turiner Ausstellung von 1902. Die Möbel mit gold- und rotbemalten Pergament-Bezügen. Das kleine Sofa vorn setzt sich nach hinten schneckenhausartig in einem Schränkchen fort, das nach verschiedenen Seiten geöffnet werden kann.
Deutsche Kunst und Dekoration XI, 1902/03, S. 135.

Ornamente, auf den Peripherien der Scheiben, auf Rahmen und Kissen sind Stilisierungen von Pflanzen und Tieren.

Im »Salon« (Abb. 11) sind auch die Tapeten und der Teppich, beide mit geometrisch stilisierten Pflanzen, von Bugatti entworfen. Bei den Möbeln – Kleiderschrank, Schreibvitrine und Kommode – kontrastieren eckige Kuben und Rundformen. Faszinierend, wie Bugatti dieses Programm von der großlinigen Kontur bis zum kleinsten Detail konsequent durchzieht.

Nicht anders verhält es sich mit dem Schlafzimmer. Unwillkürlich fühlt man sich an den wenige Jahre vorher für Lord Battersea konzipierten »Bedroom« erinnert: noch das große Rund über dem Kopfende, die breite, rechtwinklige Lagerstatt, die Ecken durch eingeschnittene Rundscheiben betont, als Gegenpart der zweitürige Schrank, hier mit Spiegeln in einen runden Rahmen eingefügt; alles schlichter, großzügiger, kein beunruhigender Zierat, die Pflanzenornamente nur zur Verdeutlichung der Form! Nicht anders sind die Einzelmöbel gestaltet: Schreib- und Toilette-Tische, Guéridons, Blumenständer, Canapés, vor allem die Stühle und Sessel. Gäbe es nicht die arabisch orientierten Vorläufer, nicht die von daher bekannten Kupferschei-

11 *»Salon« von Bugatti auf der Turiner Ausstellung von 1902. Auch die Tapeten und der Teppich wurden von Bugatti entworfen, die Möbel mit gold- und rotbemalten Pergament-Bezügen.*
Deutsche Kunst und Dekoration XI, 1902/03, S. 134.

ben und die noch immer parallel zu den neuen Entwürfen wiederholten und angebotenen Modelle der 90er Jahre, bestünde kein Grund, Bugattis Schöpfungen von 1902 als »ägyptisch« oder »arabisch« zu titulieren. Mit dem Turiner Mobiliar hat Bugatti vielmehr parallel zum Art Nouveau einen ganz eigenen Formen- und Ornamentstil gefunden. Er bietet sich als Alternative zu van de Velde, Gallé, Gaudi, Mackintosh, aber auch zu Eckmann und Peter Behrens an. Die Voraussetzungen sind die gleichen: der Verwendungszweck bestimmt Form, Material und Dekor. Bugattis Möbel erscheinen zugleich praktisch und repräsentativ. Wie bei vielem Ungewohntem und Neuem weckte die kühne Konzeption ebenso begeisterte Zustimmung wie rigorose Ablehnung, auch völlige Nichtbeachtung. Die abgedruckten Pressestimmen zeichnen ein anschauliches Bild der Meinungen.

Es sieht jedoch ganz so aus, als habe Bugatti mit diesen Turiner Raumausstattungen einen Endpunkt erreicht, als habe er sich damit vollständig erschöpft. Noch einmal liest man, daß BugattiMöbel 1904 auf einer »Exposition des Beaux-Arts« in Paris zu sehen waren[45]. Doch zeigte man dort dieselben Modelle wie 1902 in Turin. Was Bugatti letztlich zur Aufgabe seines Werkes bewog, bleibt ungeklärt. Möglicherweise hatte er sich auch finanziell übernommen? Wir wissen es nicht. Lakonisch schreibt L'Ebé: »L'énigme reste entière« (= das Rätsel bleibt vollkommen). Jedenfalls verkaufte Bugatti seine Mailänder Werkstatt 1904 an die Firma De Vecchi, zugleich offenbar mit der Lizenz für den Weiterbau von Bugatti-Modellen. Unsere Ausstellung zeigt einen Pultkasten mit »De Vecchi«Etikett (Kat. Nr. C 83), bei dem geometrisch stilisierte Pflanzen als Intarsie dem schlichten Kleinmöbel belebende und reizvolle Akzente geben, das Holz jedoch wieder stärker als Fond in Erscheinung tritt. Über die Zeitdauer dieser Produktion liegen keine Angaben vor.

Paris, Pierrefond und Molsheim

Wie von seiner Werkstatt trennte sich Bugatti auch von seiner Heimatstadt Mailand. Noch 1904 zog er nach Paris, wo er im 13. Arrondissement, in der rue Jeanne d'Arc, also südöstlich vom Zentrum, unweit vom Place d'Italie, wohnte. Zunächst arbeitete er offenbar für die Kaufhäuser Maison Dufayel und Au bon Marché, wohl auf dem Möbelsektor, ob beratend oder aktiv, ist nicht bekannt. Wichtiger erscheint die Verbindung zu Adrien Hébrard, dem Herausgeber der Tageszeitung »Le Temps«, der zugleich eine Kunstgalerie unterhielt und eine Gießerei besaß. Zu den von ihm vertretenen Bildhauern, deren Modelle er in Bronze gießen ließ, zählte außer Dalou, Degas, Jouve u. a. auch Fürst Troubetzkoy, der vielleicht erst die Verbindung zwischen dem Unternehmer und Bugatti herstellte. Als Rembrandt Bugatti noch im selben Jahr 1904 mit vier Gipsmodellen von Tierskulpturen im Salon der Société Nationale des Beaux-Arts Erfolg hatte, nahm Hébrard ihn sogleich unter Kontrakt und zeigte jährlich seine Werke in der eigenen Galerie, 8, rue Royale. Wahrscheinlich wirkte diese Allianz auch anregend auf Carlos Tätigkeit. In einer Ausstellung während der Vorweihnachtszeit 1907 zeigte Hébrard erstmals − Silberarbeiten von Carlo Bugatti. In »The Studio« ist eine ovale, im Spiegel vierpaßförmige Schale reproduziert, deren reliefierter Rand von Fischen gebildet wird, besonders herausgearbeitet vier Köpfe mit starren Augen. Diese Arbeit beurteilt der Rezensent als »beautiful«; doch schließt sich die Rüge gleich an: »In dem Bemühen, Proben seiner Erfindungsgabe vorzustellen, kam der Künstler auf fremdartige Extravaganzen. Ich würde mich hüten vor einem Service, bei dem Kaffee- und Teekanne, Zuckerschale und Sahnegießer die Form von Elefantenköpfen besitzen, versehen mit gewaltigen Stoßzähnen aus Elfenbein«[46]. Auf französischen und englischen Auktionen wurde ein derartiges Set in den letzten Jahren angeboten, die Gefäße allerdings nicht in Form von Elefantenköpfen, sondern als Wildschweine (Keiler) mit elfenbeinernen Hauern gebildet[47]. Sie weisen die Signatur von Bugatti und den Stempel von A. A. Hébrard auf. Wirkt ein derartiger Gefäßsatz in der Tat eher kurios, so hat Bugatti gleichzeitig oder wenig später andere Silbergefäße von harmonischer Form geschaffen, deren Dekor von unvergleichlicher Phantasie zeugt. Nahezu immer bilden Tierformen die Grundlage für Reliefs und plastische Ansätze. Die Ausstellung zeigt das Gipsmodell einer Teekanne (Kat. Nr. C 93), bei der Fledermäuse die Basis bilden, den Deckel ein spinnenartiges Ungeheuer bewacht, während Libellen die gotisierenden Nischen der Wandung beschließen. Durch den weitschwingenden Henkel und Ausguß, die wie gebündeltes Schilfrohr aussehen, erhält das Gefäß seinen großzügigen Umriß, dem sich solche Details völlig unterordnen. Eine silberne Ausformung dieses Modells war ebenfalls 1978 im englischen Kunsthandel[48].

Der Vergleich von Modell und Ausführung offenbart Bugattis Arbeitsweise: nach vorbereitenden Skizzen[49] entsteht ein Gipsmodell, in dessen Oberfläche jede Nuance des zukünftigen Silbermantels eingearbeitet wird. Dieser Bozzetto bildet das Kernstück für den Gießer, der von den einzelnen Teilen Negative abnimmt, mit deren Hilfe Gefäß, Henkel, Tülle und Deckel gegossen werden. Die Gegenüberstellung von Gipsmodell und Silberausführung ist in der Ausstellung bei einer pokalartigen Vase möglich, die wie bei Gefäßen der Renaissance und der Barockzeit aus voluminösen Männermasken mit weit aufgerissenem Mund und heraushängender Zunge zu wachsen scheint (Kat. Nr. C 85 u. 92). Wie ein Mantel umhüllt eine vergoldete Fassung den silbernen Kern, der in der oberen Partie von fächerartig sich weitenden Blüten umfangen wird. Aus dem scheinbar Ungestalteten erwächst ein Blütenzauber vollkommener Harmonie. An solchen Silberarbeiten erweist sich die phantasiereiche Gestaltungskraft Carlo Bugattis. Die Ausstellung zeigt noch ein Tintenfaß aus Bronze, bei dem der Tragegriff wie ein mächtiger Tierflügel die Federhalterschale überspannt, sowie zwei bronzene Lampenfüße, an denen Insekten, Fische und Elefantenköpfe zu einer paradoxen Einheit gezwungen werden (Kat. Nr. C 86–88).

Kurze Zeit widmete sich Bugatti auch der Herstellung von Schmuck. Wir zitieren wieder L'Ebé: »Besonders erinnere ich mich an eine Garnitur mit Türkisen und Brillanten, die er für meine Mutter fertigte. Diese ›Parure‹ bestand aus einem Collier, einem Paar Ohrringe und einem Ring mit einem stilisierten Skarabäus. Der Ring war durch ein brillantgefaßtes Kettchen mit dem Armband verbunden, das wiederum das gleiche Motiv aufwies wie der Ring und dieselben zarten Ornamente, die man an dem Kettchen auf dem Handrücken sah. Der dekorative Effekt des Ganzen war wunderschön, hieratisch; durch seine Eleganz zog diese Kombination die Blicke auf sich; andererseits behinderte sie die Bewegungsfreiheit der Hand«.

Sogar als Maler, vor allem von Bildnissen, lernt man Carlo kennen. 1910 stellt er im Pariser Salon National de Peinture ein Porträt aus; er gehörte zur Jury des Salon d'Automn und war Mitglied der Société des Beaux-Arts.

Weil seine Frau das Pariser Klima nicht vertrug, zog sich Bugatti 1910 nach Pierrefond zurück, einem kleinen Ort nahe Compiègne. Hier richtete er ein Atelier ein, wo er modellierte und vor allem wieder malte. Eine Anzahl von Familienporträts hat sich erhalten, aber auch Landschaften sollen damals entstanden sein. Während des ersten Weltkrieges nahm Bugatti die Funktion des Bürgermeisters von Pierrefond wahr, wo es galt, besonders Flüchtlinge, Verwundete und Gefangene zu betreuen. Nachdem 1932 die einzige Tochter Déanice und 1935 auch seine Frau Thérèse gestorben waren, zog Carlo 1937 zu seinem Sohn Ettore, der in Molsheim im Elsaß seine berühmten Automobile baute. Er erlebte noch den tödlichen Unfall seines Enkels Jean, ehe er selbst im Château St. Jean in Dorlisheim (Bas-Rhin) starb.

Späte Würdigung

Schon lange vor seinem Tod waren die Nachrichten über Carlo Bugatti verstummt. Im 5. Band von Thieme-Beckers Künstlerlexikon wird er 1911 noch einmal gewürdigt. Die allgemeine Verfemung des Jugendstils ließ auch seine künstlerischen Verdienste in Vergessenheit geraten. Erst nachdem Europa sich von den verheerenden Folgen des zweiten Weltkrieges wieder zu erholen begann und einer neuen Generation die Extravaganzen des Art Nouveau gar nicht mehr so abscheulich vorkamen wie noch ihren Vätern, fanden sich Spuren, die wieder zu Bugatti führten. Der Pionier scheint Italo Cremona gewesen zu sein mit seinem Buch »Die Zeit des Jugendstils«, dessen deutsche Übersetzung 1966 erschien. Die vorher publizierten deutschen positiven Abhandlungen über jene Stilepoche erwähnten den Möbelschöpfer aus Mailand überhaupt nicht. Aber nicht zuletzt waren es die beeindruckenden Fotos von seinen Turiner Räumen in einer deutschen Zeitschrift von 1902, daß Bugattis reifste Leistung in ihrem ganzen Umfang erkannt werden konnte[50]. Inzwischen waren die Möbel selbst, wie die Enkelin L'Ebé mitteilte, in alle Winde verstreut und unauffindbar. Ihr Buch »The Bugatti Story« kam 1967 in London heraus. Nun folgten Ausstellungen und Auktionen, weitere Publikationen, durch die in stets wachsendem Umfang die Entwicklung und Vielfalt von Carlos schöpferischer Tätigkeit deutlich wurden.

Ohne den nunmehr weltweiten Widerhall, ohne das andauernd zunehmende Interesse an Bugatti-Möbeln, den Wunsch, sie zu besitzen, mit ihnen zu wohnen oder wenigstens eine Auswahl davon zu sehen − denn ihre Zahl ist begrenzt und der Preis wie einst recht hoch −, würde man wohl ihre Bedeutung und Eigenart nicht so unmittelbar empfunden haben. Was aber macht ihre Faszination aus in unserer übertechnisierten Zeit? Es sind keine Möbel für den Alltag, keine für den ständigen Gebrauch, deshalb als Vorbilder für eine industrielle Produktion ungeeignet und dennoch nicht überholt. Sie besitzen Atmosphäre, erzeugen Atmosphäre, lassen schöpferische Potenz nach- und weiterwirken. So verwundert es nicht, daß namhafte moderne Künstler sich zeitig den Besitz von Bugatti-Möbeln gesichert haben, von ihrem Beruf geforderte Persönlichkeiten beim Anblick von Bugatti-Möbeln im eigenen Wohnbereich Entspannung und Anregung zugleich finden, Bugatti-

(1) Spazio riservato alla fotografia della moglie

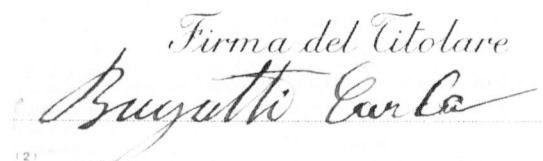

(2)

Möbel längst für die Einrichtung orientalischer Paläste entdeckt wurden und die Museen sich der Erkenntnis nicht länger verschließen, wie sehr eine Möbelsammlung mit »Bugattis« an Attraktion gewinnen kann.

Hermann Jedding

Anmerkungen

1 *Deutsche Kunst und Dekoration* XI, 1902/03, S. 121–128.
2 *Kunst und Kunsthandwerk* V, 1902, S. 431.
3 »Ce style est à moi«, zitiert nach Dejean 1981, S. 25.
4 »Of no special style«, *The Artist* IX, 1888, S. 246.
5 *The Queen* LXXXIII, 2, 1888, S. 751. – *The Journal of Decorative Art* VII, 1888, S. 158. – *The Cabinet Maker & Art Furnisher* IX, 1888/89, S. 86.
6 *The Queen* LXXXIII 2, 1888, S. 751.
7 *Revue des Arts Décoratifs* IX, 1888/89, S. 382.
8 Diese und die folgenden Angaben nach L'Ebé Bugatti, *Carlo Bugatti,* undatiertes französisches Manuskript von 13 Maschinenschriftseiten im Musée d'Orsay, Paris. Teilweise geht es auf die erste Bugatti-Biographie von V. Rossi-Sacchetti, Paris 1907, zurück.
9 *The Amazing Bugattis* 1979, Abb. S. 13.
10 Vgl. Mundt 1981, S. 62.
11 *Illustrierter Katalog der Pariser Industrie-Ausstellung von 1867,* Leipzig 1867, S. 202 mit Abb.
12 Julius Lessing, *Das Kunstgewerbe auf der Wiener Weltausstellung 1873,* Wien 1874, S. 13f.
13 *Amtlicher Bericht über die Wiener Weltausstellung im Jahre 1873,* Braunschweig 1874, Bd. III/2, Achte Gruppe, Holz-Industrie von Dr. Justus Brinckmann in Hamburg, S. 535 (offenbar hat Brinckmann Parvis für einen Franzosen gehalten).
14 Marcel Montandon, *Segantini,* Bielefeld und Leipzig 1904, S. 45.
15 Vollständig abgebildet im Auktions-Katalog *Sotheby Parke Bernet Monaco S. A.,* Monte Carlo, 25. 6. 1981, Nr. 157–166. Nach Aussagen englischer Kunsthändler soll sich das »Segantini«-Mobiliar inzwischen in Kuwait befinden.
16 *Revue des Arts Décoratifs* IX, 1888/89, S. 382f. Im Gegensatz zur späteren Fachliteratur wird als Mailänder Adresse Bugattis Via Castelfidardo 2 (statt 6) angegeben.
17 *The Artist* IX, 1888, S. 246. – *The Cabinet Maker and Art Furnisher* IX, 1888/89, S. 85f. mit Abb. – *Journal of Decorative Art* VII, 1888, S. 158f. mit Abb. – *The Queen,* The Lady's Newspaper LXXXIII, 2, 1888, S. 751 mit Abb.
18 *Journal of Decorative Art* VII, 1888, S. 158f. – Auch reproduziert bei Jervis 1970, S. 80, und bei Dejean 1981, S. 94.
19 Alexander Koch, *Das vornehm-bürgerliche Heim,* Handbuch neuzeitlicher Wohnkultur, Darmstadt 1917.
20 Vgl. Anm. 18.
21 Dejean 1981, Abb. S. 47. – Duncan 1982, Abb. 170.
22 Haslam 1974, Abb. S. 448. – Mackay 1975, Abb. vor S. 49. – Dejean 1981, Abb. S. 50.
23 Dejean 1981, S. 39.
24 Dejean 1981, S. 29.
25 Detaillierte Aufzählung bei Georg Lehnert, *Illustrierte Geschichte des Kunstgewerbes* II, Berlin o. J. (1909), S. 541f.
26 Vgl. Dejean 1981, Abb. S. 78–80, 112–115.
27 Zu Pellegrini vgl. Thieme-Becker, *Künstlerlexikon* XXVI, 1932, S. 362. – Bénézit, *Dictionaire* 8, 1976, S. 197. – Bisher blieben Pellegrinis Malereien auf Bugattis Möbeln unerwähnt.
28 Dejean 1981, Abb. S. 82–84.
29 Dejean 1981, S. 32.
30 Cremona 1966, S. 170.
31 Cremona 1966, S. 170f.
32 A. Schricker und C. Brüggemann, *Das Kunstgewerbe und die Electrotechnik auf der Weltausstellung in Chicago 1893,* Straßburg 1894, S. 67.
33 *The Cabinet Maker and Art Furnisher* XV, 1, 1894, S. 3 (Abb.) u. S. 5.
34 *Furniture and Decoration & The Furniture Gazette* XV, 1894, S. 125.
35 *Exposition Internationale Universelle de 1900, Catalogue Général Officiel* XIV, Groupe XII, Classe 69, S. 8, Nr. 20.
36 Schricker und Brüggemann 1894 (vgl. Anm. 32), S. 72. – Ob tatsächlich eine solche Verballhornung des Namens Bugatti gebräuchlich oder der deutsche Berichterstatter diesen nur falsch notiert hat, wird heute kaum mehr zu klären sein.
37 Exposition 1900 (vgl. Anm. 35), Classe 69, S. 47, Nr. 61.
38 *The Cabinet Maker and Art Furnisher* XV, 2, 1895, S. 218.
39 *Furniture and Decoration & The Furniture Gazette* XXXII, 1895, S. 72–74. – *The Cabinet Maker and Art Furnisher* XVII, 2, 1896, S. 37f.
40 Jervis 1970, S. 115. – *The Amazing Bugattis* 1979, S. 24.
41 Jervis 1970, Abb. 5. – *Furniture and Decoration & The Furniture Gazette* XXXII, 1895, S. 73.
42 *The Cabinet Maker and Art Furnisher* XX, 1, 1899, S. 29–33.
43 *Art et Décoration* VIII, 1904, Abb. S. 205.
44 L'Ebé Bugatti, *Carlo Bugatti* (Vgl. Anm. 8).
45 Mebane 1970, S. 190f.
46 *The Studio* 43, 1908, S. 70 u. 72.
47 Auktion *Drouot Rive Gauche,* Paris, 16. 6. 1976, Kat. Nr. 116. – Auktion *Sotheby's Belgravia,* London, 8. 12. 1978, Kat. Nr. 141. – Abb. auch *The Amazing Bugattis* 1979, S. 15. – Dejean 1981, S. 106.
48 Auktion *Sotheby's Belgravia,* London, 8. 12. 1978, Kat. Nr. 140. – Abb. auch *The Amazing Bugattis* 1979, S.15. – Dejean 1981, S. 105.
49 Dejean 1981, Abb. S. 105.
50 *Deutsche Kunst und Dekoration* XI, 1902/03, S. 133–135.

ZEITGENÖSSISCHE URTEILE ÜBER DIE MÖBEL
VON CARLO BUGATTI

Carlo Bugatti & C., Möbelfabrikant, Mailand
Ehrendiplom mit Mehrheit

Eine einzigartige Schau, diese Bugatti-Ausstellung, und er selbst ein einzigartiger Künstler, der bei Jury und Publikum die lebhaftesten Diskussionen entfacht hat, mehr noch, man möchte sagen: heftigste Auseinandersetzungen!

Dies bestätigt nur, wie bemerkenswert die von ihm ausgestellten Stücke sind. Um die mittelmäßigen Handwerker kümmerte sich niemand und wird sich niemals jemand kümmern. Sie geben sich doch bisweilen nur mit Gewalt den Anschein von Originalität, indem sie ihren eigenen Arbeiten das Aussehen von gefälligen Kompositionen verleihen. Ausgefallen sollen sie wirken und durch unerwartete Effekte überzeugen.

Bugatti, der schon zu den ersten für die Silbermedaille Vorgeschlagenen gehörte, gelangte somit in den Kreis der mit der Goldmedaille Auszuzeichnenden und bekam schließlich auch das Ehrendiplom.

Diese fortlaufende Steigerung der Auszeichnungen beweist, mit welcher Wertschätzung die Leistungen des Prämierten vom Kollegium der Jury beurteilt wurden.

Daher war die Bugatti-Ausstellung, die in Wahrheit alle Traditionen ablehnt, die von den üblichen Einordnungen und allen geltenden Gesetzen formaler und dekorativer Gestaltung abweicht, wirklich das Phänomen eines ganz persönlichen künstlerischen Ausdrucks, der mit der gleichen Klarheit analysiert werden sollte, wie sie von psychiatrischer Seite angewandt wird, wenn es sich darum handelt, die subjektiven Aspekte schwer einzuordnender spiritueller Talente bei genialen Menschen zu untersuchen.

Die Vorzüge des Künstlers sind unbestreitbar. Und wir gebrauchen das Wort Künstler im unzweideutigen Sinne. Wir bestätigen ihm das Zusammenspiel vieler Talente, den getreuen und gelungenen Anklang an Vorlagen aus der Natur, wenn auch vereinfacht, stilisiert, unprätentiöse Absichten und sicheren Geschmack. Und es wird auch die Harmonie seiner Begabungen von denen nicht bestritten, die weniger geneigt sind, die angewandten Praktiken und ihr Verhältnis zum jeweiligen Material zu bewundern.

So bleibt noch zu überlegen, ob die Möbel von Bugatti forcierte Phantasien sind oder etwa eine neu erfundene Pikanterie für die Jäger nach dem Neuen, für jene also, die den allgemeinen Geschmack fliehen – oder doch der freimütige, aufrichtige und treue Ausdruck eines individuellen, spontanen und mächtigen Gefühls. Für ein solches hielt es die Jury, und wir bedauern, die Gründe hierfür nicht im einzelnen darlegen zu können. Zu diesen hätte auch die Tatsache zu gehören, daß Bugatti in Italien als erster moderne Möbel erfunden, ja erträumt hat. Dies war auch das Motiv für die Zuteilung eines Preises, der dank seiner Statuten den Ausstellern bei der Gestaltung ihrer Entwürfe die größte Freiheit in Tendenz und Ausdruck gestattete.

Begründung der Verleihung eines Ehrendiploms an Carlo Bugatti in »Prima Esposizione Internazionale d'Arte Decorativa Moderna Torino 1902, Relazione della Giuria Internazionale«, S. 146 f.

Unter denen, die sich mit ehrlicher Überzeugung und großem Enthusiasmus dem Neuen zuwenden, möchte ich vor allem an Bugatti aus Mailand erinnern — nicht etwa weil mich seine überschäumende Produktion vollständig überzeugt, und er überzeugt mich immer — sondern weil er zu den ersten in Italien gehört, die versucht haben, Formen und Dekor zu erfinden, die sich wirklich von den üblichen unterschieden und von denen, die mißbräuchlich auf der Suche nach aufwendigen, repräsentativen Möbeln alte französische und italienische Stile kopierten.

Die Möbel von Bugatti, die etwas Maurisches haben, jedoch auch manchmal einen ärgerlichen Überfluß an Fransen und Metallplättchen, ziehen sofort den Blick des Betrachters auf sich. Aber ihre herausragende Originalität, die sich allzuoft außerhalb der Grenzen von Logik und praktischem Gebrauch austobt, stimmt den Betrachter eher überwältigt als angenehm berührt und dies um so mehr, als die Verwendung von Pergament an Stelle von Stoff und Leder — so gut und einfallsreich dies auch verwendet sein mag — sich weit vom Sinn für Behaglichkeit und Bequemlichkeit entfernt, die zu einem modernen Schlaf- oder Wohnzimmer gehören. Und doch erscheinen die meisten dieser Möbel, wenn man sie einzeln und im Detail betrachtet, insbesondere was die delikaten, beschwingt Tiere und Pflanzen stilisierenden Dekorationen anbetrifft, von höchster Grazie und aristokratischer Eleganz.

Vittore Pica, L'Arte Decorativa de'Esposizione di Torino dal 1902, Bergamo 1903, S. 362f.

Einzelne Übertreibungen und Extravaganzen, wie die »Möbel« von Bugatti & Cie. in Mailand, bewegen sich in solchen Superlativen, daß man lange Zeit notwendig hat, um wieder den Ernst zu gewinnen.

Gustav E. Pazaurek über Bugattis Möbel auf der Turiner Ausstellung von 1902 in »Mitteilungen des Nordbömischen Gewerbemuseums« (Reichenberg) XX, 1902, S. 69.

Wir haben schon darauf hingewiesen, wie z. B. im künstlerischen Gewerbe Italiens noch ein toller Formen-Karneval sein Wesen hat. Es kommt da so ziemlich alles vor, was in Europa an moderner Stil-Fantastik ausgeheckt wurde und es ist obendrein noch sehr marktschreierisch übertrieben und herausgeputzt. Aber wir stellen dabei sehr grosse *technische* Fähigkeiten fest und fragen uns: wie, wenn nun jenes andere, jenes vornehme, geistig-schöpferische Italien, wenn Bildner von der Art d'Annunzio's, doch mit zäherer Herrsch-Tüchtigkeit, auf dies Getriebe Einfluss gewännen? Würden dadurch im dissoluten Süden nicht vielleicht eben so gut neue Bahnen sich erschliessen, wie es in England, Holland, Deutschland und Skandinavien geschah oder geschehen will? Man schelte daher nicht auf *Bugatti*. Wenn die italienische Kunst Einen hat, der auf neuen Bahnen voran schreitet, wenn auch noch durch Wirrnis und Dunkel, so ist es Bugatti. Ein *Ziel* leuchtet vor seinem Sucher-Blicke in ungewisser, dämmernder Ferne, aber es ist doch ein Ziel, das *über*

dem gemeinen Treiben des Jahrmarktes aufragt. — Was Bugatti schafft, ist keine ›kurante Ware‹ für den Händler und keine ›brauchbare‹ Einrichtung für den wohlhabenden Bürger; allein: waren denn Segantini's Bilder kurante Ware für den Kunst-Handel und ein beliebter, ›netter‹ Zimmer-Schmuck in den Villen unserer Parvenue's? — Bugatti hat Pathos; aber sein Pathos wirkt lächerlich, sobald man die banale Prunksucht des italienischen Durchschnitts-Publikums daneben hält. Bugatti ist ernst, feierlich und er wählt kostbare Stoffe für seine fantastischen Möbel-Gebilde; der Geschmack des Publikums in den italienischen Gross-Städten aber will billige, leichte, hyperelegante Ware. Dieser Kontrast wirkt ohne Zweifel komisch. Aber es fragt sich doch sehr, ob Bugatti die ›letzten Lacher‹ nicht am Ende doch noch auf *seiner* Seite behält, nämlich dann, wenn er, oder andere sich ein Publikum werben, indem sie die Besonderheiten des italienischen Lebens in Einklang setzen mit dem Willen ihrer Kunst.

Beurteilung von Bugattis Möbeln auf der Turiner Ausstellung von 1902 in »Deutsche Kunst und Dekoration« XI, 1902/03, S. 125.

Entschieden am weitesten hat auf der Suche nach einem derartigen Anknüpfungspunkt der Mailänder C. Bugatti in der Kunstgeschichte zurückgeblättert. Nachdem er jahrelang aus phantastisch gedrechseltem Holz, klirrenden Metallplättchen, rosschweifähnlich wehenden Seidenfransen und trommelfellartig gespannten, bei der Benützung erschreckend dröhnenden Schweinshäuten allerhand abenteuerliches Mobiliar konstruiert hatte, das an unverständliche exotische Geräte gemahnte, seine eigentliche Bestimmung aber stets aufs Geheimnisvollste versteckte, ist Bugatti nunmehr auf den Einfall gekommen, seine kühne Einbildungskraft einmal von den alten Ägyptern, oder, wo diese selbst ihn im Stiche liessen, von den Theaterdekorationen zu „Aïda" und anderen am heiligen Nil spielenden Opern anregen zu lassen. Dabei ist er seiner Vorliebe für die zackigen Blechbeschläge, die einem allerorten die Fäden aus den Kleidern zupfen, für das Pergament, mit dem er nunmehr auch das gesamte Holzwerk verkleidet, ebenso treu geblieben, wie der souveränen Abweisung der primitivsten Anforderungen, die Zweck und Gewohnheit an Möbelformen stellen. So befestigt er an dem unteren Ende eines G-förmigen Gestelles eine wagrechte, am oberen Ende eine senkrechte, tambourinartige Scheibe und glaubt damit einen — Stuhl geschaffen zu haben! Dasselbe System von Scheiben und wunderlichen Schnörkeln gibt, ins Gigantische gesteigert, ganze Raumausstattungen ab. In einem polygonalen „Salon" bilden mächtige kreisrunde Scheiben, senkrecht nebeneinandergestellt, die Lehnen niederer ringsum an den Wänden angebrachter Bänke, zwischen denen würfelförmige Schachteln — Tischchen! — stehen; inmitten des Raumes liegt ein ungeheures Schneckengehäuse, das sich dank zweier kleiner Fensterscheiben als — Nippesvitrine verräth; im Vereine mit einem darangefügten riesigen hufeisenförmigen Sofa macht dieses Ungetüm den Eindruck eines auf den ersten Blick nicht ganz verständlichen, neu erfundenen Automobils von besonderem technischen Raffinement und besonders hässlicher Plumpheit. Und all dies ist mit unerhörter Mühe und solcher Virtuosität einheitlich mit Pergament

Fritz Minkus über Bugattis Möbel auf der Turiner Austellung von 1902 in »Kunst und Kunsthandwerk« V, 1902, S. 431 f.

überzogen, dass man nirgends eine Fuge, eine Naht oder ein Fältchen wahrnimmt, dass man nur aus winzigen Schlüssellöchern zu folgern vermag, dass da und dort die geheimnisvollen Flächen attrappenartig sich zu Laden und Schränken erschliessen lassen.

Die wahrhaft phänomenale technische Vollendung, die jede Arbeit Bugattis zu einem handwerklichen Meisterwerk stempelt; die entzückende Feinheit der ägyptisierenden Kreis-, Palmetten- und Streublumenornamente, mit denen er mit der staunenerregenden Präzision eines mittelalterlichen Miniaturisten seine Erzeugnisse über und über bemalt, den warmen Elfenbeinton des Pergaments durch Gold und zarte harmonische Farben festlich belebend; das sichere Schönheitsgefühl, das seine Hand bei den grosszügigen, schwungvollen Konturen seiner bizarren Schöpfungen leitet; die unleugbare Begabung für monumentale Einheitlichkeit der dekorativen Wirkung, die selbst aus seinen sinnlosesten Werken spricht; die geradezu ins Humoristische gesteigerte Exzentrizität seiner Einfälle; die heitere Bonhomie seines persönlichen Wesens: all dies hat mich anfänglich hoffen und glauben lassen, dass dieser zweifellos hochbegabte Künstler sein Publikum zum Narren hält. Dann hätte gerechte Kritik, hätte die Ausreifung der modernen Bewegung seines Heimatlandes aus dem talentvollen Witzbold einen ernsten Künstler machen können.

Leider aber liegt die Sache anders. Bugatti hält sich selbst zum Narren. Er ist mit dem ganzen kindlichen Fanatismus des echten Künstlers felsenfest überzeugt von der Richtigkeit seiner ästhetischen Grundprinzipien, von dem Berufe der Kunst, die „banalen, konventionellen" Formen zu verhüllen, die die Vernunft den Erzeugnissen des Handwerks diktiert! Da er überdies, so unglaublich es auch klingen mag, Leute gefunden hat, die offenbar in ihm den wahren Messias des modernen Kunsthandwerks vermuten und seiner absurden Richtung materielle Grundlage bieten, scheint Bugattis bedeutende Kraft der Entwicklung der italienischen Moderne, zunächst wenigstens, verloren bleiben zu sollen.

KATALOG

Carlo Bugattis Möbel bestehen in der Regel aus Nuß- oder Obstbaumholz, seltener aus Eiche oder Mahagoni. Da die Kernhölzer meist mit Pergament oder Kupfer abgedeckt sind, ist eine exakte Bestimmung nicht immer möglich. Zur Kontrastierung von Rahmen und Füllungen, tragenden und deckenden Partien wurden Teile schwarz gebeizt, andere naturfarben belassen, so daß viele Möbel schon durch den Gegensatz von Schwarz und Braun recht farbig wirken. Gelegentlich sind auch einzelne Stirnleisten mit Ebenholzfurnier oder -plättchen abgedeckt. Galerien bestehen aus gedrechselten Balustern, Friese häufig aus schwarzen und braunen Klötzchen alternierender Größe, die mitunter im Wechsel mit Stäbchen aus Knochen angeordnet sind. Fast alle Rahmenhölzer wurden mit ornamentalen Einlagen aus Zinn, Aluminium, Kupfer oder Bein (Knochen) versehen. Schriftzeichen nach arabischen oder asiatischen Vorbildern heben sich vorwiegend als helle Zinneinlagen von dem schwarz gebeizten Fond ab, ebenfalls die japanisierenden Motive mit rankenden Pflanzen oder fliegenden Vogelschwärmen, die häufiger Rahmenteile beleben. Die tragenden Pfosten setzen sich gewöhnlich aus vierkantigen Sockelklötzen, Basiswulsten und langen zylindrischen Rundhölzern zusammen, die fast immer mit ornamental gestanzten und reliefierten Kupferbändern spiralig umwunden sind. Als Kapitell seiner Pfosten verwendete Bugatti Kaskaden von aneinandergereihten Klötzchen und Stäbchen unterschiedlicher Größe und Farbe (schwarz, braun, Knochen). Größere Flächen an Schränken, Regalen, auf Türen, Sitzen und Rückenlehnen sind meistens mit Pergament bespannt und nicht selten mit Tusche, manchmal auch in Ölfarbe, asymmetrisch bemalt oder beschriftet, häufig auch zusätzlich durch konzentrisch ornamentierte Kupfer- oder Messingscheiben rhythmisiert. Ornamental reliefierte Kupfer- bzw. Messingbänder dienen zur Festigung und als Rahmen. Mitunter verwendete Bugatti zur Bespannung größerer Flächen ein dünnes weißes Leder, das aus Kamelhaut, Ziegen- oder Antilopenhaut gegerbt ist. Hängekanten erhielten durch kunstvoll geknüpfte Troddelreihen aus weißer Seide einen zusätzlichen bizarren Aspekt. Da sich die beschriebenen Eigenschaften an den meisten Möbeln wiederholen, wurde im Katalog von detaillierten Beschreibungen abgesehen, zumal nahezu jedes Möbel im Bild wiedergegeben ist. In den Kommentaren werden die jeweiligen Besonderheiten erläutert. Hinweise auf die Entstehungszeit orientieren sich an den durch Ausstellungen oder zeitgenössischen Publikationen dokumentierten Exemplaren.

Die Maße sind in der Reihenfolge Höhe x Breite x Tiefe in cm angegeben; SH = Sitzhöhe; Dm. = Durchmesser.

SCHRÄNKE – REGALE – ETAGEREN

C 1
Eckschrank mit Etageren und Aufsätzen
Um 1890–95

Rechter Anbau: 232 x 94,5 x 25
Linker Anbau: 168,5 x 94,5 x 25
Der aus zwei separat gearbeiteten Anbauelementen zusammengesetzte Eckschrank ist in der Vielfalt seiner Erscheinungsformen kaum zu überbieten. Trotz asymmetrischer Anlage und ungleicher Überhöhung durch turmartige Aufsätze erscheint die Gesamtkomposition harmonisch ausgewogen. Dieser Effekt wurde nicht zuletzt durch ein großes, übergreifendes Kreissegment erreicht, das den Aufbau des rechten Teilschrankes mit seinen vier Etagen zusammenfaßt und zugleich verunklärt. Dadurch war es jedoch möglich, die obere Partie in kleinteilige Säulenarkaden, Fächer und Schübe aufzulösen. Durch Variation der Bogenform – in ekkig abgesetzter Linienführung, in die fast kreisförmig geschlossene maurische Art oder als Spitzbogen – und durch Reihungseffekte erreichte Bugatti eine logische Staffelung. Rosetten aus getriebenem Kupfer mit intarsierten schwarzen Rundrahmen geben zusätzliche und meist bekrönende Akzente. Wie stets sind die Säulenschäfte mit ornamentierten Kupferbändern spiralig umwunden und alle Rahmenleisten durch unterschiedliche Intarsienmuster aus Zinn und Knochen differenziert. Auf den größeren ebonisierten Holzflächen vermitteln intarsierte Gräser und Vogelschwärme dem Möbel ostasiatisches Flair. Spiegel vor der Schranktür und der Rückwand des oberen Bereichs verstärken die Raumwirkung.
Was bei dem rechten Schrankteil noch unruhig aufgelöst erscheinen mag, wird in dem linken Anbauelement durch gleichmäßige und großzügige Reihung ausgeglichen. Dennoch wirkt die Verdoppelung der Arkaden, unten mit vier Achsen in ekkiger Kontur, darüber in acht Feldern mit zierlichen Säulen und maurischen Bögen keineswegs starr. Für neue Asymmetrien sorgt hier ein nach rechts versetzter verspiegelter Aufsatz und ein durch Säulen und Rosette ungleicher Abschluß an der linken Außenseite.
Der Schrank wurde, wie die anderen Bugatti-Möbel des Kunstgewerbemuseums Berlin, in Frankreich erworben. Vgl. Kat. Nr. 2, 3, 8, 32, 33, 34, 69, 70, 72, 75 u. 76.

Berlin, Kunstgewerbemuseum, Staatliche Museen Preußischer Kulturbesitz

C1 ▷

C 2
Vitrinenschrank mit Spiegelaufsatz
Um 1890–95

192 x 69,5 x 33,5
So sehr Bugatti bei seinen Möbeln offene Fächer, Nischen und Arkaden auch schätzte, die völlig durchsichtige Verglasung einer Tür scheint ihm ein Widerspruch in sich zu sein. An dieser Vitrine wird durch dickes, grünliches, geriffeltes Glas, das die Schauobjekte nur ahnen läßt, Geschlossenheit demonstriert. Wie die Scharniere greifen auch die Verschlüsse (links) um den Eckpfosten, so daß die symmetrische Anlage der Front selbst durch den Beschlag nicht gestört wird.
Beim kontrastierend asymmetrisch angelegten Aufsatz brilliert Bugatti mit ornamentalen Mustern in verschiedenen Farben. Spannungsvoll setzt er intarsierte Flächen gegen offene, von Säulen flankierte Nischen und Spiegel als Multiplikatoren ein. Betont gibt er dem Unterteil durch Spitzbogen und schlanke begleitende geometrische Figuren aufstrebenden Charakter, während er das Möbel

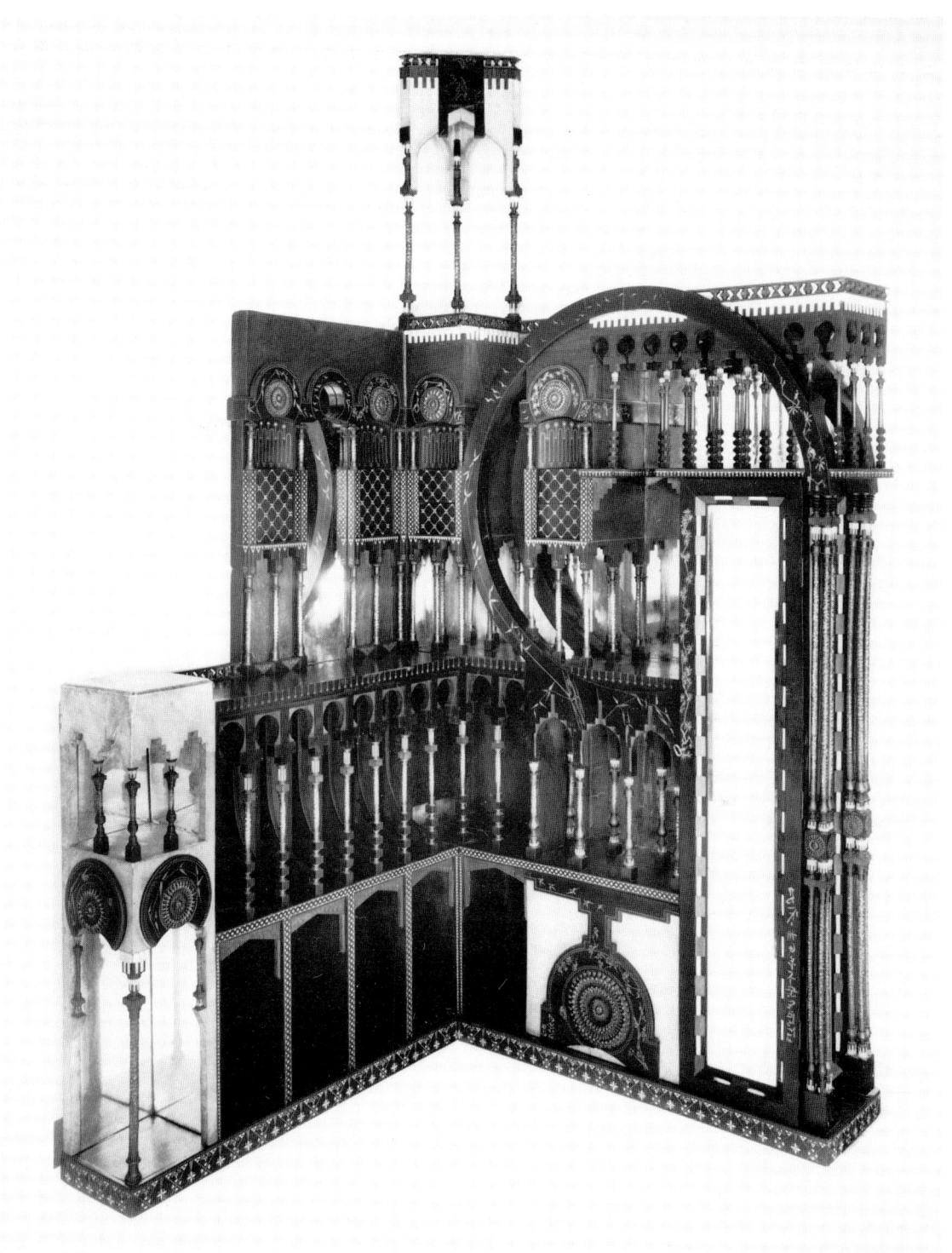

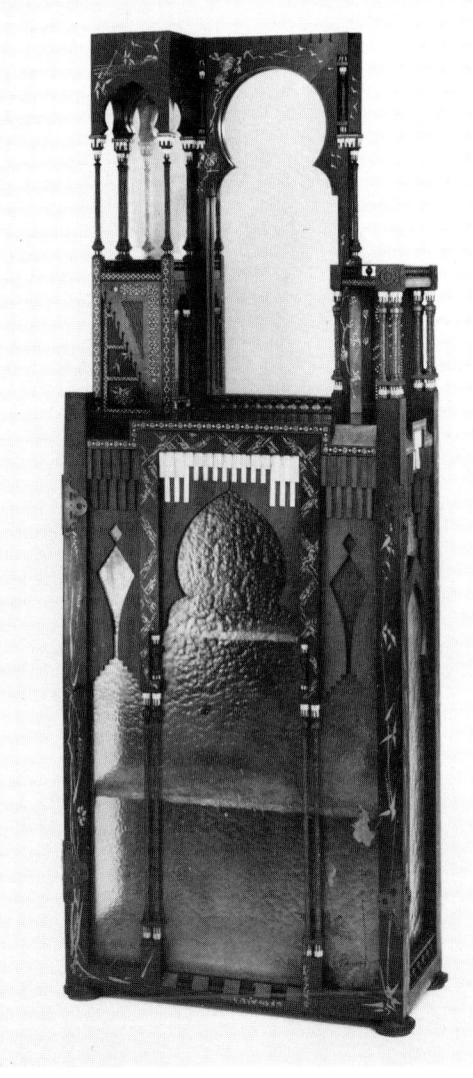

im Aufsatz mit einem abschirmenden maurischen Rundbogen ausklingen läßt. Die Innenwände des Schranks sind mit einem »Mosaik« aus dickem, weichem Leder verkleidet. – Aus französischem Vorbesitz.

Literatur: Mundt 1981, Taf. II.

Berlin, Kunstgewerbemuseum, Staatliche Museen Preußischer Kulturbesitz

C 3   ▷
Etagere
Um 1890–95

180 x 88,5 x 32
Um solche hohen, aus vier Stockwerken bestehenden Etageren abzustützen, erfand Bugatti die ungewöhnlichsten Lösungen. Eine gewaltige schräge Lattenkonstruktion ist wie eine Leiter an das eher zierliche Gestell gelehnt, durchschneidet hart eine obere Etage und bildet mit einem Scheibenornament in quadratischem Feld zugleich den Fond für ein vollplastisches Aufstellungsobjekt, eine Figur, eine Vase oder auch eine Topfpflanze. Die Fläche der unteren Partie ist für eine Tuschmalerei in ostasiatischer Manier genutzt, gefaßt von schwarzen, zinnintarsierten Rahmenhölzern. Der schrägen Komponente werden die Ablagebretter in bewußt unterschiedlicher Länge zugeordnet, einmal in weitem Abstand belassen, dann bis ganz herangeführt oder die Stütze sogar durchstoßend. Als Gegengewicht sind in der zweiten Etage kupferne Rundscheiben als Träger der dünnen Säulchen eingesetzt. Das Zierstück bildet das obere Glied, ein minarettartiges Tempelchen, mit schachbrettartig gemusterten Flügeln und einer verspiegelten Nische als Rückwand. – Aus französischem Vorbesitz.

Berlin, Kunstgewerbemuseum, Staatliche Museen Preußischer Kulturbesitz

Bogenstellungen und zahlreiche Säulen den Eindruck von verwirrender Fülle. Er wird auch dadurch verstärkt, daß Basen und Kapitelle dieser schlanken, zierlichen Glieder in ihrem leuchtenden Weiß gerade die leeren Zwischenpartien betonen und weiße Hängekanten asymmetrisch eingesetzt sind. Zinnintarsien in Form arabischer Schriftzeichen, zarter Blumen und Gräser beleben das Schwarz der ebonisierten Rahmen aus Nußbaumholz. Sogar bei der Bespannung der großen Flächen hat Bugatti noch variiert und die Außenseiten mit weißem Leder, die vertikalen Ablagebretter mit Pergament bespannt.

Eutin, Preben Bronée

C 5
Regal
Vor 1900   ▷

154 x 116 x 53,5
Durch gleiche maurische Bögen ist der viergeschossige Aufbau klar gegliedert und architektonisch zusammengefaßt. Auf einem rechteckigen Sockelpodest dienen mit Kupferbändern (Sternrelief) spiralig umwundene Rundpfosten als Stützen. Dabei ist die Koppelung zweier Pfosten bewußt zur Betonung der Frontmitte genutzt. Seitlich werden die einzelnen Regalbretter zusätzlich von kurzen Doppelsäulen getragen. Unter dem Gesims haben noch zwei Schubladen Platz, deren Frontseiten mit Pergament bezogen und mit arabischen Schriftzeichen in sepiafarbener Tusche bemalt sind. Ornamentale Einlagen in Form von Zickzackbändern, Festons, Dreiecken, Rundfeldern und Rosetten aus Zinn, Kupfer und Bein beleben jede Kante. Selbst die Deckplatte ist mit Pergament bespannt, das mit arabischen Schriftzeichen verziert und von reliefierten Kupferbändern gerahmt ist.

C 4
Etagere
Um 1895

179 x 78,5 x 42
Obwohl durch die Ablagebretter klar in drei, mit dem Podestaufsatz in vier Etagen unterteilt, vermitteln übergreifende, teilweise angeschnittene

Das Regal gehört zu einer Zimmereinrichtung, die nach Kenntnis der Besitzerin von ihren damals in Dresden lebenden Eltern kurz vor 1900 erworben wurde. Vgl. Kat. Nr. 10, 13, 17, 25, 48, 64 und 71.

Frankfurt am Main, Irmhilt Kelling

C 6
Schrank
Um 1895–1900

148,5 x 76,3 x 37,8

Unter den Zierschränken Bugattis kommt dieser Typus in verschiedenen Varianten am häufigsten vor. Im Untersatz sind die vier durch Klötzchen, Wülste und Kupferbänder akzentuierten schlanken Pfosten gleichzeitig Träger eines ebonisierten Ablagebretts, das mit in Zinn intarsierten Zweigen verziert ist und dessen Kante ein Dreiecksfries aus Bein betont. Der Kastenaufsatz bleibt in der unteren Etage durch Arkaden geöffnet. Eine konzentrisch ornamentierte Messingscheibe, der ähnliche an den Schmalseiten entsprechen, füllt das von Säulen flankierte schmalere Feld der Mittelarkade. Die höhere, obere Etage verschließt eine mit zwei verspiegelten Arkadenbögen verblendete Tür. Wirkt in der unteren Etage der Kontrast zwischen braunen Flächen und schwarzem Rahmen noch dezent, so kommt es in der höheren Etage zu kräftigem Gegensatz zwischen dem gelblichen, die Flächen verkleidenden Pergament und den ebonisierten Rahmenhölzern, die in Zinn mit arabischen Schriftzeichen, Gräsern, Kiefernzweigen und Vögeln intarsiert sind. Vielfältig wirkt das Möbel nicht nur durch die Variation und Verschiebung der Vertikalachsen – unten eine, in der Mitte drei, oben zwei –, sondern auch und gerade durch die verschiedenen Muster der vertikalen Intarsienfriese, welche die Stockwerke deutlich voneinander trennen und in einem kraftvollen, mit Bein versetzten Stäbchenfries als Giebelleiste ausklingen.

Malerei auf der linken Schmalseite des Schrankes

▷

Dieses Exemplar ist an den Schmalseiten zusätzlich in Ölfarben mit Darstellungen von Orientalinnen bemalt, die vor ihrem Hauseingang sitzen. Als Schöpfer dieser figuralen Motive hat sich der Mailänder Maler Riccardo Pellegrini durch verwandte signierte Dekore auf Bugatti-Möbeln ausgewiesen (vgl. S. 31).
Andere Bugatti-Schränke gleicher Form: Auktion Sotheby's Belgravia, London, 31. 3. 1976, Kat. Nr. 109. – Savage 1978, Abb. S. 49. – Dejean 1981, Abb. S. 42.

London, Sammlung S. Martin Summers

56

57

C 7
Eckschrank
Um 1902–04

212 x 61 x 35

Erst in der Spätphase findet Bugatti zu solchen be-
ruhigten Formen: eine große, rechteckige, mit
feingenoppter Kamelhaut bezogene Front; darauf
eine schlichte, treppenartig abgestufte Nische aus
zarten ebonisierten Leisten, die in der oberen Partie
mit Kupfer beschlagen ist. Andeutungen von Bemalung. Der Türgriff durch eine raffiniert frag-
mentierte Rosette und Troddel gekennzeichnet. Ihre langen Fransen reichen in das schwarze, geradli-
nig begrenzte Feld der rechten Türecke hinein. Mit
einer solchen Kombination greift Bugatti späterer
Art-Déco-Tendenzen vor.

Paris, Sammlung Alain Lesieutre

C 8
Tisch
Um 1890–95

77,5 x 126 x 70

Einen nahezu gleichen Tisch zeigte Bugatti 1888
auf der Italienischen Ausstellung in London (vgl.
Abb. 4). Die Konstruktion geht auf Wangentische
der Renaissance zurück, doch setzen sich die Bretter hier im unteren Teil als Spitzbogen und Doppelsäulen fort. Diese basieren auf Winkelkonstruk-
tionen, deren Spitzen sie zu entwachsen und deren
Schenkel sie zu umgreifen scheinen. In den Zentren

bieten innen und außen Kupferscheiben der kräftigen Verbindungsstange dekorativen Halt. Unterhalb der Deckplatte sorgen schräg eingesetzte Verstrebungen in Form von kupferumwickelten Säulchen für zusätzliche Stabilität. Schräghölzer stützen von unten die weit vorkragende Tischplatte an allen Seiten. Das abdeckende Pergament ist mit Wasservögeln bemalt und wird von drei breiten, die Platte in der Mitte und an den Schmalseiten quer überziehenden, ornamentiert gehämmerten Kupferstreifen gehalten. An den ebonisierten Pfosten wirken zinnintarsierte asiatische Schriftzeichen und Pflanzen wie spielerisch und zufällig verstreut. – Aus französischem Vorbesitz.

Berlin, Kunstgewerbemuseum, Staatliche Museen Preußischer Kulturbesitz

C 9
Tisch
Um 1890–95

75,5 x 120 x 103,5

Wie bei Tisch Kat. Nr. C 8 variiert Bugatti auch in diesem Exemplar den Typus des Wangentisches. Hier sind die Stützen brettartiger und in seitlichen Pfosten verfestigt. So wird die breite Tischplatte sowohl von den Brettwangen als auch von den stufenförmig sich erweiternden Kapitellen über den Säulen gestützt. Die Platte ist diesmal nicht mit Pergament bezogen, denn ihre schöne glatte Oberfläche aus ebonisiertem Nußbaumholz ist einer zarten Zinnintarsie vorbehalten: asymmetrisch einschwingenden Pflanzenstrukturen und asiatischen Schriftzeichen. Auch ohne den Pergamentbezug sind die Schmalkanten mit Kupferstreifen abge-

deckt. Der Intarsien- und Reliefdekor wurde selbst an solchen Stellen detailliert ausgeführt, wo er sich dem Blick weitgehend entzieht: auf den Innenseiten der Wangen und an den großen Messingrosetten, welche die kolbenförmige Verbindungsstange optisch in die Brettwangen einfügen.

London, Victoria and Albert Museum
Inv. Nr. W 10 – 1970

C 10
Tisch
Vor 1900

70 x 100,5 x 70

Eine annähernd gleiche Form der Balusterpfosten verwendete Bugatti schon bei dem Tischchen, das er 1880 mit dem Schlafzimmermobiliar für die Hochzeit seiner Schwester Luigia mit Giovanni Segantini fertigte (Abb.: Dejean 1981, S. 88 unten links): ein kräftiger Klotzfuß, hier noch hufartig verfeinert, darüber Wülste verschiedener Stärke, der Schaft mit Kupferband umwickelt, dann eine vertikal orientierte quadratische Scheibe als Zwischenabschluß und schließlich das würfelförmige

Kapitell aus schwarz gebeiztem Holz mit dem vor-
geblendeten Fries alternierend langer und kurzer
weißer Stäbe aus Knochen. Wie bei jenem Tisch ist
die Zarge bogenförmig ausgeschnitten; die Mitte
betont eine konzentrisch ornamentierte Kupferscheibe, in deren unterer Randlochung Seidentrod-
deln befestigt sind. Mit dem an der Pergamentkan-
te der Tischplatte geknüpften Gehänge wird nicht
nur die symmetrische Anlage des Möbels unterstri-
chen, sondern auch seine Ansehnlichkeit gesteigert. Drei breite Kupferstreifen fixieren den Pergamentbezug auf der Platte, die an den Ecken von rot
eingefärbten Hölzern und stufenförmig kleiner
werdenden Stäben zusätzlich gestützt wird. Bugatti störte es offenbar wenig, daß diese Stäbe teilweise die Zinneinlagen an den Pfosten, die wie Distel-
blätter oder unregelmäßige Sterne aussehen, über-
schneiden. Verbreiten vor allem die Posamenterien
im Zusammenklang mit den Kupferscheiben und
den weiß kontrastierenden Kapitellen orientalisches Flair, so tendieren die Zinnintarsien wie so
oft zu ostasiatischer Kalligraphie und Zeichnung.
− Der Tisch gehört zu einer seit Ende des vorigen
Jahrhunderts im selben Familienbesitz bewahrten
Zimmereinrichtung.

Frankfurt am Main, Irmhilt Kelling

Details von C 11

C 11
Tisch (?)
Um 1890

50 x 105 x 42

Die stumpfwinklig ansteigenden Pfosten erinnern
noch an die Fußgestelle des Tisches Kat. Nr. C 8.
Da sie hier jedoch parallel zur Längsseite der Tischplatte montiert sind, kommt ihnen größere optische Bedeutung zu. Wie bei manchen maurischen
Bögen beleben vollplastische Sternrosetten die In-
nenkanten, während zinnintarsierte Pflanzen und
Falter dem schwarz gebeizten Holz ihre japanisierende Zeichnung einprägen. Helle Kanten betonen
das Profil. Gegen diese konsequent durchdachte
Trägerkonstruktion und ihren Dekor müssen sich

die von Säulenpaaren getragenen Tischholme mit größerem Reichtum an applizierten Kupferplättchen durchsetzen. Bugatti variierte ihre Reihung durch den Wechsel von runden, quadratischen und achteckigen Scheiben. Für die Kupfermäntel der Querachsen hat er sich als besonderen Effekt den Rapport von Violinschlüsseln ausgedacht. Ob dieses ungewöhnliche Möbel auch sonst mit Musik in Verbindung gebracht werden kann? War es ursprünglich vielleicht als Untersatz für ein Musikinstrument vorgesehen? Wiederholt hat Bugatti eigenwillige Musikinstrumente gebaut (vgl. The Amazing Bugattis 1979, Abb. S. 31. – Dejean 1981, Abb. S. 88 unten rechts). Heute füllt eine dunkle Glasplatte die Fläche zwischen den Holmen.

London, Sammlung S. Martin Summers

C 12   ▷
Spieltisch
Um 1890–95

76,5 x 80 x 80

Zu einem Spieltisch scheinen Notierungen und Kritzeleien zu gehören. Bugatti muß auch so gedacht haben, denn jede freie Fläche überzog er mit zinnintarsierten Schriftzeichen. Sie füllen die kantigen Pfosten ebenso wie die verbindenden Flachbögen und die Rahmen der Kupferscheiben an der Tischzarge. In der Mitte der Deckplatte ordnen sie sich zu den 64 Feldern eines Schachbrettes. Auf jedem Spielerplatz aber wieder scheinbar willkürliche Zeichnungen und Schriftfolgen. Unschwer läßt sich ein Namenszug identifizieren: ,,Bugatti''. An den vier Ecken verschließen Runddeckel mit Griff die Fächer für Figuren und Spielsteine. Die

Tischkanten sind schützend mit Pergament bezogen und durch eckige und runde Kupferplättchen befestigt. Eines der wenigen Möbel mit intarsierter Bugatti-Signatur!

London, Sammlung S. Martin Summers

64

C 13
Rauchtisch
Vor 1900

61 x 45 x 45

War bei dem 1880 für die Schwester Luigia gefertigten Tisch (Abb.: Dejean 1981, S. 88 unten links) die achteckige Deckplatte noch kontrastierend einem viereckigen Korpus übergeordnet, so hat Bugatti bei diesem späteren Exemplar den achteckigen Grundriß auch dem Tischkasten gegeben. Zwei der acht Füllungen sind als zusammenhängende Tür gearbeitet. Mehr als sonst ähneln die geometrischen Intarsien-Ornamente — Rhomben, Kreise, Rosetten, Sterne, Dreiecke aus Zinn und Bein — bei diesem verbreiteten Möbeltyp dem auch von anderen Herstellern gewählten Dekor an orientalisierenden Möbeln. Doch zeigen die kupferummantelten Pfosten und der kupfergerahmte Pergamentbezug im Zentrum der Tischplatte charakteristisches Bugatti-Design. — Der Rauchtisch gehört zu einer seit Ende des vorigen Jahrhunderts im selben Familienbesitz bewahrten Zimmereinrichtung.

Frankfurt am Main, Irmhilt Kelling

C 14
Tisch
Nach 1904

76,5 x 118 x 73

Dieser polierte Tisch aus der Spätphase Bugattis ist noch einmal nach dem Prinzip des Wangentisches konstruiert. Die breiten, leicht schräg gestellten Bretter sehen wie die Füllungen von maurischen Bögen aus, oben begradigt, um die Tischplatte zu tragen. Auf Pergamentbezug ist verzichtet. Dagegen ergibt der dunkle Ton des Holzes in seiner feinen Maserung den idealen Fond für vielfarbige Intarsien. Große Rosetten beherrschen die Flächen. Aus Bein, Messing, Zinn und Kupfer sind konzentrische Muster entstanden, die geometrische Formen und Stilisierungen von Insekten kombinieren. Um die zentralen Messingscheiben ordnen sie sich wie die Strahlen einer Sonne. Im Verein mit den beiden zugehörigen Schemeln Kat. Nr. C 61–62, deren Rosetten mit feingliedrigen Lanzettblättern brillieren, bietet sich dem Auge ein unvergleichliches, im Werk Bugattis ungewohntes Möbelensemble dar.
Literatur: Dejean 1981, Abb. S. 52–53.

Paris, Sammlung Alain Lesieutre

◁ *C 13*

C 15
Wandsekretär
Um 1895

198 x 72,5 x 25

Eine der ungewöhnlichsten Möbelschöpfungen Bugattis: ein Schreibkasten mit Verschlußklappe ist in ein hochrechteckiges Wandensemble eingefügt, das man eher für ein Garderobenmöbel halten würde. Vielleicht hat Bugatti auch etwas Ähnliches beabsichtigt, denn über dem Schreibkasten ist ein hoher Spiegel angebracht, darunter ein gewölbtes Fach mit halbrunder Öffnung, das als Ablage für Kamm, Handschuhe oder andere Utensilien dienen könnte. Das Ganze wird reizvoll von Doppelsäulen, Arkaden und Rundscheiben begleitet und ist auf eine mit weißem Leder bezogene Rückwand montiert, die eine Art Zinnenkranz als Rahmen begrenzt. Das Schreibfach selbst, dessen Verschlußklappe nach dem Öffnen als Schreibfläche dient, besitzt sechs Schübe mit asiatisch intarsierten Fronten und Ledergriffen, zwei als Arkaden gebildete Ablagefächer und in der Mitte, wie bei den Kabinetten der Spätrenaissance, einen kleinen offenen Spiegelraum mit Ziersäulchen. Ob es Zufall ist, daß der Griff des Schlüssels die Form eines B (= Bugatti?) aufweist? − In seinem Aufbau erinnert das Möbel an einen voluminöser, aber ähnlich gestalteten Wandsekretär aus dem Angebot der Berliner Firma Ernst Kopp & Cie von 1895 (vgl. Abb. 8; Abb. auch bei Dejean 1981, S. 91 unten Mitte).
Unter der folgenden Kat. Nr. C 16 wird ein nahezu gleicher Wandsekretär gezeigt. − Ein anderes Exemplar: Auktion Sotheby's Belgravia, London, 20. 11. 1974, Kat. Nr. 121.

Eutin, Preben Bronée

C 16
Wandsekretär
Um 1895

207,5 x 68 x 27,5
Gleiches Modell wie Kat. Nr. C 15, das sich vor allem in den Intarsienmotiven unterscheidet. Auf der Außenseite der Verschlußklappe asiatische Schriftzeichen. Besonders reizvolle Zinneinlagen auf den Schubladenfronten des Sekretärs: Spinne mit Netz, Schildkröte, untergehende Sonne, Kiefer, Blüte, Schriftzeichen.

Hamburg, Privatbesitz

C 17
Schreibtisch
Vor 1900

77 x 148,5 x 78
Wie das französische bureau plat ist der Schreibtisch mit drei flachen Schubladen direkt unter der Deckplatte ausgestattet. Durch zwei größere Schübe an beiden Seiten der Front wird weiterer Raum für Ablagen geschaffen: die traditionelle Form des Schreibtisches bis weit ins 20. Jahrhundert. Bugatti stellt ihn auf vier kupferummantelte Säulenbeine, kontrastiert die Rahmen durch schwarz gebeizte und braune Hölzer, die mit Bein und Zinn abwechslungsreich, vorwiegend in asiatischer Kalligraphenmanier, intarsiert sind. In diesen Dekor wurden auch die pergamentbezogenen Flächen einbezogen, deren in Tusche aufgemalte Pflanzen und Schriftzeichen lebhafte Strukturen aufzeigen. Im Mittelfeld der dreigeteilten Schreibplatte sind noch Reste einer andersartigen Bemalung zu erkennen, offenbar zwei Orientalinnen vor einem Zelt. Besser erhalten haben sich die Bildszenen auf den beiden größeren Flächen der Rückwand, die norma-

lerweise dem Raum zugewandt ist und daher mit üppigerem Dekor bedacht wurde. Ebenfalls in Tuschtechnik ist jeweils eine auf einem Teppich sitzende Frau dargestellt; Ampel, Lampion und Wassergefäß deuten ein Interieur an. Diese figürlichen Orientszenen stammen, wie Vergleiche mit signierten Beispielen zeigen, von dem Mailänder Riccardo Pellegrini, der in den 1880er und 90er Jahren mit Bugatti zusammenarbeitete (vgl. S. 31).

Frankfurt am Main, Irmhilt Kelling

Malerei auf einer Schublade von C 17

C 18
Schreibtisch
Um 1890—95

149 x 110 x 65, Tischhöhe 75
Das minarettartige Türmchen mit seinen maurischen Bögen, das Quastengehänge und der Fries aus Kupferscheiben geben diesem Schreibmöbel das Aussehen eines »bureau mosquée«. Dennoch bleibt erkennbar, daß der traditionelle europäische Schreibtisch mit abschließender Galerie dem Typ zugrunde liegt. Ungewöhnlich ist, wie Bugatti dem Möbel durch dünne Pfosten und deren Verstrebungen, die in ihrer Zweckmäßigkeit das Prinzip moderner Gerüste vorwegzunehmen scheinen, alle Schwere nimmt. Zudem lassen die dicht aneinandergereihten Kupferscheiben die breite Zarge wie den Überhang einer Decke erscheinen und wirkungsvoll zu den in asiatischer Manier duftig verstreuten Zinnintarsien im schwarz gebeizten Holz kontrastieren. Ursprünglich war das Pergament ebenfalls bemalt, wie einige Reste an der Rückwand zeigen. Turm, Galerie und Podest sollten zweifellos nicht nur schmückendes Beiwerk sein, sondern boten mit ihren Stellflächen auch Platz für Statuetten, Vasen und Pflanzen.
Andere Bugatti-Schreibtische gleicher Form: Mostra del Liberty Italiano 1972, Taf. 75. — Dejean 1981, Abb. S. 89 Mitte rechts.

Hamburg, Udo A. Böttcher

C 19
Damenschreibtisch
Um 1895

Farbtafel 3

93 x 64 x 52

Die Hauptlast scheinen dünne Säulen tragen zu müssen, während breite Brettstützen zur Profilierung der Fassade vorgezogen sind. In elegantem Halbbogen wurde ihre Kontur bis zur Schreibplatte durchgezogen. Die Unterkante ist sägezahnartig reliefiert, eine witzige Parallele zu den begleitenden Treppchen des Aufsatzes. Er ist niedrig und beherbergt lediglich eine offene Mittelnische und sechs flache Schübe, deren Fronten mit asiatischen Blütenintarsien teppichartig überzogen sind. Wie bei anderen Exemplaren hat wahrscheinlich eine an drei Seiten umlaufende Galerie diese Partie ursprünglich bekrönt. Als Schublade belastet ein schmaler, an der Front dreiseitig gefaßter Riegel das zierliche Möbel kaum. Die Schreibfläche ist mit glattem Pergament bespannt, das von breiten, ornamentierten Kupferstreifen gehalten wird. Gleichzeitig schützen sie die Kanten und umgreifen sie das Möbel wie ein Gürtel. — Ein solcher Damenschreibtisch gehörte zu den »quaint furniture«, welche die Berliner Firma Ernst Kopp & Cie. 1895 den Lesern von »Furniture and Decoration & The Furniture Gazette« offerierte (vgl. Abb. 8).
Andere Exemplare: Auktion Hôtel Drouot, Paris, 7. 5. 1974, Kat. Nr. 141. — Auktion Sotheby's Belgravia, London, 20. 11. 1974, Kat. Nr. 126. — Auktion Sotheby's Belgravia, London, 13. 3. 1975, Kat. Nr. 58. — Auktion Sotheby's Belgravia, London, 30./31. 3. 1977, Kat. Nr. 214. — Bangert 1980, Abb. S. 79. — Dejean 1981, Abb. S. 37.

*Hamburg, Museum für Kunst und Gewerbe
Inv. Nr. 1982. 14*

◁ *C 18*

C 19

C 20
Damenschreibtisch
Um 1902

Farbtafel 6

75 x 70 x 45

Kühne Konstruktionen kennzeichnen die Möbel, die Bugatti 1902 auf der Ersten Internationalen Kunstgewerbe-Ausstellung in Turin zeigte. Zu jenen Modellen gehört auch dieser Tisch, dem der Stuhl und der Fauteuil Kat. Nr. C 55 und 56 zuzuordnen sind. An zwei parallelen, schräg gestellten Latten befestigte Bugatti ein horizontales Pult, das durch eine in den spitzen Winkel gesetzte Viertelrosette eine feste Stütze erhält. Am Fuß sichert ein zweites kurzes Bein die Standfestigkeit, die Kreuzstelle überdeckt durch große segmentierte Kupferrosetten. In Form einer mehrfach profilierten gedrechselten Scheibe wird in diesem Zentrum auch Holz sichtbar — übrigens die einzige Stelle am ganzen Möbel. Sonst sind alle Teile mit Pergament oder Kupfer abgedeckt. Diese Materialien bestimmen das kapriziöse Äußere des ungewöhnlichen Möbels, dessen Konturen durch Muster von stilisierten Insekten in Rot und Gold dezent betont werden. Die Schreibtischplatte selbst ist mit streng rhythmisierten Mohnblüten und Knospen, teilweise in Blau, bemalt. − Entwurfsskizzen Bugattis zu diesem Möbel abgeb. bei Dejean 1981, S. 117. Literatur: Dejean 1981, Abb. S. 73.

Paris, Sammlung Alain Lesieutre

C 21   Farbtafel 4
Damenschreibtisch (bonheur-du-jour)
Um 1902

Das Modell dieses Schreib- und Toilette-Tisches wurde erstmals 1902 in Turin ausgestellt, aber auch noch 1904 auf der Pariser Exposition des Beaux-Arts gezeigt. Es variiert den Schreibtischtyp mit niedrigem Aufsatz in ungewöhnlicher Form. Sie wird wesentlich durch die scherenartige Stellung der Pfosten bestimmt, die im unteren Teil breit und brettartig aufsetzen, durch einen gewaltigen, der Kreuzform angepaßten Kupferring gelenkt erscheinen und sich in unterschiedlich schlanken Stützen bis zum Schreibtischkasten fortsetzen. In einer bogenförmigen Zarge läßt dieser die Aufwärtsbewegung ausklingen. Eine Schublade ist in ganzer Breite in die Zarge eingepaßt, während der Aufsatz zwei durch Türen verschlossene Fächer seitlich einer Nische aufweist. Alle Partien sind mit Pergament verkleidet, das, soweit bekannt, nur bei diesem einzigen Exemplar grün eingefärbt ist. Muster mit stilisierten Blumen und Insekten in Rot und Gold sind in diese feine Farbkomposition einbezogen.
Literatur: Dejean 1981, Farbbild S. 77. − Damenschreibtische gleicher Form: Mebane 1970, Abb. S. 190. − Dejean 1981, Abb. S. 76. − Auktion Enghien, 21. 3. 1982, Kat. Nr. 120.

Paris, Sammlung Hervé und Isabelle Poulain

SELLETTES − STÄNDER

C 22
Sellette
Um 1890

125 x 35 x 35

Im späteren 19. Jahrhundert gehörten Ständer für Palmen und Skulpturen zu jeder anspruchsvolleren Wohnungseinrichtung. Bugatti hat viele Varianten solcher gewöhnlich mit dem französischen Namen Sellette titulierten Kleinmöbel entworfen und ausgeführt. Darunter fallen die frühen Modelle durch die Häufung langer, dünner Säulen auf. Bei diesem Exemplar ist der Sockel noch recht kompakt pyramidal gestaltet. Die ebonisierten Flächen wurden für bildhafte Zinnintarsien genutzt. So entdeckt man außer ostasiatischen Schriftzeichen und Vogelschwärmen an den vier Seiten die verschiedensten Kombinationen: Pflanzen und Vögel − Vogel, Pflanze und Spinnennetz − Schlange und Frosch unter einem Baum − Glyzinienzweig und Reiher. Bei den stangenhaften, mit Kupferbändern stabilisierten Säulen sind Basis und Kapitell nahezu gleichartig gebildet. Die Kleinteiligkeit der alternierend verwendeten Beinklötzchen scheint die Zerbrechlichkeit der Anlage noch zu steigern. Warum das Podest mit asymmetrischen Halbbögen abschließt, wird wahrscheinlich nur zu klären sein, wenn man die Zimmereinrichtung kennt, für die dieses Sellette einst erdacht wurde.

Hamburg, Udo A. Böttcher

C 22

C 23
Sellette
Um 1890–95

130 x 40 x 40
Durch die Kombination von ebonisiertem und
braunem Holz, mit den schwarz-weißen Kapitellen
und den Zinnintarsien wirkt die Sellette-Komposi-
tion ungemein farbig. Die Unterteilung der Höhe
in zwei Etagen ist bei dieser Art Ständer von Bugatti sonst kaum praktiziert worden. Sie gibt ihm
Gelegenheit, Einfassungen, Hängekanten, Stäb-
chen- und Intarsienfriese abwechslungsreich zu variieren. Die Kombination einer europäischen
Grundform mit orientalischen Spitzbögen und
asiatischem Dekor macht ihren besonderen Reiz
aus. Solche unbekümmerte Vielfalt ist ein untrügli-
ches Kennzeichen für Möbel aus den ersten Jahrzehnten von Bugattis Schaffen.

Paris, Sammlung Alain Lesieutre

C 24
Sellette
Um 1895

117 x 29 x 29
Das Modell dieses Ständers wird in den zeigenössi-
schen Berichten des Jahres 1895 zweimal reproduziert: zunächst in dem Angebot der Berliner Firma
Ernst Kopp & Cie. (Furniture and Decoration &
The Furniture Gazette XXXII, 1895, S. 74; vgl.
Abb. 8), dann in einem Beitrag über die Internationale Ausstellung in Amsterdam (The Cabinet
Maker and Art Furnisher XVI, 1, 1895, S. 2, Fig.
3). Gegenüber den früheren Modellen sind die
dünnen, kupferummantelten Säulen beibehalten,
aber in ein unkompliziertes Schema eingebunden.
Über einem Sockelpodest mit umlaufender Galerie
bilden sie die Träger der nach vier Seiten geöffne-

73

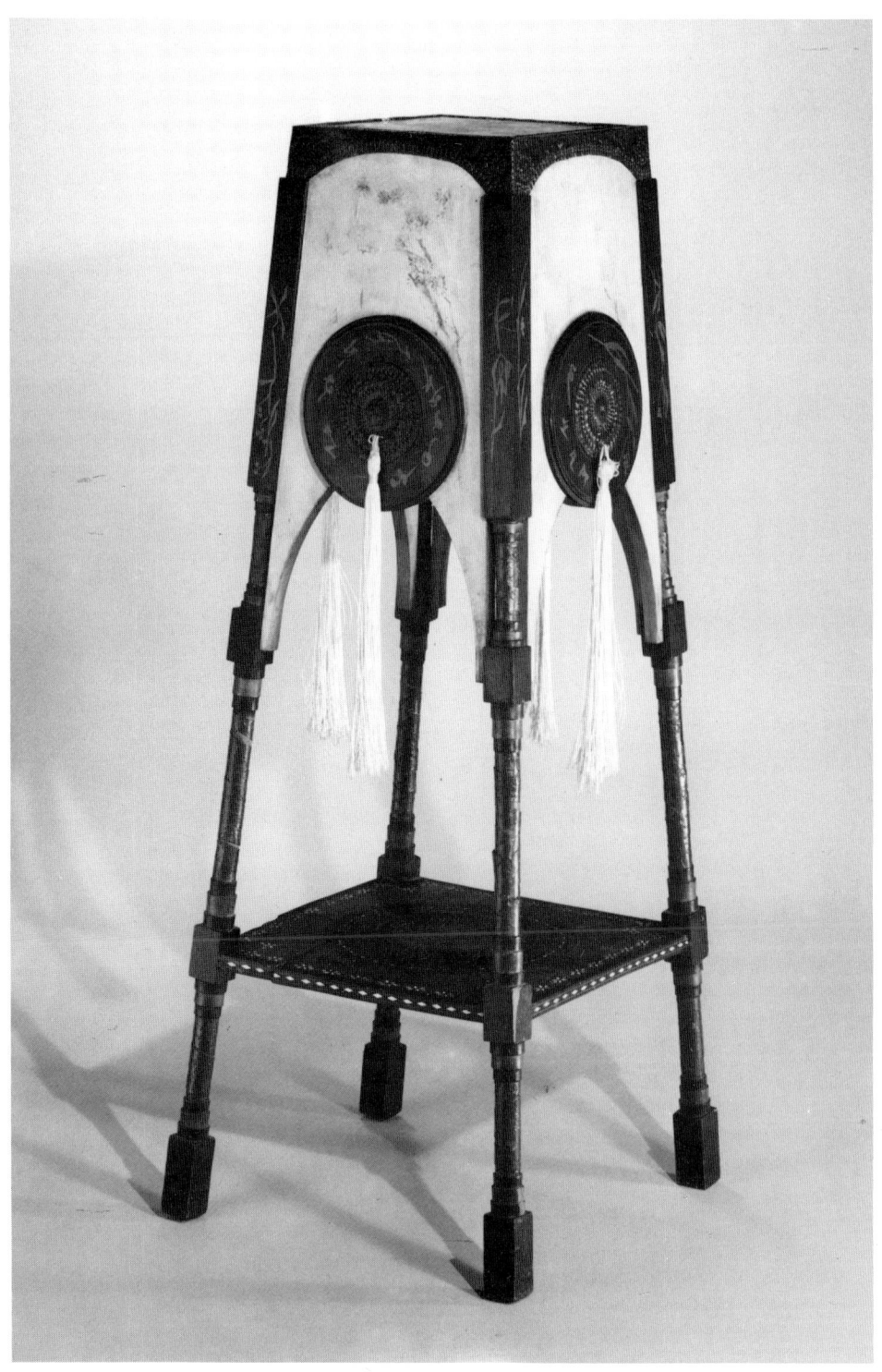

74

ten maurischen Bögen. Die Deckplatte ist mit stützenden Zwickelhölzern verleimt, die Kante mit Bein und Zinn ornamental intarsiert, die Mitte mit Pergament bespannt. Intarsienmotive rahmen strahlenförmig auch die Bogenstellungen.

Paris, Sammlung Alain Lesieutre

◁

C 25
Sellette
Vor 1900

115 x 44 x 44
Dieser am häufigsten hergestellte Sellette-Typ Bugattis führt die tragenden Pfosten in leichter Schrägstellung zu einem pyramidal angelegten Podest. Die unteren Partien der Stützen sind als Säulenstäbe mit ornamentalen Kupferbändern umwickelt und durch schlichte Vierkanthölzer gegliedert. Ein intarsiertes, quadratisches Zwischenbrett fixiert ihre Position. Die mit Pergament bespannten, spitzbogig ausgeschnittenen Füllbretter des Podests kontrastieren wirkungsvoll zu der an jeder Seite angebrachten Rosette aus konzentrisch getriebener Kupferscheibe und zinnintarsiertem, schwarz gebeiztem Holzrahmen. In diesen Rhythmus von dunklem Holz und heller Intarsie sind auch die Kanthölzer einbezogen. Eine Kupfereinfassung umgreift bogenförmig die Deckplatte. – Im Podest ein alter Klebezettel mit der Aufschrift: No 1170 / Raumgestelle / Mod. 67[B].
Dieses Sellette-Modell entstand offenbar bereits vor 1900, wurde aber auch noch, leicht variiert, auf der Turiner Ausstellung von 1902 gezeigt. – Vgl. die folgenden Kat.-Nr. C 26–28. – Dejean 1981, Abb. S. 90.

Frankfurt am Main, Irmhilt Kelling

C 26
Sellette
Um 1900

114 x 44 x 44
Gleiches Modell wie Kat. Nr. C 25 und C 27–28, jedoch variiert in den Intarsienmotiven. Die Pergamentflächen sind zusätzlich mit Blütenzweigen, Vogelschwärmen und Schriftzeichen in ostasiatischer Manier bemalt.

London, Sammlung S. Martin Summers

C 27—28
Zwei Selettes
Um 1895—1900

107 x 43 x 43

Gleicher Sellette-Typ wie Kat. Nr. C 25—26. Bei diesem Modell wurden jedoch die Flächen mit weißem Leder bezogen, auch das untere Zwischenbrett. Die Kupferfassung ist variiert, so daß die obere Rosette, die jetzt ganz aus Kupfer gehämmert ist, wie an Kupferstreifen aufgehängt wirkt. In die unteren Lochpartien sind Seidenquasten mit Kupferplättchen zu einem Gehänge kombiniert.

Unter dem Boden eines Ständers sind mit Bleistift schwer lesbare Notizen, vielleicht Arbeitsanweisungen, in französischer Sprache angebracht, unterzeichnet von »Bugatti«.

Auch dieser Ständertyp wurde noch 1902 auf der Turiner Ausstellung gezeigt. Vgl. Dejean 1981, Abb. 90 oben Mitte. — Ein anderes, von Bugatti signiertes Exemplar: Haslam 1974, S. 449.

Eutin, Preben Bronée

C 29

C 29
Sellette
Um 1902

124 x 43,5 x 39

Diese Variante des Selettes zeigte Bugatti erstmals 1902 auf der Turiner Ausstellung. Halbbögen beherrschen die Silhouette des Möbels als lebhafte Gegenbewegung zu den geradlinigen Säulenstützen. Rosetten aus Kupfer und Holz nehmen die Kreisform auf, jetzt intarsiert mit an Tier- und Pflanzenformen orientierten Stilisierungen. Die obere Rosette weist noch den gleichen Verbindungssteg zur Fassung der Deckplatte auf wie die Sellettes Kat. Nr. C 27–28. Alle größeren Flächen sind mit Pergament bespannt, so daß ihr weißgelblicher Ton zu den schwarzen und braunen Hölzern sowie den hellen Zinneinlagen sowohl kontrastiert als auch harmoniert.

Zu Sellettes dieses Typs haben sich auch skizzenhafte Entwürfe Bugattis erhalten. Vgl. Dejean 1981, Abb. S. 117.

Literatur: Dejean 1981, Abb. S. 90 unten Mitte.

Paris, Sammlung Alain Lesieutre

STÜHLE – ARMLEHNSTÜHLE – HOCKER – BÄNKE

C 30
Stuhl
Um 1895

Farbtafel 3

93 x 31 x 34,5; SH 43

Der erste Stuhltyp Bugattis verbindet den Rückenpfosten mit einem maurischen Bogen, dessen einer Pfeiler, nach vorn gezogen, zugleich die Basis für die vorderen Stützen des Sitzes bildet. Mit ihren kapriziösen Kapitellen geben diese dünnen, kupferummantelten Säulen einen wirkungsvollen Kontrast zu den kräftigen, optisch in eine Folge von Würfeln unterteilten Vierkanthölzern ab. Auch die Zarge des Sitzes ist durch eine geometrische, aus Kupfer- und Zinnplättchen zusammengesetzte und intarsierte Musterung in diesen Gegensatz eingebunden. Glatte Pergamentbespannung gewährt der Sitzfläche die gleichbleibende Horizontale. Dagegen ist das scheibenfömige Rückenschild an Stricken beweglich zwischen die Pfosten gehängt. Durch den reliefierten Kupferkranz wird die auf das Pergament gemalte Bildszene mit zwei Störchen im Schilf noch besonders hervorgehoben.

Zwei solcher Stühle enthielt bereits 1880 die Brautausstattung von Bugattis Schwester Luigia (Auktion Sotheby Parke Bernet Monaco S. A., Monte Carlo, 25. 6. 1981, Kat. Nr. 164. – Dejean 1981, Abb. S. 87 unten rechts). 1888 wird das gleiche Stuhlmodell auf der Italienischen Ausstellung in London wieder gezeigt (vgl. Abb. 4). Und noch 1895 befand es sich unter den von Ernst Kopp angebotenen Bugatti-Möbeln (vgl. Abb. 8). An dieser Abfolge wird deutlich, daß bestimmte Möbeltypen von Bugatti kaum verändert über einen längeren Zeitraum hergestellt worden sind. Da der ebenfalls 1895 kreierte Damenschreibtisch Kat. Nr. C 19 und dieser Stuhl zusammengehören, wird wohl auch dieses Exemplar um 1895 entstanden sein.

Anderes Exemplar: Jervis 1970, Abb. S. 82.

Hamburg, Museum für Kunst und Gewerbe
Inv. Nr. 1982. 15

C 31
Stuhl
Um 1895–1900

98 × 39,5 × 47; SH 41
Dieser Stuhl basiert auf dem Modell Kat. Nr. C 30. Bugatti hat allerdings wichtige Änderungen vorgenommen: die vorderen Säulenstützen wurden gestrafft und nicht mit Beinstäbchen verziert; die Zarge erscheint an der unteren Kante begradigt, obwohl sie durch das Lochmuster scharf eingeschnitten ist; dagegen betonen die reduzierten Intarsienornamente die obere Kante; deutlicher konturiert, erhält der maurische Bogen mehr Volumen; alle Pfosten sind glatt und ohne Würfelmarkierungen; in der oberen Partie setzen sich die Rückenpfosten in dünnen Säulen fort, vermitteln dem Stuhl dadurch größere Leichtigkeit und vermehren die Vielgliedrigkeit der Kontur; eine japanisierende Tusche belebt das Rückenschild; ein Kordelvorhang schließt die Front. Ganz konkret hat der ursprünglich mit ablenkenden Details ausgestattete Stuhltyp in diesem späteren Exemplar an Eleganz der Form und an kubischer Geschlossenheit gewonnen.
Andere Exemplare: Bossaglia 1979, Abb. S. 7. – Dejean 1981, Abb. S. 85 oben links und S. 87 oben rechts. – Der gleiche Typ als Armlehnstuhl: Auktion Sotheby's Belgravia, London, 20. 11. 1974, Kat. Nr. 123. – Dejean 1981, Abb. S. 82 oben rechts und S. 85 Mitte rechts.

Hamburg, Udo A. Böttcher

C 32–33
Zwei Stühle
Um 1890–95

111 × 38 × 60
Bei diesem Stuhl sind die Rückenpfosten kufenförmig nach vorne geführt und hinten durch Balustersäulen abgestützt. Eine Galerie anderer kleiner Säulchen, die durch Rundscheiben akzentuiert werden, trägt hier die pergamentbezogene Sitzplatte. Die Rückenpfosten nehmen den Schwung

der Kufen auf und vollführen eine leichte Beugung nach vorn. Alternierend runde und eckige Kupferscheiben bilden einen dekorativen Rahmen, dienen aber auch zur Fixierung des Pergamentbezugs an der Rückenlehne und auf dem Sitz. In japanischer Manier ist ein Reiher asymmetrisch auf die Rückenfläche getuscht. Zu Vorhängen summierte Troddeln schließen das Möbel vorne und hinten. Ähnliche Stuhlkonstruktionen kommen sowohl 1888 auf der Londoner Ausstellung als auch 1895 im Angebot von Ernst Kopp vor (vgl. Abb. 4 u. 8). Aus französischem Vorbesitz.
Literatur: Mundt 1981, Taf. II. – Ähnliche Stühle: Auktion Sotheby's Belgravia, London, 20. 11. 1974, Kat. Nr. 125. – Ein Dokument deutscher Kunst 1976, 2, S. 57, Nr. 79 (Abb.).

Berlin, Kunstgewerbemuseum, Staatliche Museen Preußischer Kulturbesitz

C 32–33 / C 69

80

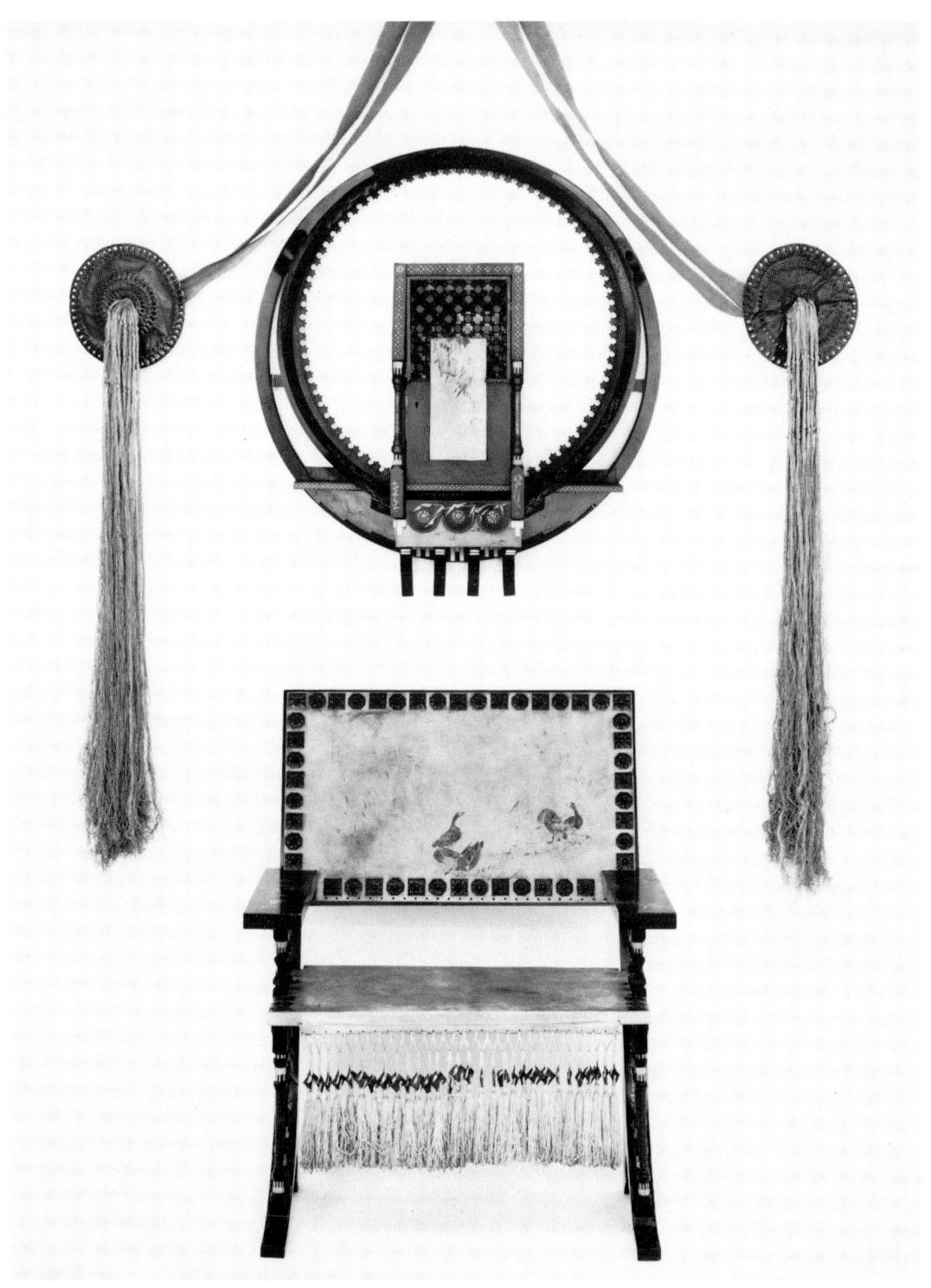

C 34
Armlehnstuhl
Um 1890−95

93,5 x 67 x 69

Die Tuschmalereien beleben die bei diesem Sessel leicht abgepolsterten Pergamentflächen in gleicher japanisierender Asymmetrie wie bei dem Stuhlpaar Kat. Nr. C 32−33, mit dem sie ein Ensemble bilden. Auch die Fixierung mit Kupferplättchen ist gleichartig. Wegen der breiten Armlehnen kommt den stützenden Balustergalerien größere Bedeutung zu. Reich variiert, führen sie in einem Stück von den unteren Kufen, den Sitz seitlich einschneidend, bis unter die breiten Lehnenhölzer. Die Starre dieser Armauflagen vermögen allerdings auch die Zinnintarsien nicht aufzulockern.

Zu diesem Lehnsessel bietet das Bugatti-Angebot von Ernst Kopp 1895 eine Parallele, bei der die seitlichen Säulchen allerdings deutlich in Partien oberhalb und unterhalb der Sitzfläche geteilt sind. Durchgehende Säulen gibt es dagegen bei den gleichartigen Sesseln des Kopp-Angebots von 1896. Die bei diesem Sessel angewandte Verbindung von Kufe und Rückenpfosten ist bereits bei einem Stuhl der Londoner Ausstellung von 1888 praktiziert (vgl. Abb. 4, 8 u. 9). Aus französischem Vorbesitz.

Andere Sessel-Exemplare des Typs: Auktion Sotheby's Belgravia, London, 2. 7. 1975, Kat. Nr. 87. − Dito, 19. 9. 1980, Kat. Nr. 176. − Dito, 27. 2. 1981, Kat. Nr. 193. − Dejean 1981, Abb. S. 86 oben Mitte.

Berlin, Kunstgewerbemuseum, Staatliche Museen Preußischer Kulturbesitz

C 35   ▷
Armlehnstuhl
Um 1895

100,5 x 67,5 x 67; SH 42

Gleiches Sessel-Modell wie Kat. Nr. C 34. Hier ist die Pergamentfläche der Rückenlehne großzügig mit Reihern und Päonien (oder Astern) bemalt und die Lehne mit durchgehenden reliefierten Kupferstreifen gerahmt. Die Intarsien auf den Armlehnen sind in Aluminium ausgeführt, das etwas heller, aber auch stumpfer als Zinn wirkt. − Nach Aussagen des Vorbesitzers stammt dieser üppiger als gewöhnlich bemalte Armlehnstuhl aus der Villa Puccini in Torre del Lago. Puccini gehörte zum engsten Freundeskreis von Carlo Bugatti.

Hamburg, Udo A. Böttcher

C 36

C 36
Armlehnstuhl
Um 1895

100 x 64 x 61; SH 41,5
Gleiches Sessel-Modell wie Kat. Nr. C 34—35. Die seitlichen stützenden Säulen sind hier nicht in einem Stück von unten bis oben durchgezogen, sondern setzen oberhalb der Sitzkante neu an. Daher wurden an dieser Stelle durchgehende Kupferbänder zur Fixierung des Pergaments montiert und nicht einzelne Plättchen, wie sie für die Rückenlehne Verwendung fanden. — Diesen Sessel-Typ stellte Ernst Kopp in seinem Angebot von 1895 vor (vgl. Abb. 8).

London, Sammlung S. Martin Summers

C 37—38
Zwei Stühle
Um 1890—95

96 x 42 x 40; SH 39
Auch diese Stühle gehören noch in die Abfolge der unter Kat. Nr. C 34—36 aufgeführten Typen. Sie haben die gleiche Kufenstellung; zum flachen Sitz führt allerdings auf jeder Seite nur eine Säule. Als Besonderheit erweist sich hier der Pergamentbezug, der auf Sitz und Lehne mit konzentrischen Kreisen gepunzt ist. Bisher konnten nur wenige Exemplare mit solchem Dekor unter Bugatti-Stühlen ermittelt werden. Die Rückenlehnen wurden außerdem in Tusche mit Blütenzweigen, Schriftzeichen und jeweils einer Amphora in einem Dreibeingestell bemalt.

Der Stuhltyp war schon 1888 in London vertreten, aber auch noch 1895 unverändert im Angebot (vgl. Abb. 4 u. 8).

London, Sammlung S. Martin Summers

C 39

C 39
Polsterstuhl
Um 1895

105 x 37 x 37; SH 43

Gepolsterte Sitzflächen hat Bugatti seinen Stühlen nur selten zugestanden. Doch zeigte er bereits auf der Londoner Ausstellung von 1888 einen hochgepolsterten Fußschemel. Als Bezug verwendet er dabei weißes Leder. Für diese Stuhlkonstruktion, auch mit Polstersitz, gibt es wieder Belege in den Angeboten der Berliner Firma Ernst Kopp & Cie. aus den Jahren 1895 und 1896 (vgl. Abb. 8 u. 9). Im Aufbau sind sie etwas einfacher als dieses Exemplar. Kennzeichnend bleibt jedoch die hohe Lehne mit dem schräg eingesetzten Rückenband. Durch ornamentierte Verbindungsbögen mit aufgestellten Säulen erscheint das Fußgestell ungemein vielgliedrig. An der Zarge wird es von einem Fries unten beschnitener Rundscheiben aufgefangen. Diese Komposition von Verstrebungen wird ebenfalls in dem Bericht von 1895 gezeigt und zwar an einem gepolsterten Tabouret (Abb. 8). Anders als bei den Kopp-Stühlen ist hier im Rükkenfeld noch ein Spitzbogen eingefügt, dessen Außenflächen mit japanisierenden Zinneinlagen verziert wurden. Mit glatter Sitzfläche und mehr Pergamentverkleidung sowie Troddelvorhängen wurde der Stuhltyp noch 1902 in Turin gezeigt (Dejean 1981, Abb. S. 86 unten rechts).
Ein von Bugatti signiertes Exemplar mit flacher, pergamentbespannter Sitzfläche besitzt das Saint-Louis-Art-Museum (USA): Annual Report 1979, Abb. S. 59. — Weitere Beispiele: Jervis 1970, Abb. S. 81. — Dejean 1981, Abb. S. 86 unten links.

Eutin, Preben Bronée

C 40–41
Zwei Stühle
Um 1895

123 x 53 x 47; SH 36,5
121 x 48 x 47; SH 36,5

Mit seinen hohen Pfosten und dem Quastengehänge besitzt dieser Stuhltyp den Charakter eines Thrones. Durch die beherrschende Rundscheibe des Sitzes und das kielförmig aufgebaute Fußgestell wird ein solcher Eindruck noch verstärkt. Der Kupferbeschlag der Zarge und der Rückenlehne ist bei den Exemplaren verschieden. Eine Illustration im Angebot von Ernst Kopp belegt den Stuhltyp für das Jahr 1895 (vgl. Abb. 8).

Ein anderes variiertes Exemplar: Dejean 1981, Abb. S. 82 oben Mitte.

Paris, Sammlung Alain Lesieutre

C 42

C 42
Eckstuhl
Um 1895–1900

74,5 x 68 x 65; SH 37,5
Eckstühle wurden nicht nur wie ihre Vorbilder im 18. Jahrhundert als Schreibtischsessel gefertigt, sondern in leichterer Ausführung für vielerlei Zwecke und besonders gern von den Damen als Sitz vor dem Toilettetisch benutzt, da sie größere Bewegungsfreiheit erlaubten. Die beiden Frauenköpfe auf den eingehängten Rundschilden dieses Exemplars dürften eher auf einen solchen Verwendungszweck deuten. Ein Vergleich mit signierten Beispielen macht es wahrscheinlich, daß auch diese Malereien von dem Mailänder Maler Riccardo Pellegrini ausgeführt worden sind (vgl. S. 31). Bugatti hat die Holzpartien üppig mit zinn-, messing- und kupferornamentierten Rosetten verziert, dabei auch dunkel gebeizte Partien in Kontrast zu dem braunen Grundton gebracht. Als Pfosten verwendet er im Fußgestell wie in der Lehne kupferummantelte Säulen. Ohne Rundscheiben, dafür mit dichtem Posamentiergehänge versehen, war der Stuhltyp noch 1902 auf der Turiner Ausstellung aktuell (Dejean 1981, Abb. S. 82 unten Mitte). Weitere Beispiele dieses Eckstuhltyps: Kat. Nr. C 43–44. – Auktion Sotheby's Belgravia, London, 2. 7. 1975, Kat. Nr. 86. – Dito, 14. 12. 1977, Kat. Nr. 322. – Dito, 25. 9. 1981, Kat. Nr. 135. – Dito, 7. 7. 1982, Kat. Nr. 100.

London, Victoria and Albert Museum
Inv. Nr. W 34–1969

C 43–44
Zwei Eckstühle
Um 1895–1900

71 x 67,5 x 63; SH 53
Gleiche Modelle wie Kat. Nr. C 42, mit gleichen Rosetten und Intarsien. Sitzflächen und Lehnenschilde mit unbemaltem Pergamentbezug.

London, Sammlung S. Martin Summers

C 45
Armlehnstuhl
Gegen 1900

150 x 72 x 53; SH 35
Zu diesem Typ mögen die zahlreichen italienischen Faltstühle des 15. und 16. Jahrhunderts Bugatti angeregt haben. Aber während ihre Nachahmungen im 19. Jahrhundert sich eng an jene Renaissance-Vorbilder hielten, prägte Bugatti daraus einen symbolträchtigen Sitz besonderer Art. Statt des Querbretts als Rückenlehne integrierte er eine große Rundscheibe völlig zwischen die Rückenpfosten und die gemuldeten, unten zum Halbkreis strebenden Armlehnen. Wie Signale, hochragend und in kleinerer Dimension, gebieten die vielteiligen, Minaretts und modernen Funktürmen verwandten Eckaufsätze Achtung. Gar nicht mehr so aufregend wirken sie bei der dreiteiligen Kombination, wenn ein solcher Sessel mit einem gleichen, dessen »Schildbegleiter« gerade umgekehrt Stellung bezogen haben, zu beiden Seiten eines Diwans plaziert sind (Abb.: Dejean 1981, S. 41). Der Gesamteindruck ist dann in seiner Geschlossenheit wahrlich imponierend. Doch auch ein solches Einzelexemplar besitzt jenes »Pathos«, das Kritiker in Arbeiten von Bugatti spürten. Es ließe sich als »Thron« verwenden und damit in Beziehung bringen zu einem Herrschaftssymbol der Antike, nämlich der »sella carulis«, die den Königen der römischen Frühzeit und dann als »Faldistorium« (= Faltstuhl) den späteren Kaisern Roms zustand.

C 45

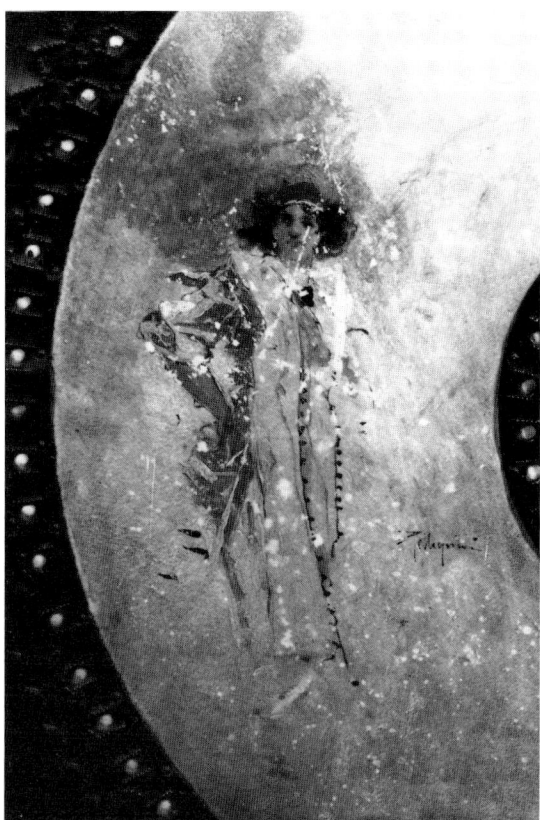

Detail von C 45

Ist es ein Zufall, daß Bugatti diesen Sesseltyp – soweit wir wissen – erstmals 1895 auf der Internationalen Ausstellung in Amsterdam zeigte (The Cabinet Maker and Art Furniture XVI, 1, 1895, S. 2, Fig. 2) und ein Jahr zuvor (im Dezember 1894) eine Kopie vom sog. Thron des Königs Dagobert (The Dagobert Chair), einem berühmten Faldistorium (das heute dem 8. Jahrhundert, mit Ergänzungen aus dem 12. Jahrhundert, zugeschrieben wird) in »Furniture and Decoration« (S. 182) publiziert worden war? Die Kopie des Bronzeoriginals hatte der Franzose M. Ernest in Paris aus Nußbaumholz gefertigt.

Auf dem Pergament der Rückenlehne des Sessels ist links eine stehende Frau in langem Gewand wiedergegeben, das Haar mit einem Stirnband gebändigt, das Gesicht von Ohrgehängen gerahmt. Die Flüchtigkeit der Skizze läßt nicht erkennen, ob es sich um irgendeine Orientalin oder eine Porträt-

darstellung handelt. Mit der Signatur ›Pellegrini‹ ist es eine der wenigen bezeichneten Arbeiten des Mailänder Malers auf Bugatti-Möbeln (vgl. S. 31). Andere Exemplare des Sesseltyps: Kat. Nr. C 46–47. – Haslam 1974, Abb. S. 451. – Auktion Sotheby's Belgravia, London, 21. 4. 1978, Kat. Nr. 743. – Dito, 18. 4. 1980, Kat. Nr. 103. – Dito, 7. 7. 1982, Kat. Nr. 99. – Bangert 1980, Abb. S. 78. – Dejean 1981, Abb. S. 44 u. S. 83 unten Mitte. – Duncan 1982, Abb. 169.

London, Sammlung S. Martin Summers

C 46
Armlehnstuhl
Gegen 1900

150 x 69 x 51; SH 33
Gleicher Sesseltyp wie Kat. Nr. C 45. Bei diesem Exemplar sitzt die hohe ›Antenne‹ rechts; auf den kurzen Arm links ist, wie üblich, ein Rundtablett mit Troddelgehänge gesetzt. Diese Sessel wurden in ihren Rückenpfosten bewußt asymmetrisch angelegt, da sie gewöhnlich paarweise angeordnet worden sind, zu beiden Seiten eines Canapés oder einer Bettstatt (vgl. The Amazing Bugattis 1979, Abb. S. 20. – Dejean 1981, Abb. S. 41). – Auf dem Pergament der Rückenscheibe hier der Kopf einer Orientalin, wohl ebenfalls eine Skizze von Riccardo Pellegrini; rechts Schriftzeichen.

Paris, Sammlung Alain Lesieutre

C 47
Armlehnstuhl
Gegen 1900

145 x 75,5 x 52; SH 30
Gleiches Sessel-Modell wie Kat. Nr. C 45–46, variiert in den Intarsienmotiven; das Pergament unbemalt.
Literatur: Dejean 1981, Abb. S. 83 unten Mitte.

Paris, Sammlung Alain Lesieutre

C 48
Hocker (Tabouret)
Vor 1900

41,5 x 31 x 30,5

Wie der Rauchtisch Kat. Nr. C 13 entspricht dieser
Hocker in Konstruktion und Intarsienmuster mehr
als andere Bugatti-Möbel den üblichen Vorstellungen von orientalisierendem Mobiliar. Wahrscheinlich konnte sich auch Bugatti gewissen Käufer-

C 49

wünschen nicht ganz verschließen. Hauptsächlich an den kupferumwickelten Säulenbeinen mit ihren Klotzfüßen bleibt das Bugatti-Design erkennbar. So einfache, eckig ausgeschnittene Brettnischen verwendete Bugatti sonst selten. Differenziert sind jedoch wieder die Intarsienmuster mit Kreisen, Rosetten, Sternen und geometrischen Friesen, alle Teile aus Bein und Zinn, geschnitten.

Unter der Sitzfläche ist noch der alte Klebezettel mit der Modellbezeichnung erhalten: No 810 / Tabouret 4 / Mod. 8[c]. Im selben Besitz befindet sich noch Exemplar No 811. Mit einer vollständigen Zimmereinrichtung sind die Möbel seit Ende des vorigen Jahrhunderts im selben Familienbesitz.

Frankfurt am Main, Irmhilt Kelling

C 49
Hocker (Tabouret)
Gegen 1900

43 x 30,5 x 30,5

Gleiches Modell wie Kat. Nr. C 48, jedoch variiert und reicher im Intarsienschmuck. Die Flächen sind schwarz gebeizt, nur die Kanten zeigen den Naturton des Nußbaumholzes. Auf der Deckplatte eine große achtpaßförmige Rosette, die acht Sterne in Kreisfeldern einschließt; die Eckzwickel durch helle Beineinlagen besonders hervorgehoben. Selbst an den Klotzfüßen setzen sich die Intarsienmuster der Pfosten fort.

London, Sammlung S. Martin Summers

C 50
Stuhl
Um 1902

92,5 x 44,5 x 45; SH 38

Um die Geschlossenheit eines Möbels zu erreichen, benutzte Bugatti mitunter merkwürdig anmutende Umwege. Diesen Stuhl stellte er auf vier sorgfältig mit Kupferstreifen umwickelte und durch Holzklötze unterteilte Säulen. Da er sie aber gleichzeitig mit kantigen Eckhölzern ummantelte, sind sie kaum noch wahrzunehmen. Durch die teilweise mit Pergament überzogene Zarge wirkt der Sitz erhöht, von dem umlaufenden Kranz der Rosetten isoliert. Ihre Form wiederholt sich im Zenit der Lehne: eine dunkle Holzscheibe mit strahlenförmig intarsierten Blättern um eine reliefierte Kupferrosette. Das Intarsienmotiv ist hier umgekehrt: an der Lehne sind die Spitzen der Blätter aufs Zentrum gerichtet, bei den Scheiben der Zarge nach außen. Die Pergamentflächen wurden in Tusche zart mit Gräsern und Blattranken ostasiatisch bemalt; die Lehne schließt mit einer Galerie. Dieser Stuhltyp gehörte 1902 zu Bugattis Ausstellungsgut in Turin.

Andere Exemplare: Dejean 1981, Abb. S. 85 oben rechts.

London, Sammlung S. Martin Summers

C 50 ▷

C 51

C 51
Stuhl
Um 1902

80 x 52 x 51; SH 35
Nach 1900, in seiner Spätphase, setzte Bugatti außer Pergament bevorzugt fein gedrechselte Scheiben aus edlem Holz ein, die er häufig mit Kupferrosetten oder -ringen kombinierte. Wenn dann
noch in dunkel gebeizte Partien Metallintarsien
eingefügt sind, ergeben sich so dominierende Formen wie an diesem ungewöhnlichen Stuhl. Sein
Gestell scheint aus gerüstartig zusammengesetzten
Stangen zu bestehen. Mit einem vielfach um die
oberen Horizontalholmen gewundenen Seil ist das
am Rand gelochte Sitzpergament in diese Konstruktion gehängt. Verstärkende Doppelringe bilden auf den vier Seiten gleichzeitig die ornamentale
Andeutung einer Füllung, so daß die quadratische
Grundform deutlich gegen das beherrschende
Rund der Lehne spürbar wird. Der 1902 auf der
Turiner Ausstellung gezeigte Stuhltyp kann als das
schönste Beispiel einer ›durchsichtigen‹ Bugatti-
Konstruktion angesehen werden, die nur aus Stangen und Scheiben besteht.
Andere Exemplare: Auktion Sotheby's Belgravia,
London, 13. 3. 1975, Kat. Nr. 57. – Dito, 22. 4.
1982, Kat. Nr. 120. – Dejean 1981, Abb. S. 82 un-
ten links.

London, Sammlung S. Martin Summers

C 52
Armlehnstuhl
Um 1902

113 x 58 x 45; SH 45
Viele Bugatti-Möbel der Turiner Ausstellung von
1902 besitzen dieses wuchtige scherenförmige Fuß-
gestell, das von Kupferrosetten eingekreist wird.
Bei diesem Armlehnstuhl bildet es auch die direkte
Auflage für den pergamentverkleideten Sitz mit
der schräg nach unten gezogenen Stirnfläche. In
Fortsetzung der Scherenarme ergeben kupferum-
wickelte Stäbe die Pfosten für Rückenlehne und
Armstützen. Das rechteckige Rückenschild ist be-

weglich an Seilen zwischen die Pfosten gehängt.
Durch die Kupfereinfassung werden Sitzfläche und
Lehne harmonisch aufeinander abgestimmt, auch
in der Tuschmalerei, auf dem Sitz in Form von einschwingenden Blatthalmen, auf der Lehne mit parallel geordneten Blütenstengeln, denen Bugatti
rechts oben seine Signatur zugesetzt hat. Charakte-
ristisch erscheinen die klare Konstruktion, der helle
Pergamentbezug und die Kupferverkleidung an
den markantesten Positionen. Den gleichen Typ
stellte Bugatti auch ohne Armlehnen her (vgl. Kat.
Nr. C 53). Ein solches Modell war 1902 auf der
Turiner Ausstellung (Dejean 1981, Abb. S. 70
oben).
Literatur: Jervis 1970, Abb. S. 84. – Mackay 1975,
Abb. S. 44.

London, Victoria and Albert Museum
Inv. Nr. W 10 – 1968

Literatur: Auktion Loudmer-Poulain, Paris, 18. 5. 1981, Kat. Nr. 209. – Andere Exemplare: Auktion Sotheby's Belgravia, London, 15. 2. 1980, Kat. Nr. 104. – Dejean 1981, Abb. S. 76 unten und S. 87 oben links. – Auktion Enghien, 21. 3. 1982, Kat. Nr. 121.

Paris, Sammlung Hervé und Isabelle Poulain

C 54
Stuhl
Um 1902

Farbtafel 2

106 x 43 x 41; SH 40

Wie bei Modellen der 1890er Jahre bilden die Rükkenpfosten eine kühn geschwungene Linie mit den Vorderbeinen, hinten abgestützt durch rechtwinklig dagegengesetzte, abspreizende Füße, die aus einem Halbkreissegment abgeleitet sind. Mit einer durchbrochen gearbeiteten, kupferfarbenen Bronzescheibe stellt dieses Kreissegment sozusagen die Drehscheibe des Möbels dar. Durch einen Kranz stilisierter Distelblüten ist er besonders betont, während die Metallscheibe ihre Form aus stilisierten Libellen und Blättern gewinnt. Die Vorderbeine stecken in tierförmigen Bronzeschuhen, wie Bugatti in dieser Spätphase die spitzauslaufenden Füße seiner Möbel überhaupt häufiger durch Metallummantelung schützt. In Rot und Blau wurde das gelbliche Pergament dezent mit stilisierten Disteln und Schmetterlingen, mit Löwenzahnblüten und Insekten bemalt.
Literatur: Dejean 1981, Abb. S. 66, 69 u. 102 oben.

Paris, Sammlung Alain Lesieutre

C 55
Stuhl
Um 1902

Farbtafel 6

94 x 44 x 45; SH 44

Die X-förmigen Scheren des Fußgestells sind bei diesem Modell bis zur Sitzfläche durchgeführt und klingen in den kurvig hochgezogenen Rückenpfo-

C 53
Stuhl
Um 1902

Das Modell entspricht dem Armlehnstuhl Kat. Nr. C 52. Doch sind bei diesem Exemplar ohne Armstützen die Rückenpfosten so beweglich angebracht, daß man die Lehne innerhalb der Scherenöffnung des Fußgestells sowohl nach der einen als auch nach der anderen Seite anschlagen kann. Auch bei diesem Sitzmöbel, das völlig mit Pergament und Kupfer verkleidet ist, besteht der Tuschdekor aus stilisierten Blumen. Der Stuhltyp wurde auf der Turiner Ausstellung 1902 gezeigt (Dejean 1981, Abb. S. 70 oben).

sten aus. Wieder beherrschen die großen Kupferrosetten die Seitenfronten. Scheibenform hat auch das beweglich eingehängte Kopfstück der Rückenlehne, in dessen Zentrum ein von einem Kranz stilisierter Blüten und Insekten gerahmter Mädchenkopf gezeichnet ist. In der Turiner Ausstellung von 1902 hatte Bugatti eine vollständige mit ähnlichen Mädchenköpfen bemalte Zimmereinrichtung gezeigt (Dejean 1981, Abb. S. 73 oben). An den Kanten betonen teilweise in Gold stilisierte Libellen die Kontur des Möbels. Der Stuhl gehört zu dem Damenschreibtisch Kat. Nr. C 20.
Literatur: Dejean 1981, Abb. S. 73 unten.

Paris, Sammlung Alain Lesieutre

C 56
Armstuhl
Um 1902

Farbtafel 5

110 x 62 x 55; SH 48
Gleiches Modell wie Kat. Nr. C 55, jedoch mit Armlehnen. Die Kanten mit gleichem Libellenmuster in Schwarz, Rot und Gold. Im Mittelfeld der Rückenlehne hier der Profilkopf eines Mädchens, das in einem Buch liest. Auf dem Sitz stilisierte Libellen und Nelken.
Literatur: Dejean 1981, Abb. S. 72. – Anderes Exemplar: Dejean 1981, Abb. S. 89 oben rechts.

Paris, Sammlung Alain Lesieutre

C 57–58
Zwei Stühle
Nach 1902

114 x 45 x 50
Parallel zu den G-förmigen Sitzen seines »Schnekken«-Raumes der Turiner Ausstellung von 1902 entwickelte Bugatti diesen etwas einfacheren Stuhltyp, der die Grundform jener Exemplare beibehielt, aber wieder von zwei getrennten, durch Zwischenstege verbundenen Pfosten ausgeht. Sie sind in einem Linienzug von dem höchsten Punkt der Rückenlehne in kühner Kreisform bis zum Sitz durchgezogen, vorne und hinten durch kurze Füße gestützt. Das schöne Mahagoniholz kommt in den Holmen besonders gut zur Wirkung. Profillinien unterstreichen die Kontur. Lediglich Sitz und Lehne wurden mit Pergament bezogen und mit stilisierten Blüten farbig bemalt. Durch seine Signatur krönte Bugatti diesen fortschrittlichen und vollendeten Stuhltyp, eine seiner letzten Möbelschöpfungen.
Literatur: The Amazing Bugattis 1979, Abb. S. 27. – Dejean 1981, Abb. S. 63.

Paris, Musée d'Orsay
Inv. Nr. OAO 343 u. 344

C 59–60
Zwei Brettstühle
Nach 1904

▷

103,5 x 34,5 x 37; SH 43
An diesen Modellen ist Altes und Neues kombiniert. Alt ist die Konstruktion: Bugatti verwendete sie bereits 1880 und 1888 (vgl. Kat. Nr. C 30). Neuartig sind Sitz- und Lehnenfüllung sowie die Intarsienmotive. Kein Pergamentbezug, sondern ebonisierte Holzplatten. Die bei den ursprünglichen Modellen mit Seilen zwischen die Pfosten gehängten Rückenscheiben sind hier eine Einheit mit den nach vier Seiten gerichteten Holzverstrebungen. Die auf dem Sitz sowie auf Vorder- und Rückseite der Lehne intarsierten großen Rosetten variieren in Form und Motiv: Sterne und stilisierte Insekten, eingebunden in ein konzentrisches Strahlensystem. In grün übermaltem Aluminium, Messing und Zinn bewirken die verschiedenen Materialien eine dezente Farbigkeit vor dem dunklen Fond. Solche stilisierten Libellen, wie sie auch an der Abschlußleiste der Lehne und an den Eckhölzern des Sitzes intarsiert sind, hat Bugatti erstmals 1902 ausgereift vorgeführt.

London, Sammlung S. Martin Summers

Vorder- und Rückansicht sowie Sitzflächen von C 59–60.

C 61–62 ▷
Zwei Brettstühle
Nach 1904

100 x 35 x 40; SH 46
Als Begleiter des Tisches Kat. Nr. C 14 brillieren diese Schemel mit ihrem dunklen, polierten Holz und den großen, radial intarsierten Scheiben, die Fußgestell, Sitz und Lehne beherrschen. Um eines eindrucksvollen, dekorativen Effektes willen, scheint die konstruktive Seite zugunsten eines

103

mehr additiven Aufbaus vernachlässigt worden zu sein. Wie beim Tisch liegt dem Stuhl ein Renaissance-Vorbild zugrunde: der Sgabello. Auch jener Prototyp war einseitig auf Vorderansicht konzipiert. Die Wirkung der großen Scheiben, die ihre Mehrfarbigkeit den Kontrasten von Bein, Messing, Zinn und Kupfer und deren rhythmischer Stilisierung verdanken, liegt hier aber so sehr in der Fläche, daß die Plastizität des Möbels dabei etwas zu kurz kommt. Doch scheint bei dem ganzen Ensemble gerade eine optische Überwältigung des Betrachters beabsichtigt worden zu sein.
Literatur: Dejean 1981, Abb. S. 53.

Paris, Sammlung Alain Lesieutre

C 63
Sitzbank
Um 1895

77 x 113 x 49; SH 35,5
Bei den leicht seitwärts gebogenen Pfosten der Bank verwendete Bugatti den gleichen Dekor, den er den Vierkanthölzern seiner Stühle von 1880, 1888 und noch 1895 verliehen hatte: würfelartige Reihung durch tiefe Einschnitte und zinnintarsierte Sterne (vgl. Kat. Nr. C 30). An der Frontzarge ist mit stufenförmig übereinander geleimten, verschieden langen und alternierend eingesetzten Hölzern eine Staffelung in vier Ebenen entstanden, die durch unterschiedlich gebeizte Holzarten und Alu-

miniumintarsien auch eine dezente Farbigkeit entwickelt. Malerische Akzente setzen die Tuschen der pergamentbespannten Flächen, Bambuszweige auf dem Sitz, Küken im kupfergerahmten Mittelfeld der Lehne, die links zarte Sternblütchen und rechts arabische Schriftzeichen aufweist.
Andere Exemplare: Kat. Nr. C 64. – Auktion Sotheby's Belgravia, London, 13. 3. 1975, Kat. Nr. 60. – Dito, 25./26. 9. 1979, Kat. Nr. 224. – Auktion 615 Dorotheum, Wien, 15./18. 3. 1977, Kat. Nr. 1127. – Dejean 1981, Abb. S. 84 Mitte links (ohne Rückenlehne).

London, Sammlung S. Martin Summers
▽

C 64
Sitzbank
Vor 1900

76,5 x 121 x 50,5; SH 36,5
Gleiches Modell wie Kat. Nr. 63, in Details variiert. Seitlich kennzeichnen zusätzliche Kupferrosetten die Schnittpunkte der Pfosten. Verändert wurde auch die Mittelrosette der Lehne, die seitlich eingekerbt ist, einen Zentralpunkt erhielt und den großzügig auf den Pergamentfond getuschten Blattzweig rigoros durchschneidet. Die Bank gehört zu einer Zimmereinrichtung, die sich seit Ende des vorigen Jahrhunderts im selben Familienbesitz befindet.

Frankfurt am Main, Irmhilt Kelling

SPIEGEL – WANDETAGEREN – KONSOLEN – RAHMEN – KÄSTCHEN

C 65
Wandeckschränkchen mit Spiegeln
Um 1890–95

148 x 44,5 x 26

Das im Grundriß dreieckige Möbel bietet dem Betrachter drei deutlich unterschiedene Partien. Ein großer runder Spiegel, in einem Rahmen aus Kupfer und ebonisiertem Holz mit Zinnintarsien, nimmt die untere quadratische Fläche ein. Im offenen Teil darüber sind die Rückwände verspiegelt; vorne beschließt eine niedrige Galerie die kleine Stellfläche. Schlanke, kupferumwickelte Säulen verbinden zur oberen Etage, die durch zwei Türen verschlossen ist. An ihren Fronten wiederholen Kupferrosetten in dunklen, intarsierten Holzrahmen die Rundform des unteren Spiegels. Durch helle Beinfriese und -kapitelle sowie zarte Intarsien aus bläulichem Zinn, den Wechsel von schwarzen und braunen Hölzern gab Bugatti dem kleinen Möbel mit der Vielfalt spiegelnder Flächen eine abwechslungsreiche Fassade.

Ein gleiches »meuble d'encoignure« gehörte 1880 zu dem Schlafzimmermobiliar, das Bugatti seiner Schwester Luigia zur Hochzeit schenkte (Auktion Sotheby Parke Bernet Monaco S. A., Monte Carlo, 25. 6. 1981, Kat. Nr. 159). Anderes Exemplar: Auktion Christie's, New York, 27. 5. 1982, Kat. Nr. 107 A.

Paris, Sammlung Alain Lesieutre

C 66
Wandeckschränkchen mit Spiegeln
Um 1890–95

135,5 x 44 x 22

Gleiches Modell wie Kat. Nr. C 65, variiert in den Zinneinlagen und mit Troddelgehänge im unteren Bereich des Rundspiegels.

Paris, Sammlung Alain Lesieutre

C 67
Wandspiegel mit Konsole   ▷
Um 1890–95

127 x 101 x 18

In der Erfindung immer neuer Kombinationen für Wand-Spiegel, -Konsolen oder -Etageren ist Bugattis Phantasie schier unerschöpflich. Den großen runden Spiegel macht er noch imponierender durch einen breiten, ebonisierten Rahmen mit Zinneinlagen in japanischer Manier, deren zarte Blütenranken wie hingestreut wirken. Die rechte Hälfte ist mit einer Konsole beschwert, die mit Säulen, Kupferrosetten und Pergament unorthodox in das Ensemble eingepaßt wurde. Als rhythmischer Ausgleich verdeutlicht ein Quastengehänge im oberen Teil zugleich, daß die Balance der Gesamtkomposition an dieser Stelle eine Unterbrechung des Rahmens forderte.
Literatur: Dejean 1981, Abb. S. 34 oben.

Paris, Sammlung Alain Lesieutre

C 68
Wandetagere
Um 1890—95

98 x 60,5 x 20

Wie Schränken, Regalen und Schreibtischen gab Bugatti auch seinen Etageren gern minarettartige Aufsätze, die mit ihren Säulen, Bogenstellungen und Kreisöffnungen die Dreidimensionalität eines Möbels so ungemein veranschaulichen. Die Farbigkeit wird wie gewöhnlich durch schwarzes und braunes Holz, weiße Stabkapitelle und -basen, Kupferbleche und -rosetten sowie helles Leder erreicht. Bei diesem Exemplar ist der Aufbau symmetrisch angelegt: in der Mitte des Horizontalbretts der hohe Turm mit seinem Zackendach, darunter eine beutelartige, mit Kupferblech verkleidete Ablage zwischen Stützen und Rosetten. Inmitten eines entsprechend gestalteten Mobiliars sollte eine solche Etagere vor allem Zimmerschmuck sein. Eine gleiche Etagere gehörte zur Brautausstattung, die Bugatti 1880 seiner Schwester Luigia zur Hochzeit schenkte (Auktion Sothey Parke Bernet Monaco S. A., Monte Carlo, 25. 6. 1981, Kat. Nr. 166). Literatur: Dejean 1981, Abb. S. 34 unten.

Paris, Sammlung Alain Lesieutre

◁

C 69
Wandetagere
Um 1890—95

78 x 60,5 x 20; Dm. der Kupferscheiben 25
Etagere mit Mitteltürmchen. Seitlich frei arrangierbare Gehänge aus breiten Jutebändern mit Fadenbündeln und Kupferscheiben. — Aus französischem Vorbesitz.

Berlin, Kunstgewerbemuseum, Staatliche Museen Preußischer Kulturbesitz

Abb. bei C 32—34

C 70
Wandetagere
Um 1890—95

Dm. 100
Über dem Etagerenbrett ein hohes Schränkchen, das von einem Doppelreifen eingefaßt ist. — Aus französischem Vorbesitz.

Berlin, Kunstgewerbemuseum, Staatliche Museen Preußischer Kulturbesitz

Abb. bei C 34

C 71
Etagere
Vor 1900

Farbige Abb. auf der letzten Umschlagseite

90 x 28 x 12,5

Wie ein aus der Architektur gelöstes Bauelement kann man diese reizvolle Etagere empfinden. Das hohe Spitzbogenfeld könnte Nische und Rahmen für eine Figur oder ein kunstvolles Gefäß bilden. Bugatti hat jedoch das Horizontalbrett davor so ausgeschnitten, daß sich nur seitlich ein Aufstellplatz anbietet und so die Balance gesichert bleibt. Die Auswahl des Schauobjekts wurde damit sozusagen vorprogrammiert. Kapitellbekrönte Säulen und zinnintarsierte Kanthölzer, nicht zuletzt das lappig konturierte Stützbrett, in dem die Stabrosette wie die Iris eines Auges wirkt, und die gedrehten Spitzkegel an den äußersten Ecken vervollkommnen das vielschichtige Bild der kleinen Etagere. Mit einer Bugatti-Einrichtung gehört sie seit Ende des vorigen Jahrhunderts zum selben Familienbesitz.

Frankfurt am Main, Irmhilt Kelling

C 72
Konsole
Um 1890−95

Dm. 65

Ein ungewöhnliches Konzept für eine Konsole: Als Wandapplique wird eine große, konzentrisch ornamentierte Kupferscheibe benutzt, in deren Mitte ein horizontaler Träger für einen Vertikalbaluster befestigt ist. Mit rosettengeschmücktem Würfel, Kugelwulst, weißen Stabkapitellen und pfeilartiger Spitze fungiert dieser als kraftvoller Träger der rechteckigen Konsole. Ihre Deckplatte ruht auf einem System ineinander verschachtelter Kanthölzer und Zwickelbretter. Ein kleinteilig intarsiertes Stirnband umzieht ihre Kante. Mit der rhythmischen Reihung der weißen Stäbe und dieser Zierleiste erreichte Bugatti eine harmonische Akzentuierung des Balusters vor dem dunklen Kupferfond. Eine gleichartige Konsole hatte Bugatti 1888 auf der Italienischen Ausstellung in London gezeigt (vgl. Abb. 4). − Aus französischem Vorbesitz.

Berlin, Kunstgewerbemuseum, Staatliche Museen Preußischer Kulturbesitz

▷

C 73
Spiegeltoilette
Um 1900

69 x 59 x 20

Mit einem System von triptychonartig aneinandergefügten rechteckigen Spiegelflächen hat Bugatti ein einfaches »meuble coiffeuse« zum An-die-Wand-Hängen geschaffen. Die Rückseiten sind mit gehämmerten Kupferplatten verkleidet, die Kanten gemustert. Geöffnet bieten sich dem Benutzer drei in der Position verstellbare Spiegel.
Literatur: Auktion Loudmer-Poulain, Paris, 18. 5. 1981, Kat. Nr. 208.

Paris, Sammlung Hervé und Isabelle Poulain

C 71

C 74
Wandelement
Um 1895

112×99; Dm. des Pergamentbildes mit Kupferrahmen 70, ohne Rahmen 48
Wie einen Schild hat Bugatti das pergamentbezogene Rundfeld in breitem Kupferrahmen auf die
helle Fläche gesetzt. Dieser Fond aus weißem Leder
ist seinerseits in einen schwarzen Rahmen ge-
spannt, mit spitzen Dornen oben und unten, mehr
eine etwas »wehrhafte« Wandzier als ein Bild.
Doch das Pergament ist bemalt: vor einem Zelt auf
einem Teppich eine Orientalin, in den Händen eine
Gitarre mit langem Griffbrett. Leider ist die Ölma-
lerei nicht gut erhalten. Aber sie ist bezeichnet von
›Pellegrini‹. Außer dem Namenszug auf dem
Armlehnstuhl der Sammlung Summers in London (Kat. Nr. C 45) die einzige bisher bekannte
Signatur des Mailänder Malers, der in den 1880er
und 90er Jahren mit Bugatti zusammenarbeitete
(vgl. S. 31).

Eutin, Preben Bronée

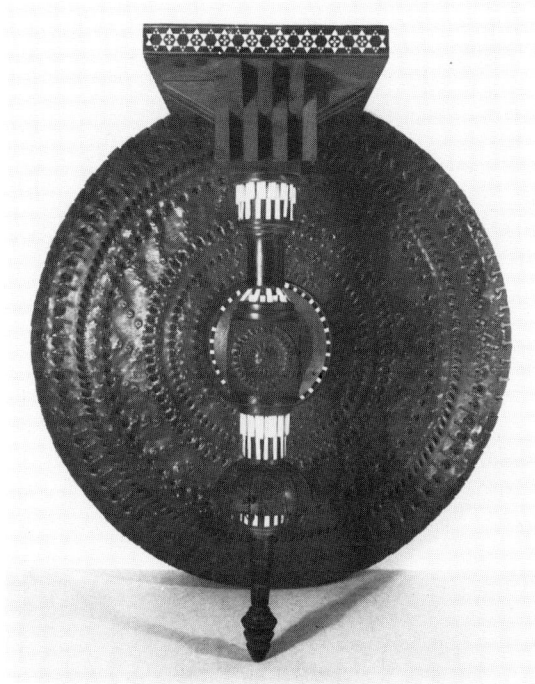

C 75—76
Zwei Bilderrahmen
Um 1890—95

70×60
Wie Bugatti fremde Zutaten verarbeitete, kann
kaum besser als an diesem Rahmen demonstriert
werden. Offenbar waren die Ölbilder vorgegeben,
Darstellungen einer Tarantella-Tänzerin und eines
Gitarrespielers, ebenso die mit Blumenmustern
und Figuren intarsierten Hölzer unterschiedlicher
Form. Bugatti schuf dazu breite schwarze Rahmen
als Fond für diese bunten, kleinteiligen Arbeiten.
Die Bilder isolierte er durch pergamentbezogene
Innenrahmen. Mit Holzfriesen und japanisierender
Tuschmalerei gab er ihnen seinen eigenen Stil. Die
klare Diktion sichert ihnen eindeutige Dominanz
vor den ungleich konturierten aufgelegten Fremd-
intarsien. Die Bedeutung der Signaturen auf den
Ölbildern »Gargiulo / Sorrento / Villa Gargiulo« ist
ungeklärt. — Aus französischem Vorbesitz.

Berlin, Kunstgewerbemuseum, Staatliche Museen
Preußischer Kulturbesitz

C 75   C 76

C 77
Bilderrahmen

89 x 60,5

Nicht immer sind die Bildausschnitte bei Bugattis Rahmenkompositionen rechtwinklig. Mitunter schneiden Rosetten oder Stabfriese in den für Fotos, Zeichnungen oder Gemälde reservierten Freiraum. Bei diesem Exemplar ist er mit Kreisbogen und Säulen nischenartig gefaßt. Den breiten, mit weißem Leder bespannten Rahmen durchschneidet resolut ein Kupferstreifen, der in zackigen Ausläufern unterhalb der Nische Entsprechung findet. Rechts eine Kupferrosette mit Fransengehänge. Literatur: Dejean 1981, Abb. S. 82 oben Mitte.

Paris, Sammlung Alain Lesieutre

C 78   △
Bilderrahmen
Um 1902–04

20 x 14,2

Rechteckiger Rahmen aus Nußbaumholz, intarsiert mit Messing und Zinn. In die schwarz gebeizte Außenkante stoßen in gleichmäßiger Reihung die Köpfe stilisierter Libellen vor. Ihre Körper und Flügel bilden eine helle Zackenborte entlang einer begrenzenden Messingleiste. Zur Innenseite hin vermitteln dunkel gebeizte, messinggefaßte Halbrhombenfelder einen zusätzlichen Rhythmus. – Eingerahmt: Altersbildnis Carlo Bugatti, Photographie.

London, Sammlung S. Martin Summers

C 79
Bilderrahmen
Um 1902–04

24 x 20,2
Rechteckiger, pergamentbezogener Rahmen mit eingeritzten, bemalten und vergoldeten Blütenornamenten und Libellen. – Eingerahmt: Rembrandt Bugatti, Selbstbildnis mit flachem Hut, von vorne, leicht nach links gewendet. Atelier-Stempel ›RBugatti‹ unten rechts. Bleistift auf Papier. 14 x 9,6 cm.

Paris, Sammlung Hervé und Isabelle Poulain.

C 80
Wandspiegel
Um 1895

Dm. 49
Die Spiegelfläche in Rundrahmen aus Kupfer und schwarz gebeiztem Holz. Ein gleichmäßiges Lochmuster variiert die Außenkante; Zinnintarsien in Form arabischer und asiatischer Schriftzeichen sowie Blattranke und fliegende Vögel beleben die dunkle Holzfläche. Der um den Spiegel gelegte Kupferreifen ist maschenhaft dicht ornamentiert.

London, Sammlung S. Martin Summers

C 81
Schmuckschatulle
Um 1902–04

25 x 13 x 11

Dieses schlichte Kästchen ist völlig mit Pergament bezogen und delikat mit Libellen und Mohnblüten bemalt. Die Schatulle befand sich bis zuletzt im Besitz von Bugattis Enkelin L'Ebé (1903–1980). Literatur: Auktion Loudmer-Poulain, Paris, 18. 5. 1981, Kat. Nr. 161.

Paris, Sammlung Hervé und Isabelle Poulain

C 82
Schubladenkästchen
Um 1902–04

33,7 x 27,7 x 19,8

Ungezählte Kästchen jeglicher Art und für die unterschiedlichsten Verwendungszwecke wurden im 19. Jahrhundert hergestellt. Kostbare Materialien und künstlerische Verzierungstechniken steigerten ihren Wert. An ihnen erprobten auch manche Mö-

belentwerfer neue Intarsienmuster und -kombinationen. Seinen Konturen nach könnte dieses Kleinmöbel ebensogut eine Art Schrein sein. Da sein Volumen jedoch auf drei Schubladen verteilt ist, gehört es zur Kategorie der »Schubladenkästchen«. Am deutlichsten markieren die stilisierten, zu Griffen gekrümmten Bronze-Libellen diese Dreiheit. Aber auch die Intarsienmotive sind so arrangiert, daß die einzelnen Zonen erkennbar bleiben. Das Rosettenmuster an den Schmalseiten wiederholt sich viermal an der oberen Schublade. Stengelartige Verlängerungen verbinden es mit der unteren, wo ein Rhombenfries zusammen mit segmentierten »Wurzel«-Blättern und ihnen angeglichenen Libellenpartikeln ein dichtes Ornamentfeld bilden. Ihnen entgegen scheinen die drei Libellen am anschließenden Rand der mittleren Lade zu fliegen, deren dünne, gewinkelte Beine und schlängelnde Leiber ein zartes Linienmuster auf die fein gemaserte Fläche zeichnen.

Berlin, Christiane Klebs

C 83
Pultkasten
von De Vecchi & Cie.,
Mailand, nach 1904

41 x 39 x 22
Kästchen mit Pultverschluß, die Schreibutensilien
verwahren konnten und durch die herabklappbare
Frontplatte auch die erwünschte glatte Unterlage
boten, waren als leicht transportierbares Kleinmöbel vor allem in angelsächsischen Ländern verbrei-
tet. Dieses Exemplar aus Nußbaumholz ist mit seiner Signatur »De Vecchi & C.« als Fabrikat jener
Mailänder Firma ausgewiesen, die 1904 als Nach-
folgerin von »Bugatti & Cie.« auch deren Entwürfe

übernommen und verwendet hatte. Unverkennbar
sind hier Bugattis stilisierte Blüten-Insekten-Kom-
binationen als Bein- und Messingintarsien. Ebenso
findet sich die Kontrastierung von naturbelassenen
Flächen mit ebonisierten. Wieder dient ein bronze-
ner Libellenkörper als Griff. Aber Pultklappe und
Seitenwände sind einheitlich dekoriert und durch
eine fast verwirrend dicht gemusterte Zwischenzo-
ne zweigeteilt. Über dem offenen Fach läßt sich
eine flache Schublade herausziehen. Diese Partie ist
äußerlich durch den nun schon fast abstrakten
Libellenflügelfries besonders kenntlich gemacht.

London, Victoria and Albert Museum
Inv. Nr. W 18 – 1969

ARBEITEN AUS METALL – MODELLE – ZEICHNUNGEN

Standbeine; aber an Stelle der Stoßzähne strecken Schnecken ihre Fühler aus. Spirrige Insekten, Libellen und exotische Schmetterlinge entfalten ihre Flügelpaare. »Ein phantastisches und teuflisches Mittelalter« (un Moyen Age fantastique et satanique), wie Philippe Dejean meint? – Die Vase ist am Fuß von ›Bugatti‹ signiert und gemarkt: A. A. HEBRARD / 8 RUE ROYALE / PARIS.
Literatur: Dejean 1981, Abb. S. 98.

Paris, Sammlung Alain Lesieutre

C 85
Pokal   Farbtafel 7
Um 1907

Teilvergoldetes Silber; 21 x 15,5
Das Gefäß wirkt so, als sei ein silberner Becher in eine durchbrochen gearbeitete vergoldete Fassung gesetzt. Für Philippe Dejean besitzt der Pokal den Charakter eines »Graals«. Am Sockel wachsen aus einer heterogenen Masse vier groteske Männermasken mit weit geöffnetem Mund und heraushängender Zunge. Doch darüber, an der sich weitenden Wandung, entsteht eine Harmonie aus Ovalrahmen, Pflanzen und Blüten, die sich strahlenförmig öffnen oder im Gleichklang der Reihung das Gefäß umfangen. Es scheint, als habe Bugatti in dieser pokalartigen Vase den Schauer manieristischer Phantastik mit der Schönlinigkeit des kommenden Art Déco gekoppelt. – Am Fuß gemarkt: A. A. HEBRARD / 8 RUE ROYALE / PARIS.
Literatur: Dejean 1981, Abb. S. 99.

Paris, Sammlung Alain Lesieutre

C 84
Vase mit Elefantenköpfen
Um 1907

Silber; 19 x 14,5
An den aus Silber oder Bronze gegossenen Gefäßen und Geräten konnte Bugatti seiner Phantasie weitaus größeren Spielraum lassen als an Möbeln, denn im Gipsmodell ist jede nur denkbare Kombination möglich. So wurde diese Vase aus drei Elefantenköpfen zusammengesetzt. Ihre Rüssel bilden die

C 86
Tintenzeug
Um 1907

Bronze; 20 x 50 x 27
Lange flache Schale, die ein Tierbein oder -flügel
als Bügelhenkel überspannt. An der einen Schmal-
seite ein Krebs mit geöffneten Scheren, auf der an-
deren das Behältnis für zwei Tintenfässer (aus
Glas), dem ein Fächerblatt als Deckel dient. In der
Schale die Ritzsignatur: Bugatti.
Literatur: Dejean 1981, Abb. S. 103 unten.

Paris, Sammlung Alain Lesieutre

C 87–88
Zwei Lampen
Um 1907

Bronze; 56,5 x 33,5
Den vierpaßförmigen Korb tragen die Leiber von
vier Fischen, deren grimassenhafte Köpfe dem Gerät als Stützen dienen. Seine hohen Verstrebungen
enden in den Rüsseln von vier Elefantenköpfen, die
Abschlußröhre in den Klauen einer Spinne. An den
Pfeilern langflügelige Insekten. Eine totale Sym-
biose aus Tierleibern, großäugigen oder großfor-
matigen Köpfen, Rüsseln, Insekten, klauenbesetz-
ten Spinnenbeinen gelang Bugatti in Gestalt dieser

C 86

C 87   C 88

120

beiden Lampen. Selbst Fische und Elefanten wurden zur Motivation herangezogen, damit gleichsam neue Geschöpfe entstehen konnten, dazu ausersehen, Lichtspender inmitten Dunkelheiten zu sein. − Am Fuß Ritzsignatur: C. Bugatti; Stempel: Cire Perdue (verlorener Wachsguß).
Literatur: Dejean 1981, Abb. S. 108

Paris, Sammlung Alain Lesieutre

◁

C 89
Tabakstopf
Nach 1904

Eichenholz, Messing; 15,5 x 10,7
Zylindrisches Gefäß aus Messing mit schwarz gebeiztem Eichenholzmantel. Die Außenseite durch Messingstege und -stifte in fünf umlaufenden Zonen mit Rauten, Ovalen, Kreisen und Punktflächen ornamentiert. Der leicht gewölbte Einsatzdeckel aus gehämmertem Messing mit pilzförmigem Griff. Am Deckelrand eingravierte Bezeichnung: Carlo Bugatti.

London, Sammlung S. Martin Summers

C 90
Modell für ein Buffet im ›gotischen Stil‹
Nach 1904

Gips; 48,5 x 31,5 x 16,5

In Kielbogenrahmen eingebettete Kredenz. Die untere Partie mit stilisierten, aus sich überschneidenden Spitzovalen gebildeten Blüten über drei Stengeln; der Aufsatz aus drei in Halbbogen angeordneten, gotisierenden, spitzbogigen ›Maßwerk-Fenstern‹ mit Blütenornamenten. Über dem Kielbogen fialenartige Bekrönung.

Paris, Musée d'Orsay
Inv. Nr. OAO 353

C 91

Modell für ein Eßzimmer-Buffet
Nach 1904

Gips; 38 x 33 x 12,5

In großem Spitzbogenrahmen die untere Schrankpartie mit parallel geordneten, stilisierten Blüten; darüber zwei offene, durch eine Schubladenzone getrennte Fächer. Über dem Spitzbogenrahmen eine Reihe blütenartig aus parallelen Stengeln herauswachsender, in Spitzovalfeldern sich überschneidender Ornamente. Als Bekrönung eine Spitzbogennische.

Paris, Musée d'Orsay
Inv. Nr. OAO 354

C 91

C 92   ▷

Modell für eine Vase
Um 1907

Gips; 25 x 32
Modell für Silber-Vase Kat. Nr. C 85

Paris, Musée d'Orsay
Inv. Nr. OAO 352

C 93
Modell für eine Teekanne
Um 1907

Gips; 23 x 35; Dm. 14
Eiförmiger Gefäßkörper auf einem unregelmäßigen, von Fledermäusen gebildeten Sockel. An der Wandung Spitzbogenfelder, in ihren Zwickeln stilisierte Libellen. Als Deckel ein spinnenartiger Zoophyt. Bügelhenkel und Ausguß in Form von gebündeltem Schilfrohr, Tülle als Schlangenkopf.
Eine Silberausformung dieses Modells, mit Signa-

tur Bugattis und Gießerstempel A. A. HEBRARD / 8 RUE ROYALE / PARIS, auf Auktion Sotheby's Belgravia, London, 8. 12. 1978, Kat. Nr. 140. – Abb. auch The Amazing Bugattis 1979, S. 15. – Dejean 1981, S. 105.

Paris, Musée d'Orsay
Inv. Nr. OAO 345

C 94
Modell für eine insektenförmige Möbelapplique
Um 1907

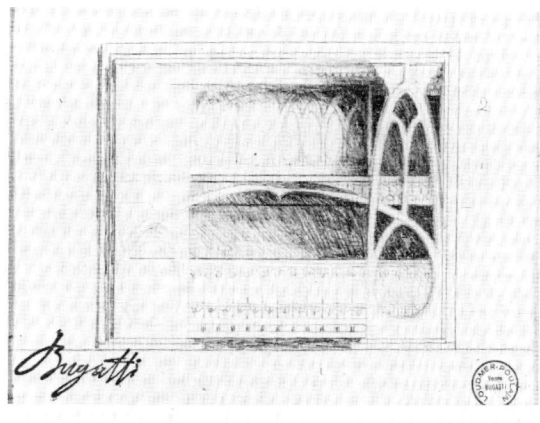

Gips; 25,5 x 16
Auf schildförmigem Fond das Relief eines Insekts mit ausgebreiteten Flügeln und langen Beinen bzw. Fühlern. Wahrscheinlich diente das Modell als Gipsform für Möbelappliquen aus Metall.

Paris, Musée d'Orsay
Inv. Nr. OAO 358

C 95
Zwei Entwürfe für ein Buffet
Nach 1904

Bleistift auf Papier; je 13,5 x 17,5
a) In der unteren Partie des Buffets stilisiertes Blütenmuster; offenes Mittelteil; der Aufsatz mit sich überschneidenden Spitzovalfeldern. Atelier-Stempel ›Bugatti‹ unten links.
b) Variante des gleichen Entwurfs mit großem, verbindendem Bogen im unteren Teil; Blütenmuster, darüber Schubladen und flache Arkaden; im Aufsatz sich überschneidende Spitzovalfelder. Atelier-Stempel ›Bugatti‹ unten links.

Paris, Sammlung Hervé und Isabelle Poulain

125

C 96
Entwürfe für zwei Schränke und eine Kommode
Nach 1904

Bleistift auf Papier; 17 x 13
Alle Möbelfassaden mit Spitzovalfeldern ornamentiert. Der linke Schrank mit einem, der rechte durch vier solcher Ovalfelder gegliedert. Bei der Kommode übergreifen die Ovale in der linken Partie die Schubladen, der rechte Teil ohne Dekor.

Paris, Sammlung Hervé und Isabelle Poulain

C 97
Zwei Entwürfe für halbhohe Möbel
Nach 1904

Bleistift auf Papier; 17 x 13
Skizzen für die Fassaden von Kommoden oder halbhohen Schränken mit Schubladen, Spitzovalfeldern und stilisierten Blüten. Atelier-Stempel ›Bugatti‹ oben links.

Paris, Sammlung Hervé und Isabelle Poulain

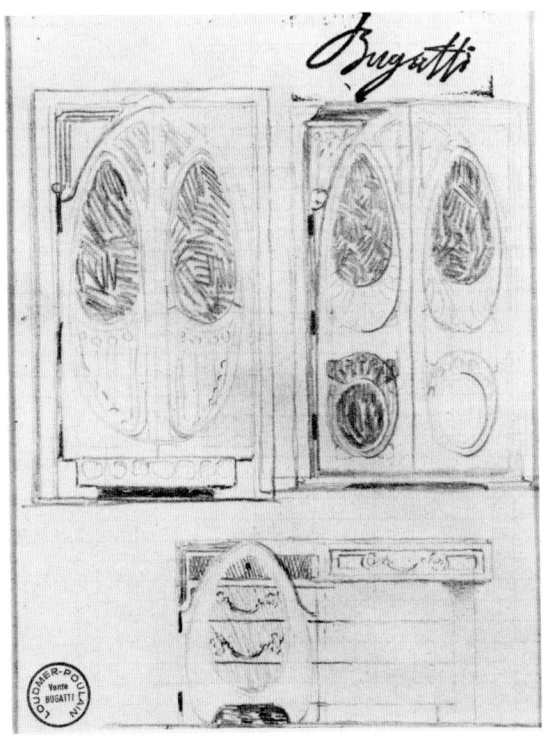

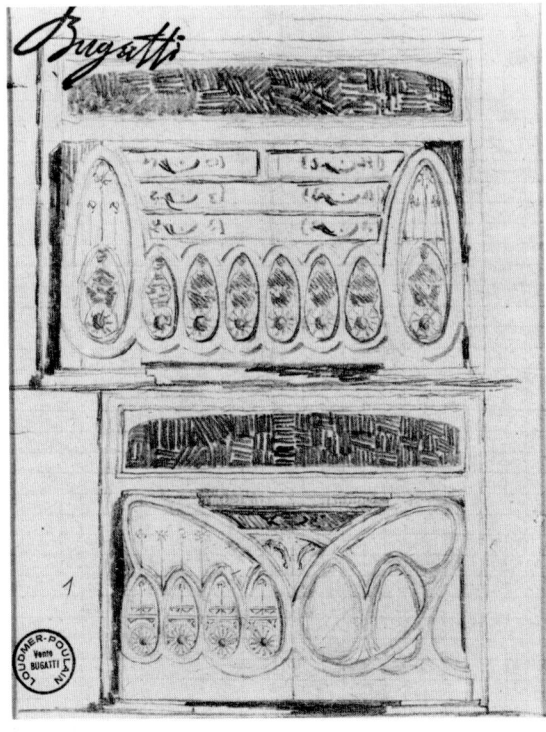

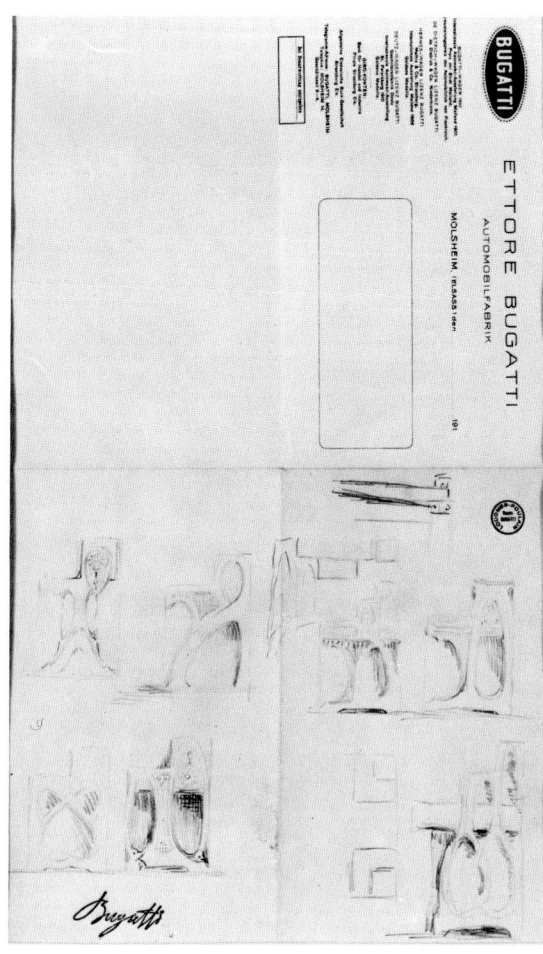

C 99
Skizze einer
gotisierenden Architektur
Nach 1904

Bleistift auf Papier; 20 x 12,3
Gotisierende Architektur mit sich überschneidenden Spitzbögen; Fialen, Blütenornamente. Gering
hellblau aquarelliert. Atelier-Stempel ›Bugatti‹
unten Mitte.

Paris, Sammlung Hervé und Isabelle Poulain

C 98
Sieben Skizzen von Kredenzen
Nach 1910

Bleistift auf Papier; 42 x 25
Skizzen der Seitenansicht von Kredenzen (Anrich-
ten) von rechtwinkliger Kontur, mit linearen Or-
namenten, Ovalen und Rosetten. Ansätze zu weiteren Skizzen. Die Zeichnungen auf Papier mit
dem Briefkopf: ETTORE BUGATTI / AUTO-
MOBILFABRIK / MOLSHEIM (ELSASS), den
_____ 191 . Atelier-Stempel ›Bugatti‹ unten links.

Paris, Sammlung Hervé und Isabelle Poulain

C 100
Ornamentskizzen
Nach 1904

Bleistift auf Papier; 17 x 13
Sich überschneidende Spitzovalfelder mit einge-
schlossenen Rosetten. Atelier-Stempel ›Bugatti‹
unten links.

Paris, Sammlung Hervé und Isabelle Poulain

C 101
Stilisierte Libellen
Nach 1904

Bleistift auf Papier, aquarelliert in Braun, Blau und
Rot; 50 x 63
Oben: zwei Stilisierungen von Libellen. – Unten:
zwei Viertelkreise mit konzentrisch angeordneten
stilisierten Libellen. Atelier-Stempel ›Bugatti‹
rechts.

Paris, Sammlung Hervé und Isabelle Poulain

▷

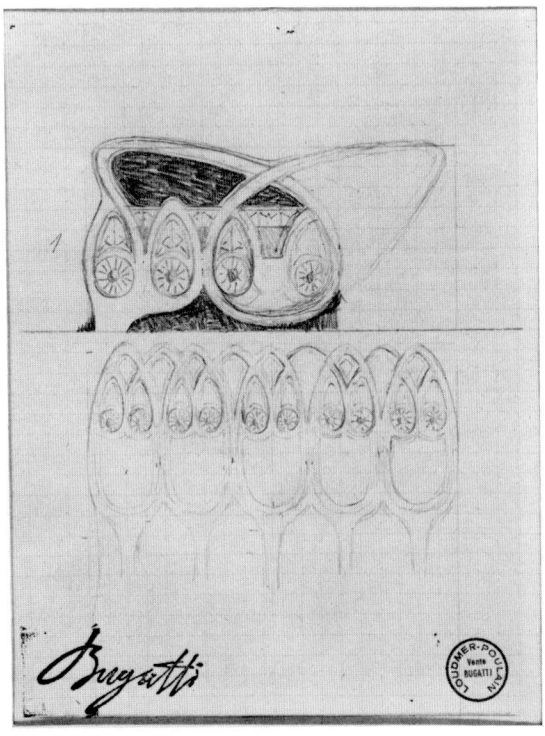

C 102
Stilisierte Insekten und Libellen
Nach 1904

Bleistift und Gouache in Gelb und Blau auf blauem
Papier; 40 x 57
Friese von Insekten und Libellen. Atelier-Stempel
›Bugatti‹ unten rechts.

Paris, Sammlung Hervé und Isabelle Poulain

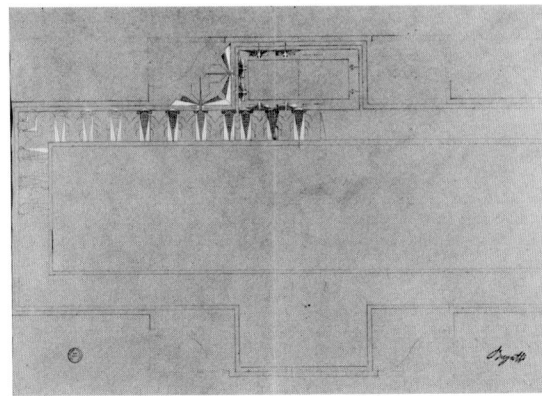

C 101

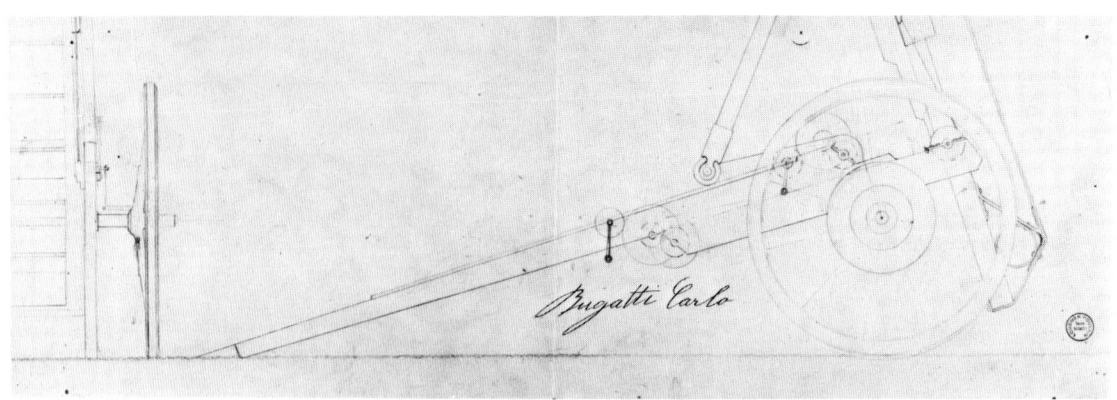

C 103
Entwurf einer fahrbaren Leiter
Um 1900

Bleistift auf Papier; 21,8 x 62,5
Leiter auf einem zweirädrigen Fahrgestell, mit
Kurbeln und Mechanismen zum Ausfahren. Diffe-
renzierte Ansicht von einer Seite; links Halbansicht
von hinten. Mit Tinte unten in der Mitte bezeichnet: Bugatti Carlo.

Paris, Sammlung Hervé und Isabelle Poulain

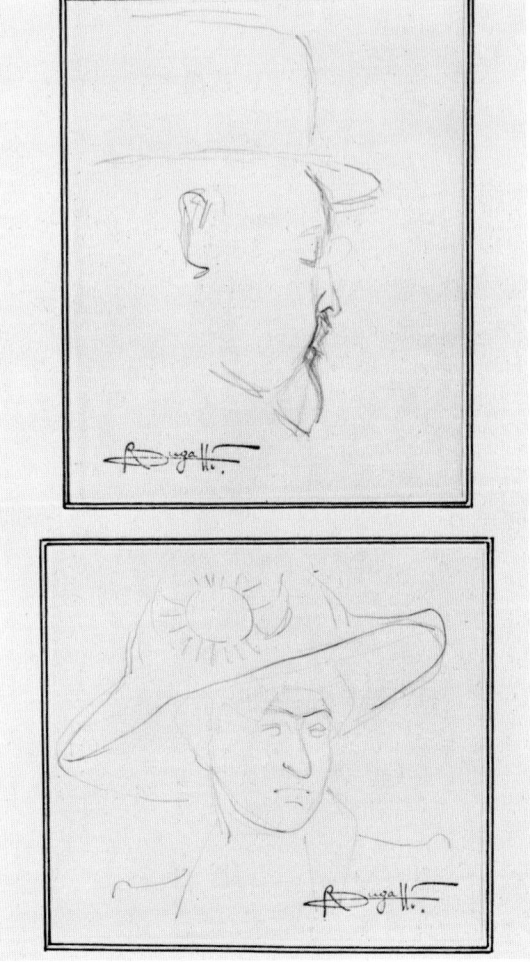

C 104
Bildnisse von Carlo Bugatti
und seiner Frau Thérèse
von Rembrandt Bugatti
Um 1910

Bleistift auf Papier; 12,2 x 10 bzw. 9,8 x 10,8
a) Bildnis Carlo Bugatti mit Strohhut im Profil
nach rechts. Atelier-Stempel ›RBugatti‹ unten
links.
b) Bildnis Thérèse Bugatti mit großem Hut en
face. Atelier-Stempel ›RBugatti‹ unten rechts.

Paris, Sammlung Hervé und Isabelle Poulain

C 105

131

NACHTRAG

C 105
Sitzgarnitur mit Tisch:
zwei Stühle, zwei Armlehnstühle,
Hocker und Tisch
Um 1900

Stühle: 102 x 40 x 55; Armlehnstühle: 115 x 70 x 70;
Hocker: 43 x 35 x 35; Tisch: 74 x 84 x 60
Die Stühle und Armlehnstühle von gleicher Konstruktion wie Kat. Nr. C 31, mit betonten maurischen Bögen im Fußgestell, flacher, pergamentbespannter Sitzfläche und an Seilen beweglich eingehängten Rundschilden in der Rückenlehne. Die Schilde mit Pflanzendekor in japanisierender Tuschmanier bemalt. Alle Stirnseiten der Fußgestelle mit Troddelgehänge. An den vier Seiten des geometrisch intarsierten Hockers Stabverstrebungen, Rosetten und Quasten. Der ebenfalls reich intarsierte Tisch auf vier schräg gestellten Pfosten, die durch ein Zwischenbrett verfestigt sind.

Schönbrunn-Moosbrunn, Sammlung Walter Metz

Hermann Jedding

BIBLIOGRAPHIE

1888   *The Artist* IX, 1888, S. 246. − *The Cabinet Maker and Art Furnisher* IX, 1888/89, S. 85 (Abb.) u. 86. − *Journal of Decorative Art* VII, 1888, S. 158 u. 159 (Abb.). − *The Queen, The Lady's Newspaper* LXXXIII, 2, 1888, S. 751. − *Revue des Arts Décoratifs* IX, 1888/89, S. 382f. (Alfredo Melani).

1894   A. Schricker und C. Brüggemann, *Das Kunstgewerbe und die Elektrotechnik auf der Weltausstellung in Chicago 1893.* Berichte an das Kaiserliche Ministerium für Elsaß-Lothringen, Straßburg 1894, S. 67 u. 72.

1895   *The Cabinet Maker and Art Furnisher* XV, 2, 1895, S. 218 (Abb.); XVI, 1, 1895, S. 2, Fig. 2 u. 3. − *Furniture and Decoration & The Furniture Gazette* XXXII, 1895, S. 72−74 mit Abb.

1896   *The Cabinet Maker and Art Furnisher* XVII, 2, 1896, S. 37f. mit Abb.

1900   *Exposition Internationale Universelle de 1900, Catalogue Général Officiel,* Groupe XII, Décoration et Mobilier des Edifices publics et des Habitations, Classes 66 à 75, Paris 1900, Classe 69 (meubles à bon marché et meubles de luxe), S. 44, Nr. 21.

1901   *Revue des Arts Décoratifs* XXI, 1901, S. 146 (Abb.) u. 150f. (Alfredo Melani).

1902   *Prima Esposizione Internazionale d'Arte Decorativa Moderna Torino 1902, Catalogo Generale Uffiziale,* S. 136, Nr. 92. − *Prima Esposizione Internazionale d'Arte Decorativa Moderna Torino 1902, Elenco Uffiziale delle Premiazioni,* S. 7, Nr. 12. − *Prima Esposizione Internazionale d'Arte Decorativa Moderna Torino 1902, Relazione della Giuria Internazionale,* S. 146f. − *Arte Italiana Decorativa e Industriale* XI, 1902, S. 49. − *Deutsche Kunst und Dekoration* XI, 1902/03, S. 125 u. 133−135 (Abb.). − *Kunst und Kunsthandwerk* V, 1902, S. 431f. (Fritz Minkus). − *Mitteilungen des Nordböhmischen Gewerbemuseums* (Reichenberg) XX, 1902, S. 69 (Pazaurek). − E. G. Folcker, *Turinutställningen 1902,* S. 20 u. 21 (Abb.).

1903   Vittore Pica, *L'Arte Decorativa de'Esposizione di Torino del 1902,* Bergamo 1903, S. 362f.

1904   *Art et Décoration* VIII, 1904, S. 205 (Abb.).

1907   V. Rossi-Sacchettti, *Rembrandt Bugatti, Sculpteur, Carlo Bugatti et son art,* Paris 1907.

1908   *The Studio* 43, 1908, S. 70 (Abb.) u. 71f.

1911   Thieme-Becker, *Künstlerlexikon* 5, 1911, S. 205.

o. J.   L'Ebé Bugatti, *Carlo Bugatti.* Unpubliziertes französisches Manuskript in Maschinenschrift, 13 Seiten. Undatiert. Paris, Musée d'Orsay, Fonds d'Ebé Bugatti (1903−1980), Don J.-M. Desbordes 1981.

★

1966   Italo Cremona, *Die Zeit des Jugendstils,* München — Wien 1966, S. 170 f. u. Abb. 189.

1967   L'Ebé Bugatti, *The Bugatti Story,* London 1967.

1970   Simon Jervis, Carlo Bugatti, *Arte Illustrata* 10—12, 1970, S. 80—87 u. 114—116 mit Abb. — John Mebane, *The Complete Book of Collecting Art Nouveau,* New York 1970, S. 190 (Abb.) u. 191.

1972   *Mostra del Liberty Italiano,* Palazzo della Permanente, Milano 1972, S. 212—214, Nr. 397—403, u. Taf. 75.

1974   Malcolm Haslam, The Bugattis, *Art at Auction, The Year at Sotheby Parke Bernet 1973—74,* London 1974, S. 447—455 mit Abb.

1975   James Mackay, *Kunst und Kunsthandwerk der Jahrhundertwende,* München 1975, S. 44 f. mit Abb. u. Farbtafel vor S. 49.

1976   E. Bénézit, *Dictionnaire des Peintres, Sculpteurs, Dessinateurs et Graveurs* 2, Paris 1976, S. 383. — *Ein Dokument deutscher Kunst 1901—1976,* Darmstadt 1976, Bd. 2, S. 48 Nr. 57 (Abb.) u. S. 57 Nr. 79 (Abb.). — Pasqualina Spadini u. Maria Paolo Maino, *Carlo Bugatti, I Mobili scultura,* Galleria dell'Emporio Floreale, Rom 1976.

1978   Claudia Freytag, *Bruckmann's Möbel-Lexikon,* München o. J. (1978), S. 54. — George Savage, *Dictionary of 19th Century Antiques,* London 1978, S. 49 mit Abb.

1979   *The Amazing Bugattis,* London 1979, S. 12—31 mit Abb. (Philippe Garner, Carlo Bugatti). — Rossana Bossaglia, *Einführung in den Jugendstil,* Wiesbaden 1979, S. 6, 7 (Abb.) u. 10. — Mary Harvey, *The Bronzes of Rembrandt Bugatti,* Mill Ride, Ascot, Berkshire 1979, S. 1 f. — Heide Kersten, Verborgene Kunst der Bugattis, *Vogue* 11, 1979, S. 84 ff. — *The Saint Louis Art Museum Annual Report 1979,* S. 59 mit Abb. — Francis Watson, *Die Geschichte der Möbel,* München 1979, S. 264, 266 (Abb.) u. 277.

1980   Albrecht Bangert, *Jugendstil — Art Deco, Möbel und Interieur,* München 1980, S. 76—80 mit Abb. — Philippe Garner, *Möbel des 20. Jahrhunderts,* Internationales Design vom Jugendstil bis zur Gegenwart, München 1980, S. 30 f. mit Abb. — *Exposition »Les Bugatti« dans le Cadre de Rétromobile 80 avec le Concours du Club Bugatti France,* Paris 1980 (Text von Hervé Poulain).

1981   Philippe Dejean und Nadine Coleno, *Carlo, Rembrandt, Ettore, Jean Bugatti,* Paris 1981. — Barbara Mundt, *Historismus,* Kunstgewerbe zwischen Biedermeier und Jugendstil, München 1981, S. 61 u. Farbtafel II.

1982   Klaus Ahrens, Die tollen Bugattis, *Art* 2, 1982, S. 86—95. — Alastair Duncan, *Art Nouveau Furniture,* London 1982, S. 28, 174—176 u. Abb. 169 u. 170. — *Kunstpreisjahrbuch 1982,* Bd. XXXVII A, München 1982, S. 151 (Abb.).

1983   Russel Lynes, Unknown Furniture Designs of Bugatti, *The New York Times,* 17. 2. 1983 mit Abb.

Auktions- und Verkaufs-Kataloge wurden in das Verzeichnis nicht aufgenommen.

C 78 ▷

Photos

Kunstgewerbemuseum, Staatliche Museen Preußischer
Kulturbesitz, Berlin
Fotos H. E. Kiesling, Berlin
Preben Bronné, Eutin
Ursula Seitz-Gray, Frankfurt am Main
Marion Höflinger, Museum für Kunst und Gewerbe,
Hamburg
Photoatelier Rheinländer, Hamburg

Victoria and Albert Museum, London
A. C. Cooper Ltd., London
Service photographique de la Réunion des Musées
nationaux, Paris
Musée d'Orsay, Paris
Jacques Boulay, Edition du Regard, Paris
Hervé Poulain, Paris
Walter Metz, Schönbrunn-Moosbrunn

REMBRANDT BUGATTI

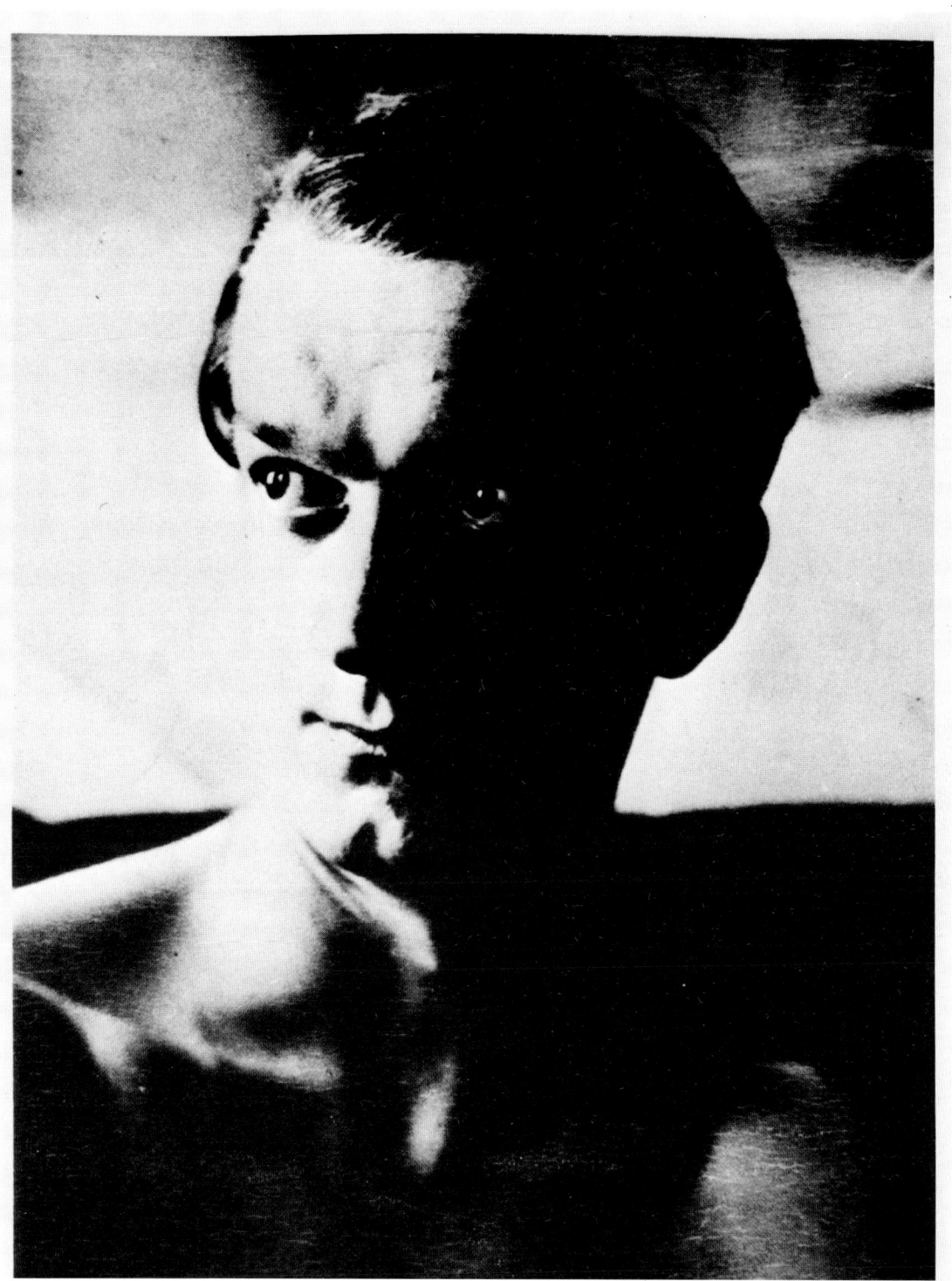

Rembrandt Bugatti, 1902

REMBRANDT BUGATTI

Biographische Daten

1885	am 16. Oktober in Mailand geboren.

Im Haus seines Vaters lernt er früh bedeutende Künstler kennen, u. a. die Komponisten Puccini und Leoncavallo, den Bildhauer Ercole Rosa, den Maler Giovanni Segantini.

Besonders anregend wird für ihn die Bekanntschaft mit dem Bildhauer Prinz Paul Troubetzkoy, einem in Italien geborenen russischen Aristokraten, dessen Plastik durch Rodin beeinflußt ist und der vor allem durch seine Büsten und Portraitköpfe bekannt wurde.

Troubetzkoy regt Rembrandt B. zu eigener künstlerischer Tätigkeit an. Zunächst entstehen Holzschnitzereien. Tiere sind bereits vor 1900 das beliebteste Sujet für den jungen Bildhauer.

Um 1900	Studium an der Brera-Akademie, an der Troubetzkoy als Lehrer tätig ist.
1901	Erste überlieferte Bronzeplastik (brüllende Kuh).
1901–1903	Erste öffentliche Ausstellung von Statuetten in Mailand, Turin und Venedig.

Rembrandt Bugatti,
Jugendliches Selbstbildnis, 1905 (?)
(Kat.-Nr. R 31)

1904	Übersiedlung mit der Familie nach Paris.
	Aufnahme in die Societé Nationale des Beaux-Arts, Paris, und Ausstellung von vier Gips-Statuetten im Salon.
	Clemenceau wird auf ihn aufmerksam und stellt ihn dem Zeitungsverleger und Galeristen Adrien Hébrard vor, der seine Gipsmodelle in Bronze gießen läßt und ausstellt. Erste Erfolge, positive Beurteilung durch die Kunstkritik.
	Hébrard entschließt sich, jährlich eine Ausstellung von Rembrandt Bugatti zu veranstalten.
1907–1914	Abgesehen von kurzen Aufenthalten in Paris Arbeit in Antwerpen. Die aus den exotischen Ländern kommenden Tiere, die mit Schiffen nach Europa transportiert werden, bedeuten für ihn die gleiche Attraktion wie die Tiere des damals berühmten Antwerpener Zoos.
	Bekanntschaft mit belgischen Bildhauern, u. a. mit Oscar Jespers. Förderung durch den französischen Konsul François Crozier.
	Der Antwerpener Zoo erwirbt Arbeiten.
1907	Auf Anregung von Hébrard modelliert er sieben überlebensgroße Figuren, die zunächst nur in Gips gegossen werden (nach Rembrandts Tod läßt Ettore Bugatti die Modelle durch den italienischen Bildhauer Albino Palozzolo in Stein übertragen).
	Erscheinen der Biographie von Rossi Sacchetti über Carlo und Rembrandt Bugatti im Verlag Vaugirard, Paris.
Um 1910	Angeregt durch den Kubismus, verwendet er geometrisch-lineare Strukturen in der Formgebung der Tierbronzen.
1914	Ausstellung in New York.
	Bei Ausbruch des Ersten Weltkriegs entschließt er sich, freiwillig als Sanitätshelfer für das Rote Kreuz tätig zu sein. Durch die Erlebnisse im Lazarett deprimiert, geht er Ende des Jahres zunächst nach Italien, dann nach Paris. Ausstellung in Mailand.
1915	Eine Ohrenerkrankung und finanzielle Schwierigkeiten irritieren ihn ebenso wie die Heirat einer Freundin mit einem anderen Mann. Zurückweisung durch eine andere Jugendfreundin.
1916	Am 8. Januar Suicid durch eine Gasvergiftung.
1920	Die Galerie Hébrard, Paris, veranstaltet eine Retrospektiv-Ausstellung mit 125 Bronzen.

REMBRANDT BUGATTI

Der Enthusiasmus der Sammler und Besitzer von Rembrandt Bugattis Bronzen ist von gänzlich anderer Art als der Sammler und Besitzer von Automobilen seines Bruders. Mag auch die Faszination des Familiennamens hier wie dort die Begeisterung steigern – Rembrandt Bugatti hätte sicher auch ohne sie seine Verehrer. Sie teilen die Liebe des Bildhauers zum Tier, zum animalischen Charakter, der sich der Rationalität ständig entzieht, schätzen das Leben, das in den Statuetten sichtbar wird, nicht so sehr die vollendete Form, die Ruhm und Nachruhm seines Bruders begründete. Ein irrationales Moment, der Tod des jungen Künstlers aus Verzweiflung an sich selbst in Depression über den Zustand der Welt während des Ersten Weltkriegs, prägt auch das Andenken an den Bildhauer wie die Erinnerung an andere, deren Werk früh abbrach.

Allerdings beginnt dieses Werk auch früher als gewöhnlich. Mit sechzehn Jahren war Rembrandt Bugatti bereits ein fertiger Bildhauer. 1901 entstand seine erste Statuette, die wir kennen, eine brüllende Kuh. Sie ist skizzenhaft, mit sicherem Zugriff modelliert, lebt mehr von Licht und Schatten als vom Volumen, spiegelt mehr den Augenblick als Zuständlichkeit. Wenn »Impressionismus« eine Kategorie des Bildnerischen sein kann, vertritt die kleine Figur diese Möglichkeit in exemplarischer Weise.

Die Sicherheit des Zugriffs kann nicht nur mit einem angeborenen Talent erklärt werden, das sich nach Angaben von Ettore Bugatti schon in der Kinderzeit seines Bruders äußerte. Sein schnelles, bildnerisches Auffassungsvermögen, seine handwerklich-technische Geschicklichkeit und sein Proportionsgefühl hätten sich ohne Anleitung durch einen Lehrer erwiesen, bevor er eine Akademie besucht habe. Wieweit dieses aus der Erinnerung festgehaltene Bild richtig ist, läßt sich schwer nachprüfen, da wir keine Beispiele aus der Zeit vor 1901 kennen. Damals hatte Rembrandt Bugatti bereits

einen Lehrmeister gefunden. Es war der an der Brera-Akademie lehrende Paul Troubetzkoy, ein in Italien geborener russischer Aristokrat, der, wie andere angesehene Künstler im Haus des Vaters Carlo Bugatti verkehrte, einige von ihnen portraitierte (darunter Puccini und Carlo Bugatti selbst), der das junge Talent ermunterte und gegen 1900 in seine Klasse aufnahm. Troubetzkoy, selbst ein enthusiastischer Nachfolger Rodins, vermittelte seinen Schülern die Vorstellung von Skulptur auf der Höhe der Zeit.

Rembrandt Bugatti fand nicht nur sofort seinen Stil, er fand auch ohne Zögern sein Hauptthema: das Tier. Es gab für ihn länger keine Zweifel mehr, was er in Zukunft tun würde. Einige Jahre vorher hatten sein Bruder und er noch unterschiedliche Ziele gehabt: Ettore wollte Künstler, nicht Ingenieur werden, während Rembrandt daran dachte, Lokomotivkonstrukteur als Beruf zu wählen. Neigung und Fähigkeit ließen ihn dieses Ziel schnell aufgeben, während Ettore seine bildnerisch-künstlerischen Grenzen bald erkannte und seine ersten Automobile entwarf.

Der lebendige, durch Licht und Schatten, skizzenhafte Anlage, auf die Darstellung einer augenblicksbestimmten Haltung ausgerichtete Stil der Bronzen entfaltet sich während des ersten Jahrzehnts dieses Jahrhunderts ungebrochen. Die Wahl des Materials Bronze entspricht dem Stil in idealer Weise. Marmor-Bildwerke sind aus diesem Grund in Rembrandt Bugattis Oeuvre durchaus die Ausnahme. Ermöglichen ließen sich Bronzegüsse jedoch erst seit 1904. Zwar waren Bildwerke des jungen Bugatti bereits in Mailand und Turin gezeigt worden, sogar auf der Biennale in Venedig waren sie zu sehen gewesen – aber es handelte sich um Gipsgüsse, weil das Geld für die Ausführung in Metall fehlte. Nicht anders verhielt es sich, als der 19jährige Bildhauer in die Société des Beaux Arts aufgenommen wurde, nachdem die Familie von

Mailand nach Paris übergesiedelt war. Die Mitgliedschaft ermöglichte eine Teilnahme am Salon der Gesellschaft. Hier sah George Clemençeau, von dessen Kunstverstand nicht nur sein Manet zu dankendes Portrait zeugt, vier der Gips-Statuetten, schätzte sie spontan hoch ein und präsentierte sie einem Bekannten, dem Verleger und Galeristen Adrien Hébrard. Die in der Rue Royale gelegene Galerie hatte sich auf die Vertretung und Präsentation zeitgenössischer Bildhauer spezialisiert; sie zeigte u. a. Arbeiten von Degas und Dalou, des Tierbildhauers Pompon und von Bugattis Lehrer Troubetzkoy. Bugatti paßte vorzüglich in dieses Programm. Hébrard erkannte die gebotene Chance und ließ die bisher nur in Gips ausgeführten Modelle in Bronze gießen (in der eigenen Gießerei, in der auch Gold- und Silber-Serviceteile von Carlo Bugatti hergestellt wurden). Da Rembrandt noch nicht volljährig war, konnte er den ihm von Hébrard angebotenen Vertrag nicht selbst unterzeichnen – sein Vater tat es an seiner Stelle –, aber er hatte bald Nutzen davon. Der Leiter der Gießwerkstatt, ein Landsmann, Albino Palozzolo, goß und patinierte die Statuetten hervorragend. Die erste Ausstellung, die Hébrard noch 1904 veranstaltete, wurde ein großer Erfolg. Die Kritik schwärmte – ungeachtet der eher hinderlichen Tatsache, daß der Newcomer aus Italien den Vornamen des großen Niederländers trug.

Einer der Kritiker traf, anders als seine Kollegen, die sich vorwiegend mit einzelnen Statuetten beschäftigten und deren Qualitäten lobten, das Besondere der ausgestellten Werke genauer: »In Wahrheit sind diese Werke – man verzeihe den Ausdruck – skulpturale Skizzen . . . aber sie halten in einer seltenen Wirkung den flüchtigen Eindruck natürlichen Lebens so fest, daß nur ein Grobian die Natur mit ihnen vergleichen würde . . .« Dieser Kritiker erkannte deutlich jene spezifische Eleganz, die Bugattis Bronzen bis heute ihre Wirksamkeit sichert. Ein weiterer Referent, der ebenfalls die Lebendigkeit des Skizzenhaften hoch einschätzte, weist Versuche zurück, Bugatti seinen Platz unter anderen französischen Bildhauern zuzuweisen; natürlich erwähnt er Barye, der wie kaum ein anderer Bildhauer des 19. Jahrhunderts das Tier als Thema gewählt hatte, und er distanzierte sich

zu Recht von jenen, die Bugatti zusammen mit anderen Zeitgenossen – etwa dem jung verstorbenen, vom Bildhauer zum Töpfer gewordenen Jean Carriès – nennen; für ihn gehe es nicht so sehr um Vergleiche mit anderen Künstlern, sondern darum, der Zukunft des jungen Bildhauers mehr Aufmerksamkeit zu schenken.

Die Möglichkeit, ihn weiter zu beobachten, bot Hébrard mit einer jährlichen Ausstellung in seiner Galerie. Die dort gezeigten Güsse führte er in seiner eigenen Gießerei aus (leider, ohne Angaben über die Auflagenhöhe zu machen, die bis heute weitgehend unbekannt ist). Offenbar wuchs die Nachfrage, denn einige der Bronzen wurden – vermutlich aus Zeitmangel – nicht in der Gießerei Hébrard, sondern von Valsuani, einem anderen prominenten Pariser Gießer, ausgeführt, und zwar in beiden Fällen im »cire perdue«-Verfahren, im Wachsausschmelz-Verfahren, bei dem keine Gußnähte entstehen und das deshalb gerade für die kleinteilig modulierten Oberflächen der Statuetten das geeignete war.

Rembrandt Bugatti führte, seitdem er durch Hébrard bekannt gemacht worden war, ein Atelier in der Rue Magdeburg, nahe der Avenue Kléber. Dieses Atelier behielt er bis zum Ausbruch des Weltkriegs, arbeitete in ihm seit 1907 aber nur noch sporadisch. Seit diesem Jahr hielt er sich vor allem in Antwerpen auf. Dazu bewog ihn nicht nur das künstlerische Leben der Stadt – die Antwerpener Akademie blieb noch weitere Jahrzehnte die wichtigste Kunstschule Belgiens –, für Antwerpen sprach auch die Tatsache, daß es einen berühmten Zoo besaß und darüber hinaus wie kaum eine andere Stadt entlang der französisch-belgischen Küste ein ständig neues Angebot von Tieren aus Übersee vermitteln konnte. Die großen zoologischen Gärten Westeuropas erhielten ihren Nachschub an exotischen Tieren meist über den Hafen Antwerpen. Es war die Zeit, in der die Leidenschaft von Wildfängern und Wildsammlern noch uneingeschränkt durch Schutzgesetze sich entfalten konnte, zum Unglück vieler Tiere, die die vielwöchigen Schiffsreisen nicht lebend überstanden. Was an Tieren jedoch auf den Auktionen in Antwerpen verkauft wurde, verschaffte Rembrandt Bugatti eine solche Fülle von Modellen, daß er um ständige

Anregungen für seine Plastik keine Sorgen zu haben brauchte.

Natürlich war Rembrandt Bugatti nicht der einzige Künstler, der den Antwerpener Zoo wie ein lebendes Modellager nutzte. Es gab rund um den Zoo viele Ateliers, eine Reihe von Künstlern arbeitete, wie Bugatti, direkt neben den Käfigen. Die Direktion des zoologischen Gartens ermunterte diese Aktivitäten, kaufte zahlreiche Werke an und gab auch für die Dekoration der Anlage monumentale Skulpturen in Auftrag. Die Skulpturen-Sammlung des Antwerpener Zoos wurde dadurch zu einem der bedeutendsten Spezial-Museen für die Tierplastik des späten 19. und des frühen 20. Jahrhunderts.

Mit den Künstlern, die neben ihm arbeiteten, verband Rembrandt Bugatti eine kameradschaftliche Freundschaft; einige Anekdoten berichten, daß ihn eine freunschaftliche Zuneigung auch mit einzelnen Tieren verbunden habe. So habe ihn ein junger Löwe, den er 1905 in Paris kennengelernt habe, wiedererkannt, als er später an den Antwerpener Zoo verkauft worden war und Bugatti ihm wieder begegnete; und von einem Jaguar heißt es, daß dessen extreme Wildheit, die auch die Wärter nicht bändigen konnten, sich verflüchtigt habe, sobald Rembrandt Bugatti in seine Nähe gekommen sei und sich ihm gegenüber niedergelassen habe.

Mit der Übersiedlung nach Antwerpen spielen, zumindest für eine gewisse Zeit, auch Portraits und große menschliche Figuren in seinem Werk eine Rolle. Unter den Bildnissen nehmen die des befreundeten Ehepaares, des französischen Konsuls in Antwerpen François Crozier, eine wichtige Stelle ein, darunter auch eine Statuette, die Madame Crozier in ganzer Figur zeigt. Menschliche Figuren in übergroßem Maßstab zu modellieren, diesen Entschluß faßte Bugatti, als er in einer gönnerhaften Kritik nach der Ausstellung bei Hébrard 1907 lesen mußte, er sei vor allem der »Schöpfer kleiner Stücke für das Wohnzimmer«. Als Reaktion modellierte er noch in demselben Jahr einen stehenden und einen sitzenden Ringkämpfer in mehr als eineinhalbfacher Lebensgröße. Da diese beiden Statuen jedoch im Antwerpener Atelier seines Freundes Arthur Dupont (wo sie entstanden waren, weil Bugatti selbst kein entsprechend großes Atelier besaß) mehr verborgen blieben als publik

wurden, haben sie die Vorstellung von Rembrandt Bugatti als einem Bildhauer der kleinen Form kaum ändern können. Der Formmeister der Hébrard-Gießerei, Albino Palozzolo, führte zwar Gipse nach den in Ton angelegten Modellen aus, jedoch keine Bronzegüsse. Nur 1907 wurden die Gipse in Paris und Brüssel ausgestellt. Nach dem Tod seines Bruders ließ Ettore Bugatti die beiden Figuren in Stein übertragen. Noch heute sind sie in einem Privathaus unweit von Arles der Öffentlichkeit praktisch unzugänglich.

Anders steht es um größere Tierbronzen, die Bugatti ausführte. Eine der berühmtesten wurde »Der Pferdemarkt«, eine 270 cm lange Gruppe mit fünf Pferden, die von zwei Männern zum Markt geführt werden. Das Modell entstand bereits 1904 (als eines von drei gleichen Typus); von ihm existiert nur ein Guß. Trotz der Länge der Gruppe rechnet sie nicht zu den monumentalen Arbeiten; denn die Statuetten der einzelnen Pferde sind lediglich knapp 70 cm hoch. Von ähnlichem Charakter sind zwei andere Gruppen. »Der große Treck« (auch »Zehn Minuten Rast« genannt) stellt sechs Zugpferde vor einem Karren vor, die einen Augenblick ausruhen dürfen. Diese Gruppe zählt wie die dritte, »Die Alten« (alte Bergwerks-Pferde), auf Emotion und Sentiment. Der gefühlvolle, wehmütige und leicht sentimentale Zug dieser Darstellungen findet sich in den Zügen des jungen Bugatti wieder, vor allem in dem Portrait von Max Kahn aus dem Jahre 1907. Die Melancholie, die Bugattis Popularität ohne Zweifel förderlich war, sollte einige Jahre später dazu führen, daß er in Depressionen freiwillig aus dem Leben schied.

Das Jahr 1907, in dem das Portrait entstand, war für Rembrandt Bugatti das erfolgreichste und künstlerisch fruchtbarste seines Lebens. Er war erst 22 Jahre alt, als er, nach dem Erfolg mit Bronze-Statuetten, die beiden großen Ringer-Figuren modellierte, und zur gleichen Zeit erschien auch die Monographie von Rossi-Sacchetti, die ihm und seinem Vater gewidmet war. Man müßte, wenn es sich bei Bugattis Oeuvre um das eines längeren Lebens gehandelt hätte, vom Frühwerk sprechen, dem die wichtigeren Phasen erst folgen sollten. In seinem Fall folgte jedoch nur eine zweite, gegenüber der ersten kürzeren.

Seit 1910 verliert die Form seiner Statuetten an impressionistischer Modulation. Sie wird geometrischer, strukturierter, kantiger. Ein geschichtetes Volumen tritt an die Stelle der skizzenhaft lockeren. Es spricht vieles dafür, daß Bugatti diesen Wechsel seines Stils der Auseinandersetzung mit dem Kubismus verdankt. Vor allem die rhombische, facettierte Oberfläche der seit 1909/10 entstehenden Statuetten verweist auf das Studium kubistischer Bilder. Bugatti hat jedoch nie den Schritt auf eine kubistische Plastik im genaueren Wortsinn hin getan. Seine geometrisierende Strukturierung der Form nimmt mehr Tendenzen der Art Déco voraus. Wer ohne genauere Kenntnis von Künstler und Daten etwa die Statuetten von Affen, des Ameisenbärs, der Löwen und Elefanten sieht, würde sie leicht um zehn Jahre später datieren, als sie entstanden sind. So konnte Ettore Bugatti auch eine solche Bronze, den aufgerichteten Elefanten, in den späteren zwanziger Jahren als Kühlerfigur und Maskottchen des »Royale« nutzen, ohne daß er einen Stilbruch riskiert hätte.

Äußere Ereignisse und Begebenheiten im Leben Rembrandt Bugattis selbst minderten seit 1914 seine Produktivität, gerade in dem Augenblick, in dem seine Erfolge über die Grenzen Belgiens und Frankreichs hinauswuchsen.

Obwohl er als italienischer Staatsbürger von Antwerpen nach Paris gehen konnte, blieb er nach Ausbruch des Weltkrieges zunächst in Antwerpen, weil er als Helfer in den Lazaretten bei der Pflege der Verwundeten helfen wollte. Der sensible, gegenüber jeder Form von Grausamkeit und Aggressivität allergische Bildhauer hielt es jedoch nicht lange dort aus. Er war einige Monate als Krankenträger im Rotkreuz-Lazarett tätig, das in der Marmorhalle des Antwerpener Zoos eingerichtet worden war. Hier wurde er depressiv. Als die Depression so zunahm, daß er sie nicht mehr ertragen konnte, reiste er Ende 1914 nach Italien und dann nach Paris. Dort erlitt er eine Ohrenentzündung, die ihn außerordentlich irritierte. Zum erstenmal geriet er gleichzeitig in wirtschaftliche Schwierigkeiten, weil sich kaum noch Käufer für seine Plastik fanden. Kurz zuvor hatte die Tochter eines ihm bekannten Künstlers, von der er sich besonderes Verständnis erhofft hatte, einen anderen Mann ge-

Rembrandt Bugatti, Selbstbildnis im Atelier, 1913 (Kat.-Nr. R 13)

heiratet. Rembrandt Bugatti, den mit Frauen mehr ein idealistisch-platonisches Verhältnis verband als intime Freundschaft, trat 1915 mit einer Freundin aus der Kinderzeit in eine briefliche Verbindung, mußt aber auch bald die Grenzen erkennen, die diesem Kontakt gesetzt waren. Er vollendete einige letzte Statuetten, darunter eine unruhig-geifernde Löwin über einer Schlange und ein Kruzifix. Am Morgen des 8. Januar 1916 besuchte er die Messe in der Pariser Madeleine, kaufte einen Veilchenstrauß, schrieb in seinem kleinen Studio Ab-

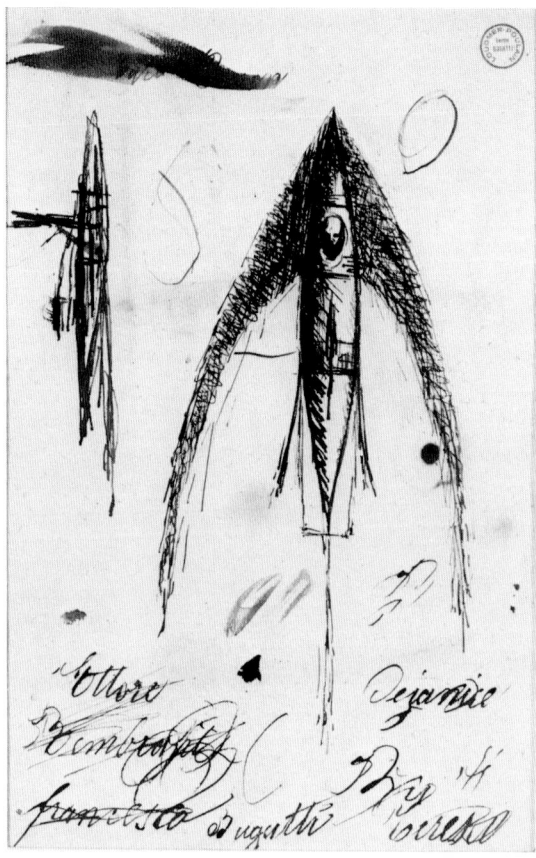

*Rembrandt Bugatti, Darstellung
einer bemannten Rakete (Kat.-Nr. R 34)*

Der Erzbischof von Paris stimmte einem kirchlichen Begräbnis zu, das im Fall eines Suizid von der Kirche allgemein verweigert wird. Nach den Trauerfeierlichkeiten und der Beisetzung in der Familiengruft in Dorlisheim, Elsaß, verbreitete sich die Nachricht seines Todes erst allmählich, außer in Paris selbst, da während des Krieges kaum ausreichende Informationen über die Grenzen gelangten. Mehrere Jahrzehnte blieb das Oeuvre Rembrandt Bugattis praktisch unbekannt. Ettore versammelte in Molsheim die verfügbaren Bronzen, Gipse und Steinbildwerke. Nach dem Tod Ettores 1947 wurde die der Familie gehörende Sammlung ins Schloß von Ermenonville gebracht, die Mitte der fünfziger Jahre noch bestand, als die Zoologische Gesellschaft zu Antwerpen in der Marmorhalle, die während des Ersten Weltkriegs als Lazarett gedient hatte, eine umfassende Retrospektiv-Ausstellung veranstaltete. Inzwischen ist diese Sammlung über die Welt verstreut. Es folgten, vor allem während der siebziger Jahre, größere Ausstellungen in Paris, Lausanne, Brüssel und London. Die Hamburger Ausstellung gibt zum erstenmal deutschen Besuchern die Möglichkeit, Rembrandt Bugatti kennenzulernen.

In Antwerpen lebt sein Andenken fort mit dem von der Zoologischen Gesellschaft verliehenen »Bugatti-Preis für Skulptur«, mit dem im Abstand von zwei Jahren begabte Absolventen der Kunsthochschule der Stadt ausgezeichnet werden.

Heinz Spielmann

schiedsbriefe an seinen Bruder und den Pariser Polizeichef, badete sich, kleidete sich in seinen besten Anzug, legte das Veilchensträußchen neben das ihm verliehene Kreuz der Ehrenlegion und öffnete die Gashähne. Man fand ihn am Nachmittag des gleichen Tages zwar noch lebend, aber er starb während des Transports in das nahegelegene Laennec-Hospital.

Literatur:
V. Rossi-Sacchetti, *Rembrandt Bugatti, Sculpteur*, Paris 1907. – Marcel Schlitz, *Rembrandt Bugatti, 1885–1916*, Antwerpen 1955. – Mary Harvey, *The Bronzes of Rembrandt Bugatti*, Ascot 1979. – Philippe Dejean – Uwe Hucke, *Carlo, Rembrandt, Ettore, Jean Bugatti*, Paris 1981, S. 119–241.

KATALOG

Vorbemerkung:
Der Katalog versucht eine Ordnung der Statuetten entsprechend ihrer Entstehungszeit. Die Datierung muß jedoch in denjenigen Fällen, in denen sie nicht sicher überliefert oder durch stilistische Eigenarten zu limitieren ist, hypothetisch bleiben.
Alle Objekte sind, wenn nichts anderes vermerkt ist, auf der Plinthe signiert: R. Bugatti (ligiert).
Bei den Maßen beziehen sich die Zahlenangaben der Reihenfolge nach auf Höhe – Länge – Tiefe. Alle Maße verstehen sich in cm.
Bei der abgekürzt zitierten Literatur handelt es sich um
The Amazing Bugattis, Ausst.-Kat., London 1979.
Mary Harvey, *The Bronzes of Rembrandt Bugatti (1885–1916)*, Ascot 1979.
Philippe Dejean und Uwe Hucke, *Carlo-Rembrandt-Ettore-Jean Bugatti*, Paris 1981.

PLASTIK

R 1
Hündin mit Welpen
Bronze, 1905

40 x 32
Die Statuette gehört zu den ersten in Bronze gegossenen Modellen des jungen Rembrandt Bugatti überhaupt, die der Gießer Hebrard herstellte.
Literatur: Dejean 1981, S. 218.

Paris, Sammlung Alain Lesieutre

R 2
Fressender Panther
Bronze, vor oder um 1906

22 x 71 x 20
Da die Statuette 1906 im Salon Nationale, Paris, und 1907 auf der Biennale Venedig erstmals ausgestellt wurde, dürfte sie 1906 oder kurz davor entstanden sein. Ein erster Guß wurde 1907 auf der Biennale für die Galleria d'Arte Moderna, Venedig, angekauft (Inv. Nr. 347)

Literatur: Harvey 1979, Nr. 20. – Dejean 1981, S. 151.

Paris, Sammlung Alain Lesieutre

R 3
Stehender Athlet
Bronze, 1906

62
Die an Zahl kleine Gruppe figürlicher Darstellungen Rembrandt Bugattis geht auf seine Absicht zurück, eine ihn herabsetzend behandelnde Einschätzung durch die Kritik als populären Tierbildhauer kleinen Formats in die Schranken zu weisen. Den großen Ringerfiguren von 1907, die sich jetzt in französischem Privatbesitz befinden, ging die Bronze-Statuette voraus. In ihr klingt offenkundig die Auseinandersetzung mit Rodins »Ehernem Zeitalter« an.
Literatur: Harvey 1979, Nr. 141. – Dejean 1981, S. 220.
Paris, Sammlung Alain Lesieutre

R 4
Kniender weiblicher Akt
Bronze nach der Marmor-Statuette von 1906 (mit veränderter Plinthe)

42 x 27

Wie in den figurativen Bronzen folgt Bugatti auch in seinen Marmor-Figuren dem Vorbild Rodins. Ob die Bronze-Fassung noch zu Lebzeiten des Künstlers ausgeführt wurde, läßt sich nicht feststellen. Vieles spricht dafür, daß der Guß erst 1965 für die Ausstellung zum 50. Todestag in der Galerie Paul Valotton entstand.
Literatur: Harvey 1979, Nr. 136 (Marmor-Statuette). − Dejean S. 217.

Paris, Sammlung Alain Lesieutre

R 5
Phryne
Marmor, um 1906

71 x 19

Die zu den wenigen Marmor-Arbeiten Bugattis zählende Statuette entstand ohne Zweifel in großer zeitlicher Nähe zur knienden Aktfigur aus dem Jahre 1906, mit deren Marmor-Fassung sie auch die Behandlung des Steins − den Kontrast zwischen der glatten, leicht bewegten Oberfläche der Haut und der kräftig bossierten Plinthe mit Rücklage − gemeinsam hat.
Literatur: Miscellanea, Dr. Heuser & Co, Kunsthandel Hamburg, Lagerkatalog 9, 1977. − Weltkunst, XLVIII. Jg., Nr. 7, 1. 4. 1978, S. 716. − Kestner-Museum, Hannover, Jahresbericht 1977−1981, Hannoversche Geschichtsblätter 36, N.F. Bd. 36, H. 1−2, S. 161, Nr. 73.

Hannover, Kestner-Museum

R 6
Bison-Gruppe
Bronze, 1907 gegossen

32 x 89

Mit den Tiergruppen war es Rembrandt Bugatti möglich, seiner Neigung zur szenisch-augenblicks-haften Tierdarstellung zu entsprechen und zugleich verschiedene Zustände derselben Tiergattung wiederzugeben − wie in dem Gegenüber des fressenden alten Bisons mit dem wartenden jungen.
Literatur: Dejean 1981, S. 212/213 unten.

Paris, Sammlung Alain Lesieutre

R 7
Wildpferd
Bronze, 1907

34 x 44

Das Modell des seltenen Przewalski-Wildpferds gehörte zu den ersten Arbeiten, die Rembrandt Bugatti im Antwerpener Zoo ausführte. Die Datierung liefert einen Anhaltspunkt für die stilistische Entwicklung des Bildhauers bis zu diesem Zeitpunkt. Weichheit der Modellierung, die Formung der Oberfläche mit Hilfe von Licht und Schatten und eine im Licht aufgelöste Konturierung charakterisieren diesen frühen Stil.
Literatur: Harvey 1979, Nr. 52. − Dejean 1981, S. 195.

Paris, Sammlung Alain Lesieutre

R 8
Python-Schlange
Bronze, 1907

20 x 53

Die Schlange gehört gleichfalls zu den ersten im Antwerpener Zoo entstandenen Statuetten und belegt die bewegte, Licht und Schatten nutzende Modellierung des jungen Bugatti in mustergültiger Weise. Wie es mit Schlangen-Darstellungen der Jahrhundertwende häufiger geschah, wurde auch diese in paarweiser Ausführung hergestellt und präsentiert.
Literatur: Harvey 1979, Nr. 129. − Dejean 1981, S. 214/215.

Paris, Sammlung Alain Lesieutre

R 9 a
Storch
Bronze, 1907

46 x 23
Literatur: Harvey 1979, Nr. 121. — Dejean 1981,
S. 169, links oben.

Paris, Sammlung Alain Lesieutre

R 9 b
Storch
Bronze, 1909

43 x 31
Die beiden Statuetten zeigen die Schwierigkeiten
der Datierung von Arbeiten Rembrandt Bugattis.
Das eine der hier vorgestellten Modelle ist durch
eine Erwähnung im New York Herald des Jahres
1907 bestimmt, das zweite durch den Guß im Jahre
1909. Es ist jedoch nicht ausgeschlossen, daß beide
Modelle bereits 1907 entstanden, aber eines erst
zwei Jahre später gegossen wurde.
Literatur: Dejean 1981, S. 169 rechts oben.

Paris, Sammlung Alain Lesieutre

R 10
Weißer Elefant
Bronze, 1907

20 x 10 x 15
Die kleine Statuette erscheint wie eine Vorstudie
für den großen bettelnden Elefanten, den der
Antwerpener Zoo später vom Künstler erwarb
(R 18).
Literatur: Harvey 1979, Nr. 46

Paris, Sammlung Alain Lesieutre

R 11
Strauß mit niedergebeugtem Hals
Bronze, um 1908/10

40 x 45
Die 1973 erstmalig ausgestellte Statuette gehört zu
den am spätesten bekannt gewordenen Arbeiten
des Künstlers. Ihre Modellierung besitzt einen
noch spätimpressionistischen Charakter und eine
naturnahe Strukturierung des Gefieders.
Literatur: Harvey 1979, Nr. 124. — Dejean 1981,
S. 172.

Paris, Sammlung Alain Lesieutre

R 12
Eselin mit Fohlen
Bronze, 1909

51 x 44 x 39
Die Zusammenfügung der Gruppe auf einer T-för-
mig ausgeschnittenen Plinthe gibt ihr einen etwas
additiven Charakter, der naturalistisch dargestellte
Wasserbottich verleiht ihr ein wenig genrehafte
Züge. Vielleicht hat Rembrandt Bugatti deshalb
gezögert, die »Antwerpen 1909« datierte Statuette
auszustellen, was erstmals im Salon d'Automne
1913 geschah.
Literatur: Harvey 1979, Nr. 57. — Dejean 1981,
S. 195.

Paris, Sammlung Alain Lesieutre

R 13
Zwei Leoparden
Bronze, um 1909/10 (?)

22 x 93
In der die Strukturierung skizzenhaft andeutenden
Oberfläche gleicht die Gruppe dem kleinen Elefan-
ten-Modell der Zeit um 1910 (R 21). Unter den
drei Leoparden-Gruppen Bugattis war diese die beliebteste — vor allem das voranschreitende Tier
wurde mehrmals separat gegossen und verkauft.
Literatur: Harvey 1979, Nr. 28. — Dejean 1981,
S. 148/149.

Paris, Sammlung Alain Lesieutre

R 14
Junge Löwin und Windhund
Bronze, vor 1910 (?)

30 × 28

Die aufgrund der naturnahen, impressionistischen Formgebung vor 1910, jedoch nach 1907 entstandene Statuette stellt ein Zusammentreffen dar, das auch im Antwerpener Zoo zu beobachten war: Junge Löwinnen, die neu in einen Zoo gelangen, erhalten einen Windhund als Amme und freunden sich mit diesem eng an.
Literatur: Harvey 1979, Nr. 12.

Brüssel, Musées Royaux des Beaux Arts de Belgique

R 15
Schreitender indischer Elefant
Bronze, vor 1910

15 × 22

Die naturnahe, auf die Lichtreflexion ausgelegte Oberflächen-Modellierung der kleinsten Elefanten-Statuette Bugattis spricht für deren Entstehung vor 1910, vermutlich um 1907/08.
Literatur: Harvey 1979, Nr. 39. – Dejean 1981, S. 208.

Paris, Sammlung Alain Lesieutre

R 16
Großer röhrender Hirsch
Bronze, vor 1910

45 × 51

Gerade an einem Motiv, das wie kaum ein anderes verbraucht und abgenutzt erscheint, erweist sich Rembrandt Bugattis lebendiges, die animalische Psyche sichtbar machendes Talent. Der Modellierung entsprechend dürfte die Bronzestatuette vor 1910 entstanden sein.
Literatur: Harvey 1979, Nr. 73 (Detail). – Dejean 1981, S. 182, oben.

Paris, Sammlung Alain Lesieutre

R 17
Junge Giraffe
Bronze, vermutlich vor 1910

16 × 20

Auch die leicht und beweglich modellierte, kleine Giraffen-Statuette muß vor der kubistisch beeinflußten Phase von Bugattis Werk, also vor 1910, entstanden sein.
Literatur: Harvey 1979, Nr. 83. – Dejean 1981, S. 190.

Paris, Sammlung Alain Lesieutre

R 18
Bettelnder indischer Elefant
Bronze, um 1910 (?)

42 × 79

Die Statuette, die einen der populärsten Elefanten des Antwerpener Zoo in seiner charakteristischen Pose zeigt, gehörte zu den ersten Werken Bugattis, die für eine öffentliche Sammlung angekauft wurden. Leider ist die Entstehungszeit nicht sicher zu bestimmen (auch die bekannte Aufnahme, die Rembrandt Bugatti mit dem gegossenen Modell in der Eingangshalle des Antwerpener zoologischen Gartens zeigt, ist undatiert). Stilistisch gehört die Statuette mit ihrer naturnahen Modellierung und der (noch naturalistischen) Strukturierung in die Zeit zwischen der »impressionistischen« und »kubistischen« Periode. Ein zweites Portrait Rembrandts, auf seiner Ausstellung 1910 aufgenommen, zeigt undeutlich diesen oder einen ähnlichen Elefanten. Auch dies spricht für die Datierung um 1910.
Literatur: Harvey 1979, Nr. 45. – Vgl. Dejean 1981, S. 142 (Portrait von Rembrandt Bugatti in seiner Ausstellung 1910).

Antwerpen, Société Royale de Zoologie

R 19
Pavian (»Hamadryas Baboon«)
Bronze, um 1910

43 x 45 x 18

Die Darstellung des schreitenden Pavian gehört zu den bekanntesten aus der kubistisch beeinflußten Phase und repräsentiert mit ihrer radialen Struktur, ihrer facettierten Gliederung und den kantigen Volumina besonders einprägsam diese Stilphase. In einigen Einzelheiten (vor allem in der Muskulatur der Läufe) klingt noch die vorangehende impressionistische Auffassung an.

Literatur: *The Amazing Bugattis,* S. 41. – Harvey 1979, Nr. 1. – Dejean 1981, S. 210.

Paris, Sammlung Alain Lesieutre

R 20
Flamingo
Bronze, um 1910/12 (?)

35 x 21

Die Statuette gehört zu denjenigen Arbeiten Rembrandt Bugattis, die erstmals fünfzig Jahre nach seinem Tod ausgestellt wurden. Die geometrisierende Struktur spricht für eine Entstehung um 1910/12.

Literatur: Harvey 1979, Nr. 118. – Dejean 1981, S. 171.

Paris, Sammlung Alain Lesieutre

R 21
Junger indischer Elefant
Bronze, um 1910/11 (?)

20 x 20

In der Zeit vor 1914 modellierte Rembrandt Bugatti eine Reihe von Elephanten-Statuetten, von denen mehrere eine mit parallelen Strichlagen strukturierte »kubistische« Oberfläche besitzen. Diese sind in der vorliegenden kleinen, skizzenhaften Darstellung plastisch angedeutet.

Literatur: Harvey 1979, Nr. 41. – Dejean 1981, S. 202.

Paris, Sammlung Alain Lesieutre

R 22
Canna-Antilope
Bronze, vor 1911

50 x 52

Auf der Plinthe bezeichnet: »Antilope Canna«.
Unter den Seltenheiten des Antwerpener Zoo befand sich ein Exemplar der Canna-Antilopen *Taurotragus oryx,* deren Darstellung durch Rembrandt Bugatti gleichsam portraithafte Züge aufweist – es handelt sich um ein Jungtier dieser größten Antilopenart. 1911 stellte Bugatti das Modell zum erstenmal aus, und zwar im Salon d'Automne, Paris.

Literatur: Harvey 1979, Nr. 96. – Dejean 1981, S. 181.

Paris, Sammlung Alain Lesieutre

R 23
Pelikan
Bronze, um 1910/12

26 x 18

Die strukturierte Gefieder-Zeichnung ähnelt der Oberfläche anderer Bronzen Rembrandt Bugattis, die um 1910/12 entstanden sind. Für eine Datierung auf diesen Zeitraum sprechen auch die Betonung der Kontur und die scharf abgesetzten Volumina.

Literatur: Harvey 1979, Nr. 111. – Dejean 1981, S. 170.

Paris, Sammlung Alain Lesieutre

R 24
Hahn und Frosch
Bronze, um 1910/12

25 x 34

Das Gefieder des Hahns mit seiner geometrisierenden, auf Richtungswechsel angelegten Struktur

zeigt exemplarisch, wie Rembrandt Bugatti Anregungen der kubistischen Malerei aufgriff und verwandelte.
Literatur: Harvey, 1979, Nr. 127. – Dejean 1981, S. 171.

Paris, Sammlung Alain Lesieutre

R 25
Antilopen-Familie
Bronze, um 1911

60 x 137 x 25

Die Bronze-Gruppen Rembandt Bugattis zeigen häufiger einen leicht sentimentalen Aspekt, so die »Antilopen-Familie«, die auch unter den Bezeichnungen »Die kranke Mutter« oder »Goudou-Antilopen« bekannt ist. Das Muttertier der Antilopen-Familie im Antwerpener Zoo hatte sich den rechten Hinterlauf gebrochen. Die Darstellung zeigt das mit Gips und Verband geschiente Bein und deutet den Zustand des kranken Tieres mit dem geneigten Hals anschaulich an. Ettore Bugatti schätzte die Gruppe besonders hoch ein, fertigte dafür einen eigenen Holzsockel an und stellte sie in seinem Haus zu Molsheim auf. Das 1911 im Salon d'Automne, Paris, erstmals öffentlich ausgestellte Modell überträgt gewisse kubistische Strukturen auf die anatomische Gliederung der Tierkörper.
Literatur: Harvey 1979, Nr. 101. – Dejean 1981, S. 189.

Paris, Sammlung Alain Lesieutre

R 26
Junges Rhinozeros
Bronze, um 1911 (?)

30 x 41

Die erst spät – 1973 – bekanntgewordene Statuette ist schwierig zu datieren. Sie erinnert in der gegliederten Modellierung des Tierpanzers am ehesten an die anatomische Struktur der Antilopengruppe von 1911.
Literatur: Harvey 1979, Nr. 61. – Dejean 1981, S. 206.

Paris, Sammlung Alain Lesieutre

R 27
Schreitender Leopard
Bronze, um 1912 (?)

21 x 51

In Form und Modellierung gleicht das Modell der Gips-Statuette eines schreitenden Leoparden in der Galleria Nazionale d'Arte Moderna, Rom, das um 1912 entstand. Die ausgestellte Bronze ist lockerer und lebendiger modelliert, im Umriß weniger stilisiert, sie könnte also eine Vorstudie zu der in Rom befindlichen Ausführung sein.
Literatur: Harvey 1979, Nr. 25. – Dejean 1981, S. 156.

Paris, Sammlung Alain Lesieutre

R 28
Schreitender Leopard
Bronze, um 1912

45 x 14

Das Motiv der sich elastisch und kraftvoll bewegenden Leoparden und Panther hat Rembrandt Bugatti so fasziniert wie kaum eine andere Tierdarstellung. Beispiele dafür finden sich in unterschiedlicher stilistischer Ausprägung während aller Phasen seines Lebens.
Literatur: Harvey 1979, Nr. 26. – Dejean 1981, S. 157, unten.

Paris, Sammlung Alain Lesieutre

R 29
Junger Elch
Bronze, um 1913

77 x 75

Nach der kubistisch beeinflußten Phase wählte Rembrandt Bugatti wieder eine die Oberflächenstruktur verschleifende, die Grundformen in größeren Linien betonende Modellierung. Der Elch zählt zu den ersten Beispielen dieses Stilwechsels, der für die letzten beiden Lebensjahre Rembrandt Bugattis bestimmend bleibt.
Literatur: Harvey 1979, Nr. 84. – Dejean 1981, S. 181

Paris, Sammlung Alain Lesieutre

GEMÄLDE UND
ZEICHNUNGEN

R 30
Paysage pointilliste

Rechts unten bezeichnet
Öl auf Leinwand; 14,5 x 20,5
Literatur: Auktion Loudmer-Poulain, Paris,
18.5.1981, Kat. Nr. 62. – Dejean 1981, Abb.
S. 126.

Paris, Sammlung Hervé und Isabelle Poulain

R 31
Jugendliches Selbstbildnis
im Profil nach rechts
Rechts datiert 1905 (?).
Unten links Atelier-Stempel »RBugatti«.

Bleistift auf Papier; 30 x 22

Paris, Sammlung Hervé und Isabelle Poulain

R 32
Selbstbildnis von vorn,
leicht nach rechts gewendet
Unten rechts Atelier-Stempel »RBugatti«.

Blaue Kreide auf Papier; 31 x 23
In Lackrahmen des Pariser Ebenisten Léon Jallot,
um 1925.

Paris, Sammlung Hervé und Isabelle Poulain

R 33
Selbstbildnis
von der Seite, vor einem Arbeitstischchen stehend
und an einem Tiermodell arbeitend. In Farbe rechts
beschriftet: Mes meilleurs souvenirs a tous et gros
baiser / votre frère Pempa.
Bleistift auf einer an seinen Bruder Ettore gerichteten Postkarte, gestempelt 1913; 14 x 19
Im Familienkreis wurde Rembrandt Bugatti
»Pempa« genannt.

Paris, Sammlung Hervé und Isabelle Poulain.

R 34
Darstellung einer bemannten Rakete
Darunter die Schriftzüge:

Ettore	Deianice
Rembrandt	Bu
Francesco	Teresa
Bugatti	

Tusche auf Papier; 29 x 18,8

Paris, Sammlung Hervé und Isabelle Poulain

WEITERE ARBEITEN

R 35
Selbstbildnis
in Intarsienrahmen von Carlo Bugatti
C 79

R 36
Bildnis der Eltern
Carlo und Thérèse Bugatti
C 104

R 37
Walter Vaes (1882–1958)
Bildnis Rembrandt Bugatti
Feder und Tusche, 37 x 35
Signiert r.o.: Walter Vaes.

Antwerpen, Société Royale de Zoologie

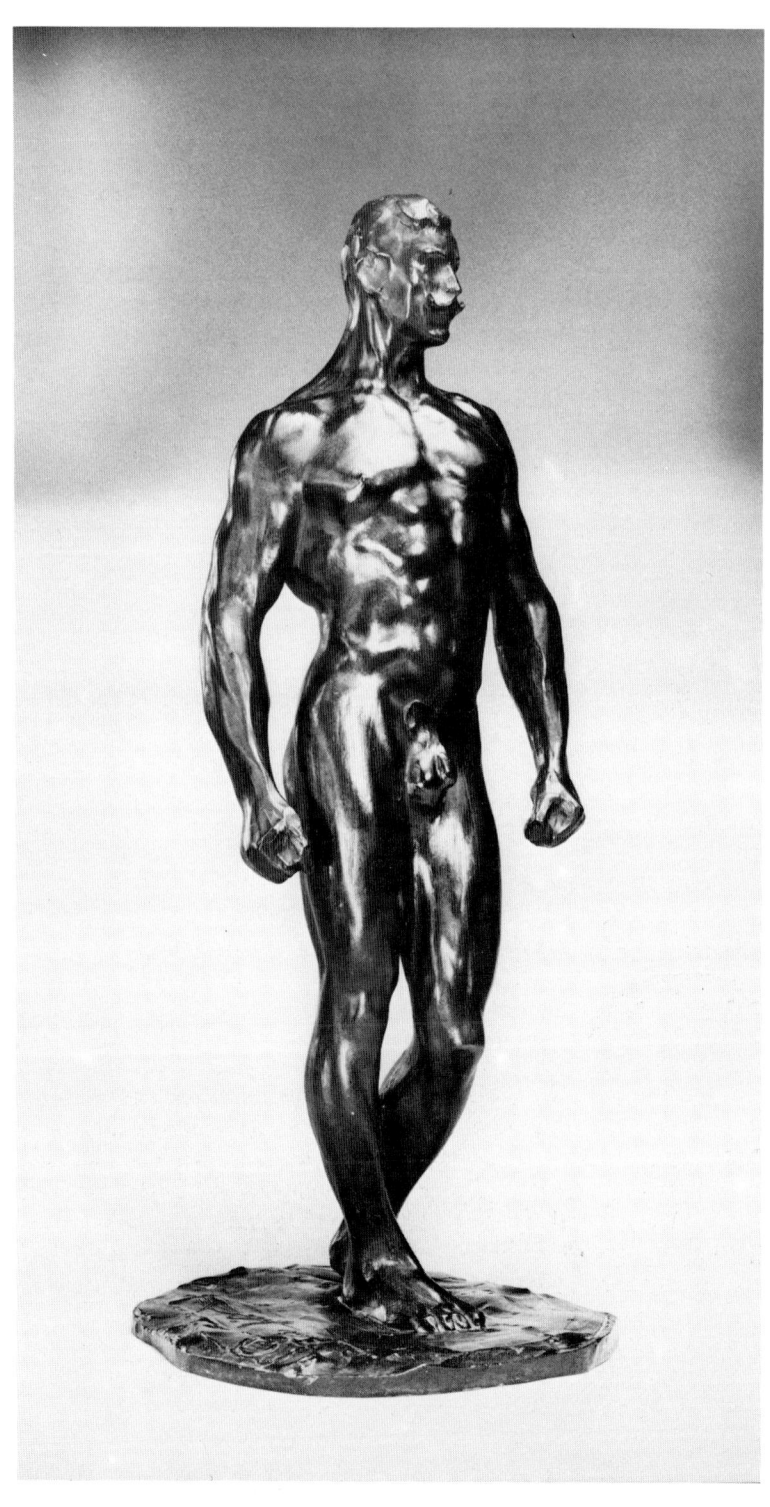

Rembrandt Bugatti,
Stehender Athlet, 1906
(Kat.-Nr. R 3)

Rembrandt Bugatti, Fressender Panther, um 1906 (Kat.-Nr. R 2)

154

Rembrandt Bugatti, Phryne, um 1906
(Kat.-Nr. R 5)

Rembrandt Bugatti, Kniender Akt, 1906 (Kat.-Nr. R 4)

Rembrandt Bugatti, Wildpferd, 1907 (Kat.-Nr. R 7)

Rembrandt Bugatti, Eselin mit Fohlen, 1909 (Kat.-Nr. R 12)

Rembrandt Bugatti, Störche, 1909 und 1907 (Kat.-Nr. R 9b und 9a)

Rembrandt Bugatti, Weißer Elefant, 1907 (Kat.-Nr. R 10)

Rembrandt Bugatti, Indischer Elefant, um 1910 (Kat.-Nr. R 15)

Rembrandt Bugatti, Röhrender Hirsch, um 1910 (Kat.-Nr. R 16)

Rembrandt Bugatti, Junge Giraffe, um 1910 (Kat.-Nr. R 17)

Rembrandt Bugatti, Junger Elefant, um 1910/11 (Kat.-Nr. R 21)

Rembrandt Bugatti, Bettelnder Elefant, um 1910 (Kat.-Nr. R 18)

Rembrandt Bugatti, Pavian, um 1910 (Kat.-Nr. R 19)

Rembrandt Bugatti, Hahn und Frosch, um 1910/12 (Kat.-Nr. R 24)

Rembrandt Bugatti, Pelikan, um 1910/12 (Kat.-Nr. R 23)

Rembrandt Bugatti, Antilope, um 1911 (Kat.-Nr. R 22)

Rembrandt Bugatti, Antilopen-Familie, um 1911 (Kat.-Nr. R 25)

Rembrandt Bugatti, Rhinozeros, um 1911 (Kat.-Nr. R 26)

Rembrandt Bugatti, Leoparden, um 1912 (Kat.-Nr. R 27 – R 28)

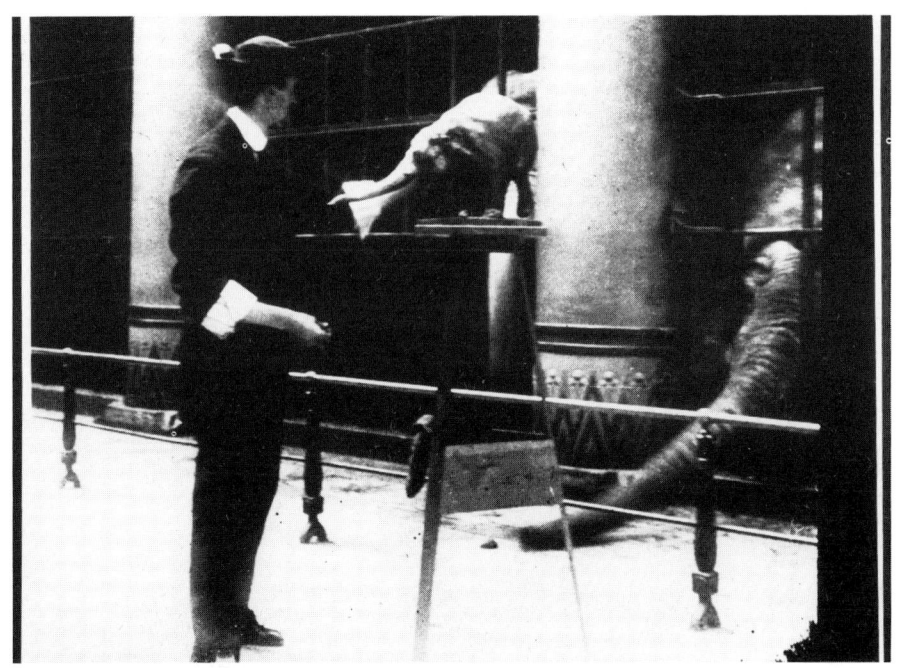

Rembrandt Bugatti arbeitet im Antwerpener Zoo

Rembrandt Bugatti mit der fertigen Bronze des Elefanten, um 1910 (?)

Rembrandt Bugatti, Elch, um 1913 (Kat.-Nr. R 29)

Plakat der Ausstellung um Rembrandt Bugatti in Antwerpen, 1910

ETTORE UND JEAN BUGATTI

1   *Ettore Bugatti (Archiv H. G. Conway)*

ZEITTAFEL

ETTORE ARCO ISIDORO BUGATTI

1881	Geboren am 15. September in Mailand.
1897	Lehre in der Fahrradfabrik Prinetti & Stucchi, Mailand, die u. a. Dreiräder produziert.
1898	Bau eines Dreirads mit 2 De-Dion-Motoren. Entwurf eines Automobils mit 2 oder 4 Motoren.
1899	24. Mai: Teilnahme an dem Rennen Paris–Bordeaux mit einem Dreirad.
1900/01	Dank finanzieller Hilfe durch die Grafen Gulinelli Bau seines ersten Automobils, das anläßlich der Internationalen Automobil-Ausstellung in Mailand im Mai/Juni eine Goldmedaille gewinnt.
1902	Juni: Umsiedlung nach Niederbronn im Elsaß, um in der Firma De Dietrich & Cie die Automobilabteilung zu übernehmen. De Dietrich hatte die Lizenz des Mailänder Wagens erworben (Vertrag vom 26. Juni 1902, mit Carlo Bugatti als Unterschrifts-berechtigtem für seinen noch nicht volljährigen Sohn). 31. August: Ettore fährt in einem Rennen in Frankfurt mit einem De Dietrich-Bugatti (Geschwindigkeit des 16-PS-Wagens 63,83 km pro Stunde; ein doppelt so starker 40-PS-Mercedes-Simplex: 68,48 km).
1903/04	Baut 3 Modelle mit 16, 24 und mit 60 PS. Nimmt an Rennen teil.
1904/05	Der Baron de Dietrich beendet die Kooperation mit Ettore und verlegt seine Automo-bil-Abteilung nach Lunéville (Lorraine-De Dietrich-Wagen). Ettore entwirft 1905 für den Autohändler Emil Mathis, Straßburg, die 50-, 60- und 90-PS-Hermes-(Hermes-Simplex)-Wagen, die in der »Elsässischen Maschinenbau-Gesellschaft« in Illkirch bei Grafenstaden unweit von Straßburg in mehreren Exemplaren gebaut werden.
1907	25. Februar: heiratet Barbara Maria Giuseppina Maschera Bolzoni (2 Söhne, 2 Töchter; siehe Stammbaum). Ende der Zusammenarbeit mit Mathis. Am 1. September Fünfjahresvertrag (als »freier Mitarbeiter«) mit der »Gasmotoren-Fabrik Deutz« in Köln-Deutz. Baut zu-mindest zwei 4-Zylinder-Automobile in mehreren Varianten.
1907/09	Entwurf (1907) und Bau des Prototyps (sog. T 10) der späteren T 13-Reihe (4 Zylin-der, 8 Ventile) im Keller seines von Deutz gemieteten Hauses in Köln-Mülheim.
1909	Entwicklung eines weiteren Autos für Deutz. Am 15. Dezember 1909 vorzeitiges Vertragsende mit Deutz; Abfindung von 20 000 Mark. Im Dezember pachtet er die Gebäude einer stillgelegten Färberei in Molsheim, südwestlich von Straßburg.
1910	Beginn der Produktion des 4-Zylinder Typ 13-Automobils (1910 werden 5, 1911 75, 1913 175 Wagen zu einem Stückpreis von ca. 6000 Mark hergestellt).
1911/12	Entwurf eines Fahrgestells für Peugeot mit 855-ccm-Motor (»Bébé Peugeot«). Später Verkauf weiterer Lizenzen an Rabag (Düsseldorf), Diatto (Turin) und Crossley (England).
1914–18	Bis 1914 ca. 350 Autos gebaut (Fahrberichte von 1910, 1914, 1921 bei Conway, S. 26 f., 41 f.). Zieht zu Beginn des Krieges mit seiner Familie nach Mailand und im November nach Paris (zuerst Grand Hotel, rue Scribe, dann in eine Wohnung, 20, rue

Boissière, die er bis zu seinem Tod behält). Entwurf eines 8-, dann eines 16-Zylinder-Motors, den er in dem Atelier Levallois-Perret in Paris baut. Ab 1918 wird der Motor von der amerikanischen Duesenberg-Gesellschaft in Elisabeth, New Jersey, in Lizenz als Flugzeugmotor gebaut, aber nicht eingesetzt.

1919	Wiedereröffnung der Fabrik in Molsheim (nun französisch).
1921	Erster großer Rennerfolg in Brescia beim Großen Preis von Italien.
1923	Einrichtung einer leistungsfähigen Karosseriewerkstatt in Molsheim.
1924	Bau des erfolgreichen T 35-GP-(Grand Prix)-Wagens.
1925	In 9 Monaten 412 Rennsiege.
1926	Erstes Exemplar des 15-l, dann 13-l »Royale«-Wagens (T 41).
1927	Erster Entwurf eines Schnellboots mit 8 Royale-Motoren.
1931/32	Auftrag der französischen Staatsbahn zum Bau von (insgesamt 80) Autorail-Stromlinientriebwagen mit Royale-Motoren (von denen 25 übriggeblieben waren).
1932	Rennboot »Niniette II«.
1934–40	Produktion des T 57, Ettores heute bekanntestem Tourenwagen (Karosserien von Jean entworfen).
1936	Streik in der Fabrik. Ettore zieht sich nach Paris zurück und überläßt Jean die Fabrikleitung.
1938	Auftrag zum Entwurf eines zweimotorigen (T 50-B-Motore) Jagdflugzeugs, das den Geschwindigkeitsrekord brechen sollte. Kauf des Schlosses von Ermenonville.
1939	Neuer Entwurf für ein zwischen Brest und New York einzusetzendes Schnellboot mit 8 T 50 B-Motoren.
1939–45	1939 Maschinenpark nach Bordeaux, 1940 zurück nach Molsheim. Verkauf der Fabrik für 150 Millionen FF. Ettores Familie 1940/41 im Château de Roquefort, dann in Paris, schließlich in Ermenonville.
1946	12. Oktober: Heirat mit Geneviève Marguerite Delcuze (1 Tochter, 1 Sohn).
1947	Stirbt am 21. August in Paris.

GIANOBERTO MARIA CARLO »JEAN« BUGATTI

1909	Geboren am 15. Januar in Köln.
1914–18	Mit den Eltern in Mailand und, ab November, in Paris (siehe Ettore Bugatti).
1919–30	Molsheim
ca. 1930	Beginn seiner Tätigkeit als Entwerfer der meisten Touren- und Sportwagen (Roadster »Royale« für den Fabrikanten Esders. Karosserien für die Typen 50, 55, 57). Betätigt sich als Testfahrer.
1936	Leitet die Fabrik in Abwesenheit seines Vaters.
1939	Verunglückt am 11. August tödlich bei einer Testfahrt mit einem T 57 G (Le Mans Rennwagen) in der Nähe von Molsheim.

ETTORE UND JEAN BUGATTI

Ettore Bugatti wurde am 15. September 1881 in
Mailand geboren. Seine Eltern hofften, daß er,
ebenso wie Vater und Großvater, einen künstlerischen Beruf ergreifen würde. »Mein erstes Bestreben war, ein großer Künstler zu werden« schrieb er
später[1]. Er kam daher bereits als Junge in die Bild-
hauerklasse des Prinzen Paul Troubetzkoy, der an
der Accademia di Belle Arti di Brera, der Brera
Kunstakademie in Mailand, lehrte (siehe auch H.
Spielmanns Beitrag »Rembrandt Bugatti«). Da er
aber sehr viel mehr Interesse für technische Dinge
zeigte und zudem die große zeichnerische Begabung seines Bruders Rembrandt offensichtlich
wurde, verließ er die Akademie, um als 16jähriger
bei der Mailänder Fahrradfabrik Prinetti & Stucchi
in die Lehre zu gehen. Ein von dieser Firma gebau-
tes motorisiertes Dreirad, das er 1895 sah, scheint
ihn zu diesem Schritt bewogen zu haben.
In den 90er Jahren war ein sich selbständig fortbe-
wegendes Fahrzeug immer noch sensationell. Es
gab zwar seit 1858 eine Reihe von Firmen, die
dampfgetriebene Kutschen anboten, aber der erste
Daimler Benzin-Wagen wurde erst 1886 vorgestellt, das erste Ford Automobil erschien 1896. Ein
motorisiertes Dreirad wird im Mailand von 1895
zu den Wunderdingen gehört haben, die Jungen
von der Art eines Ettore Bugatti fasziniert haben
müssen. Noch war die Pferdekutsche fast alleiniges
Fortbewegungsmittel. Auf dem Umschlag der
französischen Zeitschrift »L'Illustration« vom 6.
Oktober 1923 blickt man auf die Avenue de
l'Opéra in Paris, im Jahre 1893 vollgestopft mit
Pferdewagen, 1923 ebenso vollgestopft mit Automobilen. Zwischen diesen beiden Daten vollzog
sich der radikale und weitreichende Wandel von der
Kutsche zum Benzinfahrzeug. Ettores schöpferische Leistung liegt in diesen Jahrzehnten.

Der junge Bugatti baute 1898 sein erstes motorisiertes Dreirad, dem sofort ein zweites, mit zwei De-Dion-Motoren ausgerüstetes Exemplar folgte. Darauf entwarf er ein Automobil, dessen Räder vermutlich von je einem Motor angetrieben werden sollten. Auch begann er, sich an Rennen zu beteiligen: am 12. März 1899 siegte er in Nizza auf einem Dreirad, am 24. Mai desselben Jahres nahm er, wiederum mit einem dreirädrigen Fahrzeug, am Straßenrennen Paris–Bordeaux teil, mußte aber nach einem Zusammenstoß mit einem Hund aufgeben. Andere Rennen, bei denen er oft erfolgreich war, folgten[2.] Dank der finanziellen Hilfe der mit der Bugatti Familie befreundeten Grafen Gulinelli aus Ferrara wurde er in die Lage versetzt, ein eigenes Automobil zu bauen. Wenn auch andere, in Mailand vorhandene Motoren und Fahrgestelle als Vorbilder dienen konnten, war es doch für einen jungen Mann von 18 oder 19 Jahren außerordentlich ungewöhnlich, nicht nur einen Vierzylinder, 3-l-Motor zu entwerfen, sondern diesen Entwurf auch in die Tat umzusetzen, d. h., das gesamte Fahrgestell mit Motor zusammenzubauen. Wo dies geschah, weiß man nicht; sicher ist nur, daß das Auto nicht bei Prinetti & Stucchi entstand. Dieser erste Bugatti Wagen wurde auf der Mailänder Internationalen Ausstellung im Mai/Juni 1901 (Esposizione Internazionale Milano 1901 – Patroncinata dall'Associazione Lombarda dei Giornalisti) mit dem Großen Preis der Stadt Mailand und einem »Ermunterungspreis« des Französischen Automobilclubs ausgezeichnet. Der Mailänder Ehrenpreis in Form eines Pokals befindet sich in holländischem Privatbesitz und wird in der Hamburger Ausstellung gezeigt[3].

Ettores Karriere als Schöpfer berühmter Automobile begann mit dem Vorspiel in Mailand und acht Lehr- und Wanderjahren im damals deutschen Elsaß und in Köln.

Der Baron Eugène de Dietrich, Besitzer einer 1684 gegründeten Fabrik in Niederbronn-Reichshoffen, 50 km nördlich von Straßburg, erwarb die Lizenz des von Ettore in Mailand vorgestellten Wagens, obwohl bei De Dietrich & Cie bereits Automobile produziert wurden. Der Vertrag vom 26. Juni 1902 mußte von Carlo Bugatti unterzeichnet werden, da Ettore mit 20 Jahren noch nicht volljährig war. Den ersten des von ihm als Leiter der Auto-Abteilung gebauten De Dietrich-Bugatti fuhr er am 31. August 1902 in einem Rennen in Frankfurt. Eine Reihe weiterer Prototypen mit 16-, 24- und 50-PS-Motoren entwarf und produzierte er 1903 und 1904; einige der Konstruktionszeichnungen dieser Zeit sind in der Ausstellung zu sehen (siehe auch Hugh Conways Beitrag »Bugatti in Deutschland«).

3 Anzeige der Firma De Dietrich.

1904 scheint der Baron de Dietrich die Geduld mit Ettores Prototypen, die nicht in die Produktion aufgenommen wurden, verloren zu haben. Der Vertrag wurde gelöst und die Automobilabteilung nach Lunéville verlegt, wo Lorraine-De Dietrich-Wagen bis 1935 produziert wurden. Ettore tat sich nun mit dem Straßburger Autohändler Emil Mathis zusammen, dessen Betrieb, E. E. C. Mathis, »Deutschlands größtes Automobil-Geschäft« (wie eine Anzeige lautet), Wagen der Marken De Dietrich, Panhard, Fiat und Minerva vertrieb. In der »Elsässischen Maschinenbau-Gesellschaft« im nahe gelegenen Illkirch bei Grafenstaden wurden 1905 und 1906 Hermes (Hermes-Simplex) Automobile in mehreren Exemplaren und Varianten herge-

2 Ettore Bugatti (Archiv H. G. Conway)

4   Hermes-Simplex Fahrgestelle im Hof von
E. E. C. Mathis, 1906 (Archiv H. H. v. Fersen)

5   Hermes-Simplex Fahrgestell auf der Berliner
Automobilausstellung 1906 (H. H. v. Fersen)

stellt. Finanzielle Hilfe leistete der Bankier de Vizcaya, Leiter der Straßburger Filiale der Darmstädter Bank, dessen Söhne Pierre, Fernand und Jean später Rennen für Bugatti fuhren.

Köln-Deutz war die letzte Station Ettores auf dem Weg nach Molsheim. Die »Gasmotoren-Fabrik Deutz« (die heutige Klöckner-Humboldt-Deutz AG) stellte ihn am 1. September 1907 als Berater, »Chefingenieur« und Leiter des Konstruktionsbüros an, ließ ihm aber die Freiheit, an eigenen Projekten weiterzuarbeiten[4]. Bei Deutz entstanden zumindest zwei Vierzylinder Wagen in mehreren Varianten (siehe Hugh Conways Beitrag). Wichtiger für die Entwicklung der Bugatti Automobile

war jedoch der von ihm 1908/09 im Keller seines gemieteten Hauses gebaute Vierzylinder. Dieses heute T 10 benannte Automobil ist der Stammvater der mit dem T 13 einsetzenden Reihe erfolgreicher Autos aus Molsheim. Bei dem Entwurf wird vermutlich ein 1908 vorgestellter 1,2-l Isotta-Fraschini mit vier Zylindern nicht ohne Einfluß geblieben sein. Dies ist auch verständlich, denn die Firmen Isotta und De Dietrich arbeiteten zusammen – De Dietrich hatte zeitweilig die Aktienmehrheit bei Isotta –, und Ettore Bugatti als Italiener wird in Niederbronn gewußt haben, welche technischen Entwicklungen Isotta durchführte. Mit diesem Wagen war es Ettore nach knapp 10 Jahren gelungen, einen durchkonstruierten Sportwagen zu bauen, der schnell, leicht und »sehnig« wie ein Vollblutpferd war: der erste in der langen Reihe der »pur sang« Bugatti-Automobile.

Gegen Ende seiner Zeit in Köln-Deutz war er ein anerkannter Entwerfer von Automobilen verschie-

6   Anzeige der Firma Deutz, 1909.

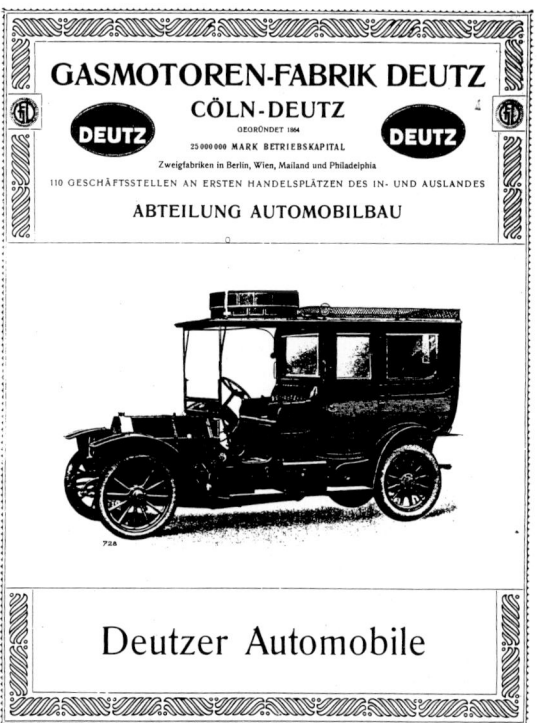

7   *Fabrikhalle bei Bugatti in Molsheim, ca. 1911 (Archiv H. G. Conway).*

dener Typen, die, im Vergleich zu Sportwagen der Zeit, relativ kleine, aber leistungsfähige Fahrgestelle besaßen. Auch hatte er eine Familie gegründet. Am 25. Februar 1907 heiratete er Barbara Maria Bolzoni; die Töchter L'Ebé (von E. B., Ettore Bugatti) und Lydia wurden 1903 und 1907, die Söhne Jean und Roland 1909 und 1922 geboren.

Seine Tätigkeit bei Deutz endete am 15. Dezember 1909 mit der vorzeitigen Auflösung des Vertrages wegen »Unwirtschaftlichkeit« der Automobile, von denen bis 1910 rund 50 Exemplare gebaut wurden. Ettore bekam eine Abfindung von 20000 Mark. Diese Summe und die erneute finanzielle Hilfe des Bankiers de Vizcaya ermöglichten ihm, im Dezember 1909 für 5000 Mark jährlich eine stillgelegte Färberei in Molsheim, 25 km südwest-

lich von Straßburg, zu pachten. Sein engster Mitarbeiter wurde Ernest Friderich, der bei Mathis als Chefmechaniker tätig war, dann für Bugatti unzählige Rennen fuhr und schließlich die Bugatti Vertretung in Nizza übernehmen sollte. Bereits im ersten Jahr wurden fünf Exemplare des neuen Typs 13, eines Vierzylinder Wagens mit acht Ventilen und einem Hubraum von 1,3 bzw. 1,4 l, gebaut, der eine Geschwindigkeit von ca. 90 km erreichte und mit sportlichem Aufbau rund 6000 Mark kostete.

Es ist erstaunlich, daß in Molsheim im ersten Jahr überhaupt Autos entstehen konnten. Schließlich mußten zunächst Werkzeugmaschinen gekauft und eingerichtet, Arbeiter angelernt und der Absatz geregelt werden. Molsheim war ein Städtchen von

8　T 13 in einer Anzeige, 1910
(Archiv H. H. v. Fersen).

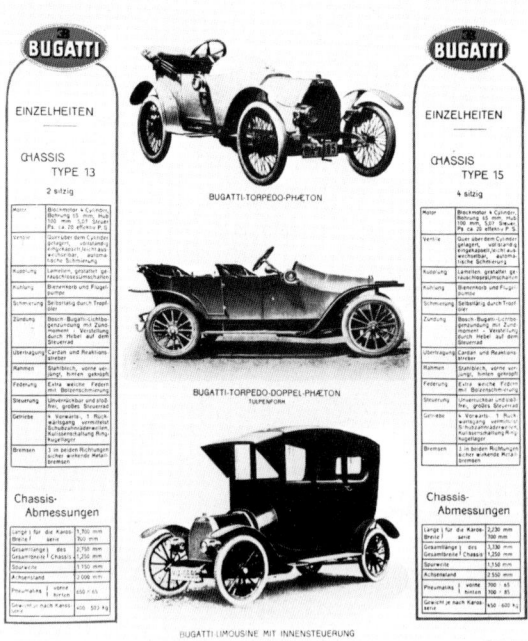

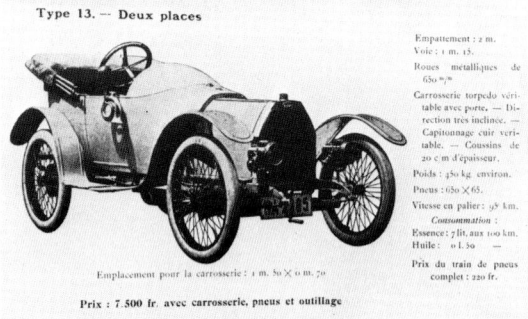

9　T 13, Katalog von 1912.

10　T 13 und T 15, Katalog von 1912.

ca. 3200 Einwohnern, die 1921 bis auf 1800 zusammengeschmolzen waren, aber dank der Bugatti Fabrik bis 1936 wieder auf 3800 anwuchsen. Zunächst waren 20 Arbeiter, 1911 bereits 65 Arbeiter beschäftigt, die in diesem Jahr 75 Autos bauten. Um 1930 gab es dann ca. 1200 Beschäftigte, deren Zahl sich wegen der Weltwirtschaftskrise bis 1933 auf 600 verringerte. Vor dem ersten Weltkrieg erhielt ein Anfänger 3 Mark am Tag und mußte dafür von 6.30 bis 16.30 Uhr arbeiten. Dieser als sehr gering erscheinende Betrag lag aber über dem sonstigen Durchschnittslohn in Molsheim. (1910 bekamen die über 1600 Arbeiter bei Opel in dem allerdings in der Nähe einer Großstadt gelegenen Rüsselsheim zwischen 25 und 45 Mark in der Woche. Auch Peugeot zahlte mehr: 1914 verdiente man 7 Franken am Tag, ein Lohn, der den von Molsheim

etwas übertraf.) Die Mitarbeiter von Ettore hatten darüber hinaus weitere finanzielle Vorteile. Wenn sie verheiratet waren, konnten sie ab 1926 eine Weihnachtsprämie erhalten. Allerdings durften sie nicht durch schlechte Arbeit oder schuldhaftes Fehlen auffallen: »... moi je réserve le droit absolu de rester juge des cas d'application et d'exécution du présent règlement« schrieb Ettore sicherheitshalber in den Kontrakt[5].

Der Molsheimer Fabrikkomplex mit seinen Montagehallen, Werkstätten, der Villa und dem Schloß St. Jean hatte in den 20er und 30er Jahren nicht so sehr das Aussehen einer Industrieanlage mit rauchenden Schloten und rußbedecktem Gemäuer, sondern erinnerte eher an ein gut geführtes Gestüt. Die Gebäude ähnelten Reit- und Fahrställen, innen waren sie hell, luftig und ausgesprochen sauber.

11   Rabag-Bugatti, ca. 1921.

12   T 23 in der Nähe von Paris (»L'Illustration«, Okt. 1924).

13 T 23 Brescia in einem Rennen, ca. 1921
(Archiv Seibel/Klersy).

In Molsheim zeichnete sich Ettore nicht nur als er-
findungsreicher Konstrukteur von Hochleistungs-
automobilen aus, sondern zeigte sich auch als sicher etablierter Fabrikbesitzer. Er wurde »le Patron« schlechthin, der für die Produktion und den
Verkauf der Automobile verantwortlich war und
für seine große Familie, das Rennteam und die Arbeiter sorgte[7a]. Zudem liebte er Tiere, insbesondere Pferde, auf denen er täglich ausritt. Da zu der
Molsheimer Anlage das Schloß St. Jean gehörte,
war Ettore nicht nur der »Patron«, in dessen Ob-
hut das Schicksal vieler hundert Familien lag, sondern er spielte auch die Rolle eines Landbesitzers

Ettore Bugatti machte täglich seine Runden, kon-
trollierte die handwerkliche Qualität, legte auch oft
selbst Hand an, da er wohl alle Griffe ebenso gut
beherrschte wie die in den verschiedenen Abteilun-
gen tätigen Arbeiter. Am Samstag-Mittag wurde
geputzt und geölt; Werkbänke und Maschinen
mußten dasselbe gepflegte Äußere aufweisen, das
für die Bugatti-Fahrgestelle und -Karosserien typisch war[6]. Die Bugatti Familie wohnte in der
»Villa«. Das Schloß St. Jean wurde nur für Emp-
fänge und photographische Aufnahmen benutzt; in
den 30er Jahren wurden dann Wohnungen für An-
gestellte eingerichtet[7].

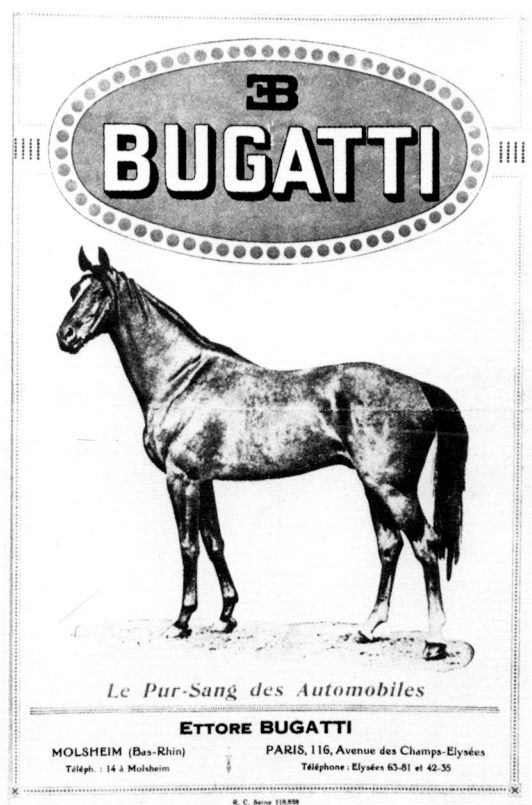

15 Aus einer Anzeige.

14 T 32 »Tank«, 1923 (Archiv Seibel/Klersy).

186

16 *Ettore Bugatti auf seinem Vollblüter Broillard, Bronze von Prinz Paul Troubetzkoy, 1929 (Schweizer Privatbesitz).*

und Grandseigneurs. Pferde, Esel und Hunde liefen herum, das Zaumzeug der Pferde trug die auf Messing gravierten Initialen Ettores, und sein Sohn Roland bekam 1926 die Miniaturausgabe des T 35-Grand-Prix-Wagens als ein mit Batterie angetriebenes Spielauto, den T 52. Vater, Söhne und Töchter zogen sich immer elegant an, fuhren in den neuesten Bugatti Modellen und legten Wert darauf, daß alles, was zum täglichen Leben gehörte, von bester handwerklicher Qualität war: so zeigen z. B. die Reise-Toilettensets dieselbe Eleganz und Güte wie die von Jean entworfenen und in Molsheim gebauten Karosserien.

Ettores unablässiges Bestreben nach Qualität in jedem Bereich ohne Rücksicht auf Kosten sagte denjenigen Schichten des gehobenen Bürgertums und des Adels besonders zu, die ebenfalls Wert auf

Qualität und sportliche Eleganz legten. Daher war es nur zu natürlich, daß der Automobilkonstrukteur und Pferdeliebhaber bereits 1910 die höchst verkaufsträchtige Kombination Pferd-und-Auto in den Molsheimer Katalogen und Anzeigen[8] erfolgreich einzusetzen verstand. Mit Einführung des Typs 13 gab es ab 1910 bei Bugatti nur Vollblüter, edel, schnell und sorgsam hochgezüchtet wie Araber, d. h. wie Vollblutpferde. In den Reklamen erschien neben den zunächst etwas ungeschickt und kutschenhaft anmutenden Automobilen das elegante Rennpferd, wobei die Transponierung des Begriffs »Vollblut« auf die Benzinkarosse dem heutigen Betrachter etwas eigenartig erscheinen mag. Versetzt man sich aber in die Lage eines Autokäufers von 1910 oder 1914, der zwischen Panhard, Mercedes, Bugatti oder einer der zahlreichen

17   *Ansicht der Bugatti-Fabrik in Molsheim.*

anderen Marken zu wählen hatte, dann versteht man die Entscheidung zum Erwerb eines schnittigen, schnellen und besonders leichten T 13-Sportwagens. »Le poid c'est l'ennemi« pflegte er zu sagen. Auch bekamen die Wagen bald den hufeisenförmigen Kühler, der in verschiedenen Abwandlungen bis zum 2. Weltkrieg das weltbekannte Erkennungszeichen für Bugatti Wagen bleiben sollte. Daß dann die pur sang Automobile aus Molsheim auch tatsächlich wie Derby-Pferde liefen, ist das besondere Verdienst Ettores, der neben Ferdinand Porsche wohl der begabteste und erfolgreichste Autokonstrukteur der Zeit zwischen 1910 und 1940 war.

Über ein Vierteljahrhundert wurden in Molsheim schnellste, in den späten 20er Jahren meist unschlagbare Grand-Prix-Wagen, schnittige Sport- und Grand-Sport-Automobile für die Geschwindigkeit-liebenden Damen und Herren aus vermögendem Haus, elegante Tourenwagen von besonderer Leistungsfähigkeit und einige fast unerschwinglich teure Luxuskarossen — die Royales — produziert, insgesamt nur 8000 Bugattis. Handarbeit und Qualität auf allen Stufen der Fertigung waren dabei erstes Gebot bei Ettore. Bei Opel dagegen wurden z. B. 1924 mit 2400 Arbeitern 4571 Automobile produziert, und 1925, nach Einführung des aus Amerika übernommenen Fließbandes, liefen 16466 Wagen vom Band, d. h., das

Doppelte des Gesamtvolumens von Molsheim zwischen 1910 und 1939.

Die Produktion vor dem 1. Weltkrieg von relativ wenigen und nicht ganz billigen Sportwagen des Typen 13, 22 und 23 und des im September 1913 vorgestellten 5-l-Rennwagens (»Roland Garros«, nach dem berühmten Flieger benannt), wäre vermutlich aus Kostengründen bald gescheitert, wenn Ettore nicht schon frühzeitig Lizenzen an andere Betriebe verkauft hätte. Er war finanziell am Verkauf der bei Deutz hergestellten Wagen beteiligt gewesen. Ab 1911 produzierte Peugeot in Lizenz einen von Bugatti entwickelten kleinen Vierzylinder »Bébé Peugeot« mit 855 ccm, von dem 3000 Exemplare gebaut wurden[9]. Ähnliche Geschäfte sowie andere Projekte (s. u.) haben Bugatti bis zum Beginn des 2. Weltkrieges geholfen, die wirtschaftlich schweren Zeiten zu überstehen.

Die Augusttage 1914 setzten der ersten Phase der Bugatti Werke in Molsheim ein Ende. Seit 1910 waren 350 Wagen verkauft worden, dazu in Lizenz die Bébés Peugeot. In den ersten Kriegstagen wurden 3 gut eingefettete Motore des verbesserten, mit 16 Ventilen ausgestatteten Typs vergraben, und dann verließ Ettore mit seiner Familie und zwei T 13-Wagen das Elsaß über die Schweiz, um zunächst nach Mailand und dann, als Frankophiler, im November 1914 nach Paris zu gehen. Dort arbeitete er sofort weiter, dieses Mal an großen Mo-

17a   Ansicht der Villa und des Schlosses St. Jean in Molsheim.

toren. Er entwarf eine acht-, dann eine 16-Zylinder-Maschine, die zunächst zum Einbau in Flugzeuge gedacht war, aber in einer weiterentwickelten Version im »Royale« und in den Triebwagen der 30er Jahre Verwendung fand (s. u.). In der Pariser Werkstatt Levallois-Perret wurde die 16-Zylinder-Version gebaut, die ab 1918 in Lizenz von der amerikanischen Duesenberg Gesellschaft in Elisabeth, New Jersey, hergestellt wurde. Ernest Friderich hatte den Prototyp überführt. Es ergaben sich aber immer neue Probleme mit den Versuchsmotoren, so daß zwar gegen Kriegsende vermutlich 45 Einheiten einsatzbereit waren, aber nie Verwendung fanden[10]. Zumindest haben aber die Lizenzen Ettore das notwendige Startkapital eingebracht, um nach dem Krieg neu anzufangen.

Das Jahr 1919 leitet die zweite Phase in Molsheim ein. In erstaunlich kurzer Zeit waren die Fabrik aufgeräumt, die drei vergrabenen Motore wieder ausgepackt, Werkzeugmaschinen aufgestellt, neue Arbeiter angeworben − die Belegschaft wuchs in den 20er Jahren auf 1 200 Mitarbeiter an −, und ab März 1919 verließen monatlich zunächst 10 Wagen das Werk. Lizenzen erbrachten die so dringend benötigten Finanzspritzen. Crossley in England und Diatto in Turin (ca. 25 Autos gebaut) erwarben bald nach dem Krieg Lizenzen: am einträglichsten war die von der Rheinischen Automobilbau AG »RABAG« (»Deutsche Ges. für die Licenz E. Bu

gatti«) übernommene vom 13. April 1921, die Gelder von über 100 verkauften Autos einbrachte. Darüber hinaus hatte wiederum Duesenberg einen Sechs-Zylinder-Motor von Ettore eingekauft. Erst 1923 begann in Molsheim der eigentliche Karosseriebau, wenn auch schon vorher einfache Aufbauten für Renn- und Sportwagen fabriziert wurden. Die »Tank« Karosserien für den T 32 waren die ersten Produkte dieser Werkstatt, die schließlich in den 30er Jahren über die Hälfte der Karosserien für die verschiedenen Versionen des T 57 fertigte.

Hier gilt es zu verhalten. Ab 1923/24 begann die Produktion derjenigen Automobile, die man heute mit der Marke Bugatti verbindet: Renn-, Sport- und Tourenwagen, wie sie in dieser Qualität und Vielfalt kaum bei einem anderen Fabrikat zu finden sind. In den 20er und 30er Jahren blieb der Spaziergänger stehen, wenn einer der blauen T 35 oder T 37 Grand-Prix-Wagen oder ein Cabriolet der Typen 40, 44 oder 57 vorbeibrauste. Auch heute noch hemmt jeder Laie (und Kunsthistoriker) seinen Schritt beim Anblick eines solchen eindrucksvollen Gefährts.

Warum heben sich diese Wagen aus der Masse zeitgenössischer Automobile heraus? Warum sind sie so berühmt, warum werden sie weltweit in Bugatti Clubs geehrt und sogar in einem Kunstmuseum

18   *Schema des T 35 von F. Yano (aus Conway — Greilshamer, 1982).*

ausgestellt? Mit BMW und Mercedes, mit Alfa Romeo und Duesenberg wird kein derartiger Kult getrieben, und nur die Begeisterung für Rolls Royce-Wagen scheint mit der für Bugatti Schritt zu halten.

Die Bedeutung der Bugatti-Wagen ist vielschichtig und hat emotionelle, technische und ästhetische Gründe. Da ist zunächst die von Ettore bewußt geförderte psycho-soziologische Seite. Er bot ein Vollblut-Auto an, dem Rennpferd gleich, unschlagbar schnell, leicht, edel und elegant wie ein Derbysieger, einer Sonderklasse zugehörig, die nur der sportlichen Elite vorbehalten war. Dazu kam die Erscheinung des »Patron« als Fabrik- und Schloßbesitzer, Gastgeber des Herzogs Ludwig Wilhelm in Bayern, des Königs Leopold von Belgien und des Prinzen Hassan von Marocco, Erbauer »königlicher« Autos, der Royales. Wer einen Bugatti kaufte, wurde in die exklusive Gemeinschaft der »Bugatti owners« aufgenommen und glaubte dadurch gleichsam nobilitiert zu werden.

Die Technik der Bugatti rechtfertigte den Ruf von

Molsheim. Die vielen zeitgenössischen Fahrberichte in Fachzeitschriften und die Bücher von Autoren wie Hugh Conway und Uwe Hucke schildern die erstaunlichen Leistungen dieser Automobile. Ettore gelang es bereits 1910, einen Wagen zu bauen, der mit der Hälfte der Pferdestärken eines Mercedes fast ebenso schnell sein konnte wie das Ungetüm aus Stuttgart. 1924 wurde der Typ 35-Rennwagen eingeführt, der auf allen Straßen siegte und formal den Rennwagenbau der Zeit stark beeinflußte. Wenn man schließlich an die gigantischen 13-l-Tourenwagen denkt, die 1928 über 165 km in der Stunde erreichten oder die Beschleunigungswerte der T 50-, T 55- und T 57-Modelle mit den Werten 50 Jahre jüngerer »Sportwagen« vergleicht, versteht man den Erfolg dieser Marke. Gelobt wurden bei den Bugatti immer wieder hervorragende Straßenlage, überdurchschnittliche Beschleunigung, gute Bremsen, exakte Lenkung und das Vermögen insbesondere der Acht-Zylinder-Wagen, im großen Gang auf 5 km Geschwindigkeit herunterzugehen, um dann problemlos und

190

schnell wieder zu beschleunigen. Zwar war das Getriebe überdurchschnittlich laut, aber Ettore konnte sich nur schwer entschließen, in manchen Bereichen Verbesserungen oder technische Neuerungen einzuführen. So hielt er anfangs nicht viel von Vorderradbremsen, wollte unter keinen Umständen bei der T 57-Serie die unabhängige Vorderradaufhängung einführen und wehrte sich bis zum Schluß gegen die Verlegung des Lenkrades von rechts nach links.

Die hervorragende Technik der Bugatti wird am eindrucksvollsten in den Rennerfolgen dokumentiert. Ettore fuhr selbst Rennen von 1899 bis zum 1. Weltkrieg. Er wußte, daß die Zahl der verkauften Autos zumeist von den Rennsiegen einer Marke abhängig war. In den ersten Jahrzehnten dieses Jahrhunderts wurden in Europa und in den Vereinigten Staaten unzählige Rennen jeder Art veranstaltet, vom Grand Prix über Berg- und Straßenrennen bis zu Langstreckenfahrten und Zuverlässigkeitsprüfungen. Der erste überwältigende Bugatti-Sieg von Brescia 1921 auf den Typ 13-Wagen (daraufhin »Brescia« genannt) mit Friderich, Pierre de Vizcaya, Braccoli und Marco an erster bis vierter Stelle (Friderichs Durchschnittsgeschwindigkeit betrug 119 km) und ab 1925 die zahllosen Siege der T 35-Reihe waren der Hauptgrund für die erstaunlichen Verkaufserfolge der Sport- und Tourenversionen der Rennwagen. Der T 35 wird von vielen Kennern als der motorisch interessanteste und formschönste aller Rennwagen angesehen, in ästhetischer Hinsicht den späteren Alfas und Mercedes Silberpfeilen vielleicht sogar überlegen. Einfach und klar in der Linienführung, gedrungen und kraftvoll, relativ klein — verglichen mit den Bentleys und den riesigen Mercedes S und SS der Zeit — und sehr schnell, war er von 1924–31 der wahre König auf den Rennpisten. Je mehr Rennen unter der Leitung von Ettores engstem Mitarbeiter Meo Costantini (Fahrer und Rennleiter 1924–1933) gewonnen wurden, je mehr mit diesen Siegen Reklame gemacht werden konnte, desto zahlreicher wurden die Aufträge. Zwar gab es auch große Erfolge bei Bentley, Sunbeam, Mercedes, Fiat oder Alfa Romeo, die ebenfalls in Renn-, Sport- und Tourenversionen angeboten wurden, das Flair jedoch der leichten und eleganten Bugatti scheint beim Kauf oft den Ausschlag gegeben zu haben[11]. Ettore Bugatti fühlte sich zunächst als Künstler, der schöne und starke Vollblüter »züchtete«. Die Motore sollten nicht nur Höchstleistungen erbringen, sondern auch dem Auge wohlgefällig sein.

19 *Ettore Bugatti und der Sultan von Marocco (nach Dejean-Hucke, 1981).*

20   *T 37 A, ca. 1930 (Archiv Seibel/Klersy).*

VOITURE

COURSE « IMITATION »

2 *Lit.* - 8 **CYLINDRES**

Apparate oder andere mechanische Gebilde können einen ästhetischen Reiz haben, der zumindest seit Leonardo immer wieder gesehen worden ist. Technik und Geschwindigkeit erfuhren höchste Sublimierung in Turners Gemälde von 1844 »Regen, Dampf und Geschwindigkeit« mit der durch Farbnebel stürmenden Eisenbahn. Bugatti baute Motoren, entwarf Getriebe und Räder, die den Drang nach schnellster Fortbewegung vorbildlich erfüllten und zugleich den Lösungen anderer Automobilfabriken formal überlegen sein sollten.

Die in unserer Ausstellung gezeigten Automobilteile vermitteln ein höchst eindrucksvolles und überzeugendes Bild von diesem Wunsch, jedes Werkstück technisch wie ästhetisch perfekt zu gestalten. Die Motorblöcke erhielten die plastische Wucht und klare Linienführung kubistischer Skulpturen. Die an Brancusi erinnernde Klarheit der Form einer Achse mit ihrer polierten Oberfläche oder die straffe Gliederung eines Rades demonstrieren Bugattis ständiges Bemühen um Gewin-

21   *T 35 A vor einem »richtigen« Vollblüter.*

22 Kurt Kiefer auf seinem T 35 B, 1933.

nung höchster Qualität im Handwerklichen wie im Formalen. Eine Kurbelwelle oder einer der so manchen Werken der freien Kunst ebenbürtigen Ventilatoren haben — ebenso wie z. B. ein Flugzeugpropeller aus Holz — ein formale Dichte, technische Schönheit und materielle Qualität, wie sie in der Fabrikproduktion der Zeit höchst selten waren. Diese an sich natürlich funktionell und auf Dauerbelastung konzipierten Maschinenteile von Molsheim sind Paradigmata einer Hochstufe im Automobilbau, von der man sich heute nur schwer eine Vorstellung machen kann. Jedes einzelne Glied im Verband eines Fahrgestells sollte nützlich — d. h. effizient —, handwerklich meisterhaft gefertigt und formal vorbildlich gestaltet sein. Hier zeigt sich einmal in großer Deutlichkeit die wahre »Arbeiterkultur«, von der dieser Tage so viel geredet wird: Werkstücke der Industrie als Resultate bester Handwerkskunst. Der Vergleich eines Bugatti-Motors oder eines Bugatti-Rades mit den entsprechenden Produkten im heutigen Automobilbau

23 Motor des T 54 Grand Prix, 1931—34.

193

24a, b   T 40 (»L'Illustration«, Okt. 1927).

25   Katalog des T 43, 1928.

8 Cylinder 17.8 H.P. (2300 c/c.) Supercharged
Type 43

8 CYLINDER 17.8 H.P. (2300 c/c.) SUPERCHARGED 3/4 SEATER "GRAND SPORT" MODEL
TYPE 43

Specification

ENGINE.   8 cylinder cast in two sets of four in line, bore 60 m/m, stroke 100 m/m, cooled by pump circulation, overhead valves operated by overhead cam shaft, two inlet valves and one exhaust valve to each cylinder. Five ball and roller crankshaft bearings, roller bearing connecting rods. Bugatti supercharger fitted between the carburetter and the inlet pipe, single carburetter, forced feed lubrication by pressure pump. Magneto ignition, with variable advance, separate dynamo and starting units.

CLUTCH.   Multiple (cast iron and steel) discs (Bugatti patent).

GEARS.   Gate change, central control, four forward speeds and reverse direct drive on top.

BACK AXLE.   Bevel drive, ratio 13 × 54.

STEERING.   Worm and helical wheel, irreversible and adjustable with ball and socket connecting rods.

FRONT AXLE.   Of circular section, with front springs passing through the axle.

BRAKES.   On all four wheels, operated by pedal, and rear brakes only operated by hand.

WHEELS.   Aluminium, detachable (Bugatti patent).

EQUIPMENT.   Spare wheel complete with tyre, electric lighting and starting shock absorbers on all four wheels, grease gun lubrication and tool kit.

COACHWORK.   Metal panelling, leather upholstery, hood and screen (room for luggage is provided for in the tail.)

Bore - - - - - - - -	60 m/m
Stroke - - - - - - -	100 m/m
Track - - - - - - - -	4' 1"
Wheel base - - - - - -	9' 9"
Overall dimensions - - - -	14' 1½" × 5' 1½"
Petrol tank capacity - - - -	16 galls.
Wheels, straight sided tyres - - -	28 × 4.95
Weight, complete with body, approximately -	20 cwt.

8 CYLINDER 17.8 H.P. (2300 c/c.) SUPERCHARGED 4 SEATER TOURING MODEL
TYPE 43

194

lehrt, die gute alte Zeit gerade in dieser Hinsicht besonders schätzen zu lernen — auch wenn zugegeben werden muß, daß die technische Entwicklung der vergangenen Jahrzehnte am modernen Auto gottlob nicht spurlos vorübergegangen ist.

Der Perfektion Molsheimer Fahrgestelle entsprach die Begabung Jean Bugattis als Entwerfer von Karosserien.

Wenn man in Laienkreisen heute von Bugatti-Automobilen spricht und dabei nicht gerade einen Spezialisten in der Nähe weiß, meint man fast ausschließlich Jean, und nicht Ettore, d. h., den für alle sichtbaren Aufbau und nicht das eigentlich viel wichtigere Fahrgestell. (Jaguar, BMW oder der neue Audi 100 beruhigen heute mit Zahlen und »Werten« das Gewissen des begehrlichen Käufers, den insgeheim aber das äußere Erscheinungsbild

des Autos weit mehr interessiert.) Die Weltwirtschaftskrise um 1930 belastete die Molsheimer Fabrik außerordentlich stark. Auch blieben ab 1933, nach dem Auftreten der vom Staat geförderten Mercedes- und Auto-Union-Wagen, die Erfolge bei den Grand-Prix-Rennen zumeist aus (allein bei den 24-Stunden-Rennen in Le Mans kamen die Bugatti noch zu Ehren). Wahrscheinlich befand sich die Fabrik in den 30er Jahren unaufhörlich in einer finanziellen Krise, und wenn nicht der Großauftrag zum Bau der Eisenbahn-Triebwagen — der Autorails — gekommen wäre, hätte Bugatti ebenso wie andere Hersteller kostspieliger Hochleistungswagen der Zeit — Isotta Fraschini, Voisin, Hispano Suiza, Duesenberg — vielleicht schließen müssen. Es ist das Verdienst Jeans, durch vorbildlich gestaltete, zukunftsweisende und elegante Karosserien

26 Ettore Bugatti mit Familie, Mitarbeitern und Freunden anläßlich der Fertigstellung des 400. T 46-Chassis, ca. 1935 (nach Kestler, 1981).

27 *T 41 Royale Roadster für Armand Esders
(aus Kestler 1981).*

den Ruf der Bugattiwagen noch gesteigert und somit das Werk vermutlich vor dem Untergang ge-
rettet zu haben (s. u.)

In den 20er und 30er Jahren wurden in Molsheim
über 5 000 Wagen gebaut: auf rund einem Dutzend
verschiedener Fahrgestelle mit Vier- oder Acht-
Zylinder-Motoren wurden Aufbauten für fast jeden Zweck gesetzt. Dabei stand aber immer die besondere Leistungsfähigkeit der Wagen an erster
Stelle. Ettores Ziel war es, jedem Kunden den richtigen, d. h., möglichst schnellen und den besonderen Wünschen des Käufers entsprechenden Wagen
zu verkaufen. So baute er z. B. innerhalb der
berühmten T 35-Reihe ab 1924 vier Grand-Prix-
Modelle und eine weniger kostspielige Sport- und
Renn-Variante. Seine heute bekanntesten Tourenwagen, die T 57, erschienen seit 1934 in fünf laufend verbesserten Versionen mit und ohne Kom-

pressor, und schließlich als 350 PS Le Mans Sport-
rennwagen. Daneben stellte er in rascher Folge
reine Tourenwagen vor, versuchte sich mit dem
berühmten, aber viel zu teuren Royale, produzierte
die sehr beliebten T 43-Grand-Sportwagen (die
ersten Serienwagen, die über 160 km/h liefen) und
entwickelte mit dem T 50 ein Fahrgestell, das von
Jean mit außergewöhnlich ansprechenden Strom-
linienkarosserien versehen wurde und einen besonders leistungsstarken Motor erhielt (vgl. die
Typenliste).

Ihm war nun gelegen, auch einen Superwagen vorzustellen, der jeden Rolls und Hispano Suiza weit
in den Schatten stellen sollte. Einen 16-Zylinder-
Prototyp des zunächst 15 l, dann 13 l großen Motors hatte Ettore 1917 an die Duesenberg Werke
geliefert. Ab 1926/27 wurden anscheinend über 30
Maschinen der neuen 13-l-Version in Molsheim
gebaut. Von diesen kamen sieben Exemplare unter
eine Motorhaube. Rund 25 Motore lagerten in der
Fabrik, bis sie glücklicherweise in den Triebwagen
der französischen Straßenbahnen Verwendung fanden und sich damit bezahlt gemacht hatten.

Die sechs Royale-Automobile, in Hugh Conways
Beitrag in diesem Katalog gesondert aufgeführt,
haben eine bewegte Geschichte gehabt. Das erste
Fahrgestell, 1926 entstanden und nacheinander mit
fünf Karosserien versehen, wurde nach einem Unfall – Ettore schlief am Steuer ein – total erneuert
und erhielt 1930 seinen endgültigen »Coupé du Patron«-Aufbau. Die schönste Karosserie eines
Royale stammte von Jean, ein 1932 entworfener
Roadster für den Pariser Textilindustriellen Armand Esders. Es gehört zu den tragischen Umständen in der Geschichte der Bugatti-Autos, daß
diese Karosserie 1935/36 einem Coupé-de-Ville-
Aufbau der Firma Binder weichen mußte.

Das Royale Cabriolet für den Nürnberger Chirurgen und Rennfahrer Dr. Joseph A. Fuchs wurde
von der Münchener Firma Weinberger geliefert.
Dr. Fuchs wanderte 1933 nach Amerika aus; der
Wagen verscholl zunächst, um dann wiederentdeckt
und restauriert zu werden[12]. Ein Coupé – Berline de
voyage – mit Fahrgestell-Nr. 41150 wurde vermutlich 1929 in Molsheim gebaut, eine zweitürige
Limousine für die Bugatti Familie erhielt eine Kell-
ner-Karosserie von 1932; die Limousine schließlich

28a   T57S Atalante (aus Conway 1979).

28b   T57S Atalante.
29   Talbot Lago, 1938
30   Delahaye 135 MS, 1947.
31   BMW 327/328, 1939.
32   Alfa Romeo 412, 1939.
*   (Aus Fersen 1971 und*
*   Hediger 1974).*

33   Hispano Suiza, ca. 1925.

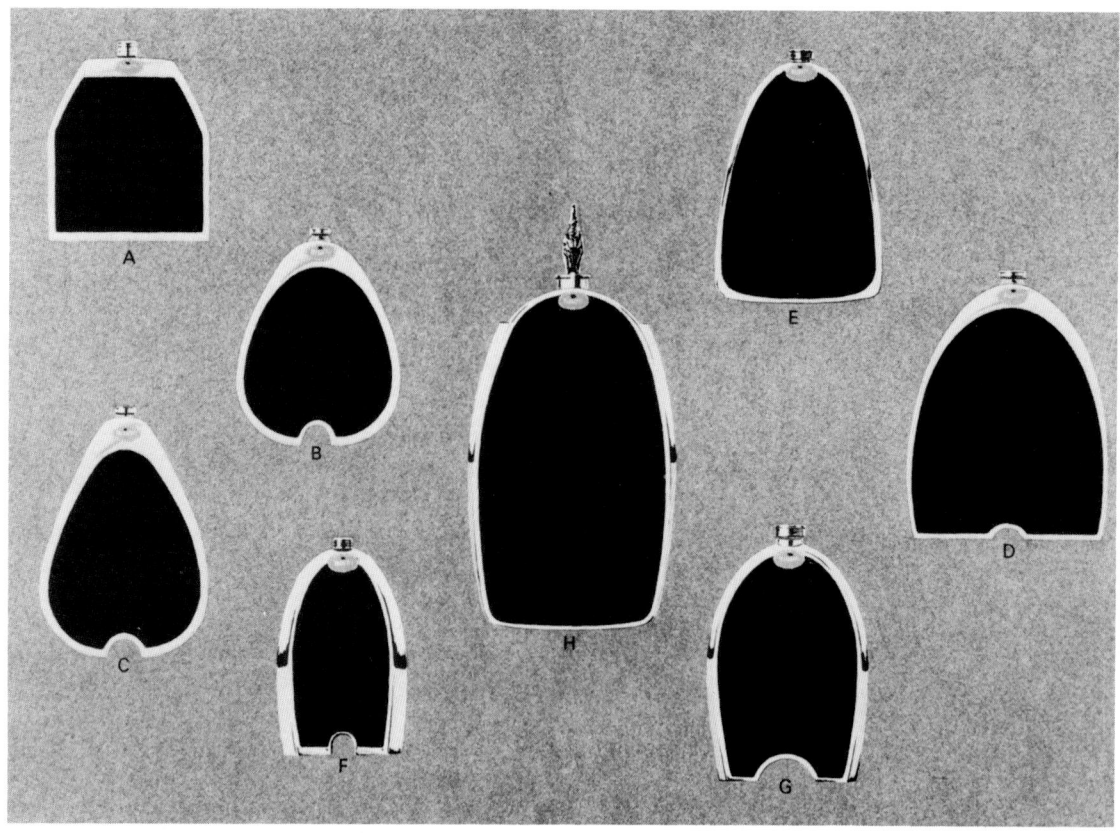

34 *Bugatti-Kühler (nach Kestler 1981) A: T 13, 15, 17; B: T 13–23; C: Brescia; D: T 28; E: T 30; F: T 35; G: T 38, 40, 43, 44, 49; H: T 41; I: T 45, 47, 54, 59; J: T 53; K, L: T 57; M, N: T 59/50B; 0: T 68, 73.*

mit der englischen Park-Ward-Karosserie entstand 1933. Nicht ohne Grund sind diese Wagen oft beschrieben und abgebildet worden. In der Geschichte der Luxusautomobile sind sie völlig einmalig. Sie hatten Riesenmotore, liefen über 165 km/h, hatten eine ausgezeichnete Straßenlage, konnten im 3. Gang angefahren werden und waren mit allen nur erdenklichen Raffinessen ausgerüstet. Für Fahrer und Mitreisende äußerst bequem, kosteten sie mit und ohne Karosserie ein Vermögen: rund 120 000 Mark für ein Chassis, 160 000 Mark für den fertigen Wagen. Keiner der Konkurrenzwagen in dieser Klasse konnte in bezug auf Motorleistung, Ausstattung und Preis mit einem Royale mithalten, wollte es vermutlich auch nicht! Rolls und Hispano, Maybach und Isotta Fraschini, Duesenberg, Cadillac und Packard ließen sich in dieser Hinsicht

gern von Bugatti übertreffen, wurden dafür aber auch leichter verkauft.

Der Besitzer eines Bugatti Sport- oder Tourenwagens sollte immer das Gefühl haben, ein verkapptes Rennauto zu fahren. In den 20er und 30er Jahren gehörten aber die Bugatti in der Tat zu den wenigen Marken, die vom Fünfeinhalb-Meter-Ungetüm bis zum zweisitzigen Rennsportwagen jede Variante anbieten konnten und dabei immer unter der Haube eine Hochleistungsmaschine mit rennmäßigen Allüren mitlieferten. Man kaufte und fuhr einen schnellen Bugatti, weil es schick war und weil der Wagen einem den sehnlichsten Wunsch erfüllte, mit einem getarnten Renner durch Paris oder Monte Carlo zu sausen. Wenn ein T 43-Grand-Sport oder ein T 57 mit Atalante-Karosserie auftauchte und das charakteristische Heulen des

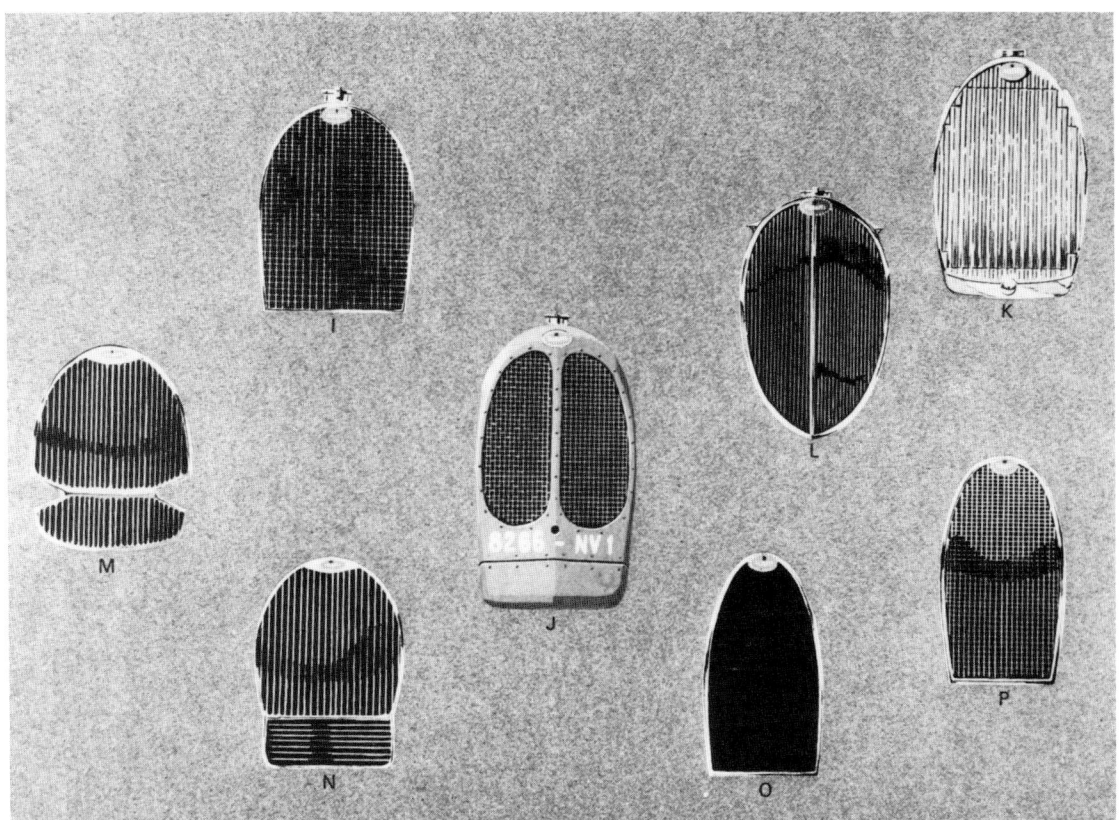

Kompressors und Brummeln des Auspuffs zu hören waren, wußte der Passant, daß sich ein Vollblüter näherte. Der 5,4 l Mercedes SSK, ein Alfa oder Lancia mit Torpedo-Aufbau, ein Delahaye oder einer der seltenen Cord mit Kompressor besaßen zwar auch die Aura sportlicher Eleganz und technischer Hochleistung, keine dieser Marken konnte aber all das vereinen, was sich mit dem Namen Bugatti verband: zahllose Rennerfolge, Leichtigkeit und Schnelligkeit der Wagen, Schönheit der Technik, vorbildliche und elegante Karosserien und schließlich die Persönlichkeit des »Patron«.

Aufschlußreich ist auch ein Preisvergleich. Während die teueren Varianten des Typ 35-Rennwagens zwischen 20000 und 25000 Mark kosteten, konnte man die billigere GP »Imitation«, den T 35 A, 1927 schon für 13300 Mark haben; letzte-

rer sah genau so aus wie ein Renner von Louis Chiron, hatte aber nur 75 PS und lief 150 km die Stunde. Der 1,5-l-Vierzylinder T 40 von 1930 kostete karossiert 8–10000 Mark, den Grand Sport T 43 bekam man 1930 für 28000 Mark. Das Chassis der 57er Reihe kostete zwischen ca. 19000 und 23000 Mark, der fertig karossierte Wagen 1938 um die 25000 bis 30000 Mark, während sich der Preis seines Vorgängers, des T 49 mit 3,3-l-Motor, zwischen 1930 und 1934 auf rund 20000 Mark belief. Leistungsmäßig vergleichbare Mercedes-Wagen waren erheblich teurer. So kostete der Mercedes SSK von 1928 33000, der SSKL von 1932 40000 und 1929 ein SSK Sport mit aufwendigem Cabriolet-Aufbau 54000 Mark. Der Mercedes-Nürburg mit 5,4-l-Motor dagegen war mit 20–25000 Mark dem T 57 vergleichbar, ebenso ein Alfa Romeo-

		Francs
SPORT TOURISME	Châssis type 44, 3 litres, 8 cylindres	**60.000**
	Châssis type 40, 1 litre 500, 4 cylindres	**36.500**
	Torpedo Sport sur même châssis..	**39.000**
SPORT	Voiture type 43, 2 litres 300, 8 cylindres, avec compresseur..	**130.000**
	Voiture type 38 a, 2 litres, 8 cylindres, avec compresseur	**75.000**
COURSE	Voiture type 35 b, 2 litres 300, 8 cylindres, avec compresseur (*)..	**165.000**
	Voiture type 35 c, 2 litres, 8 cylindres, avec compresseur (*)..	**150.000**
	Voiture type 35 a, 2 litres, 8 cylindres, sans compresseur (imitation)..	**70.000**
	Voiture type 37 a, 1 litre 500, 4 cylindres avec compresseur..	**74.000**
	Voiture type 37, 1 litre 500, 4 cylindres, sans compresseur..	**54.000**
	Voiture type 39, 1 litre 500, 8 cylindres, avec compresseur (*)..	**165.000**

(*) Les voitures de course marquées d'un astérisque peuvent sur demande être livrées sans compresseur moyennant une réduction de 30.000 francs.

Tarif Mars 1929 (France).
Ce tarif annule les précédents.
Ces prix s'entendent par véhicules pris à l'Usine, toutes taxes fiscales comprises.

35 Preisliste von 1929.

Der Benzinverbrauch hielt sich für diese Zeit in Grenzen. Der Vorkriegs T 13 verbrauchte ca. 7 l auf 100 km, ein T 35-Rennwagen der reduzierten Fassung ca. 15 l, die 3,3-l-Achtzylinder der 57er Serie 18 l und nur die großen T 46 und T 50 Tourenwagen der 5-l-Klasse überschritten 20 l auf 100 km.

1936 beschäftigte die Molsheimer Fabrik wieder rund 1500 Arbeiter, die 6 Franken die Stunde verdienten, ein Lohn, der weit höher lag als der offizielle von 3,70 Franken. Daher traf es Ettore Bugatti hart, als seine Arbeiter in dem Jahr, wie überall, auch bei ihm zu streiken begannen. Er hatte geglaubt, als sorgender pater familias die Arbeiter immer gut verstanden und behandelt zu haben und fühlte sich nun persönlich getroffen. Während des Streiks betrat er nicht mehr das Fabrikgelände, übersiedelte bald darauf tief enttäuscht nach Paris und überließ Jean die Führung der Geschäfte. Allerdings behielt er weiter die Zügel in der Hand: er erschien häufig an Sonntagen, wenn nicht gearbeitet wurde und ließ Jean fast wöchentlich zur Berichterstattung nach Paris kommen.

Die finanzielle Lage der Werke war vermutlich nie sehr rosig gewesen. Ettores Lebensstil und der Kauf des Schlosses von Ermenonville 1938 trugen nicht gerade dazu bei, die Kosten zu reduzieren[13]. In dieser wirtschaftlich schwierigen Zeit konnte eine Automobilfabrik kaum überleben, wenn sie sich allein auf den Bau von teuren Hochleistungs-

Sport mit 25 000 Mark. Das besonders elegante BMW 327/328-Cabriolet von 1938, das gewissen Karosserien des viel stärkeren T 57 nicht unähnlich war, konnte man allerdings schon für 10 000 Mark erwerben. Verglichen mit kleineren deutschen und den amerikanischen Wagen vom Fließband lagen derartige Automobile mit fünfstelligen Preisen weit über dem Durchschnitt. Um 1930 gab es Vier-und Sechs-Zylinder Opel-Wagen für 3—4 500 Mark, ein bequemer Sechs-Zylinder Chevrolet Master, der 140 km/h lief, war 1935 für 5 400 Mark zu haben, wie überhaupt die großen amerikanischen Wagen fast niemals die 10 000 Mark-Grenze erreichten.

36 Ermenonville.

37 *Autorail und T 57 G von einem Katalog, 1936 (H. G. Conway).*

wagen beschränkte. Da Massenfabrikation bei Ettore nicht in Frage kam, suchte er nach anderen Hilfen zur Gesundung seiner Werke. 1931/32 hatte Bugatti von den französischen Staatsbahnen den Auftrag erhalten, einen schnellen Triebwagen zu entwickeln. Vermutlich nach Vorschlägen von Jean stromlinienförmig karossiert und zunächst mit den übriggebliebenen Royale-Motoren ausgestattet, wurden zu Beginn neun, später insgesamt 80 dieser Autorails hergestellt, wobei die Motoren zum Teil in Paris montiert wurden[14]. Diese mit vier oder acht Motoren bestückten Wagen, die einzeln, in Tandems oder in Dreiergruppen eingesetzt wurden, erreichten 1933 bei den ersten Versuchsfahrten 114 Stundenkilometer. Bald darauf, mit Jean in der Führerkabine über dem Dach, erzielten die Autorails 125 km/h, ohne anscheinend den 1931 vom deutschen Schienenzeppelin aufgestellten Rekord von 230 km/h je zu brechen. Der letzte Bugatti-Triebwagen wurde 1958 aus dem Verkehr gezogen.

Die Autorails haben Bugatti finanziell über die 30er Jahre hinweggeholfen. Unter den vielen anderen Projekten, an denen Ettore immer wieder arbeitete, verdienen besonders seine Entwürfe für Boote und ein Flugzeug erwähnt zu werden. Bereits 1927 dachte er an den Bau eines mit acht Royale Motoren ausgerüsteten Schnellboots. 1939 entwarf er wiederum ein Schnellboot, das er mit acht T 50 B-Motoren ausstatten wollte, um die Strecke Brest–New York mit einer Durchschnittsgeschwindigkeit von 140 km/h zurückzulegen. 1932 entstand für den Prinzen Ruspoli das Rennboot »Niniette II« mit einer Höchstgeschwindigkeit von 107 km/h[15]. Ein weiteres, 1936 entworfenes Boot mit T 50 B-Motor sollte 136 km/h fahren. Auch entwarf er ein kleines Angelboot[16], Inneneinrichtungen, Pistolen usw.[17]. Ein letztes Großprojekt beschäftigte ihn kurz vor dem Krieg. 1938 wurde er vom Luftfahrtministerium beauftragt, ein Jagdflugzeug zu entwerfen, das den Geschwindigkeitsrekord brechen sollte. Das mit zwei der bewährten T 50 B-

201

38   *Modell des Schnellboots, ca. 1938 (nach Lot 1979).*

39   *Niniette II, ca. 1932 (nach Dejean-Hucke 1981).*

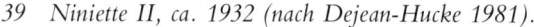

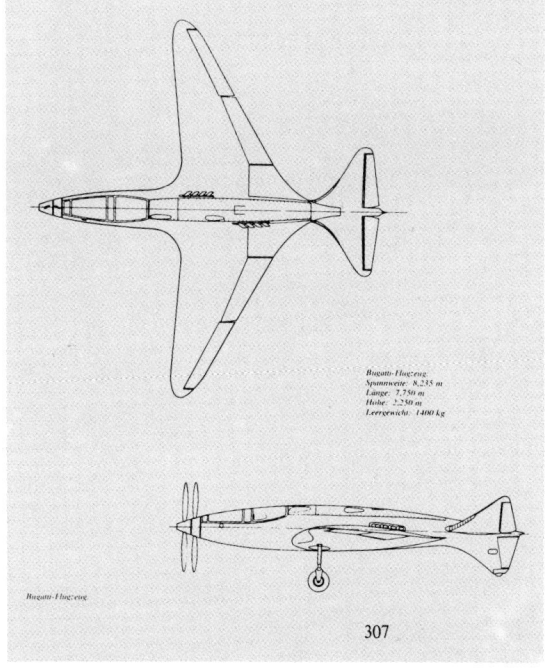

40 *Flugzeug, 1938 (nach Hucke 1976).*

Die äußere Erscheinung der Bugatti-Wagen wurde in den 30er Jahren durch Jean Bugatti bestimmt. 1909 geboren, begann er als 21jähriger um 1930 in Molsheim tätig zu werden. Begabt, gut aussehend, elegant angezogen und ein rasanter und vermutlich etwas leichtsinniger Fahrer, dem von seinem Vater die Beteiligung an Rennen verboten wurde, konzentrierte er sich auf das Entwerfen von Karosserien, die den schnellen Fahrgestellen adäquat waren. Zwar fehlte auch ihm die Ingenieurs-Ausbildung, aber er scheint neuen Entwicklungen in der

Motoren ausgestattete Flugzeug hätte vielleicht 650 Stundenkilometer fliegen können, kam aber nicht über das Modellstadium hinaus[18]. All diese Pläne und Entwürfe waren sicherlich nicht nur als phantastische Projekte oder Spielereien gedacht, sondern sollten sicherlich zur finanziellen Gesundung von Molsheim beitragen.

41 *Ettore mit Jean Bugatti, ca. 1921*
(Archiv H. G. Conway).

42　*Jean Bugatti mit einem T 44, ca. 1930 (Archiv H. G. Conway).*

Automobiltechnik gegenüber aufgeschlossener als Ettore gewesen zu sein und versuchte, Verbesserungen wie etwa hydraulische Vierradbremsen einzuführen, ohne allerdings Ettore leicht überzeugen zu können. Oft betreute er die Rennfahrer, unternahm Testfahrten auf sämtlichen Typen, steuerte die Autorail-Triebwagen und war ab 1936 der »managing director« in Molsheim.

Mit Jeans Tätigkeit bekamen die Bugatti-Automobile ein bestimmteres und charakteristischeres Aussehen. Zwar existierte in Molsheim seit 1923 eine Karosserie-Werkstatt, aber diese war zumindest in den 20er Jahren nicht überaus leistungsfähig und begann erst um 1927/28 mit dem Bau von Tourenwagen. Diese wurden zunächst fast ausschließlich von Gangloff in Colmar karossiert, die die alteingesessene Werkstatt Wiederkehr 1922 erworben

hatte. Wiederkehr hatte seit 1910 Aufbauten für Bugatti geliefert, und Gangloff sollte auch weiterhin bis zum Anfang des 2. Weltkrieges besonders ansprechende Karosserien bauen. Heute fällt es schwer, bei fehlenden Namensschildern mit Sicherheit den Ursprung von Bugatti-Karosserien zu bestimmen, aber es scheint unbestritten zu sein, daß in steigendem Maße die Wagen nach 1930, ob in Molsheim oder Colmar karossiert, auf Entwürfe Jeans zurückgehen.

Ein oder zwei Royales sind sein Werk, manche der großen T 46, fast alle Wagen der besonders ansprechenden T 50-Serie und die sportlichen T 55-Roadster stammen von ihm. Über die Hälfte der T 57-Autos wurden unter Jeans Aufsicht in der nun bestens arbeitenden Molsheimer Karosserie-Werkstatt gebaut; viele der übrigen Fahrgestelle gingen zu Gangloff, um fast ausnahmslos ebenfalls von Jean entworfene Aufbauten zu bekommen. Manche Bugatti-Kunden ließen sich, wie schon zuvor, von anderen der berühmten europäischen Firmen ihre neuen Wagen karossieren. Auch bei diesen zeigt sich der starke Einfluß Jean Bugattis. Zu nennen sind zunächst französische und Schweizer Firmen wie Weyman, Saoutchick, Graber und Binder. Kellner in Paris war seit ca. 1550 Kutschenbauer, verfügte also über eine fast 400jährige Erfahrung im Bau von eleganten Wagen. Andere Werkstätten, die Bugatti-Chassis karossierten, hießen Vanden Plas, van Vooren, Figoni-Falaschi, Gallé, Franay, Labourdette, Guilloré, Letourneur & Marchand, Corsica, Fernandez & Darin, Weinberger, Worblaufen, James Young, Park Ward u. a.[19].

In Molsheim folgten dem Entwurf Jeans Modelle im Maßstab 1:10, dann wurden die verbindlichen 1:1 Zeichnungen angefertigt. Über eine Holzkonstruktion wurde Stahlblech oder Leichtmetall gebogen, gehämmert und vernietet, schließlich poliert und lackiert[20]. Alle drei bis vier Tage verließ eine Karosserie die Werkstatt.

Heinz Spielmann zeigt in diesem Katalog, daß Jean nicht frei war von Einflüssen aus anderen Gebieten der angewandten und freien Kunst. Auch stand gelegentlich amerikanisches Design Pate wie im Falle der auf verschiedene Fahrgestelle gesetzten Roadster. Das mindert aber keineswegs Jeans Bedeutung als Entwerfer. Neben der großzügigen und ausgewogenen Karosserie des »Royale« Roadster

43   Jean Bugatti, ca. 1932 (Archiv H. G. Conway).

44   Schild der Karosseriefirma Gangloff.
45   Schild der Karosseriefirma Weinberger
(Erik Eckermann, Seeshaupt).

46   T 55 Roadster (Archiv H. G. Conway).

47   T 50 Superprofilé (aus Lot 1979).

für den Textilfabrikanten Armand Esders mit den sanft schwingenden Kotflügeln entstanden die hervorragenden, in der Silhouette scharf geschnittenen Stromlinienwagen des Typs 50 »profilé« mit Stufen- und »superprofilé« mit glatt verlaufendem Heck.

Vom senkrechten Hufeisenkühler verläuft die Umrißlinie ununterbrochen über die stark geneigte Windschutzscheibe zum dünnwandigen Dach, um entweder am Winkel zwischen Heckfenster und Koffer eine Zäsur zu erfahren oder, wie beim superprofilé, am Heck weich auszuklingen. Der Schwung der Kotflügel ist das andere gliedernde Element dieser Karosserie. Die Linie bildet gleichsam einen Kontrapunkt zu der des Motors und Daches, schwingt weit hinunter zum Hinterrad, um in die Rundung des hinteren Kotflügels einzumünden. Die zweifarbige Lackierung, die schon bei früheren Modellen, etwa den Berline und Fiacre-Karosserien, gelegentlich gebräuchlich war und für viele der Wagen des Types 57 typisch werden sollte, zeigt die Form eines Flugzeugflügel-Profils. Diese Farbfläche verbindet optisch Motorhaube und Kotflügel miteinander und gibt dem Wagen ein schnelles und elegantes Aussehen.

Jean bemühte sich, bei diesen hervorragend gestalteten und rasant wirkenden Automobilen aus den frühen 30er Jahren eine straffe, sehnenartige Struktur mit einer gemäßigten Stromlinienform zu verbinden, die mit dem senkrecht stehenden Kühler kontrastiert. Die wenigen, vermutlich zumeist von Gangloff gebauten Karosserien dieses Typs 50 profilé und superprofilé, auch der mit einer nicht so schräg geneigten Windschutzscheibe ausgerüstete T 57-Ventoux − der auch in Molsheim gebaut wurde − gehören mit dem Roadster der T 55-Serie zu den gelungensten Schöpfungen Jean Bugattis. Diese sehr schnittigen Zweisitzer mit ausgebuchtetem Einstieg und vom T 51-Grand-Prix-Auto abgeleiteten Motoren liefen 180 km/h und beschleunigten von 0 auf 100 km in 13 Sekunden, eine für die Zeit beachtliche Leistung. Erst der Jaguar XK 120 aus der Nachkriegszeit ist formal und leistungsmäßig diesem »Vollblüter« vergleichbar. Nur wenige europäische und amerikanische Automobile konnten, was Leistung und formale Qualität angeht, mit all diesen sportlichen und schnellen

48 Jaguar XK 120.

Wagen konkurrieren. Extreme Lösungen im Stromlinienbau scheinen Jean und seine Mitarbeiter zunächst weniger interessiert zu haben. Die Rumpler-Taube, die Chrysler, Adler, Mercedes und Maybach hatten in den 20er und 30er Jahren mit ihren stark gerundeten Stromlinienmodellen keinerlei Verkaufserfolge, ebenso wie bereits Ettore den Aufbau des eigenartig anmutenden T 32-»Tank«-Rennwagens wieder aufgegeben hatte (Abb. 14). Nur Tatra gelang es 1934, einen überzeugenden und beim Publikum erfolgreichen Stromlinienwagen herauszubringen, der nach dem Krieg weiterentwickelt wurde. Übrigens haben in neuester Zeit die Versuche im Windkanal gezeigt, daß diese fortschrittlich erscheinenden Karosserien gar nicht so windschlüpfig waren wie ursprünglich angenommen wurde.

Seine größten Erfolge hatte Jean mit der 57er-Serie. Es waren wiederum starke 3,3-l-Tourenwagen, an deren Fahrgestellen zwischen 1934 und 1938 einige Verbesserungen durchgeführt, der Radstand verkürzt und gelegentlich Kompressoren eingebaut wurden[21]. Sie erhielten zumeist eine der drei oder vier Karosserie-Grundmodelle. Nach Alpenpässen benannt, die in den beliebten Bergrennen eine Rolle spielten, wurden die »Galibier« (Innenlenker), »Stelvio« (Cabriolet) und »Ventoux« (Coupé) Karosserien in einer Reihe von Varianten in Molsheim (über die Hälfte) und wenigstens einem Dutzend anderer Werkstätten − zumeist aber bei Gangloff in Colmar − gebaut. In der Verkaufspsychologie trat nun neben das Wort »Vollblut« der steile Alpenpaß, den leicht und schnell zu überwinden für diese Wagen ein Kinderspiel sein sollte. Weit seltener waren die zweisitzigen »Aravis«-Modelle und die »Atalante«-Stromlinien-Sportcoupés mit ihren prominenten Kotflügeln.

Visibilité Accessibilité

Confort

BERLINE
GALIBIER
4-5 PLACES

CABRIOLET "ARAVIS"
2-3 PLACES

CABRIOLET
"STELVIO"
4 PLACES

49 T 57 Galibier.

50 T 57 Aravis und Stelvio.

51   T 57 Ventoux.

52   T 57 Ventoux (aus einem Katalog).

53   T 57 (aus einem Katalog).

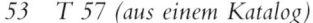

54   T 57 Atalante (aus einem Bugatti-Katalog; H. G. Conway).

Als Krönung seiner experimentellen Modellserie entwarf Jean Bugatti seinen am meisten in die Zukunft weisenden Sportwagen, den »Atlantic«. Dieses Automobil entstand 1935 zunächst in Form eines etwas klobigen Prototyps mit einer »Elektron«-Karosserie aus einer Magnesiumlegierung und hieß »Aérolithe«[22]. Vom Folgemodell, dem »Atlantic«, wurden drei Exemplare verkauft. Heute sind von diesem Wagen noch zwei gut erhalten, der dritte wurde nach einem Unfall restauriert. Viele Bugatti-Kenner halten diesen fast brutal anmutenden Sportwagen mit den in das Dach eingreifenden Türen für Jeans individuellstes und gelungenstes Modell. Wie bei einem Rennwagen sind die Räder von der Karosserie abgesetzt und durch wuchtige, plastisch konzipierte Kotflügel betont. Entlang der langen und schmalen Haube und dem gerundeten, nach hinten in Kreis- und Ovalab-schnitte auslaufenden Dach verläuft ein den Wagen klar akzentuierender Kamm, der die Nietenreihe (vom Bau der Karosserie) verdeckt und gleichzeitig ihre Funktion betont. Ein solcher, 1937 und 1938 produzierter Wagen auf 57 SC-Chassis hatte

Bugatti sport type 57 - 3 l. 300 - huit cylindres en ligne
à 2 arbres à cames en tête - carrosserie Bugatti.
coupé 2 places « Aérolithe ».

55   T 57 Aérolithe, 1935.

56 a, b   T 57 Atlantic, ca. 1937.

210 PS und lief 210 Stundenkilometer. Bei ihm vereint sich aufs Glücklichste die von Sullivan geprägte These »form follows function« mit dem Begriff der »Formschönheit«. Das Äußere wird zu einer Funktion des nicht Sichtbaren, nämlich eines überaus leistungsfähigen, formal klar definierten Motors von höchster handwerklicher Präzision. Die »Atlantic« Karosserie spiegelt diese Leistungsfähigkeit, Schnelligkeit und aufwendige Verarbeitung des Fahrgestells überzeugend wider. In diesem Zusammenhang muß noch einer experimentellen T 57 S-Karosserie um 1936 gedacht werden. Ein Sport-Zweisitzer mit etwas unförmigen Kotflügeln, die die Vorderräder verdecken und sich mit diesen bewegen, wurde von André Derain gekauft. Er war anscheinend der einzige Künstler der Zeit, der eine »spätkubistische« Modell-Studie modernster Form sein eigen nennen konnte[23].

57   T 57 G(»Le Mans«).

58   T 57 mit Sonderkarosserie,
von André Derain gekauft (nach Conway 1979).

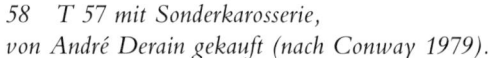

Jean verunglückte tödlich am 11. August 1939 in der Nähe von Molsheim. Bei einer Testfahrt mit einer Stromlinienversion des verstärkten Typs 57 G, der für die Le Mans-Rennen gedacht war, wich er einem Radfahrer aus und überschlug sich[24]. Drei Wochen später marschierten die Deutschen in Polen ein, Signal für Ettore, den Maschinenpark umgehend nach Bordeaux zu verlegen. Dort, am Boulevard Alfred Daney, wurden vor allem Kurbelwellen für Hispano Suiza fabriziert. Nach dem Frankreichfeldzug 1940 brachte die Organisation Todt die Maschinen wieder nach Molsheim zurück. Das Werk wurde von Ettore für 150 Millionen FF verkauft und von den deutschen Trippel-Werken geführt, um schließlich als »Maschinenfabrik Molsheim« der deutschen Kriegsmarine und

dann dem Kriegsministerium unterstellt zu werden. Zur Produktion gehörten zeitweilig 150 Torpedos monatlich, Amphibienfahrzeuge sowie Bomben, Schneeräumer und Geländefahrzeuge[25]. 1944 waren in Molsheim 1800 Arbeiter, unter ihnen 150 russische Kriegsgefangene, beschäftigt. Die »Desastres de la Guerra« hatten auch in Molsheim Einzug gehalten.

Ettore starb am 21. 8. 1946 in Paris, wo er sich zumeist während des Krieges in seiner alten Wohnung aufgehalten hatte. Das Werk wurde nach der etwas schwierigen Rückgabe an die Familie Bugatti von Pierre Marco, dem ehemaligen Rennfahrer, weitergeführt. Wiederbelebungsversuche der Fabrik mit einem großen, 1951 vorgestellten Tourenwagen mit Pontonkarosserie, dem Typ 101, und den GP Wagen T 73 und T 251, scheiterten. Die Zeit für sorgfältig in Handarbeit hergestellte, luxuriöse Touren- und Sportwagen war vorbei, wenn nicht andere Produktionsreihen, wie etwa vom Fließband laufende, billige Alltagsautomobile, einem Werk das benötigte finanzielle Polster verschafften. Ohne begabte und erfindungsreiche Männer wie Ettore und Jean Bugatti war »La marque« nicht zu retten, ohne modernes Management

59 Prototyp des T 64, 1939.

296

TYPE 64

213

mußte jede Fabrik, auch wenn ihr Prestige kaum getrübt zu sein schien, im immer härteren Konkurrenzkampf scheitern. Vergleichbare Marken wie Delahaye mit der schönen 135-Serie überlebte nur bis 1954, Talbot mit dem schnellen Talbot Lago endete 1958, und sogar Alfa Romeo — heute verstaatlicht — gab bald nach dem Krieg den Bau seiner aufwendigen Sportwagen auf, um sich auf Massenproduktion und wenige Rennwagen zu beschränken.

In Molsheim kam das endgültige Ende am 22. Juli 1963, als die Bugatti-Familie in einem Brief ihren verbliebenen Mitarbeitern mitteilte, daß Hispano Suiza das Werk übernommen habe[26]. Porsche, Aston Martin und einige andere Sportwagenfirmen setzten zwar die Bugatti-Tradition fort, waren aber nicht interessiert am Bau größerer Tourenautos und Formel 1 GP-Wagen. Allein Marken wie Jaguar und Mercedes hatten Erfolg mit einem, dem Bugatti-Prinzip ähnlichen, weitgespannten Produktions-Konzept im Bereich der Renn-, Sport-,

61 *T 251, 1956.*

60 *Prototyp des T 73, 1947.*

Super-Sport- und Tourenwagen. BMW versuchte Ähnliches.

Keine der heutigen Automobilmarken scheint das Flair der Bugatti zu besitzen, wobei allerdings nostalgisches Sehnen nach den »temps perdu« die angestrebte kritische Objektivität ein wenig einnebeln mag. Sollte man aber unsicher werden und etwa glauben, daß der Mercedes 450 SE oder der E-type Jaguar auch schöne, schnelle und eigentlich fabelhafte Wagen sind, die zu besitzen jedermann anstrebt, dann wird es höchste Zeit, einer Bugatti-Rallye beizuwohnen oder nach Prescott Hill zu gehen, dem privaten Rennplatz des englischen Bugatti Owners Club. Ein vorbeibrausender T 35 B-Rennwagen mit heulendem Kompressor oder ein elegantes T 50 profilé Coupé, einer der wunderbaren T 55 Roadster oder ein tiefliegender, hochgezüchteter »Atlantic« mit der entsprechenden Dame am Lenkrad aus Walnußholz werden den im Glauben an Bugatti Schwankenden wieder den rechten Weg weisen.

Axel von Saldern

Anmerkungen

1 Zu Ettores autobiographischen Erinnerungen vgl. L'Ebé Bugatti 1966, hier bes. S. 21.
2 Hucke 1976, S. 11 f.
3 Vgl. Borgeson, S. 80 mit Abb.
4 Hucke 1976, S. 26 f.
5 Leguillon, S. 47.
6 Vgl. Lot, S. 166–167.
7 H. Conway, *Bugantics 45,* Nr. 4, 1982, S. 45 f.
7a Andere Industrielle haben zumeist ebenso gedacht. Politisch einseitig gefärbt ist folgender Passus über den her-

vorragenden August Horch: »Und für August Horch kam es darauf an – koste es, was es wolle, unter Ausnutzung des Fleißes anderer –, selbst schnell ein kräftiger Bourgeois zu werden, um . . . selbst Profit zu machen, Machtpositionen zu erobern«: *Automobilbauer einst und jetzt* (Betriebsgeschichte des VEB Sachsenring Automobilwerk Zwickau), Berlin 1976, S. 14. Horch und seine Mitarbeiter bauten Horch-Wagen, die zu den besten in Europa zählten. Das kann man von dem »Trabant« aus Zwickau wohl kaum behaupten.
8 Anzeigen bei Borgeson, S. 88–89.
9 Hucke 1976, S. 38 f.
10 Borgeson, S. 103–121.
11 Zu Autorennen vgl. besonders Conway 1979; Hucke 1976, S. 62; Lot, S. 228; Jarraud, S. 236 f. Zu den Bugatti-Rennfahrern vgl. Tragatsch 1983, S. 179–239.
12 Conway 1979, S. 158.
13 Nach dem Krieg wohnten Ettores Töchter in Ermenonville, auch wurden dort Ettores persönlicher »Royale«, das Coupé du Patron (jetzt in Mülhausen), das Flugzeugmodell von 1938/39, ein T 18-Chassis und die Pferdewagen aufbewahrt! *Bugantics 45,* Nr. 4, 1982, S. 43.
14 Dejean-Hucke, S. 299.
15 Jarraud, S. 234; Lot, S. 214; Dejean-Hucke, S. 298; Hucke 1982/83, S. 88.
16 Hucke 1976, S. 305.
17 Hucke 1982/83, S. 89 f.
18 Lot, S. 208–213; Hucke 1976, S. 306; Photographie bei Jarraud, S. 16.
19 Vgl. auch Wieselmann, *Motor Revue* 72, Dez. 1969, S. 40.
20 *The Amazing Bugattis,* S. 76; Hucke 1976, S. 105 f.; Conway 1979, S. 418–420.
21 Vgl. Dumont, S. 127 f.
22 Dejean-Hucke, S. 306. Zeitgenössische Fahrberichte bei Conway 1979, S. 267 f.
23 Von diesem Wagen soll Derain gesagt haben: »Mein Bugatti ist viel schöner als alle Kunstwerke«: Poulain, S. 26 und Mai, S. 336; Man Rays Aufnahme von Derain in einem T 35-Rennwagen bei Dejean-Hucke, S. 332.
24 Leguillon, S. 155
25 L'Ebé Bugatti 1966, S. 204 f.; Hucke 1976, S. 306; Noël Domboy, *Bugantics 45,* Nr. 4, 1982, S. 40 f.
26 Conway 1979, S. 400.

Farbtafel 8 *Motor des Bugatti T 35B (Photo Albrecht Gerster)*

Farbtafel 9
Bugatti T 35 (Photo Albrecht Gerster).

Farbtafel 10
Detail von einem Bugatti T 35 (Photo Ingo Seiff).

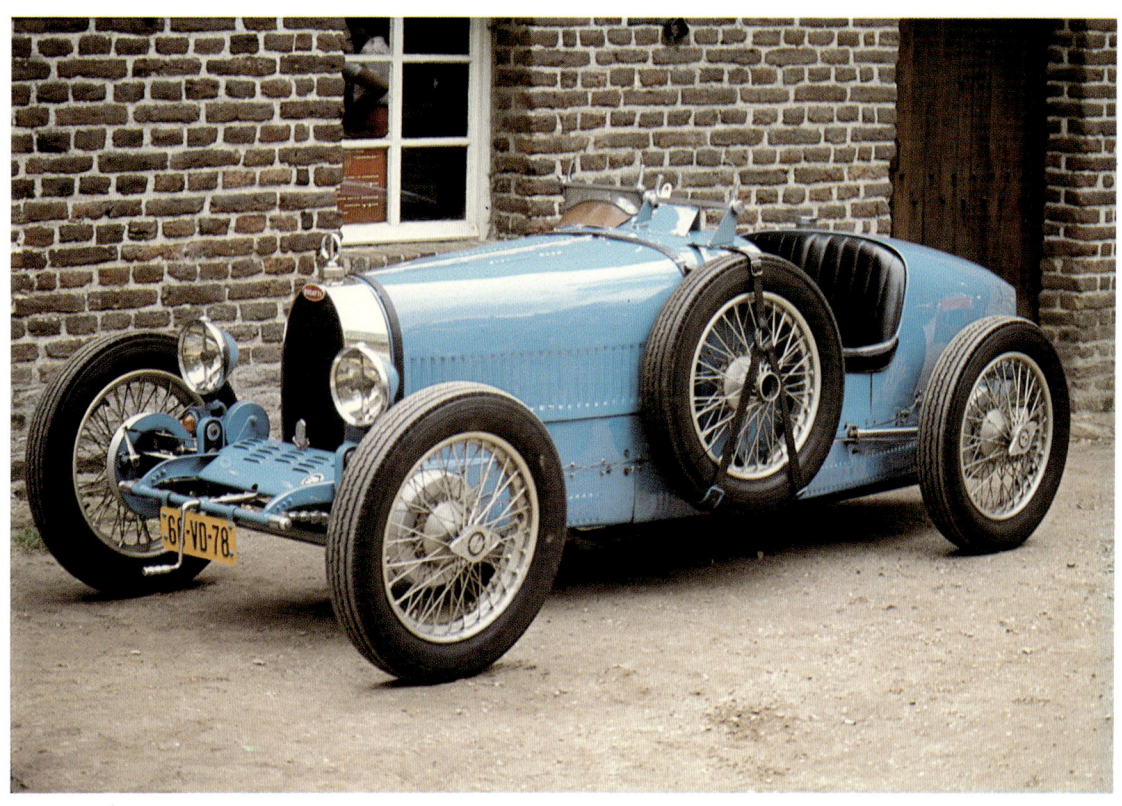

Farbtafel 11
Bugatti T 37 (Photo Albrecht Gerster).

Farbtafel 12
Cockpit eines Bugatti T 37 (Photo Ingo Seiff).

Farbtafel 13
Bugatti T 43 A (Photo Albrecht Gerster).

Farbtafel 14
Bugatti T 41 Royale, Mülhausen.

220

Farbtafel 15
Bugatti T 44 (Photo Albrecht Gerster).

Farbtafel 16
*Bugatti T 55 mit H. G. Conway
(Photo Albrecht Gerster).*

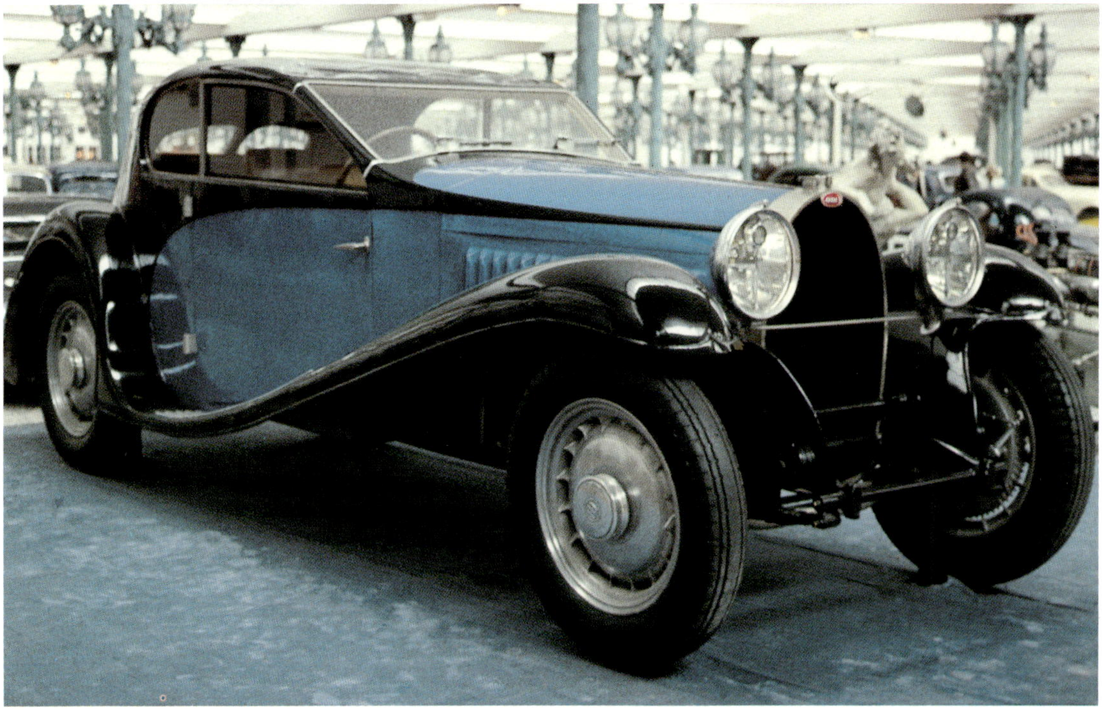

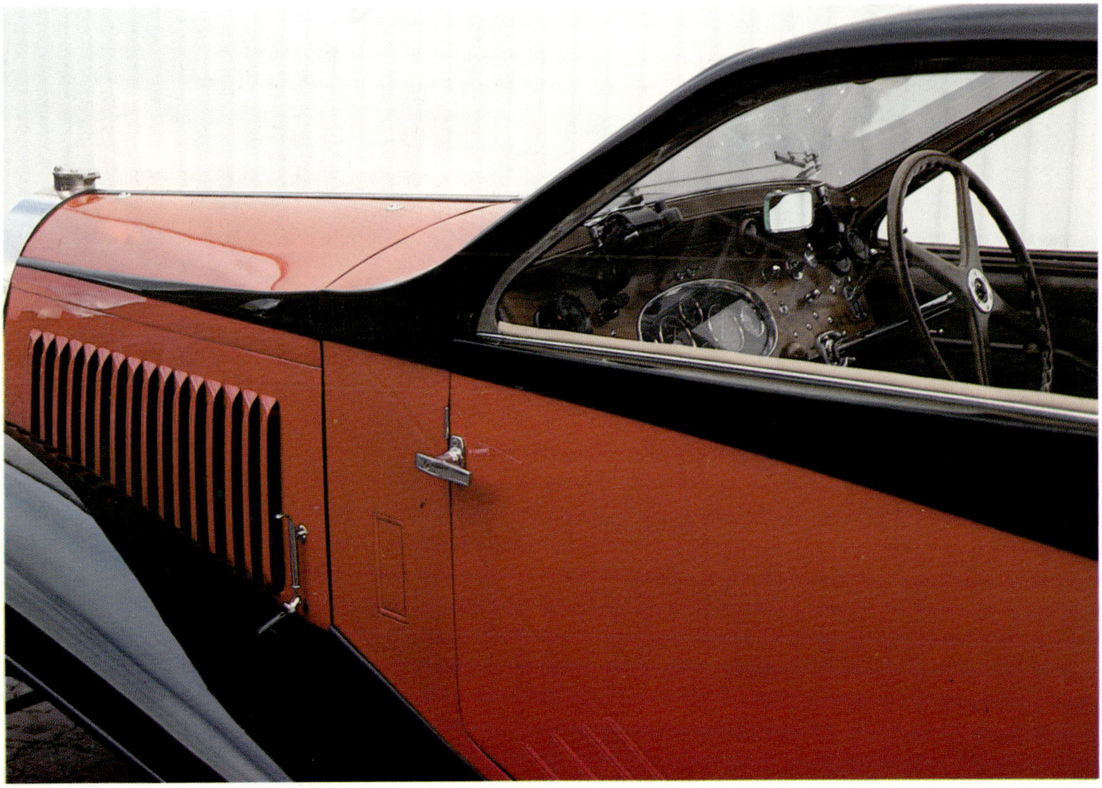

Farbtafel 17
Bugatti T 50, Mülhausen.

Farbtafel 18
Bugatti T 50 (Sammlung Harrah, Reno, Nevada;
Photo Veedol).

Farbtafel 19
Bugatti T 57 S Atalante, 1938/39, Mülhausen.

Farbtafel 20 a, b
Bugatti T 57 SC Atlantic, 1936 (Nicolas Seydoux;
Photo Albrecht Gerster).

DIE BUGATTI-TYPEN

H. G. Conway

Fast alle Bugattis weisen bestimmte gemeinsame Merkmale auf. So gab es nur Vier-, Acht- oder Sechzehnzylindermotoren. Die Ventile wurden immer über obenliegende Nockenwellen betätigt. Das Kurbelgehäuse bestand aus Leichtmetallguß und war normalerweise starr mit dem U-Profil-Rahmen verbunden. Die aus einem Guß bestehenden Vier- oder Achtzylinder-Motorblöcke hatten integrierte Zylinderköpfe, die die Ventilsitze tru-

gen. Für die Vorderradaufhängung verwendete Bugatti (außer beim allradgetriebenen T 53) stets Halbelliptikfedern, für die Hinterräder ab 1913 ausschließlich die typischen nach vorne gerichteten Vierelelliptikfedern. Das Getriebe hatte meist vier, manchmal auch nur drei Vorwärtsgänge; bei einigen Modellen war es dabei in die Hinterachse eingebaut. Abgesehen von einigen wenigen Versuchen mit hydraulischen Bremsen im Jahr 1922 und

1   *Erster Wagen von Ettore Bugatti, 1900. Auf der Mailänder Ausstellung 1901 gezeigt.*

225

dem Einsatz von Lockheed-Hydraulikbremsen bei den späteren T 57-Modellen im Jahr 1938 wurden die Bremsen immer mechanisch über Seilzug betätigt.

Einige Wagen gingen zurück in die Fabrik, um auf den neuesten Stand gebracht zu werden, was meist mit dem Einbau eines Kompressors verbunden war.

Die Fahrwerksnummern in der Serienproduktion waren von Nr. 361 (1910) bis Nr. 4965 für einen 35B durchlaufend, wobei zwischen 3000 und 4000 eine Lücke blieb; vom T 37 an wurden die Fahrgestelle nach dem System 37 100, 44 251, 57 107 usw. numeriert. Die Motornummern fangen stets mit 1 (oder etwas darüber) an und sind dann fortlaufend. Ein typisches Beispiel wäre die Nummer 43 284-129 für einen T 43 mit einem 43er Motor Nr. 129.

Typennummern wurden auch für andere Projekte, z. B. Flugzeugmotoren, verwendet. Einige der in Molsheim für besondere Autotypen oder Projekte benutzten Nummern lauten folgendermaßen:

Typ	
11, 12	in Molsheim nicht verwendet.
14	Motorenprojekt, keine genauen Angaben.
16	»Moteur Prince Henri«, keine genauen Angaben.
19	Entwurf des Bébé-Peugeot, von Peugeot in Lizenz gebaut.
20	Entwurf für einen größeren Peugeot, nur Prototyp (1912—13).
21, 24	keine näheren Angaben, vielleicht nicht verwendet.
25	als T 22 mit 68 x 108-Motor, Produktion nicht nachgewiesen (1914).
26	als T 23 mit 68 x 108-Motor, Produktion nicht nachgewiesen (1914).
27	16-Ventil-Motor für T 13 (1914); nur in Frankreich verkaufte Wagen trugen diese Bezeichnung für das normale 16-Ventil-Modell.
28	3-Liter-Motor 69 x 100, Achtzylinder-Prototyp.
31	keine näheren Angaben.
32	2-Liter-Stromlinien-Rennwagen für GP von Tours (1923).
33	2-Liter-Tourenwagen-Prototyp mit in die Hinterachse eingebautem Getriebe; nicht gebaut, durch T 38 ersetzt (1923).
36	einsitziger Achtzylinder-Rennwagen, ursprünglich ohne hintere Federung (1925).
48	Motor für Peugeot 201 X (1930).
56	Elektrofahrzeug (1931).
64	1940er Version des T 57, 4,5 Liter (1939).
68	350-ccm-Kleinwagen, 48,5 x 50 (1942).
73	Vierzylinder-Tourenwagen (Rennversion T 73 C) (1945).
102	Projekt eines Vierzylinder-Sportwagens (1960).
251	Rennwagenprototyp (Entwurf Colombo) (1956).

3 Der Motor des De Dietrich-Bugatti-Wagens.

4 Ettore Bugatti und Emil Mathis in einem De Dietrich-Bugatti Typ 3—4, 1903.

2 Der erste De Dietrich-Bugatti-Wagen, 1902/1903, hier mit einem Ventilator bestückt.

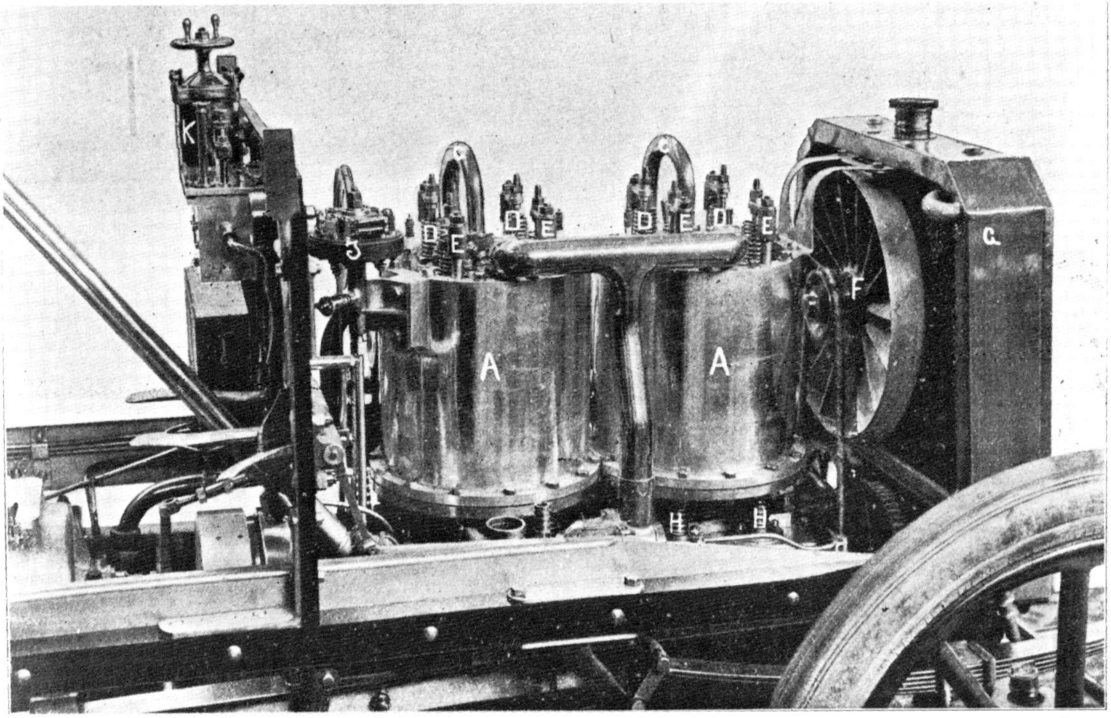
K
J
D
E
D
E
D
E
D
E
A
A
F
G
H
H

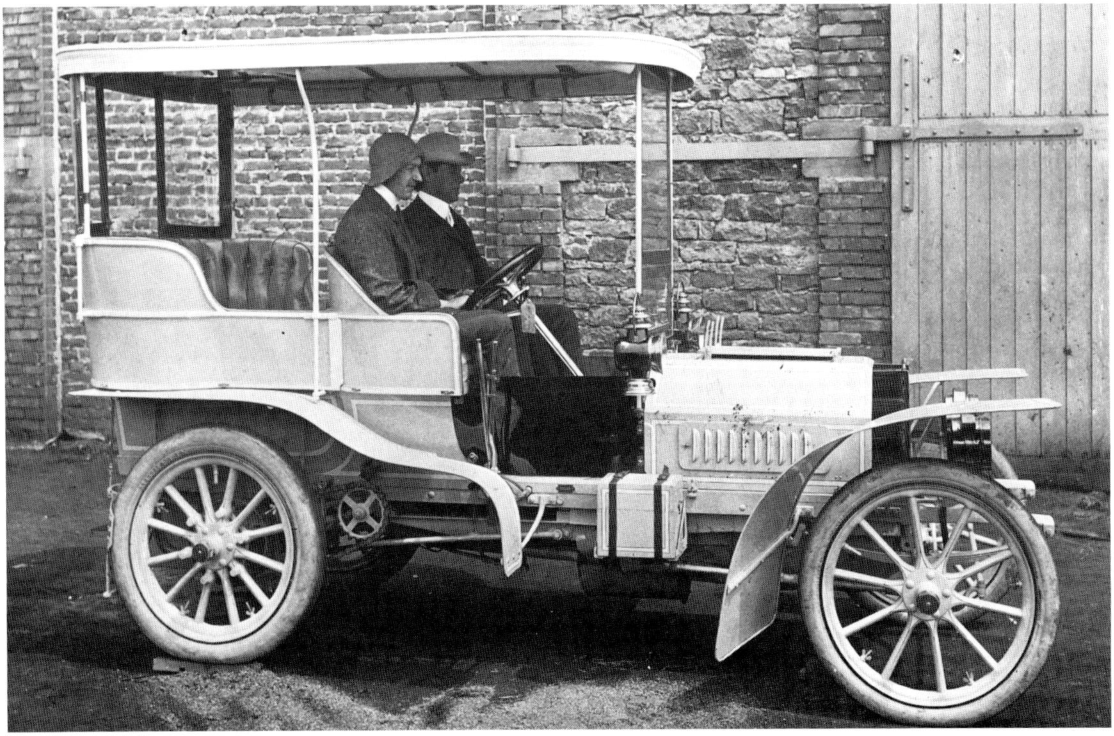

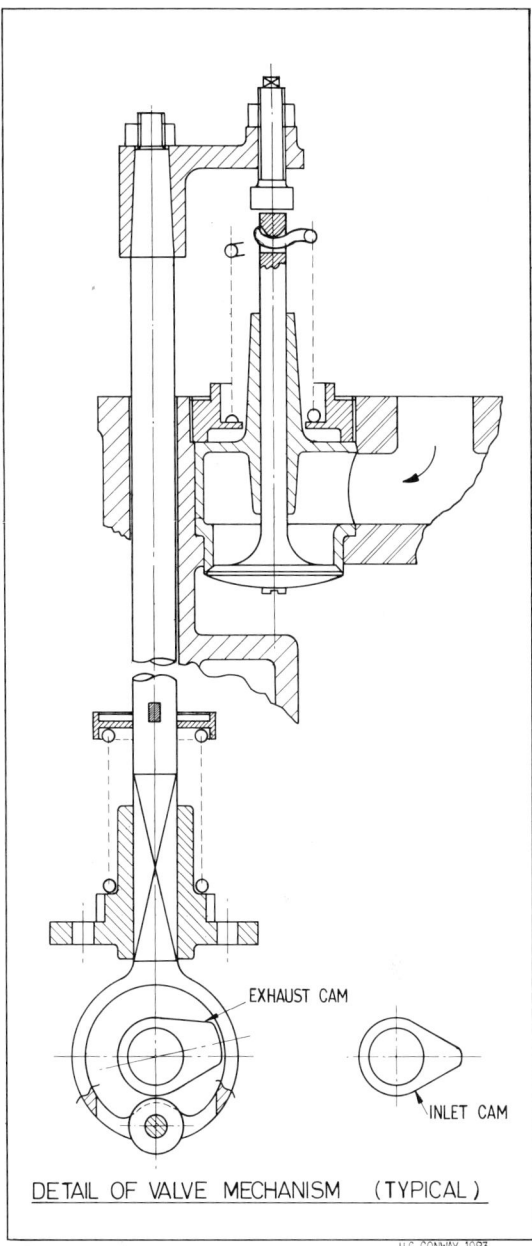

DETAIL OF VALVE MECHANISM   (TYPICAL)

EXHAUST CAM

INLET CAM

H.G. CONWAY 1983

5 Bugatti und Mathis in einer Rennwagen-Version des
De Dietrich-Bugatti Typ 3—4, mit dem Bugatti Rennen
fuhr. Dieses Auto ist dem etwas kleineren Exemplar
ähnlich, das im Rennen Paris—Madrid eingesetzt werden sollte.

6 Der De Dietrich-Bugatti 12-l-Rennwagen nach der
Erhöhung des Fahrersitzes.

7 Anzeige aus »Die Woche« von 1903.

8 Die Ventil-Konstruktion am De Dietrich-Bugatti-
Motor. Die Ein- und Auslaßventile wurden durch Zugstangen bedient.

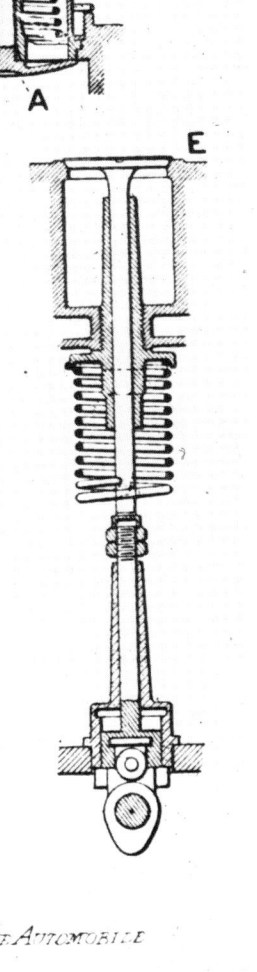

A

E

B

D

C

13 Der Bugatti-Deutz-Motor.

14 Der Bugatti-Deutz-Typ-10-Motor.

15 Ettore in die Betrachtung seines Typ-10-Wagens vertieft.

Typ 13, 15, 17, 22, 23

Die ersten in Molsheim produzierten Serien-Wagen hatten Vierzylindermotoren mit acht Ventilen, die weitgehend mit dem Typ 10-Prototyp übereinstimmten, nur daß nun der Ventilantrieb in einem Gehäuse untergebracht war. Es wurden drei Fahrwerksausführungen angeboten, die bis auf die Länge praktisch identisch waren; der Typ 17 allerdings hatte Doppelfedern, um eine schwerere Karosserie aufnehmen zu können.

Die Fahrleistungen dieser Wagen waren für die damalige Zeit hervorragend: Die Federung war komfortabel, die Lenkung funktionierte so präzise wie bei den späteren Bugattis, Hinterradbremsen und Kraftübertragung entsprachen den Anforderungen.

In den ersten drei Produktionsjahren wurden normale Halbelliptikfedern für die Hinterräder verwendet, aber ab 1930 setzte Bugatti die charakteristischen, nach vorne weisenden Viertelelliptikfedern an der Hinterachse ein, eine Lösung, die er erstmals beim 1912 entworfenen Bébé-Peugeot angewandt hatte.

Ebenfalls auf das Jahr 1913 geht die Einführung des ovalen oder eiförmigen Kühlergrills zurück, der die ursprünglich kantige Form ablöste. 1914 kündigte Bugatti den T 25/26 an, eine mit einem größeren Motor (68 x 108) ausgestattete Version des T 22/23, die anscheinend aber nie in Produktion ging.

Technische Daten

Modell: 8-Ventil-Motor
Baujahr: 1910−14; 1919−20
Gebaute Stückzahl: ca. 435

Motor

Zylinder:	4
Nockenwellen:	1
Kurbelwellenlager:	3 Gleitlager
Bohrung:	65 mm
Hub:	100 mm
Hubraum:	1327 ccm
Ventile pro Zylinder:	2

Kein Kompressor

Getriebe

Zentral angeordnet, 4 Gänge

Abmessungen

Radstand:	T 13: 2,0 m
	T 15, T 22: 2,4 m
	T 17, T 23: 2,55 m
Spurweite:	1,15 m

Höchstgeschwindigkeit: ca. 90 km/h

Besondere Merkmale:

T 13, 15, 17 (1910−13): halbelliptische Hinterrad-
federn, sechskantiger Kühler.
T 13, 22, 23 (1913−14): viertelelliptische Hinter-
radfedern, ovaler Kühler, Vergaser rechts, Auspuff
links.

16   *Typ-13-Serienwagen.*

17   Deutz-Rennwagen von 1909; Inschrift: En souve-
nir de la Prince Henri 1909 E. Mathis« (Prinz Heinrich
Fahrt). Mathis allerdings fuhr bei diesem Rennen einen
Fiat.

18   Bugatti am Steuer des »Prinz-Heinrich«-Typ-
Sportwagens von 1910.

19   Ernest Friderich am Steuer des Typ-13-Wagens (8
Ventile), 1911. Ein ähnlicher Wagen nahm am Großen
Preis von Frankreich 1911 teil.

20   Motor des T 13.

21   T 23 mit verlängertem Fahrgestell des T 13; Modell von 1914 mit ovalem Kühler.

19

20

21

235

22 5-l-Rennwagen »Roland Garros« (T 18) von
1914 mit dem Herzog Ludwig Wilhelm in Bayern am
Steuer.

23 Der originale T 18-Wagen wurde kürzlich restauriert und läuft heute ebenso hervorragend, wie er aussieht.

Typ 18

In den Jahren 1909 und 1910 hatte Bugatti in Rennen ein Deutz-Fahrwerk eingesetzt, anfänglich wohl mit Deutz-Motor, dann mit einem T 16-Motor. Dieser Prototyp existiert heute noch, wobei nicht klar ist, ob nachträgliche Veränderungen daran vorgenommen wurden. Vermutlich handelt es sich dabei um den Wagen, mit dem Bugatti das Bergrennen am Mont Ventoux 1912 bestritt. Später wurden noch einige ähnliche Modelle vom Typ 18 hergestellt, eines für den Flieger Roland Garros (die berühmte »Black Bess«) und drei weitere für Rennen in Indianapolis und an anderen Orten.
Alle diese Wagen hatten Kettenantrieb; von den fünf produzierten sind noch zwei erhalten.

24 *Dieser T 18 kam 1915 nach Amerika und war auf Rennen in Kalifornien recht erfolgreich.*

Technische Daten

Modell:	kettengetriebener Rennwagen (Typ »Roland Garros«, »Black Bess«)
Baujahr:	1912–13
Gebaute Stückzahl:	5

Motor

Zylinder:	4
Nockenwellen:	1
Kurbelwellenlager:	3 Gleitlager
Bohrung:	100 mm
Hub:	160 mm
Hubraum:	5027 ccm
Ventile pro Zylinder:	2
Kein Kompressor	

25 *Motor des T 18.*

Getriebe

In Querachse, Kettenantrieb, 4 Gänge

Abmessungen

Radstand:	2,55 m
Spurweite:	1,25 m

Höchstgeschwindigkeit: ca. 90 km/h

Besondere Merkmale:

Kettenantrieb, zweisitzige Rennkarosserie.

28   Raymond Mays am Steuer seines T 13 »Cordon Rouge«, 1924. Mays war in England in den 20er Jahren ein berühmter Bergrennfahrer. Interessant ist die fehlende Spritzwand zwischen Fahrer und Motor.

26 Drei der T13-Rennwagen mit 16 Ventilen, die 1920 am Grand Prix der »Voiturettes« in Le Mans teilnahmen: Vizcaya (Nr. 1), Baccoli (Nr. 12) und der Sieger Friderich.

27 Baccoli am Steuer des T 13. Der Mechaniker pumpt während der Fahrt Benzin in den Motor.

Typ 13, 22, 23 »16-Ventiler«, Brescia, Brescia Modifiée

Nach dem Ersten Weltkrieg wurden in Molsheim noch einige 8-Ventil-Wagen hergestellt, doch 1920 nahm man die Produktion eines verbesserten Motors, des T 27, auf, mit vier Ventilen pro Zylinder und nach und nach auf 69 mm vergrößerter Bohrung. Dieser Motor war ursprünglich für den »Coupe des Voiturettes« von 1914 vorgesehen. Er verhalf Bugatti zu einem sicheren Sieg in Le Mans 1920, der sowohl seinem Ruf als auch den Verkaufszahlen seiner Autos sehr zugute kam.

Noch mehr Aufsehen erregten die Bugatti-Wagen in Brescia, wo sie die ersten vier Plätze belegten. Es handelte sich dabei um modifizierte T 13-Fahrwerke mit rollengelagerter Kurbelwelle und an der Spritzwand montierten Doppelmagneten. Seither trug die Rennausführung des T 13 die Bezeichnung »Brescia«. Das Serienmodell mit zwei Kugellagern und einem Gleitlager an der Kurbelwelle und normalen Weißmetallpleuellagern anstelle der in der Rennausführung verwendeten rollengelagerten geteilten Pleuelstangen wurde »Brescia Modifiée« genannt.

Im Laufe der Jahre wurde das Modell ständig weiterentwickelt, das Getriebe verstärkt, ein elektrischer Anlasser sowie schließlich auch Vorderradbremsen eingeführt.

Mit dem Brescia machte sich Bugatti als Hersteller von Sport- und Tourenwagen einen Namen. Er baute von diesem Modell bis 1926 mehr Exemplare als von jedem anderen Wagen.

Technische Daten

Modell:	16-Ventil-Modell, 1920−22 Brescia T 13 1923 Brescia Modifiée T 22/23 1923
Baujahr:	1920−26 (Motorprototypen 1914)
Gebaute Stückzahl:	ca. 2000

Motor

Zylinder:	4
Nockenwellen:	1
Kurbelwellenlager:	bis Chassis-Nr. 1611 (1922) 3 Gleitlager; ab Chassis-Nr. 1612 (1923−26) 2 Kugel-, 1 Gleitlager
Bohrung:	66 mm 68 mm 69 mm
Hub:	100 mm
Hubraum:	1368 ccm 1453 ccm 1496 ccm
Ventile pro Zylinder:	4

Kein Kompressor

Getriebe

Zentral angeordnet, 4 Gänge

Abmessungen

| Radstand: | T 13: 2,00 m T 22: 2,40 m T 23: 2,55 m |

Höchstgeschwindigkeit: ca. 100 km/h
Besondere Merkmale:

16-Ventil-Modell: birnenförmiger Kühler, getrenntes Lenkgehäuse.

Brescia Modifiée: Lenkgehäuse am Kurbelgehäuse, eiförmiger Kühler.

Alle Modelle: H-Profil-Vorderachse, Vergaser links, Auspuff rechts.

Brescia (Rennversion): Doppelmagnet, Tank in abgeflachter Zylinderform.

Man beachte: Der 4-Ventil-Motor wird als Typ 27 bezeichnet.

29 T 13 Brescia mit Karosserie von Lavocat & Marsaud, Paris. Beachtlich sind die aus dem Bootsbau übernommenen Kanten aus Mahagoni.

30a Der Rabag-Bugatti-Wagen, ca. 1921.

30b Der Rabag-Bugatti-Wagen.

31   Motor des Rabag-Bugatti.

30c   Karl Brackelsberg aus Milspe mit seinem Rabag-Bugatti.

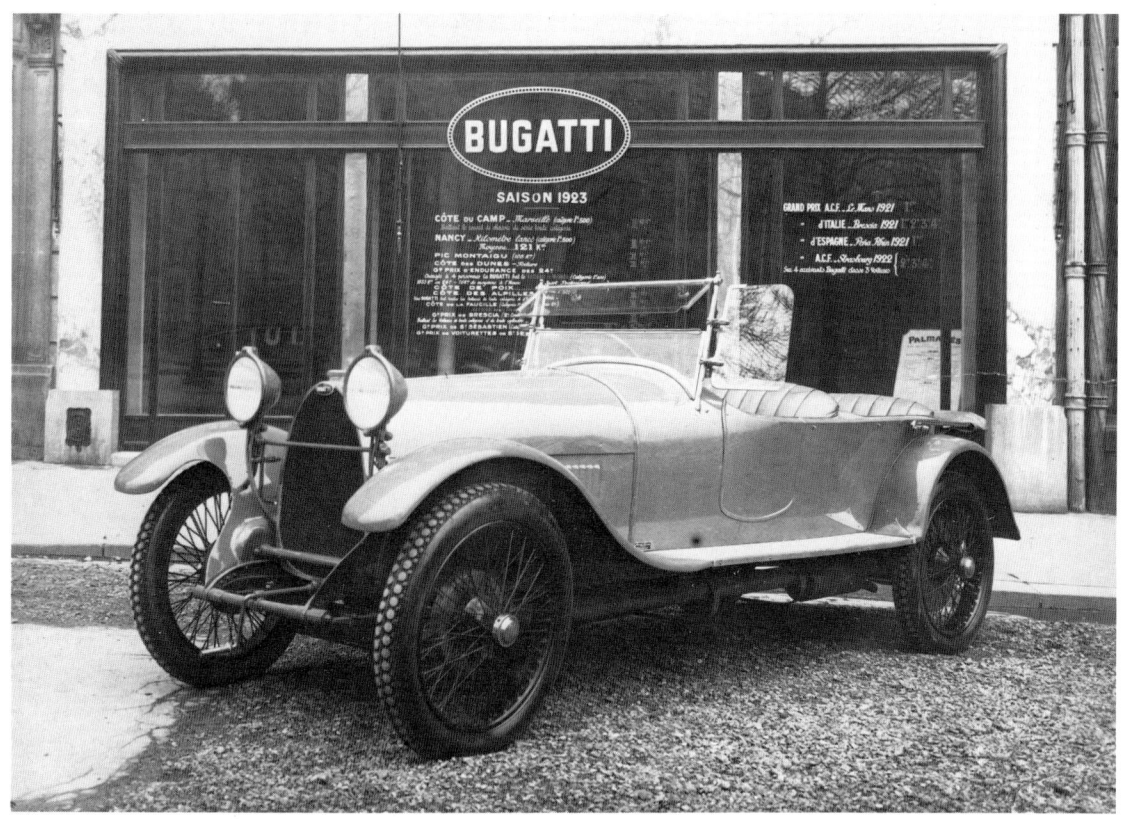

32 T 30, 1923 (der erste Bugatti-Achtzylinder).

Der RABAG-Bugatti

Die Nachfrage nach Automobilen im Jahre 1920 war gewaltig, und Ettore Bugatti benötigte Geld zur Erweiterung seines Werkes in Molsheim, das er wieder aufbauen wollte.

Er verkaufte eine Lizenz zur Herstellung des 1,5-Liter-Wagens mit 16 Ventilen an Diatto (Turin), mit dem er zusammen während des Krieges an einem Flugmotor gearbeitet hatte, und traf später eine ähnliche Vereinbarung mit Crossley Motors in England. Soviel wir wissen, wurden nur wenige Diattos und etwa 25 Crossleys gebaut. Von ersteren existiert mindestens noch ein Wagen, von letzteren haben sich zwei Exemplare erhalten.

Im August 1921 wurde bekanntgegeben, daß die Rheinische Automobilbau AG in Düsseldorf (RABAG) einen Vertrag über die Produktion des Wa-

gens in Mannheim und Berlin abgeschlossen hatte. Der Vertrag muß jedoch schon früher zustande gekommen sein, da die Firma in der Presse Anzeigen veröffentlichen ließ, in denen rechtliche Schritte gegen alle angedroht wurden, die die »echte«, in Molsheim gebaute Autos anboten. Dabei berief man sich auf eine Vereinbarung mit Bugatti vom 13. April 1921 über die alleinigen Lizenz- und Patentrechte.

Der Wagen wurde offensichtlich von 1922−25 hergestellt, wobei man die Fahrgestelle in Mannheim baute und die Karosserien von Benedikt Rock in der Nordstraße in Düsseldorf, einem Betrieb mit zwanzig Angestellten, bezog. Der Wagen ähnelte dem Bugatti Typ 23, mit Zylinderabmessungen von 68 x 100 mm; bei der Untersuchung eines erhaltenen Motors zeigen sich jedoch einige Änderungen in der Konstruktion, die sich vermutlich positiv auswirkten. Es kann sein, daß diese Veränderungen erst gegen Ende der Produktion vorgenommen wurden.

Berichten zufolge wurde das Auto von Herrn Birk und anderen in Rennen eingesetzt. Wieviele Exemplare gebaut und ob einige davon exportiert wurden, ist unbekannt. Ein Wagen tauchte 1930 in England auf.

Das Auto wurde 1923 auf der Berliner Automobilausstellung gezeigt, doch die Zeiten waren schwierig in Deutschland. Im Juni 1925 kam es zur Fusion mit der AG für Automobilbau (AGA) in Berlin-Lichtenberg, den Herstellern der Stinnes- und Dinos-Wagen, doch schon im November folgte der Bankrott. Die übriggebliebenen Teile wurden von einer neuen Firma, Birk und Balduf in Mannheim, übernommen, die noch ein paar weitere Fahrgestelle herzustellen vermochte.

(Nach Informationen von H. H. von Fersen und W. Schmarbeck)

33 Motor des Achtzylinder T 30, der Prototyp der späteren Rennmotore. Interessant sind die beiden Gruppen der »bananenförmigen« Auspuffrohre.

Typ 30

Noch vor dem Krieg hatte Bugatti ein Experimentierfahrzeug mit zwei in Reihe hintereinandergeschalteten 8-Ventil-Vierzylindermotoren gebaut; während des Krieges hatte er für Italien und Frankreich Achtzylinder-Flugmotoren entworfen. Er kannte somit die Vorzüge vielzylindriger Motoren. 1920 fertigte er einen 3-Liter-Prototyp, den T 28, den er jedoch noch nicht in Serie gehen lassen konnte. 1922 nahm er die Einführung einer neuen 2-Liter-Rennformel zum Anlaß, einen Achtzylindermotor mit zwei Litern Hubraum (60 x 88 mm) zu konstruieren, wobei er die Zylinderausführung mit drei hängenden Ventilen von seinem Flugmotor übernahm.

Dieser neue Typ 30 erschien vorerst in einer Rennversion mit kurzem Radstand (als T 29) beim Grand Prix von Straßburg 1922, wo er Zweiter wurde, und dann in Monza, wo er einen dritten Platz belegte. Tourenmodelle folgten bald danach.

Das Kurbelgehäuse war aus einem Stück gegossen, die Kurbelwelle wurde von der Seite eingeführt und war in drei großen Kugellagern gelagert. Für die Pleuelstangen verwendete Bugatti über Düsen geölte Gleitlager. Fahrwerk, Federung, Hinterachse und zahlreiche Details stammten vom Typ Brescia, wurden aber später verstärkt. Neu waren die Bremsen; vorne wurden sie mechanisch, hinten durch eine von Bugatti selbst entworfene, eher unzulängliche Hydraulik betätigt, die später wieder durch Seilzugbremsen ersetzt wurde.

Das Auto war ein Erfolg. Es lief schnell und ruhig, wenn man von der für den Achtzylinder charakteristischen Kurbelwellenvibration absieht, die man eben in Kauf nehmen mußte.

Technische Daten

Modell:	Achtzylinder-Tourenwagen
Baujahr:	1922–26
Gebaute Stückzahl:	ca. 600

Motor

Zylinder:	8
Nockenwellen:	1
Kurbelwellenlager:	3 + 1 Kugellager
Bohrung:	60 mm
Hub:	88 mm
Hubraum:	1991 ccm
Ventile pro Zylinder:	2 Einlaß, 1 Auslaß

Kein Kompressor

Getriebe

Zentral angeordnet, 4 Gänge

Abmessungen

Radstand:	2,55 bzw 2,85 m
Spurweite:	1,20 m

Höchstgeschwindigkeit: ca. 120 km/h

Besondere Merkmale:

Eiförmiger Kühler, H-Profil-Vorderachse, Kurbelgehäuse aus einem Stück.

Typ 35, 35 C, 35 T, 35 B, 39, 39 A

Bugattis klassischer Grand-Prix-Wagen erschien zum ersten Mal 1924 beim Grand Prix von Lyon und machte dort trotz Reifenproblemen aufgrund seiner Fahrleistungen und seiner Form großen Eindruck. Die Ausführung von Fahrwerk und Rahmen war neu: der Rahmen verjüngte sich nach hinten, so daß er innerhalb der Karosserie zu liegen kam. Vorne dominierte der kleine, hufeisenförmige Kühler, der – entsprechend den im Laufe der Modellentwicklung wachsenden Anforderungen an die Kühlung – nach und nach vergrößert wurde. Die Räder waren aus Aluminiumguß mit abnehmbarem Felgenkranz, eine von Bugatti eingeführte Neuerung.

Der Motor glich dem bekannten T 30, wies aber eine durchgehende, kugel- und rollengelagerte Kurbelwelle mit abnehmbarer Kurbel auf; die Pleuelstangen bestanden aus einem Stück und waren sehr leicht. Der Magnet war an der Spritzwand montiert und wurde von einem Ende der Nocken-

34 Die neuen T35-Rennwagen wirkten anläßlich ihres ersten Auftretens beim Grand Prix von Lyon 1924 sensationell, insbesondere wegen ihrer Form und der neuentwickelten, gegossenen Räder.

35 Jules Goux auf einem der ersten T 35 mit Kompressor, 1927.

welle aus angetrieben. Das Getriebe stammte vom Typ Brescia, war aber auf Querrohren befestigt. Die Bremsen waren an allen vier Rädern mechanisch zu betätigen und sehr wirksam. Die Vorderachse selbst war eine »tour-de-force«-Konstruktion – sie war rund und hohl, mit durch kastenförmige Ausnehmungen geführten Federn, und an den Enden, wo die Lenkung angebolzt war, massiv ausgeschmiedet.

Das erste Modell hatte zwei Liter Hubraum, die Kurbelwelle war für einen Hub von 88 mm ausgelegt. Bei späteren Modellen, wie dem T 35 T (das zweite T steht für Targa Florio), wurde der Hub auf 100 mm verlängert, und 1926 erhielt der 35 C oder 35 TC, der als 35 B bekannt wurde, zusätzlich einen Kompressor.

Es wurden auch einige 1,5-Liter-Versionen gebaut, die unter der Bezeichnung T 39 bzw. mit Kompressor als T 39 A bekannt sind und deren Kurbelwelle für 66 mm Hub ausgelegt ist. In der Tat ließ sich der Hubraum des Motors durch die Veränderung der Kurbelwelle vergrößern oder verkleinern.

Der T 35 ist nicht nur im Hinblick auf die Produktionsziffern und Siege der erfolgreichste, sondern für viele auch der schönste Rennwagen zwischen den beiden Weltkriegen.

Technische Daten

Modell:	Grand-Prix-Wagen
Baujahr:	1924–31
Gebaute Stückzahl:	ca. 210

Motor

Zylinder:	8
Nockenwellen:	1
Kurbelwellenlager:	3 + 1 Kugel-, 2 Rollenlager; rollengelagerte Pleuelstangen
Bohrung:	60 mm

36   Der T 35-Motor mit Kompressor, der über ein Gestänge von vorne angetrieben wird.

37 *Der Fahrersitz des T 35 mit Magnet, Uhr und weiteren Anzeigen sowie dem mit Walnußholz umkleideten Lenkrad. Der Anlasser ist neu.*

Hub: 66, 88, 100 mm
Hubraum: 1493, 1991 und 2262 ccm
Ventile pro Zylinder: 2 Einlaß, 1 Auslaß
Kompressor nur bei 35 C/B, 39 A

Getriebe

Zentral angeordnet, 4 Gänge

Abmessungen:

Radstand: 2,4 m
Spurweite: 1,2 m

Höchstgeschwindigkeit: ca. 175 km/h ohne
                       Kompressor

                       ca. 200 km/h mit
                       Kompressor

Besondere Merkmale:

Hufeisenförmiger Kühler, zweisitzige Rennkarosserie, Alugußfelgen; bei Kompressorversion Entlastungsventil in Kühlerhaube rechts weit oben; Magnet an Spritzwand; Felgenkränze meist abnehmbar.

247

Typ 35 A

Um dem gewaltigen Interesse am Typ 35-Grand-Prix-Wagen Rechnung zu tragen, brachte Bugatti schon bald eine vereinfachte Version zu etwa dem halben Preis der reinrassigen Rennausführung auf den Markt. Dieser neue T 35 A, die »Rennwagen-imitation« (in Molsheim nach der synthetischen Perle auch als »Tecla« bezeichnet), hatte Speichen anstelle der Gußräder und den Motor des damaligen Tourenmodells T 38. Dieser glich in vielen Teilen seinem Vorgänger T 30, nur liefen die Pleuelstangen nun in Gleitlagern.

Der neue Wagen sah gut aus, war in seinem Fahrverhalten dem tauglichen Bruder ebenbürtig und brachte mit einer Spitzengeschwindigkeit von 150 km/h eine Leistung, die einen jungen Autosportenthusiasten durchaus zufriedenstellen konnte.

38 Der T 35 A sah wie der T 35 aus, hatte aber einen schwächeren Motor und Drahträder.

39 Die Motore des T 35 A und T 35 hatten im allgemeinen zwei Vergaser.

Technische Daten

Modell: »Tecla«,
                      Rennwagenimitation
Baujahr: 1926—29
Gebaute Stückzahl: 130

Motor

Zylinder: 8
Nockenwellen: 1
Kurbelwellenlager: 3 + 1Kugellager
Bohrung: 60 mm
Hub: 80 mm
Hubraum: 1991 ccm
Ventile pro Zylinder: 2 Einlaß,1 Auslaß
Kein Kompressor

Getriebe

Zentral angeordnet, 4 Gänge

Abmessungen

Radstand: 2,4 m
Spurweite: 1,2 m

Höchstgeschwindigkeit: ca. 150 km/h

Besondere Merkmale:

Drahtspeichenräder, kleiner Kühler, kleine Bremsen, vorderes Kugellager nicht von der Ölhauptleitung aus geschmiert; Spulenzündung.

40   Sir Malcolm Campbell in einem T 37, auf dem er in Irland für die »Tourist Trophy« 1928 trainierte. Campbell hielt mehrere Jahre den Geschwindigkeitsrekord auf seinem »Blue Bird«.

41   Ein T 37 auf der Targa Florio in Sizilien. Straßenzustand und die »Sicherheit« der Zuschauer lassen die heutigen Rennpisten-Besucher erschauern.

1926 wurde die Produktion des Brescia endgültig eingestellt; an seine Stelle traten als Tourenwagen der T 40 und als Sportwagen der T 37, wobei das Rennfahrwerk des T 35 A mit einem neuen 1,5-Liter-Motor ausgestattet wurde.

Auch dieser interessante Sportwagen ähnelte äußerlich stark der T 35-Rennversion, war aber in der Konstruktion noch mehr vereinfacht als der T 35 A-Achtzylinderwagen.

Er konnte mit Kotflügeln und Lampen, nicht jedoch mit einem Verdeck versehen werden und war einigermaßen »kultiviert«. Er wurde auch bei Rennen in der 1,5-Liter-Klasse eingesetzt, was zur Folge hatte, daß eine Rennausführung mit Kompressor, der Typ 37 A, erschien.

Die ersten Modelle dieses Typs verfügten über Bugattis Niederdruck-Düsenschmierung für die Lager, doch schließlich ging man zu einer effektiveren Druckumlaufschmierung über, die die Leistung des Rennmotors, insbesondere in der Kompressorausführung, wesentlich verbesserte.

42   *Ein Vierzylinder-T 37-Motor.*

43 Ein T 37 A-Motor mit Kompressor.

Technische Daten

Modell:	Vierzylinder-Grand-Prix-Wagen
Baujahr:	1926—30
Gebaute Stückzahl:	290

Motor

Zylinder:	4
Nockenwellen:	1
Kurbelwellenlager:	5 Gleitlager
Bohrung:	69 mm
Hub:	100 mm
Hubraum:	1496 ccm
Ventile pro Zylinder:	2 Einlaß,1 Auslaß

Kompressor beim T 37 A

Getriebe

Zentral angeordnet, 4 Gänge

Abmessungen

Radstand:	2,4 m
Spurweite:	1,2 m

Höchstgeschwindigkeit: ca. 150 km/h
üb. 160 km/h b. T 37 A

Besondere Merkmale:

Speichenräder, kleiner Kühler, vordere Motorbefestigungsschrauben weit zurückgesetzt; bei Kompressorversion Entlastungsventil weit oben rechts in Kühlerhaube; beim 37 A-Magnet an der Spritzwand.

Der gleichzeitig mit den Vierzylinderwagen produzierte Tourenwagen Typ 30 wurde 1926 durch den T 38 abgelöst. Das stärkere Fahrwerk, Getriebe und Achsen waren neu, als Motor diente eine Tourenversion des T 35-Grand-Prix-Motors, die mehr oder weniger mit der im 35 A verwendeten Gleitlagerversion identisch war.

Die neuen Fahrwerksteile wurden auch in einigen der späteren Tourenmodelle übernommen, da das leichtere Brescia-Chassis den höheren PS-Zahlen nicht mehr gewachsen gewesen wäre.

Der T 38 war nicht sehr erfolgreich, da der 2-Liter-Motor zu schwach für das Gewicht des neuen Fahrzeuggestells und der Karosserie war. Es wurden daher einige 38 A-Modelle gebaut, bei denen zur Steigerung der Motorleistung der kleine T 37 A-Kompressor Verwendung fand; die Aufladung war jedoch zu stark für den Motor, der deswegen häufig versagte.

Technische Daten

Modell:	2-Liter-Tourenwagen
Baujahr:	1926/27
Gebaute Stückzahl:	385

Motor

Zylinder:	8
Nockenwellen:	1
Kurbelwellenlager:	3 + 1 Kugellager
Bohrung:	60 mm
Hub:	88 mm
Hubraum:	1991 ccm
Ventile pro Zylinder:	2 Einlaß, 1 Auslaß
Kompressor beim T 38 A	

Getriebe

Zentral angeordnet, 4 Gänge

Abmessungen

Radstand:	3,122 m
Spurweite:	1,25 m

Höchstgeschwindigkeit: ca. 140 km/h

Besondere Merkmale:

Drahtspeichenräder, kreisförmiger Vorderachsquerschnitt, Lichtmaschine an Motorstirnseite, Kurbelgehäuse längsgeteilt; beim 38 A kleiner 37-A-Kompressor.

44 *T 38-Achtzylinder (der verbesserte T 30) mit Roadster-Karosserie von Lavocat & Marsaud.*

45 *T 38 mit ungewöhnlicher »Fiacre«-Karosserie, um 1926/27.*

Typ 40, 40 A

An die Stelle des Brescia-Tourenwagens trat 1926 der Typ 40 mit einem hervorragenden neuen Fahrwerk, das in Teilen vom T 38 stammte: das Getriebe war identisch, Achsen und Bremssysteme ähnlich, aber leichter. Lenkverhalten und Handling entsprachen auch hier bestem Bugatti-Standard.

Von der Motoraufhängung abgesehen, war der Motor im T 40 derselbe wie im T 37. Als Karosserie diente im allgemeinen ein Grand-Sport-Aufbau, wie er, wenn auch etwas vergrößert, später beim T 43 Anwendung fand. Viele Karosseriefirmen versahen das Fahrwerk aber auch mit ge-

schlossenen Aufbauten, die hier einfacher zu montieren waren als beim leichteren und weniger steifen Brescia. Der T 40 wurde oft etwas abschätzig als »Bugatti Morris Cowley« (oder »Opel«, »Citroën«) bezeichnet, doch immerhin ermöglichte er es seinen Besitzern, sich zu relativ günstigen Preisen alle Vorzüge eines Bugatti einzuhandeln: großartige Straßenlage, gute Bremsen, ausgezeichnetes Lenkverhalten und – nicht zuletzt – beträchtliche Geschwindigkeit.

Gegen Ende der T 40-Produktion baute Bugatti, zweifellos in Anlehnung an die Roadster amerika-

46   T 40 mit Grand Sport Karosserie, 1928.

47   T 40 mit Grand Sport Karosserie.

48   *T 40 A-Roadster.*

49   *T 40-Motor (ähnlich dem T 37).*

nischer Bauart mit ihren hinteren »Notsitzen«, eine Reihe von Typ 40 A-Modellen als zweisitzige Roadster mit herausklappbaren Sitzen im Kofferraum, einer von 69 auf 72 mm vergrößerten Bohrung (vom T 49) und Doppelkerzenzündung.

Technische Daten

Modell:	Vierzylinder-Touren-
	wagen, meist in Grand-
	Sport-Ausführung
Baujahr:	1926−30
	(T 40 A nur 1930)
Gebaute Stückzahl:	830

Motor

Zylinder:	4
Nockenwellen:	1
Kurbelwellenlager:	5 Gleitlager
Bohrung:	T 40: 69 mm;
	T 40 A: 72 mm
Hub:	100 mm
Hubraum:	1496 bzw. 1627 ccm
Ventile pro Zylinder:	2 Einlaß, 1 Auslaß
Kein Kompressor	

Getriebe

Zentral angeordnet, 4 Gänge

Abmessungen

Radstand:	2,564 bzw. 2,714 m
Spurweite:	1,2 m

Höchstgeschwindigkeit: ca. 130 km/h

Besondere Merkmale:

Kurze Motorhaube, Drahtspeichenräder, kleine Bremstrommeln, 8 Zündkerzen pro Zylinderblock; beim T 40 A Roadsteraufbau.

Typ 41 Royale

Nachdem Bugatti im Jahre 1926 mit seinen Typ 35 T- und 35 C-Modellen die Weltmeisterschaft gewonnen hatte, machte er sich an die Verwirklichung eines Wunschtraums: er wollte den »Wagen der Könige« bauen. Das Ergebnis war der riesige 12,7-Liter-T41; er gelangte jedoch nie in den Besitz eines Königs, obwohl ein oder zwei Könige den Kauf des Wagens zumindest in Betracht zogen.
An dem Auto war alles neu und größer als je zuvor bei einem Bugatti. Der Motor basierte allerdings

50 T 41 Royale (41 100) mit Packard Karosserie, 1926 (hier Nr. 1 a).

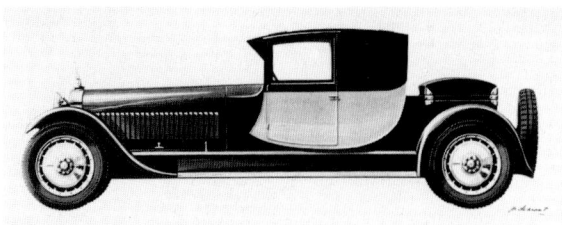

auf einem früheren Flugmotorenprojekt; er hatte natürlich 8 Zylinder mit 125 mm Bohrung und 130 mm Hub in einem aus Guß gefertigten Zylinderblock, der zur Aufnahme der neunfach gelagerten Kurbelwelle nach unten verlängert war. Es gab wie üblich drei Ventile pro Zylinder, aber keinen Kompressor.

Das Getriebe hatte nur drei Gänge und war in die Hinterachse eingebaut. Die Räder waren aus Aluminiumguß und sahen sehr elegant aus; die Bremsen wurden, wie bei fast allen Bugattis, mechanisch über Seilzug betätigt, Servo gab es dabei nicht.

Die sechs bzw. sieben 13-l-Wagen erhielten die Bezeichnung »Royale« in der Hoffnung, als »königliche« Automobile mit entsprechenden Preisen auch an Käufer aus königlichem Hause verkauft zu werden. Im englischen Sprachgebrauch werden sie auch »golden bucks« genannt (im Sinn von Ian Flemmings »Goldfinger«, der einen mit Goldplatten verkleideten Rolls-Royce fuhr). Der erste Prototyp der Serie entstand 1926, hatte einen Achtzylinder-Motor mit 14 726 ccm Hubraum und erhielt seine Karosserie von einem Packard. Der Motor wurde dann gegen den 12 763 ccm Motor ausgetauscht, der für diesen und die anderen Wagen sowie die Autorail-Triebwagen als Standardmodell diente. Die Fahrgestell-Nummern 41 100 und 41 111 (hier die Nummern 1 und 2) erhielten mehrere Karosserien (vgl. Hucke 1976, S. 165f.; Conway 1979, S. 144f.; Lot, S. 107f.; Kestler, S. 93f.).

1) Fahrgestell-Nummer 41 100; fünf verschiedene Aufbauten.

 a) Packard-Karosserie, offener Tourenwagen mit 15 l Motor; 1926.

53   Royale (41 100) Limousine von Weyman, 1929 (hier Nr. 1d).

(Hucke 1976, S. 166; Conway 1979, Abb. 118, S. 146; Lot, S. 112; Kestler, S. 94, 100).

b) Coupé (Fiacre) mit 131 Motor; 1928.
   (Hucke, S. 166; Lot, S. 112; Kestler, S. 95).

c) Berline (mit runden Fenstern im Fond); 1928−29.
   (Hucke, S. 169; Conway, Abb. 119; Lot, S. 112; Kestler, S. 95, 101).

d) Zweitürige Limousine von Weymann; 1929. Ettore verunglückte mit dieser Version des Royale auf der Straße Molsheim−Straßburg (Abb. des verunglückten Autos: Hucke, S. 171). Der Wagen wurde wieder aufgebaut, bekam ein neues Chassis und die Karosserie »e«.
   (Conway, S. 146 und Abb. 120; Lot, S. 110f.; Kestler, S. 95, 102−103).

e) Fahrgestell 41 100 A: Coupé de Ville (»Napoléon«; »du Patron«); 1930.
   Mulhouse, Musée national de l'automobile (ehemals Slg. Schlumpf, davor im Besitz der Familie Bugatti).

(Hucke, S. 169; Conway, S. 146, Abb. 121; Lot, S. 112f.; Kestler, S. 98, 107; Schrader 1979, S. 63, 93).

2) Fahrgestell-Nummer 41 111
   a) Roadster für den Pariser Textilindustriellen Armand Esders, Karosserie aus Molsheim, entworfen von Jean Bugatti; 1932 (hatte keine Scheinwerfer, da M. Esders nicht nachts fuhr; wurde leider 1935 durch das Coupé de Ville ersetzt).
      (Hucke, S. 86; Conway, S. 146, Abb. 123−125; Lot, S. 106, 109, 114; Kestler, S. 99, 110−111; *The Amazing Bugattis,* S. 78).

   b) Coupé de Ville von Binder; 1935−36. Sammlung Harrah, Reno, Nevada
      (Conway, S. 147; Lot, S. 114; Kestler, S. 99, 112; *Die Autoshow des Jahres (Roth-Händle Raritäten),* Ausst. Düsseldorf 1979, S. 32−35).

3) Fahrgestell-Nummer 41 121
Cabriolet für den Nürnberger Chirurgen und Hobby-Rennfahrer Dr. Joseph A. Fuchs, Nürnberg, Karosserie von Weinberger, München; 1931/32. Dr. Fuchs fuhr 1929—31 Rennen mit den Typen 35 B und 35 C. 1933 wanderte er nach Amerika aus. Zur Geschichte des Wagens nach dem Krieg siehe Conway, S. 158.
Henry Ford Museum, Dearborn, Michigan
(Conway, S. 147, Abb. 122; Hucke, S. 170; Lot, S. 114; Kestler, S. 99).

4) Fahrgestell-Nummer 41 131
Limousine für Captain C. W. Foster, Karosserie von Park Ward; 1933.
Mulhouse, Musée national de l'automobile (ehemals Slg. Schlumpf)
(Conway, S. 147; Lot, S. 113; Kestler, S. 108—109; Schrader 1979, S. 62).

5) Fahrgestell-Nummer 41 141
Zweitürige Limousine, wurde von der Bugatti-Familie gefahren, Karosserie von Kellner; 1932.
Sammlung Briggs Cunningham, Costa Mesa, Kalifornien
(Conway, S. 147, Abb. 126; Hucke, S. 172; Lot, S. 113; Kestler, S. 109).

6) Fahrgestell-Nummer 41 150
Coupé oder Berline de voyage, entworfen und gebaut in Molsheim (?); 1929.
Sammlung Harrah, Reno, Nevada
(Conway, Abb. 127; Lot, S. 113; Kestler, S. 109).

54 *Royale (41 100 A) Coupé de Ville, 1930 (hier Nr. 1e). Musée national de l'automobile, Mülhausen.*

55 *Royale (41 111) Roadster, Entwurf von Jean Bugatti (hier Nr. 2a).*

56 *Royale (41 111) Coupé de Ville von Binder, 1935—36 (hier Nr. 2b). Sammlung Harrah, Reno, Nevada.*

Technische Daten

Modell:	Royale
Baujahr:	1929–33
Gebaute Stückzahl:	6/7

Motor

Zylinder:	8
Nockenwellen:	1
Kurbelwellenlager:	9 Gleitlager
Bohrung:	125 mm
Hub:	130 mm
Hubraum:	12 763 ccm
Ventile pro Zylinder:	2 Einlaß, 1 Auslaß
Kein Kompressor	

Getriebe

An der Hinterachse, 3 Gänge

Abmessungen

Radstand:	4,3 m
Spurweite:	1,6 m

Höchstgeschwindigkeit: ca. 160 km/h

Besondere Merkmale:

Gewaltige Größe, 24-Zoll-Räder.

57   *Royale (41121) Cabriolet von Weinberger, 1931–32 (hier Nr. 3). Henry Ford Museum, Dearborn, Michigan.*

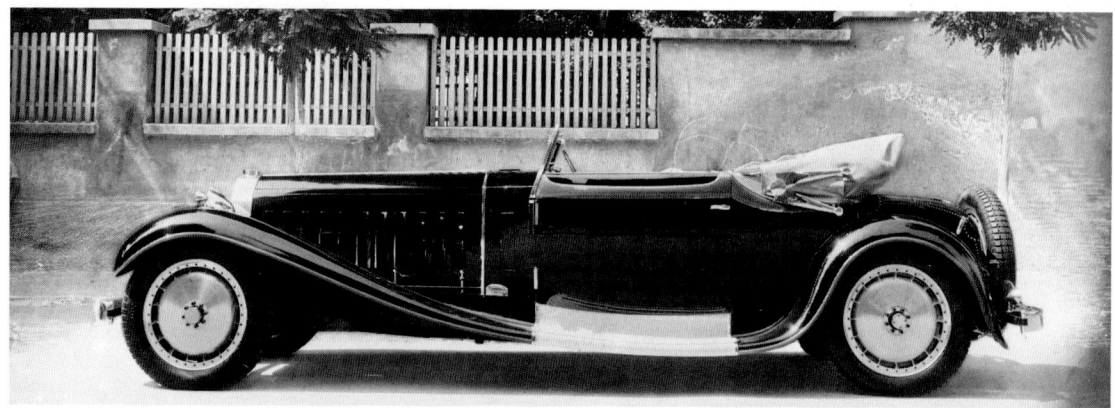

58   Royale (41131) Limousine von Park Ward, 1933 (hier Nr. 4). Musée national de l'automobile, Mülhausen.

59   Royale (41141) Limousine von Kellner, 1932 (hier Nr. 5). Sammlung Briggs Cunningham, Costa Mesa, Kalifornien.

60 Royale (41150) Berline de Voyage (aus Molsheim?), 1929 (hier Nr. 6). Sammlung Harrah, Reno, Nevada.

61 Motor des Royal Nr. 41111.

Typ 43, 43 A Grand Sport

Der Erfolg des T 35 B-Kompressorwagens im Jahre 1927 führte dazu, daß der Motor in eine neue Grand-Sport-Version des T 38-Tourenwagenfahrwerks eingebaut wurde, mit einem wie bei der Rennausführung sich verjüngenden Rahmen. Achsen, Getriebe, Bremsen usw. wurden von der Tourenversion übernommen. Die Aluminiumgußräder wurden beibehalten, und der (sogenannte) $3^{1}/_{2}$-sitzige Aufbau zeigte dieselbe schlanke Linienführung wie der Rennwagen.

Das Ergebnis war ein sensationeller Sportwagen, der erste, der auf der Landstraße problemlos über 160 km/h lief. Das Auto kam sofort gut an, wenn auch der Markt durch den hohen Preis, der noch über dem des Rennwagens lag, begrenzt war. Es stellten sich auch Rennerfolge ein, vor allem bei Bergrennen und ähnlichen Veranstaltungen (z. B. Brooklands), während der Wagen beim Tourist-Trophy-Langstreckenrennen in Irland nicht so gut abschnitt.

1931 baute Bugatti auch einige Roadsterversionen, die dem T 40 A ähnelten und wie dieser amerikanischen Einfluß spiegelten. Der eigentliche Grund dafür war wohl das Bemühen, von der urtümli-

63   T 43 A-Roadster.

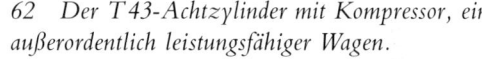

62   Der T 43-Achtzylinder mit Kompressor, ein außerordentlich leistungsfähiger Wagen.

chen Form des früheren eintürigen Grand-Sport-Aufbaus wegzukommen – einer Urtümlichkeit, der der Wagen zwar ein Gutteil seines Charakters und seines besonderen Charmes verdankte, die ihn aber, besonders bei nassem Wetter, für weibliche Fahrgäste weniger attraktiv machte. Es gab auch ein oder zwei Versuche mit geschlossenen Karosserien; dabei litten Fahrer und Fahrgast allerdings unter dem hohen Lärmpegel des rollengelagerten Motors.

Technische Daten

Modell:	Grand-Sport-Wagen
Baujahr:	1927–30 für T 43;
	1931–32 für T 43 A
Gebaute Stückzahl:	160

Motor

| Zylinder: | 8 |
| Nockenwellen: | 1 |

Kurbelwellenlager:	3 + 1 Kugellager, 2 Rollenlager, rollengelagerte Pleuelstangen
Bohrung:	60 mm
Hub:	100 mm
Hubraum:	2262 ccm
Ventile pro Zylinder:	2 Einlaß, 1 Auslaß
Kompressor	

Getriebe

Zentral angeordnet, 4 Gänge

Abmessungen

| Radstand: | 2,972 m |
| Spurweite: | 1,25 m |

Höchstgeschwindigkeit: ca. 170 km/h

Besondere Merkmale:

Aluußräder, Magnet an Spritzwand, Entlastungsventil in Kühlerhaube rechts; beim T 43 A Roadsteraufbau.

64   Der T 43-Motor ist fast identisch mit dem T 35 GP-Motor.

65 Typischer Tourenwagen des Typs 44.

Typ 44

Da der T 38-Tourenwagen nur wenige Käufer
fand, entschloß man sich zur Konstruktion eines
neuen, größeren 3-Liter-Motors, der in ein fast mit
dem T 38 identisches Fahrwerk mit Getriebe eingebaut wurde. Der neue T 44 lief ausschließlich in
Gleitlagern, behielt aber den traditionellen, schon
im Typ 40 verwendeten Zylinderblock mit drei
Ventilen pro Zylinder (69 x 100) bei. Er wurde ursprünglich mit Bugattis Niederdruck-Düsenschmierung ausgestattet. Bald aber ersetzte man
diese durch ein besser funktionierendes Druckum-
laufsystem, wobei gleichzeitig zur besseren Ab-
stimmung des Motors die Steuerung des Hubspiels
an der Kurbelwelle verbessert wurde.

Das Auto war stark, laufruhig und wendig, bequem zu fahren und, wie nicht anders zu erwarten,
hervorragend im Lenk- und Bremsverhalten. Der
T 44 war nach dem »Brescia« Bugattis größter
Verkaufserfolg. Einige der verwendeten Karosserien baute Bugatti selbst, meist geschlossene oder
Kabriolet-Versionen; doch wurden Fahrwerke
auch an berühmte Karosseriefirmen, wie Gangloff
oder Van Vooren, geliefert.

Technische Daten

Modell:	3-Liter-Tourenwagen
Baujahr:	1927−30
Gebaute Stückzahl:	1095

Motor

Zylinder:	8
Nockenwellen:	1
Kurbelwellenlager:	9 Gleitlager
Bohrung:	69 mm
Hub:	100 mm
Hubraum:	2991 ccm
Ventile pro Zylinder:	2 Einlaß, 1 Auslaß

Kein Kompressor

Getriebe

Zentral angeordnet, 4 Gänge

Abmessungen

Radstand:	3,122 m
Spurweite:	1,25 m

Höchstgeschwindigkeit: ca. 150 km/h

Besondere Merkmale:

Drahtspeichenräder, große Bremsen, 19-Zoll-Räder; äußerliche Ähnlichkeit mit T 49; ein Vergaser am großen Krümmerrohr; Lampen von Marchal oder Bosch

66 Zweitüriger T 44 mit Koffer am Heck.

67 Motor des T 44. Der T 49-Motor ist diesem ähnlich, hat aber zwei Zündkerzen pro Zylinder mit einem Ventilator.

Typ 45, 47, Sechzehnzylinder

Während des Krieges hatte Bugatti einen Sechzehnzylinder-Flugmotor konstruiert und die Lizenz an die amerikanische Regierung verkauft. Er sollte von Duesenberg in New Jersey gebaut werden, doch noch bevor die Produktion voll angelaufen war, war der Krieg zu Ende. Es war daher zu erwarten, daß sich Bugatti eines Tages an die Konstruktion eines Sechzehnzylinder-Rennwagens machen würde. Trotz der bevorstehenden Wirtschaftskrise entstanden im Jahr 1929 der T 45-Rennwagen mit 3,8-Liter-Motor und eine Grand-Sport-Version mit drei Litern Hubraum.

Der Großteil des Fahrwerks, die Bremsen, die Kraftübertragung usw. entsprachen der für Bugatti üblichen Bauweise. Der Rahmen unterschied sich allerdings von dem des T 43 dadurch, daß er sich nach hinten nicht verjüngte; vor allem war der Motor völlig neu.

Er bestand aus zwei parallelen Zylinderreihen; die beiden aus einem Guß gefertigten Blöcke enthiel-

68 Louis Chiron und Guy Bouriat mit dem 16 Zylinder T 45 beim Klausen-Paß-Bergrennen, 1932.

ten je acht Zylinder und waren aneinandergeschraubt. Die beiden Kurbelwellen waren durch ein in der Mitte gelegenes Vorgelege verbunden, das den Antrieb auf die Kupplung übertrug. Zwei Kompressoren wurden von dem hinten gelegenen Nockenwellenantrieb gesteuert.

Die Grand-Sport-Version wurde nie fertiggestellt, ein T 45-Rennwagen beteiligte sich aber mit Erfolg an Bergrennen im Jahre 1930. Die Schwachstelle des Motors war der die beiden Kurbelwellen verbindende Zahnradsatz, der eine Weiterentwicklung und Verbesserung des Schmiersystems erfordert hätte, wozu Bugatti aber nicht bereit oder nicht in der Lage war. Ab 1930 standen die beiden Wagen und einzelne Teile eines nie gebauten dritten unbenutzt in Molsheim und wanderten schließlich in die Sammlung Schlumpf, Mülhausen.

70   T 45-Motor mit zwei Achtzylindergruppen, deren Nockenwellen zusammen über Königswellen angetrieben werden.

69   Ein in Molsheim restaurierter T 45 vor der Überführung in die Sammlung Schlumpf, Mülhausen.

Technische Daten

Modell:	Sechzehnzylinder-Rennwagen T 45 Sechzehnzylinder-Grand-Sport-Wagen T 47
Baujahr:	1929—30
Gebaute Stückzahl:	2 fertiggestellt

Motor

Zylinder:	16
Nockenwellen:	2
Kurbelwellenlager:	Kugellager; gleitgelagerte Pleuelstangen; Kurbelwellen durch Zahnräder verbunden
Bohrung:	60 mm
Hub:	84 mm beim T 45 66 mm beim T 47
Hubraum:	3801 bzw. 2986 ccm
Ventile pro Zylinder:	2 Einlaß, 1 Auslaß

Zwei Kompressoren

Getriebe

Zentral angeordnet, 4 Gänge

Abmessungen

Radstand:	2,60 m beim T 45; 2,75 m beim T 47
Spurweite:	1,25 m

Höchstgeschwindigkeit: ca. 180 (?) km/h

Besondere Merkmale:

Sechzehnzylinder-Motor, außenliegender Auspuff auf beiden Seiten.

270

Bugatti war sich darüber im klaren, daß der Royale kein großer Verkaufserfolg werden konnte, und begann 1929 mit der Produktion eines »petite Royale«, eines 5,3-Liter-Superautos, das in direkter Konkurrenz zu den Wagen von Hispano Suiza, Rolls Royce, vielleicht auch Horch und Mercedes stand. Der Plan war wesentlich realistischer als das gewaltige Royale-Projekt. Das neue, hochwertige Fahrwerk schien auch für die Superreichen geeigneter zu sein als das des Royale.

Die Konstruktion war völlig neu, in Bauweise und Ausführung aber ein echter Bugatti. Der Motor hatte eine Bohrung von 91 und einen Hub von 130 mm, der Zylinderblock war wie beim Royale aus einem Guß und zur Aufnahme der Kurbelwelle nach unten verlängert. Es gab wie üblich drei Ventile pro Zylinder und eine obenliegende Nockenwelle. Das Getriebe saß in der Hinterachse und hatte drei Gänge; die mechanischen Bremsen waren vergrößert, Lenkgehäuse und Achse gegenüber der normalen Ausführung verstärkt.

Das Fahrwerk selbst war stark genug ausgelegt, um die schönsten Aufbauten der besten Karosseriefirmen tragen zu können; auch in Molsheim selbst wurden viele hervorragende Karosserien angefertigt.

In späteren Versionen wurde ein Kompressor eingebaut, der durch mäßige Aufladung Motorleistung und -elastizität erhöhte, ohne dabei übermäßig laut zu sein.

Der Typ 46 wurde bis 1936 produziert, und Bugatti baute viele Fahrwerke für sein Lager, um seine in den frühen 30er Jahren unter Auftragsmangel leidende Fabrik in Gang zu halten. Einige dieser Fahrzeuge tauchten nach dem Zweiten Weltkrieg in nagelneuem Zustand auf.

71   *T 46 mit kantiger Karosserie.*

72 *T 46 mit typischer viertüriger Karosserie.*

73 *T 46-Motor mit der für Bugatti typischen Anordnung: zwei Zündkerzen pro Zylinder und ein einziger Vergaser.*

Technische Daten

Modell:	5-Liter-Wagen
Baujahr:	1929–36
	(46 S ab 1930)
Gebaute Stückzahl:	ca. 400

Motor

Zylinder:	8
Nockenwellen:	1
Kurbelwellenlager:	9 Gleitlager
Bohrung:	81 mm
Hub:	130 mm
Hubraum:	5359 ccm
Ventile pro Zylinder:	2 Einlaß, 1 Auslaß

Kompressor beim T 46 S

Getriebe

An der Hinterachse, 3 Gänge

Abmessungen

Radstand:	3,5 m
Spurweite:	1,4 m

Höchstgeschwindigkeit: ca. 150 km/h

Besondere Merkmale:

Sehr groß, 20-Zoll-Räder, oft aus Guß, äußerliche Ähnlichkeit mit T 50, eine Nockenwelle.

74   *T 46 S-Motor mit von vorne angetriebenem Kompressor.*

Typ 49

Die Produktion der 3-Liter-Tourenwagen wurde ab 1930 mit dem Typ 49 erfolgreich fortgesetzt. Es handelte sich dabei um einen T 44-Motor mit auf 72 mm vergrößerter Bohrung und 3,3 Liter Hubraum, an dem einige Verbesserungen vorgenommen worden waren. Der Motor erhielt einen Ventilator und eine Trockenkupplung, außerdem wurde eine Kugelschaltung nach amerikanischem Vorbild eingeführt. Nicht selten wurden Aluminiumgußräder, ähnlich denen des Royale, verwendet.

Der T 49 war der letzte Wagen mit einer einzelnen, obenliegenden Nockenwelle nach dem Entwurf von Ettore Bugatti. Von nun an machte sich bei den Neuerungen der Einfluß seines Sohnes Jean bemerkbar.

Technische Daten

Modell:	3,3-Liter-Tourenwagen
Baujahr:	1930−34
Gebaute Stückzahl:	ca. 470

Motor

Zylinder:	8
Nockenwellen:	1
Kurbelwellenlager:	9 Gleitlager
Bohrung:	72 mm
Hub:	100 mm
Hubraum:	3257 ccm
Ventile pro Zylinder:	2 Einlaß, 1 Auslaß
Kein Kompressor	

Getriebe

Zentral angeordnet, 4 Gänge, Kugelschaltung

Abmessungen

Radstand:	3,122 bzw. 3,222 m
Spurweite:	1,25 m

Höchstgeschwindigkeit: ca. 150 km/h

Besondere Merkmale:

Ventilator am Motor, Doppelkerzenzündung, meist Scintilla-Lampen.

75 T 49 mit aufwendiger »Korbmuster«-Lackierung
für Lord Cholmondely, ausgestattet mit gegossenen
Rädern eines späteren Typs.

76 T 49 Roadster mit tschechischer Karosserie.

Typ 50, 50 T

Ettore Bugatti, vielleicht auch sein Sohn Jean, wa-
ren von den Leistungen, die ein amerikanischer
Miller-Wagen 1929 in Monza geboten hatte, sehr
beeindruckt gewesen und hatten zwei dieser Wagen zu Testzwecken gekauft. Die Leistungen der
Miller-Kompressormaschinen mit zwei obenliegenden Nockenwellen zeigten sich Bugattis Ein-
Nockenwellen-Konstruktion mit drei Ventilen pro
Zylinder deutlich überlegen. Also ging man in
Molsheim an die Herstellung eines abgewandelten
T 46-Motors und ersetzte, nach Art der Miller-Wagen, den Block mit drei Ventilen pro Zylinder
durch einen neuen Zylinderblock mit zwei schräghängenden Ventilen pro Zylinder. Dieses Modell
löste in seiner Kompressorversion den 46 S und
auch den 46 ab oder wurde zumindest gleichzeitig
mit diesen produziert. Der neue Wagen, ursprünglich mit verkürztem Fahrwerk, war als de-luxe-
Sportwagen gedacht und sollte sehr kräftig und
schnell sein. Tatsächlich wurde er von vielen Fahrern als zu kraftvoll empfunden.

Später folgte eine etwas schwächere Tourenversion, der T 50 T (das zweite T für Tourisme), doch
wurden insgesamt nur wenige verkauft.
Beim 24-Stunden-Rennen von Le Mans 1931 waren drei Rennmodelle am Start, wurden aber nach
einem Unfall des von Rost gesteuerten Wagens —
ein Zuschauer wurde getötet — wieder zurück-
gezogen.

Technische Daten

Modell:	4,9-Liter-Grand-Sport--Wagen (T = Tourisme)
Baujahr:	1930—34
Gebaute Stückzahl:	65

Motor

Zylinder:	8
Nockenwellen:	2
Kurbelwellenlager:	9 Gleitlager
Bohrung:	86 mm
Hub:	107 mm

Hubraum:	4912 ccm	Höchstgeschwindigkeit: ca. 185 km/h beim T 50	
Ventile pro Zylinder:	2		165 km/h beim T 50 T
Kompressor			

Getriebe

An der Hinterachse, 3 Gänge

Abmessungen

Radstand:	3,10 m beim T 50,
	3,50 m beim T 50 T
Spurweite:	1,40 m

Besondere Merkmale:

Sehr groß, 20-Zoll-Räder, meist Guß, äußerliche Ähnlichkeit mit T 46, Doppelnockenwellen-Motor, Nockenwellenantrieb von Motorstirnseite.

77 Der T 50 bekam einen neuen Motor mit zwei
Nockenwellen auf einem T 46-Chassis.

79 T 50 mit »profilé«-Karosserie.

78 T 50-Coupé.

Typ 51, 51 A

Am Motor des Grand-Prix-Wagens T 35 B wurde
1930 eine Veränderung vorgenommen. Auf das
herkömmliche Kurbelgehäuse wurde ein neuer
Achtzylinderblock aus einem Guß mit je zwei im
Zylinderkopf schräghängenden Ventilen aufgesetzt; die Ventile wurden genau wie bei den in
Molsheim untersuchten Miller-Wagen von zwei
obenliegenden Nockenwellen betätigt. Beim Pro-
belauf zeigten die Motoren eine Leistungssteigerung um 25—30 PS.
So entstand der Typ 51, wohl der Höhepunkt in
der Rennwagenentwicklung bei Bugatti. Auch die
Räder waren verbessert und für Tiefbettbereifung

ausgelegt; der Felgenkranz war nicht mehr abnehmbar. Der Benzintank hatte zwei Füllöffnun-
gen. Der Scintilla-Magnet war an der linken Seite
der Spritzwand montiert; das Kompressorentla-
stungsventil auf der rechten Seite der Kühlerhaube
lag tiefer als beim 35 B.

Ein oder zwei Jahre lang erzielte der Wagen viele
Erfolge, ehe ihm die größeren Alfas und Maseratis
den Rang abliefen; einige 1,5-Liter-Modelle waren
in Voiturette-Rennen erfolgreich.
Vom Typ 51 wurden 30 Stück gebaut; sie gehören
heute zu den gesuchtesten Bugatti-Modellen.

Technische Daten

Modell: Doppelnockenwellen-
                  Grand-Prix-Wagen
Baujahr: 1931–35
Gebaute Stückzahl: 40

Motor

Zylinder: 8
Nockenwellen: 2
Kurbelwellenlager: 3 + 1 Kugellager,
                  2 Rollenlager; rollen-
                  gelagerte Pleuelstangen
Bohrung: 60 mm
Hub: 66 mm beim T 51 A
                  88 und 100 mm beim
                  T 51
Hubraum: 1493, 1991 und 2262 ccm
Ventile pro Zylinder: 2
Kompressor

Getriebe

Zentral angeordnet, 4 Gänge

Abmessungen

Radstand: 2,4 m
Spurweite: 1,2 m

Höchstgeschwindigkeit: über 200 km/h

Besondere Merkmale:

Tiefbettfelgen, Felgenkränze nicht abnehmbar, Entlastungsventil in Kühlerhaube tiefer als beim T 35 B, Magnet links am Armaturenbrett, großer Kühler.

80 T 51 mit Achille Varzi am Steuer beim Großen
Preis von Frankreich in Montlhéry, 1931.

81 T 51 GP-Wagen von vorne, einer der schönsten
Rennwagen überhaupt.

82 T 51-Motor, der vom T 35-Motor abgeleitet war,
aber einen neuen Zylinderblock mit doppelter Nockenwelle erhielt.

Typ 52, »Baby-Bugatti«

Bugatti hatte seinem Sohn Roland als Kind eine
amerikanische, batteriegetriebene »Seifenkiste« gekauft. 1927 konstruierte er für Roland einen T 35
in halber Originalgröße, der auch bei Automobilausstellungen gezeigt wurde. Das Interesse war beträchtlich, und so ging das kleine Elektroauto als
Typ 52 in Serie. Es wurde ein Verkaufserfolg bei
Kindern wohlhabender Eltern. Später wurde der
Radstand etwas verlängert, um mehr Platz zu
schaffen.
Vom T 52 wurden vermutlich mehr als 100 Stück
hergestellt; heute sind sie begehrte Sammlerojekte.

Technische Daten

Allgemeine Beschreibung: »Baby«-(Kinder-)Auto
Herstellungszeitraum: 1927–30
Gebaute Stückzahl: 100 oder mehr
Motor: Elektrisch
Getriebe: keines
Abmessungen: Wie T 35 im Maßstab 1:2;
                 Radstand später verlängert
Höchstgeschwindigkeit: ca. 15 km/h
Unterscheidungsmerkmale: Kindermodell des
T 35 im Maßstab 1:2, batteriegetrieben.

83 Der erste T 52-Baby mit Roland Bugatti am Steuer. Das Spielauto war halb so groß wie ein T 35 GP-Wagen.

84 T 52 mit vergrößertem Radstand. Am Steuer der spätere König von Marokko.

85 Moderne, in England gebaute Replike des T 52. Preis ca. DM 12 000,–.

Typ 53 mit Allradantrieb

1932 brachte Bugatti nach dem Entwurf eines italienischen Ingenieurs ein vierradgetriebenes Auto heraus. Dabei baute er den T 50-Motor in ein neues Fahrwerk ein, das erste und (von einem späteren Versuch beim T 57 abgesehen) einzige Bugatti-Chassis mit Einzelradaufhängung an den Vorderrädern. Der Wagen hatte wie üblich drei Differentiale, jedoch nicht die beim Frontantrieb unerläßlichen Kreuzgelenke.

Dies hatte zur Folge, daß der Wagen auf der Geraden absolut überragende Leistungen bot, sich in Kurven aber als recht bockig erwies. Es wurden zwei Exemplare hergestellt und von Varzi, Chiron und Dreyfus ganz erfolgreich bei Bergrennen eingesetzt; dann trat Jean Bugatti mit einem davon beim Shelsley-Walsh-Bergrennen in England an und demolierte den Wagen bei einem Unfall.

Einer der beiden Wagen befindet sich jetzt in Mülhausen, Musée nationale de l'automobile (ehemals Slg. Schlumpf), der andere in Privathand.

Technische Daten		Getriebe	
Modell:	Wagen mit Allradantrieb (»Quatres Roues Motrice«)	Zentral angeordnet, 3 Gänge	
Baujahr:	1932	Abmessungen	
Gebaute Stückzahl:	2	Radstand:	2,60 m
		Spurweite:	1,25 m
Motor		Höchstgeschwindigkeit: ca. 180 (?) km/h	
Zylinder:	8		
Nockenwellen:	2	Besondere Merkmale:	
Kurbelwellenlager:	9 Gleitlager	Allradantrieb, Einzelradaufhängung vorn.	
Bohrung:	86 mm		
Hub:	107 mm		
Hubraum:	4972 ccm		
Ventile pro Zylinder:	2		
Kompressor			

86   T 53 mit Vierradantrieb (Bugattis »Quatro«!).

87   *Louis Chiron und Achille Varzi mit den beiden T 53 beim Klausen-Rennen, 1932.*

Typ 54 Grand Prix

Um auf den Rennstrecken konkurrenzfähig zu bleiben, baute Bugatti 1932 einige 4,9-Liter-Rennwagen mit dem T 50-Motor auf dem für den T 47-Sechzehnzylinderwagen vorgesehenen Fahrwerk.

Das Auto war zweifellos sehr schnell, durch seine harte Federung und die Seilzugbremsen aber auf der Rennstrecke schwer zu handhaben. Es gab einige Erfolge: einen dritten Platz von Varzi in Monza,

einen Sieg auf der Avus 1933. Ebenfalls auf der Avus holte sich Czaykowski den Stundenrekord, ehe er bald darauf in Monza mit dem Wagen tödlich verunglückte. Der T 54 wurde in Brooklands auch von Eyston und Kaye Don eingesetzt; dabei wurde zur Verbesserung der Straßenlage die Position des Motors mehrmals verändert. Der Konkurrenz der bald darauf auftauchenden deutschen Auto-Union- und Mercedes-Rennwagen jedoch war er nicht mehr gewachsen.

Technische Daten

Modell:	4,9-Liter- Grand-Prix-Wagen
Baujahr:	1932—34
Gebaute Stückzahl:	5 fertiggestellt

Motor

Zylinder:	8
Nockenwellen:	2
Kurbelwellenlager:	9 Gleitlager
Bohrung:	86 mm
Hub:	107 mm
Hubraum:	4972 ccm
Ventile pro Zylinder:	2
Kompressor	

Getriebe

Zentral angeordnet, 3 Gänge

Abmessungen

Radstand:	2,75 m
Spurweite:	1,35 m

Höchstgeschwindigkeit: ca. 200 km/h

Besondere Merkmale:

20-Zoll-Gußräder, quadratische Entlastungsöffnung für Kompressor, außenliegender Auspuff; weit nach außen gerückte Hinterfedern.

88   Louis Chiron mit seinem Mechaniker Wurmser am
Steuer des schnellen, aber gefährlichen T 54 in Monza,
1932.

89   George Eyston mit einem T 54 in Brooklands beim
500-Meilen-Rennen, 1932. Obwohl hervorragende
Fahrer, fanden beide den Wagen schwierig zu meistern.

90   Dieser T 54, ursprünglich im Besitz des 1932 auf
der Avus tödlich verunglückten Fürsten Georg Christian
Lobkowicz, wird heute noch gefahren.

Typ 55 Super Sport

Auf ähnliche Weise, wie 1927 der Typ 43 aus dem T 35 B entstanden war, entwickelte Jean Bugatti nun seinen besten Entwurf, den T 55, indem er den hervorragenden T 51-Motor in den bereits vorhandenen T 47- oder T 54-Rahmen einbaute. Das Ergebnis war ein Wagen mit der Leistung des T 51-Motors, der, auf Normalbenzin abgestimmt, erstaunlich gefügig war. Auf das Fahrgestell kam eine herrliche, zweisitzige Karosserie, die mit ihren langen, fließenden Seitenlinien dem Royale-Roadster von Armand Esders nachempfunden war.

Für viele ist der T 55 das schönste Auto, das je gebaut wurde, obwohl dieses Urteil naturgemäß subjektiv ist. Hinzu kommt, daß der Wagen für seine Zeit überragende Fahrleistungen bot: 175 km/h Spitze und entsprechende Beschleunigung.

Einige Modelle wurden mit Coupé-Aufbauten versehen.

Technische Daten

Modell:	Super-Sport-Wagen
Baujahr:	1932—35
Gebaute Stückzahl:	38

Motor

Zylinder:	8
Nockenwellen:	2
Kurbelwellenlager:	3 + 1 Kugellager, 2 Rollenlager; rollengelagerte Pleuelstangen
Bohrung:	60 mm
Hub:	100 mm
Hubraum:	2272 ccm
Ventile pro Zylinder:	2
Kompressor	

Getriebe

Zentral angeordnet, 4 Gänge

91 *Der T 55 Roadster mit der von Jean Bugatti entworfenen Karosserie wird von vielen als der schönste jemals gebaute Sportwagen angesehen. Er ist im Grunde die Sportversion des T 51-Rennwagens.*

92 *Eines der wenigen in Molsheim gebauten Coupés des T 55.*

Abmessungen

Radstand: 2,75 m
Spurweite: 1,25 m

Höchstgeschwindigkeit: ca. 180 km/h

Besondere Merkmale:

T 51-Doppelnockenwellenmotor, T 51-Räder;
meist Roadster-Aufbau.

93 *Das Armaturenbrett des T 55 zeigt amerikanischen Einfluß.*

Typ 57, 57 C

Um seine Fabrik in Gang zu halten, mußte Ettore 1932 mehrmals nach Paris, wo er sich um Aufträge für seinen Schienenwagen bemühte. So zeichnete sein Sohn Jean für die Konstruktion eines neuen 3,3-Liter-Doppelnockenwellen-Motors verantwortlich, der den T 49 ablösen sollte. Auch das Fahrwerk war neu, wenn auch ganz nach Bugatti-Tradition; das mit dem Motor verblockte Synchrongetriebe zeichnete sich durch große Laufruhe aus.

Die Kurbelwelle lief in nur fünf Hauptlagern und einem Doppellager an der Motorrückseite. Nockenwellen- und Hilfsantriebe erfolgten über Zahnräder ebenfalls von der Motorrückseite aus. Die beiden Nockenwellen betätigten die Ventile nunmehr über Kipphebel oder »Finger«. Der Motor war in jeder Hinsicht gut, überaus kraftvoll und dabei laufruhig und elastisch.

Jean wollte die Vorderräder einzeln aufhängen, doch Ettore war dagegen, und so blieb das Fahrwerk konventionell.

Bis 1939 wurden hohe Stückzahlen produziert und dabei laufend Verbesserungen vorgenommen. So wurde der Motor in Gummi gelagert, dann (endlich!) das Bremssystem auf Lookheed-Hydraulik umgestellt und in der 57 C-Version zur weiteren Erhöhung der Motorelastizität ein Kompressor eingebaut.

94   *T 57 Ventoux.*

Technische Daten

Modell:	3,3-Liter-Tourenwagen
Baujahr:	1934–40, T 57 C ab 1937
Gebaute Stückzahl:	564 vom T 57, 96 vom T 57 C

Motor

Zylinder:	8
Nockenwellen:	2
Kurbelwellenlager:	6 Gleitlager
Bohrung:	72 mm
Hub:	100 mm

Hubraum:	3257 ccm
Ventile pro Zylinder:	2
Kompressor beim T 57 C	

Getriebe

Am Motor angeblockt, Synchrongetriebe, 4 Gänge, Kugelschaltung

Abmessungen

Radstand:	3,30 m
Spurweite:	1,35 m

Höchstgeschwindigkeit: ca. 160 km/h

Besondere Merkmale

Gerippte Kühlerhaube mit senkrechten Kühl-schlitzen, 18-Zoll-Rädern.

95   *T 57-Motor.*

96 T 57-Motor mit Kompressor.

97 Ein frühes Modell des T 57 Galibier, 1934.

98 T 57 Galibier, 1939.

99 T 57 mit der seltenen Aravis Karosserie, 1939.

Typ 57 S, 57 SC

Von 1936—38 wurde eine begrenzte Zahl von Sportwagen auf einem neuen Rahmen mit verkürztem Radstand hergestellt. Wegen der großen Produktionskosten aber mußte, nachdem etwa 40 Exemplare gebaut waren, von einer weiteren Fertigung abgesehen werden.

Der Rahmen wurde tiefergelegt, indem man die Hinterachse durch Aussparungen im hinteren Rahmenteil hindurchführte. Sonst aber entsprach das Modell mit Ausnahme der Motorabstimmung, des niedrigeren, für Trockensumpf-Schmierung ausgelegten Kurbelgehäuses und des sehr anspre-

chenden V-förmigen Kühlergrills weitgehend dem normalen T 57.

Die Fahrleistungen waren hervorragend, die Spitzengeschwindigkeit lag bei mindestens 180 km/h. Die Fahrwerke wurden mit sehr schönen Karosserien versehen, den Atalante-Coupés, in drei Fällen auch mit dem interessanten Atlantic-Aufbau; von allen Bugatti-Sportwagen sind diese wohl die begehrtesten.

Bei einigen dieser Wagen war von vornherein ein Kompressor eingebaut, andere wurden erst nachträglich zu »SC«-Modellen umgerüstet.

Technische Daten

Modell:	Sportversion des T 57
Baujahr:	1936−38
Gebaute Stückzahl:	41

Motor

Zylinder:	8
Nockenwellen:	2
Kurbelwellenlager:	6 Gleitlager
Bohrung:	72 mm
Hub:	100 mm
Hubraum:	3257 ccm
Ventile pro Zylinder:	2
Kompressor beim T 57 SC	

Getriebe

Am Motor angeblockt, Synchrongetriebe,
4 Gänge, Kugelschaltung

Abmessungen

Radstand:	2,98 m
Spurweite:	1,35 m

Höchstgeschwindigkeit: ca. 180 km/h

Besondere Merkmale

V-Kühler, niedrige Bauweise, Hinterachse durch
Rahmen geführt.

*100   T 57 S mit Corsica-Roadster-Karosserie, ur-
sprünglich im Besitz von Sir Malcolm Campbell.*

101   T 57 mit Karosserie von van Vooren, 1935.

102 T 57 S Atalante mit herunterklappbarem Verdeck.

103 T 57 S Atalante.

104 *T 57 S Atalante,*
im Besitz von Lord Cholmondely.

105 *T 57 SC Atlantic.*

106　T 57 SC Atlantic.

Typ 59 Grand Prix

Bugattis letzter Grand-Prix-Wagen hatte einen
T 57 SC-Motor in einem neuen Rahmen und war
überaus reich an Neuerungen. Durch Doppelun-
tersetzung an der Hinterachse war der Übertra-
gungsweg verringert, eine geradezu geniale Neuerung waren die Alugußräder mit Klaviersaitenspei-
chen und durch Verzahnung mit der Felge verbundene Bremstrommeln, wodurch die Fliehkraft aufgefangen wurde. Der Auspuff lag außen, die Karosserie folgte in ihrer Linienführung den früheren,
kleineren Grand-Prix-Wagen. Die Karosserieble-
che des spitz zulaufenden Hecks waren vernietet,
wie dies schon bei der Atlantic-Version des T 57 S
der Fall gewesen war. Trotz einiger Erfolge in den

107　Drei Wagen des T 59 in Montlhéry, 1934, mit
Nuvolari, Benoist und Dreyfus. Der Motor war abgeleitet vom T 57 SC.

108   *T 59 in Prescott Hill (Bugatti Owners Club).*

109   *T 59 in Silverstone.*

Jahren 1934 und 1935 hatte der Wagen keine Aussichten, gegen die neuen deutschen Rennautos zu bestehen. So wurde er schließlich nur noch von Amateuren in England eingesetzt oder, mit Wimille am Steuer eines werkseigenen Wagens, bei kleineren Sportwagenrennen und ähnlichen Veranstaltungen. Doch bleibt der T 59 der Höhepunkt in der Reihe zweisitziger Rennwagen.

Technische Daten

Modell:	3,3-Liter- Grand-Prix-Wagen
Baujahr:	1934–36
Gebaute Stückzahl:	4 ausgeliefert; 1–2 verblieben im Werk

Motor

Zylinder:	8
Nockenwellen:	2
Kurbelwellenlager:	6 Gleitlager
Bohrung:	72 mm
Hub:	100 mm
Hubraum:	3257 ccm
Ventile pro Zylinder:	2
Kompressor	

Getriebe

Zentral angeordnet, mit doppelter Hinterachsuntersetzung, 4 Gänge

Höchstgeschwindigkeit: über 250 km/h

Besondere Merkmale:

Bugatti-Klaviersaitenräder, außenliegender Auspuff, weit nach außen gerückte Hinterfedern, de-Ram-Stoßdämpfer; Motor ähnlich dem T 57 SC.

110   Ein T 101-Coupé, die Nachkriegsversion des T 57.

111   T 101-Cabriolet.

Typ 101

Nach Ettore Bugattis Tod im Jahre 1947 wurde das Werk in Molsheim noch einige Zeit weitergeführt; man bemühte sich um die Wiederaufnahme der Autoproduktion. 1951 versuchte man, die Fertigung des Typs 57 in veränderter Form als Typ 101 wieder anlaufen zu lassen. Das Modell war bis auf wenige Änderungen im Detail praktisch mit dem Vorkriegswagen identisch. Sechs Exemplare wurden fertiggestellt, die Aufbauten stammten von Gangloff in Colmar. Die Motoren waren mit Kompressor versehen, einige Wagen hatten Elektro-Cotal-Getriebe, wie es ja auch schon bei einigen Vorkriegsmodellen verwendet worden war.

Der Produktionsversuch schlug fehl, und obwohl alle gebauten Wagen verkauft wurden, war klar, daß für ein derartiges Auto, mit seiner aus der Vorkriegszeit stammenden, starren Vorderachse und seinem Mangel an technischen Feinheiten und moderner Ausstattung, kaum Marktchancen bestanden.

Technische Daten

Modell: Nachkriegsversion
                          des T 57
Baujahr: 1951−52
Gebaute Stückzahl: 6

Motor

Zylinder: 8
Nockenwellen: 2
Kurbelwellenlager: 6 Gleitlager
Bohrung: 72 mm
Hub: 100 mm
Hubraum: 3257 ccm
Ventile pro Zylinder: 2
Kompressor

Getriebe

Am Motor angeblockt, Kugelschaltung,
4 Gänge (oder Elektro-Cotal-Getriebe)

Abmessungen

Radstand: 3,30 m
Spurweite: 1,35 m

Höchstgeschwindigkeit: ca. 160 km/h

Besondere Merkmale:

Gewölbter Kühlergrill in die Karosserie integriert.

112 Das Fahrgestell des T 101.

BUGATTI IN DEUTSCHLAND

Sucht man historisches Material über die Anfänge der bedeutenden Automobilkonstruktionen Bugattis zwischen 1900 und 1910, so ist man auf Zeitschriften, zeitgenössische Photographien und, wenn erreichbar, auf Entwurfszeichnungen angewiesen. Der Verfasser hatte das Glück, über einen Zeitraum von etwa zwanzig Jahren hinweg viel wesentliches Material finden und sammeln zu können. Viel Hilfe kam dabei von Ettores Tochter L'Ebé, die großzügig Einblick in ihre Akten gewährte. Herr Gilbert de Dietrich, der Präsident der De-Dietrich-Gesellschaft in Niederbronn, öffnete seine Archivschränke, in denen dann unerwartet viele Zeichnungen für die Automobile von 1902–04 gefunden wurden.

Besonderen Dank schulde ich Herrn Uwe Hucke, in dessen Besitz sich zahlreiche der noch erhaltenen Papiere aus den persönlichen Akten Bugattis befinden. In Diskussionen mit ihm wurden viele Fakten geklärt, Datierungen festgelegt und eine vermutlich jetzt stimmende Liste der Bugatti-Modellnummern erarbeitet, wenn auch für die genaue Zuweisung der Typen 3, 4 und 5 noch einige Zweifel bestehen (obwohl die Angaben hierzu mit Sicherheit von de Dietrich selbst stammen).

Mailand

Über die Jugendjahre Ettore Bugattis sind wir durch seine Tochter L'Ebé (*L'Epopée Bugatti,* La Table ronde, Paris 1966) und durch andere Biographen gut unterrichtet. Im Atelier der Familie zum Umgang mit Werkzeugen zur Holzbearbeitung angeregt, interessierte er sich mehr für die »mechanisch-technische Künste«, begeistert vor allem durch die im Norden Italiens und in Frankreich rasch entwickelte neue Technologie des Verbrennungsmotors. Er bewarb sich mit Erfolg um eine Lehrlingsstelle in der großen Mailänder Fahrradfa-

brik Prinetti & Stucchi, wo er sein Gespür und sein natürliches Verständnis für Maschinen entwickelte und Metallverarbeitung erlernte. Damals ging ein intelligenter, technisch interessierter junger Mann nicht auf eine entsprechende Fachschule, sondern er erlernte sein Handwerk mit Augen und Händen unter der Anleitung eines älteren, erfahrenen Meisters.

Die neuen treibstoffgetriebenen Motoren wurden bald in Zwei- und Dreiräder eingebaut. Die Firma de Dion war der Wegbereiter für die Produktion von standardisierten Ein- und Zweizylinder-Motoren, die andere Fabriken wiederum in ihre neu entwickelten Fahrzeuge einbauten. Bugatti durfte hierbei mitarbeiten, und er errang bald einen Ruf als Fahrer auf Rennen, die damals regelmäßig zwischen den Städten der lombardischen Tiefebene veranstaltet wurden.

Ein Dreirad genügte Bugatti jedoch bald nicht mehr, und so entstand ein vierrädriges Fahrzeug, das er später »Typ 1« nannte. Es handelte sich wahrscheinlich um ein Fahrzeug mit fahrradähnlichem Gestell und mit zwei oder auch vier Motoren (die Nachrichten darüber sind widersprüchlich). Von dieser Konstruktion wissen wir eigentlich nur, daß sie bei Prinetti & Stucchi gebaut wurde und daß, weil die Firma an der Weiterentwicklung von Motorfahrzeugen nicht interessiert war, Bugatti von dort wegging, um auf diesem Gebiet weiterzulernen.

Entschlossen, ein vollständiges Auto herzustellen, hatte Bugatti im Jahre 1900 das Glück, finanzielle Unterstützung von den Grafen Gulinelli, Freunden seines Vaters, zu erhalten. Das Ergebnis war der erste richtige Bugatti-Wagen mit einem Vierzylinder-90×90-mm-Motor, mit vier Gängen, Kettenantrieb und einer zweisitzigen »Karosserie«, der Bugatti Typ 2. Diese Arbeit eines 19jährigen ist schon beachtlich, selbst wenn man zugibt, daß damals in Mailand eine Fülle von Werkstätten arbeitete, die Einzelteile, Chassisrahmen, Federn und Räder herstellten. Es gab auch schon eine Reihe leistungsfähiger Gießereien, ohne die Bugatti kaum so erfolgreich gewesen wäre.

Niederbronn

Als dieses Auto im Sommer 1901 auf einer internationalen Ausstellung in Mailand gezeigt wurde, erregte es großes Aufsehen und wurde mit einem der Hauptpreise ausgezeichnet. Zahlreiche Fabrikanten, die sich für die serienmäßige Produktion von Kraftfahrzeugen interessierten — ein Industriezweig, der noch unerschlossen war —, sahen dieses Auto. Unter ihnen befand sich auch Baron de Dietrich von der Firma gleichen Namens bei Niederbronn im Elsaß. Er stellte bereits Kraftfahrzeuge her, insbesondere Busse und Lastwagen, und suchte nun ein Automodell, das er in die Produktion aufnehmen konnte. Er bot dem offensichtlich begabten jungen Konstrukteur die Anstellung für die Planung einer Reihe von Fahrzeugen an, die in Niederbronn hergestellt werden sollten. Der Typ 2 war für die Fertigung zu klein, sein Entwurf und seine Funktion jedoch waren hervorragend. Gewünscht wurden nun größere Versionen desselben Wagentyps. Daher wurde mit Carlo und seinem minderjährigen Sohn ein Lizenzvertrag geschlossen. Eine vor kurzem vorgenommene Überprüfung dieses Vertrages brachte eine Reihe von bisher anscheinend unbekannten Tatsachen in aller Ausführlichkeit ans Licht.

Die Lizenz datiert vom 26. Juni 1902; Vertragspartner waren Ettore Bugatti (die Unterschrift leistete der Vater Carlo) und die De Dietrich-Gesellschaft. Als Honorar wurde die Summe von 50000 französischen Francs sowie ein Gewinnanteil für die produzierten Automobile vorgeschlagen.

Dieser Ertragsanteil wurde wie folgt veranschlagt:

    400 frs für jeden 10-PS-Wagen
    500 frs für jeden 15-PS-Wagen
  2000 frs für jeden »Rennwagen«

Das Geld sollte in Teilzahlungen ausgeworfen werden und zwar nach folgendem Plan:

19000 frs für »sein Auto« — hier handelt es sich ohne Frage um den Musterwagen (Typ 2)

11000 frs sobald »er sich hier in (Niederbronn) eingerichtet und sämtliche Aufzeichnungen und Muster für den Rennwagen geliefert hat«

 6600 frs sobald der 15-PS-Wagen vollständig und »mise à point« — d. h. vollkommen entwickelt sei

 6600 frs sobald der 10-PS-Wagen ebensoweit sei.

Der Rest (6668 frs) nach Vollendung des »Omnibusses«.

Aus diesen Vereinbarungen geht demnach hervor, daß der Prototyp Bugattis nach Niederbronn gelangte (und verschollen ist) und daß von Anfang an die Entwicklung eines Rennwagens geplant und auch die Produktion eines Omnibusses beabsichtigt war. Wir wissen zwar, daß de Dietrich eine Reihe solcher Fahrzeuge hergestellt hat, es gibt jedoch keine Beweise dafür, daß Bugatti jemals einen Entwurf dafür erarbeitet hätte.

Gewißheit besteht nur darüber, daß Bugatti drei Typen für de Dietrich konstruiert hat. Soweit wir aufgrund von Originalzeichnungen und deren Datierung Schlüsse ziehen können, lautet die korrekte Folge der Modelle:

Typ 3, 16 PS, 114x130 mm = 5,307 Liter
Typ 4, 24 PS, 130x140 mm = 7,433 Liter
Typ 5, 60 PS, 160x160 mm = 12,867 Liter, Rennwagen

Schlüssige Beweise für diese Typenfolge fehlen uns, da die Nummern auf den erhaltenen Zeichnungen nicht verwendet wurden; sie alle sind als »système Bugatti« bezeichnet, und die Wagen wurden als »De Dietrich-Bugatti« verkauft, da die Firma außerdem auch die französische Konstruktion Turezt-Mony herstellte.

Unsere Kenntnisse von den Typen 3 bis 5 bei de Dietrich entnahmen wir persönlichen Aufzeichnungen Bugattis in den noch erhaltenen Akten aus seinem Nachlaß. Alle drei Versionen hatten je vier Zylinder mit obenliegenden Ventilen, die jeweils durch ein Paar Nockenwellen im Kurbelgehäuse angetrieben wurden, ein sehr früher, wenn nicht überhaupt der früheste Entwurf von hängenden Ventilen. Diese Ventile wurden durch *Zug-* anstelle von *Schub*stangen betrieben und hatten Kipphebel, die es ermöglichten, die Bewegungsrichtung in der heute üblichen Weise umzukehren, ein gutes Beispiel für das originelle oder »laterale« Denken von Ettore. Die Zylinder wurden paarweise gegossen; dadurch, daß man sie in Kupfer- (später Aluminium-)»Buchsen« einsetzte, gelang es, Kühlwassermäntel herzustellen. Betrachtet man den Zylinderblock, so fällt auf, daß die Auspuffkanäle über eine Gußleitung von den obenliegenden Ventilöffnungen zur Unterseite des Blocks geführt wurden, um dadurch die Gase abzukühlen oder das Wasser zu erwärmen! Heute wählt man dieses System, um die Einlaßkanäle aufzuwärmen. Was Ettore damit beabsichtigte, ist nicht ganz klar.

Zwei Nockenwellen an der Vorderseite des Motors wurden über Zahnräder angetrieben; sie lagen ungeschützt frei, so daß dies wohl die Ursache für Lärm und Verschleiß war. Die Ventile wurden über L-förmige Ausgleichsträger von Zugstangen in Bewegung gesetzt, eine zwar interessante, doch nicht ganz gelungene Lösung, die Ettore später, als die Geschwindigkeiten zunahmen, nicht mehr verwendete.

Für die Zündung wurde pro Zylinder je eine Spule eingesetzt. Gezündet wurde der Funken durch einen rotierenden Hebel, der jeweils den Hauptkreis jeder Spule schloß und wieder abriß. Im Gegensatz dazu wird heute nur eine einzige Spule verwendet, deren Funken reihum auf alle Zylinder verteilt werden. Bugatti war damals auf sich selbst gestellt und hatte keinen Robert Bosch, der ihm bei der Entwicklung behilflich gewesen wäre.

Kurbelwelle und Pleuelstange waren in der damals typischen Weise gebaut. Ein Ingenieur wird heute sicherlich die »Aushöhlung« der Kurbelzapfen erkennen, die vor der Erfindung des Kurbelzapfenschleifens spezielle Drehbänke erforderte, die dafür aber kein breiteres Lager zuließ.

Soviel aus den Zeichnungen und den zugänglichen Quellen hervorgeht, wurden die Lager mittels Tropfen aus einem Tank geschmiert, da es noch keine Ölpumpen gab.

Vermutlich übernahm Bugatti Konstruktionen von Lagern, die er an Werkzeug- und Eisenbahnmaschinen gesehen hatte, Lager, die geschmiert wurden, um Reibung zu vermeiden. Man erreichte dies damals, indem Schweröl tropfenweise oder von Zeit zu Zeit aus einem Ölbehälter zugesetzt wurde! Erst 1928 konnte Bugatti davon überzeugt werden, daß ein größerer Zufluß dünnflüssigen Öls zur Kühlung der Lager notwendig sei, die sich trotz Schmierölzusatz aufgrund der Reibung erhitzten. Bis dahin hatte sein »System Bugatti« in seinen Rennwagen, die zusätzlich Kugel- und Walzenlager hatten, hinlänglich gut funktioniert. Der Motor selber war auf einen Unterrahmen montiert, der wiederum mit dem Chassis verbunden war.

Die Kupplung bestand aus einem mit Ledereinsatz versehenen Kegel; hier ist erneut Bugattis Fähigkeit zu erkennen, eine Konstruktion vom Üblichen abweichend in ganz eigener Weise zu gestalten. Der konvexe innere Kegel findet sich auf der Motorachse, der schwerere, äußere Kegel auf dem Getriebekasten − genau das Gegenteil der sonst gebräuchlichen Lösung!

Beachtung verdient auch die Konstruktion des Getriebekastens, wobei zu vermuten ist, daß manches auf die Möglichkeiten der damals verwendeten Drehbank zurückzuführen ist. Die Einlaßwellen der Kupplung befinden sich unten, der Auslaß hin zu Querantrieb und Ausgleichsgetriebe oben. Der Fahrer selbst saß weit oberhalb dieser Anordnung. Eine Gruppe von vier Zahnrädern, die auf der Einlaßwelle hinein- und wieder herausgleiten, greift ineinander. Hierbei folgen die vier Vorwärtsgänge und ein Rückwärtsgang aufeinander, ebenso, wie es bei heutigen Motorrädern der Fall ist. Das bedeutet, daß man auf 1−2−3−4 hochschaltete und erst wieder stufenweise 4−3−2−1 zurückschalten mußte, um in den Leerlauf zu gelangen, obwohl ein sogenannter Leerlauf zwischen jedem Gangpaar existierte. Ein Wechsel zwischen den Gängen muß wegen der schweren Zahnräder, die dafür verwendet wurden, mühsam gewesen sein. Da alle Gänge ungenau waren, war das Schalten demzufolge recht laut. Obwohl eine Zeichnung der Gleitfolge erhalten ist, bleibt es doch fraglich, wie der Rückwärtsgang einzulegen war, − es sei denn, man

303

schob den Haupthebel in eine fünfte Position und setzte eine genau umgekehrte Gruppe von Gängen in Bewegung. Die Lösung dieses Problems, von dem nur unzureichende Daten zur Verfügung stehen, erweist sich als eine interessante Denksportaufgabe!

Die Konstruktion des Ausgleichsgetriebes, des Kronrades und des Zahnrades aus dem Jahre 1902, die die beiden Zahnräder für den Kettentrieb zu den hinteren Rädern bewegen, zeigt deutlich, daß Bugatti schon in frühen Jahren die Finessen des dreidimensionalen Schaltens entdeckt hatte –, man kann überhaupt feststellen, daß dieses besondere Problem in allen Bugatti-Entwürfen bis Ende 1940 immer ausgezeichnet gelöst wurde.

Die Modelle

Insgesamt sind gar nicht sehr viele De Dietrich-Automobile produziert worden, gewiß weit unter 100 (es existieren Unterlagen von 63 Motoren). Angenommen, wir lassen Bugattis persönlichen Anspruch auf drei Modelle (Typ 3, 4 und 5) gelten, so haben wir auch zu akzeptieren, daß jedes Modell im Lauf der Jahre und durch fortschreitende Entwicklung Veränderungen durchmachte. Die beiden »normalen« Tourenwagen ähnelten sich sehr, die Rennwagen dagegen unterschieden sich merklich voneinander. In der Tat gab es zwei ausgesprochen unterschiedliche Rennwagen. Das Auffällige an ihnen war, daß der Fahrer nach dem Willen Bugattis im Wagen am hinteren Ende über der Hinterachse saß und, wie in einer Hansom-Droschke, von dort aus den Wagen chauffierte.

Den ersten dieser Wagen, den er wahrscheinlich aufgrund seiner vertraglichen Verpflichtung zum Bau eines Rennwagens konstruierte, ist er anscheinend im Frankfurter Rennen am 31. August 1902 gefahren. Wenn de Dietrich im Juni 1901 auf der Mailänder Ausstellung eine Abmachung mit Bugatti getroffen hatte, der erst im Juni 1902 ein formeller Vertrag folgte, Bugatti aber bereits im August 1902 einen neuen Rennwagen fuhr, ist anzunehmen, daß er schon längst mit der Konstruktion eines neuen Autos, ganz gleich, ob Renn- oder Tourenwagen, beschäftigt gewesen ist. Es ist in der Tat nicht bekannt, wo er sich während der zwölf Monate von Mitte 1901 an aufgehalten hat.

Abgesehen von der Gestaltung der Chassis ist die Ähnlichkeit der beiden Tourenwagen und des »Frankfurter Rennwagens« groß. Das Auto, das wir nun als Typ 5 bezeichnen, war wesentlich größer, hatte vier Zylinder (160 x 160 mm), etwa 12,9 Liter und sollte an dem berüchtigten Paris–Madrid-Rennen teilnehmen; die Regierung ließ dieses Rennen dann auch in Bordeaux abbrechen, nachdem sich zahlreiche tödliche Unfälle ereignet hatten (auch Marcel Renault verunglückte damals). Obwohl einige »andere« De Dietrich-Wagen zugelassen wurden und auch Rennen liefen, erhielt die neue Bugatti-Konstruktion keine Starterlaubnis. Begründet wurde dies mit der rückwärtigen und zu niedrigen Position des Fahrers, dessen Sicht nach vorn behindert war. Darauf verlegte Bugatti den Fahrersitz nach vorn und erhöhte ihn. Er setzte den Wagen zumindest bei einem Rennen 1904 ein. Aus einigen erhaltenen Skizzen, die Modifizierungen zeigen, läßt sich schließen, daß diese frühen Automodelle sehr häufig Veränderungen unterworfen waren. Der Grund dafür liegt darin, daß sich Ettore und de Dietrich, ja die ganze junge Automobilindustrie, noch kaum auf Erfahrungen stützen konnten.

Ein De Dietrich-Katalog jener Zeit vermerkt zwei Motorgrößen (18–22 PS und 30–34 PS) sowie zwei Fahrgestellgrößen: die »Normalversion« mit 2,4 m Radstand und 1,25 m Spurweite, und die »Limousinenversion« mit 2,85 m Radstand und 1,35 m Spurweite (Abmessungen, die sich auch bei den späteren in Molsheim produzierten Bugatti-Wagen immer wieder finden). Bei beiden Fahrgestellausführungen waren die Hinterräder größer als die Vorderräder (z. B. vorn 870 x 90, hinten 880 x 120 beim Normalchassis).

Die Tourenwagen erzielten gewisse Verkaufserfolge, wozu Bugattis Renneinsätze vermutlich einiges beitrugen. Ein Wagen wurde auf Automobilausstellungen in Wien (1903), Berlin, und, unter dem Namen »Burlington«, 1904 in London gezeigt. So sehr man auch an der Zuverlässigkeit einer so neuen und unerprobten Konstruktion zweifeln mag, so ist doch nicht zu leugnen, daß Bugatti schon zu dieser frühen Zeit von einigen seiner Kunden geradezu überschwengliche Zeugnisse ausgestellt bekam (siehe den untenstehenden Zeitungsausschnitt).

Das Verhältnis zwischen Bugatti und de Dietrich scheint sich 1904 verschlechtert zu haben. Es heißt, daß sich de Dietrich wegen mangelnder Rentabilität aus dem Autogeschäft zurückziehen wollte. Vieles spricht aber dafür, daß der junge Bugatti zuviel von ihrem gemeinsamen Geld und seiner eigenen Zeit für Rennwagen aufwandte, anstatt die Ursachen für Kundenreklamationen zu beheben.

In Bugattis persönlicher Akte findet sich der Brief eines Rechtsanwalts, der das Abkommen für beendet erklärt. Der Brief ist mit 1. Febr. 1904 datiert, also wenige Tage vor der Londoner Automobilausstellung. Wie die Einstellung der Produktion bei de Dietrich vor sich ging, ist nicht bekannt. Viele »Système Bugatti«-Skizzen befinden sich heute noch im Reichshoffener Werk; wir wissen auch, daß die persönlichen Beziehungen zwischen de Dietrich und dem jungen Bugatti noch jahrelang recht herzlich blieben.

Eigenschaften, welche bei dem Artikel besonders zu schätzen sein dürften. Der Preis ist trotzdem sehr mässig gestellt.

Die grössten Automobilwerke des In- und Auslandes verwenden bereits die Gummibuffer mit bestem Erfolg und sollte kein Automobilist, dessen Wagen noch nicht mit solchen Buffern ausgestattet ist, es versäumen, unverzüglich in seinem eigenen Interesse denselben damit montieren zu lassen. Es wird ihm mancher Bruch am Wagen, speziell der Federn, und dadurch viel Verdruss erspart bleiben.

•

Die hervorragenden Eigenschaften der Automobile **de Dietrich Lic. E. Bugatti** haben demselben schon viele Anerkennungen verschafft und alle Besitzer solcher Wagen haben ihre grösste Zufriedenheit damit ausgesprochen. Als neuer, sehr wertvoller Beweis der erstklassigen Beschaffenheit der Bugatti-Wagen diene ein Schreiben des in amerikanischen Sportskreisen bekannten Generals Mc Coskry Butt, der sich während seines Aufenthaltes in Europa einen 24 PS de Dietrich-Wagen Lic. Bugatti zugelegt hat. Da betreffender Herr schon Besitzer von Automobil-Wagen und Booten ist, hat sein Urteil als dasjenige eines Kenners grossen Wert. Er schreibt an Herrn E.E.C. Mathis, Generalvertreter der Automobile de Dietrich:

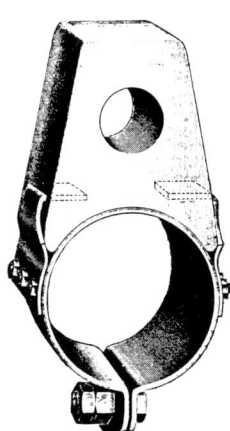

Form 7349

„Antwortlich Ihres Geehrten vom 22. August, in welchem Sie mich fragen, ob ich mit dem mir am 15. April 1904 gelieferten 24 PS de Dietrich-Wagen, Lic. Bugatti, zufrieden bin, erlaube ich mir Ihnen mitzuteilen, dass es meiner Ansicht nach unmöglich ist, eine bessere Maschine zu konstruieren.

Ich habe den Wagen von Strassburg nach Dresden via Frankfurt gefahren und benutzte ihn täglich während der Monate April, Mai, Juni, Juli und August für Touren von ca. 150 km jede, darunter mehrere grosse, wovon die eine folgenden Verlauf hatte: Quer durch den fränkischen und schwäbischen Jura über Nürnberg nach den südlichen Vogesen, über Belfort nach Gray und Besançon; dann in einer einzigen Etappe von Gray nach Amiens (440 km in 11 Stunden); von Amiens nach Metz über Sedan durch die

Ardennen und zuletzt durch die nördlichen Vogesen über Bitsch nach Strassburg.

In diesen harten Bergfahrten setzte die Maschine nie aus und während der Zeit, in der ich den Wagen besitze, hatte ich nie eine „Panne" irgend welcher Art. Die

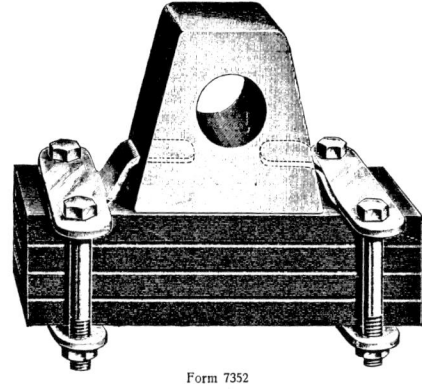

Form 7352

Maschinerie ist, wie Sie sich überzeugt haben, in demselben Zustande wie am Tage der Abnahme.

Aus diesem Grunde bin ich bereit, einen Ihrer neuen 40 PS „Hermes"-Wagen, Lic. E. Bugatti, zu kaufen, da

Form 7449

dieser Motor den besonderen Vorteil bietet, für ein Automobil-Boot verwendet werden zu können, während der Zeit, in der ich ihn im Wagen nicht benutzen kann.

Mit vorzüglicher Hochachtung
Mc Coskry Butt, Brg.-Gen. N.Y.

(aus: *Automobil-Welt*, 1904, S. 1075) Photo des Originals

Emil Mathis hatte die Straßburger De Dietrich-Vertretung und war etwa so alt wie Bugatti. Zwischen den beiden entwickelte sich eine Freundschaft, und so war es nur natürlich, daß Mathis Bugatti nach seinem Bruch mit de Dietrich ein gemeinsames Projekt zum Entwurf und Bau von Autos vorschlug, deren Verkauf er übernehmen würde.

So unterzeichnete Mathis ein paar Wochen später, am 1. April 1904, einen Lizenzvertrag mit Bugatti mit einer vorläufigen Geltungsdauer von zwei Jahren, worin sich Bugatti zum Entwurf eines neuen Autos für Mathis verpflichtete. Der Wagen sollte als »Hermes« bekannt werden und wurde von der Société Alsacienne de Construction Méchanique (S.A.C.M. oder »Elsässische Maschinenbaugesellschaft«) in Illkirch-Grafenstaden bei Straßburg gebaut. Die Lizenzbedingungen waren in einem Brief von Mathis an Bugatti vom 31. März 1904 festgelegt:

1) Mathis würde die Kosten für den Prototyp, die einen Betrag von 12000 bis 15000 Mark nicht übersteigen sollten, übernehmen.

2) Mathis würde ein weltweites Herstellungsmonopol für den Wagen unter der Bedingung beanspruchen, daß der Prototyp seinen Vorstellungen entspräche. In diesem Falle wollte er sich vertraglich zum Bau von 12 bis 15 Fahrgestellen innerhalb des nächsten Jahres verpflichten.

3) Mathis würde bei einer Jahresproduktion von 12 Wagen eine Lizenzgebühr von 2000 Francs je Wagen entrichten, die sich bei einer Jahresproduktion von 500 Stück auf 600 Francs pro Stück verringern sollte.

4) Der Selbstkostenpreis sollte 10000 Mark nicht überschreiten; bei einer Unterschreitung war eine Gewinnbeteiligung vorgesehen.

5) Der Hinweis »Lizenz Bugatti« durfte in der Werbung nie fehlen.

Bugatti richtete unverzüglich ein Konstruktionsbüro im Dachgeschoß des Hotel de Paris in der Rue de la Nuée Bleue in Straßburg ein, das Mathis' Vater gehörte. Schon bald gewann er Ernest Friderich, einen von Mathis' Mechanikern, als Mitarbeiter, der ihm noch viele Jahre lang als Assistent

zur Seite stand und schließlich die Bugatti-Vertretung in Nizza übernahm.

In vielem glich das neue Auto der De Dietrich-Konstruktion, wies aber in einer Reihe wichtiger Punkte Verbesserungen auf. So wurden nur noch die Einlaßventile von oben über das gleiche Schubstangensystem betätigt; die Auslaßventile lagen seitlich unterhalb der Einlaßventile und wurden durch normale Stößel von einer Nockenwelle aus betätigt. Die Nockenwelle wurde von einem im Kurbelgehäuse untergebrachten, angeblich aus Fiber bestehenden Zahnradsatz angetrieben. Eine Ölpumpe wurde eingebaut, die aber das Öl weiterhin kleinen Düsen zuführte; an die Stelle der Spulenzündung trat eine Magnetzündung.

Die Kupplung wurde wesentlich verbessert. Sie hatte nun eine zwischen den beweglichen Teilen des Schwungrades geklemmte einzelne Scheibe an der Getriebewelle, was den Gangwechsel sehr erleichterte. Die vom Getriebe wegführende Welle lag nun unter der Motorachse, so daß das Getriebe jetzt tiefer im Fahrgestell saß. Eine weitere, vom »System Mercedes« übernommene große Verbesserung war die Verwendung von Schaltstangen für den Gangwechsel, die es im Gegensatz zur früheren De Dietrich-Konstruktion gestattete, beim Schalten Gänge zu überspringen.

Wie bisher wurden die Hinterräder durch Kette angetrieben, die Konstruktion des Fahrgestellrahmens war einfach, ein Hilfsrahmen für den Motor fehlte.

Laut Bugatti gehörten die Typen 7 und 8 zur Mathis-Serie. Der erste Mathis-Katalog allerdings enthält folgende Angaben:

50 PS, Bohrung: 136 mm, Hub: 150 mm
60 PS, Bohrung: 140 mm, Hub: 150 mm
90 PS, Bohrung: 160 mm, Hub: 160 mm

Aus anderen Quellen geht hervor, daß sich die Bezeichnung Typ 7 auf die ersten beiden Versionen bezieht, Typ 8 auf die größere. Die im Mathis-Katalog von 1906 angeführten PS-Zahlen scheinen allerdings etwas übertrieben — er nennt 50-, 80- und 120-PS-Modelle!

Der Wagen verkaufte sich recht gut; das erste Fahrgestell (Nr. 351) wurde am 15. April 1905 an einen gewissen Burlington geliefert, zweifellos eben jenen Londoner Geschäftsmann, der die im Jahr zuvor angekündigte De Dietrich-Version bestellt und nie erhalten hatte. Dieses englische Fahrgestell wurde mit Erfolg verwendet und kam mindestens einmal beim Southport-Sandbahnrennen zum Einsatz.

1905 wurden noch sieben weitere Wagen geliefert, bis auf ein 90-PS-Modell alles Versionen mit 50 oder 60 PS. Zu den Kunden zählten der Technische Direktor von Deutz, Langen, und ein gewisser Butt, bei dem es sich sicherlich um den bekannten General handelt. 1906 folgten noch sechs, 1907 nur noch ein Wagen. Im April 1907 scheint die Produktion nach einer Gesamtstückzahl von 15 Autos aufgehört zu haben.

Der zweijährige Lizenzvertrag lief wie vorgesehen im März 1906 aus. Es existiert ein Brief von Bugatti an Mathis, in dem er anfragt, ob dieser die Lizenz erneuern wolle, bei einer garantierten Stückzahl von zwanzig Wagen im Jahr. Mathis' Antwort ist nicht bekannt, es ist aber anzunehmen, daß die Vereinbarung formlos weiterlief. Es ist jedenfalls erwiesen, daß es Reklamationen von Kunden gab, und daß sich Ettore nicht darum kümmerte. Daraufhin kündigte Mathis enttäuscht die Partnerschaft auf.

Köln-Deutz

Welche Gründe auch immer den Bruch mit Mathis herbeigeführt haben mögen, fest steht jedenfalls, daß Bugatti Anfang 1907 mit der Kölner Gasmotoren-Fabrik Deutz in Verhandlungen stand, die ins Autogeschäft einsteigen wollte. Der Technische Direktor Langen kannte Bugatti wohl bereits und schätzte dessen Fähigkeiten aufgrund der Erfahrungen, die er mit dem Mathis-Wagen gemacht hatte, hoch ein. Im März 1907 nahm Bugatti die Arbeit an einem neuen Auto auf, und am 1. Sept. desselben Jahres wurde ein formeller Lizenzvertrag mit fünfjähriger Laufzeit unterzeichnet. Er enthielt folgende Vereinbarungen:

1) Deutz behielt sich das Exklusivrecht für den Bau der neuen Konstruktion vor, obwohl Bugatti bestimmte Patentrechte besaß.
2) Bugatti sollte »wie ein Angestellter« voll beschäftigt sein und in der Fabrik arbeiten, um die Arbeit überwachen zu können.
3) Vertragsgegenstand war eine Summe von 100 000 Mark, wovon 50 000 bei Vertragsunterzeichnung, der Rest innerhalb von 18 Monaten zahlbar waren.
4) Bugattis Gehalt sollte 1000 Mark im Monat betragen.
5) Die Lizenzgebühr wurde mit 500 Mark je Wagen für die ersten zwanzig Einheiten im Jahr festgesetzt und sollte bei einer Jahresproduktion von 200 Stück auf 80 Mark sinken.
6) Bugatti konnte die Lizenz widerrufen, sollte nicht im ersten Jahr eine Summe von 6000, im darauf folgenden eine von 10 000 Mark fällig werden.

Im nachhinein kann man die Geschicklichkeit, mit der der erst 26jährige Bugatti mit dieser großen Firma derart günstige Konditionen aushandelte, nur bewundern. Sicherlich kamen ihm dabei seine Persönlichkeit und seine italienische Herkunft zugute.

Bugatti konstruierte für Deutz zwei Grundtypen, den Typ 8 und den Typ 9, wobei Deutz verschiedene Varianten angab:

Typ 8 A   40−60 PS, Bohrung: 145 mm, Hub: 150 mm

Typ 8 B   24−40 PS, Bohrung: 124 mm, Hub: 130 mm

Typ 8 C   20−30 PS, Bohrung: 110 mm, Hub: 130 mm

Alle Typ 8-Modelle hatten Kettenantrieb.

Typ 9 A   24−40 PS, Bohrung: 124 mm, Hub: 130 mm

Typ 9 B   24−40 PS, Bohrung: 124 mm, Hub: 130 mm

Typ 9 C   120−30 PS, Bohrung: 110 mm, Hub: 130 mm

Alle Typ 9-Modelle hatten Kardanantrieb.

TYP 8

Ganz abgesehen davon, wie der kommerzielle Erfolg der von Bugatti entworfenen Autos ausblieb, die Konstruktionen an sich waren jedenfalls hervorragend.

Der Motor hatte nun zwei hängende Ventile in einem aus einem Stück gefertigten Gußeisenblock, wobei auch der Wassermantel aus Guß war. Die obenliegende Nockenwelle wurde über eine Königswelle und Kegelräder angetrieben. Von der Nockenwelle wurde die Bewegung durch an beiden Enden mit Rollen versehene kreisbogenförmige Stößel auf die Ventile übertragen – man erkennt hierin unschwer die Vorläufer der späteren, berühmt gewordenen »bananenförmigen« Stößel oder Rohre bei den in Molsheim produzierten 8- und 16-Ventil-Wagen der Jahre 1910–25. Die Ventile selbst hingen in von oben eingeschraubten Ventilkörben; Ventilschäfte und Federn lagen frei. Beim Typ 8 gab es offensichtlich nur eine Feder, die zwei Ventile mittels eines Querbalkens anhob; dadurch sparte man zwar Bauhöhe, riskierte aber auch geringere Zuverlässigkeit.

Von der hintenliegenden Königswelle aus wurden über ein Paar von Zahnradsätzen Magnet und Wasserpumpe angetrieben, die um 45° gegen die Motorhauptachse geneigt waren. Um die angesaugte Luft vorzuwärmen, war die Luftzufuhr zum Vergaser von links nach rechts quer durch den Motorblock gelegt, und der Auspuff führte direkt in einen Krümmer auf der linken Seite, was gegenüber der mangelhaften Lösung in der ersten De Dietrich-Konstruktion eine Verbesserung darstellte.

Aus den zugänglichen Quellen ist nicht ersichtlich, wie der Motor geschmiert wurde. Es heißt, daß die obenliegende Nockenwelle im Ölbad lief und die kreisbogenförmigen Stößel derart exakt in ihre Bronzeführungen eingepaßt waren, daß kein Öl nach unten in den Zylinderkopf eindringen konnte. Es gibt Anzeichen dafür, daß sich an der Spritzwand Schautropföler befanden, vermutlich, um die Nockenwelle mit Öl zu versorgen. Da aber eine Ölpumpe fehlte, läßt sich nicht feststellen, wie die Kurbelwelle geschmiert wurde.

Ein interessantes Detail ist die in die Nockenwelle eingeführte Stange, die, in Längsrichtung verschoben, die Auspuffventile zum Starten hinunterdrückte. Dies geschah von einem Hebel an der Stirnseite des Motors aus, der innere Mechanismus zum »Einschieben der Keile in die Auspuffnocken« bleibt jedoch unklar.

Als Kupplung diente jetzt das von Bugatti in allen seinen Wagen bis 1930 unverändert verwendete Mehrscheibensystem, bei dem die in Öl laufenden Eisen- und Stahlscheiben durch ein Gelenkhebelsystem zusammengepreßt wurden, welches durch eine Feder in »zentrierte« Stellung gebracht, einen großen Druck auf die Scheiben ausübte (die Wirkungsweise ähnelt der einer Kipphebelsperre bei einem Koffer). Zum Lösen der Kupplung wandte Bugatti ein wirklich geniales Fernbedienungssystem an: ein Stahlrohr, gefüllt mit kurzen, »hantelförmigen« Rollen, die auch in Biegungen nicht klemmten und Druck vom einen Ende des Rohres zum anderen weitergaben.

Die Kraftübertragung erfolgte weiterhin über Kette, doch lagen Antriebs- und Abtriebswelle nun nebeneinander, und der Gangwechsel wurde durch drei Schubräder (»baladeurs«) bewerkstelligt.

Der Rahmen und das ganze Fahrgestell waren hervorragend ausgeführt und bereits typisch für das, was später in Molsheim folgen sollte. Bremsen gab es damals nur an den Hinterrädern und am Getriebe; sie scheinen aber durchaus wirksam gewesen zu sein.

TYP 9

Es ist nicht bekannt, wieviele T-8-Modelle hergestellt wurden. 1909 folgte der verbesserte T 9. Es ist Bugattis erste Konstruktion mit Kardanwelle und normaler Hinterachse mit Planrad und Ritzel. Kettenantrieb war damals bereits selten, und Bugatti beugte sich offensichtlich den Erfordernissen des Marktes.

Die ganze Kraftübertragung, Getriebe, Kardanwelle und Hinterachse haben bereits die vertraute Form, die jedem, der die bis 1930–32 in Molsheim produzierten Wagen kennt, geläufig ist. Hierin zeigt sich Bugattis Art, eine einmal gefundene gute Lösung im Fahrgestell beizubehalten und sie bloß nach Bedarf zu vergrößern oder zu verstärken.

Der Getriebekasten diente als Querträger im Fahrgestell und war an drei, später zur Versteifung des Rahmens an vier Punkten befestigt. Im Getriebe gibt es eine von den Fachleuten als »hochtourig«

bezeichnete Vorgelegewelle, d. h., die im Dauer-eingriff stehenden Zahnräder lagen hinten und trieben die Nebenwelle schneller als die Kardanwelle an. Die Schubräder saßen an der Motorwelle. Beim Gangwechsel bleibt also die Geschwindigkeit der Nebenwelle konstant, die des Schubrädersatzes ändert sich. Diese Verringerung der Trägheitskräfte erleichtert den Gangwechsel beträchtlich, verglichen mit den damals und bei den meisten Autos auch heute noch gängigen konventionellen Getriebekonstruktionen. Daß andere Konstrukteure bei der konventionellen Getriebebauart blieben, lag zum einen sicher an der erhöhten Nebenwellengeschwindigkeit, zum andern vielleicht daran, daß man den Wagen ohne Öl im Getriebe nicht gut abschleppen konnte (aber wer würde schon so etwas wollen!).

Die Kardanwelle hatte anscheinend Patentkupplungen (vermutlich amerikanische Spicer-Fabrikate), der Antrieb wurde wie bei den späteren Bugattis durch eine Schubstrebe weitergeleitet. Der innere Aufbau von Getriebe und Differential ist, bis zu den verwendeten Kugellagern, dem heutigen Bugatti-Kenner völlig vertraut.

Zwischen Bugatti und Deutz stand nicht alles zum besten, obwohl nichts Näheres darüber bekannt ist. In einem Brief vom 16. Nov. 1909 kündigt die Firma den Lizenzvertrag mit Wirkung vom 15. Dez. des Jahres. Zwar lief die Produktion des Wagens noch einige Zeit weiter, doch gelang es diesem bedeutenden Motorenhersteller nicht, auf dem bereits von anderen traditionsreichen, großen Namen beherrschten Automarkt Fuß zu fassen. 1911 wurde die Autoproduktion eingestellt.

Kleinwagenbau und Übersiedlung nach Molsheim

Der Vertrag mit Deutz gestand Bugatti ein eigenes Konstruktionsbüro in seinem Kölner Haus zu. Die Leitung hatte Kortz, der bis zu seinem Tod bei einem Autounfall 1926 mit Bugatti zusammenarbeitete.

Etwa zu der Zeit, als er den Typ 9 entwarf, fing Bugatti an, sich für die Konstruktion eines leichten Wagens mit weniger als 1,5 Litern Hubraum zu in-teressieren, im Gegensatz zu den früheren Entwürfen mit Hubräumen zwischen vier und zwölf Litern. Man weiß nicht, was ihn dazu veranlaßte, doch lassen sich die Begleitumstände mit ziemlicher Sicherheit rekonstruieren.

In Bugattis Heimatstadt Mailand befand sich auch der Sitz einer anderen Firma, Isotta-Fraschini (Cesare Isotta und Vincenzo Fraschini), die mit de Dietrich in Verbindung stand und eine hübsche kleine Voiturette herausgebracht hatte, die 1908 beim Grand Prix des Voiturettes in Dieppe zum Einsatz kommen sollte. Eine eingehende Beschreibung des Wagens war 1908 in der Nummer vom 1. September der italienischen Motorzeitschrift »Motori Cicli & Sports« abgedruckt. Danach hatte das Auto einen Vierzylindermotor mit 1,2 Litern Hubraum (62 x 100 mm), eine über eine Welle und Kegelräder getriebene obenliegende Nockenwelle, ein separates Vierganggetriebe, eine konventionelle Hinterachse und vier Halbelliptikfedern an einem einfachen Rahmen. Es sah für seine Zeit großartig aus und stieß trotz seines schlechten Abschneidens im Rennen auf ein großes Echo.

Der Schluß ist sicher zulässig, daß Ettore, der das Auto zwar vielleicht nicht selbst gesehen, aber den Artikel darüber gelesen haben muß, von den Möglichkeiten eines solchen leichten Wagens fasziniert war und den Gedanken, daß de Dietrich nun mit einem anderen Italiener zusammenarbeitete, als besondere Herausforderung empfand. Wie dem auch sei, er machte sich in Eigenregie an die Konstruktion seines Typs 10 und baute ihn auch im Keller seines Hauses. In einem Brief an seinen Freund Mathis vom April 1909 schreibt er, daß »der kleine Wagen fertig und einfach wundervoll« sei.

Oberflächlich betrachtet ist die Ähnlichkeit zwischen dem Isotta-Wagen und Bugattis Typ 10 bzw. dem späteren Typ 13 so groß, daß man bereits gemutmaßt hat, Bugatti hätte den Isotta entworfen. Dem ist aber nicht so, da bei Isotta Stefanini die alleinige Verantwortung hatte. Auch die Untersuchung der noch existierenden Originalzeichnungen läßt klar erkennen, daß hier zwei verschiedene Konstrukteure am Werk waren.

Bugattis Typ 10 stimmte in vielen Details der Konstruktion mit dem gleichzeitig entstandenen Deutz Typ 9 überein, nur in den Abmessungen entsprach

Ein vierzylindriger Zweisitzer von 350 kg Gewicht.
Die letzte Konstruktion Bugattis.

Ettore Bugatti ist den Wiener Automobilisten ein geläufiger Name. Bugatti war nämlich einer der interessantesten Konkurrenten verschiedener Semmering-Rennen und Ettore Bugatti war der Konstrukteur des Dietrich-Bugatti-Wagens, der seinerzeit mit großem Erfolg in Wien eingeführt wurde. Bugattis Konstruk-

kauft. Später, im Jahre 1904, baute ich noch stärkere Wagen, die bis 160 mm Bohrung hatten und unter dem Namen „Hermes", Lizenz Bugatti, in den Werken von Grafenstaden für das Konto der Firma E. E. C. Mathis, Straßburg, hergestellt wurden. Im Jahre 1907 habe ich wieder die Lizenz einer ganz neuen Wagentype an die Gasmotorenfabrik Deutz in Köln-Deutz verkauft und mich zum erstenmal als Direktor der Automobilabteilung in obiger Firma verpflichtet.

Diese wenigen Zeilen haben den Zweck, klarzulegen, daß die Rasse des Wagens nur den großen Er-

Chassis des 5/15HP Vierzylinders von Ettore Bugatti. Ansicht von der Seite der Ansaugung.

tionen waren immer originell. Sie erregten zwar bei einem Teil der Automobilisten und der Konstrukteure nicht geringen Widerspruch, aber es haftete ihnen immer ein zweifelloses Konstruktionstalent an.

Jetzt hat Ettore Bugatti sich mit der Konstruktion eines ganz kleinen Vierzylinderwagens beschäftigt, dessen motorische Stärke 5/15HP beträgt, dessen Gewicht, nach Bugattis Angaben, komplett 350 kg ausmacht. Dies ist so erstaunlich, daß es sich wohl verlohnt, die Type näher anzusehen. Ettore Bugatti hat eine Anfrage unsererseits wie folgt beantwortet:

Es ist selbstverständlich, daß nur Kenner meinen kleinen Wagen Type 13 wirklich würdigen können. Bei der Konstruktion großer Wagen in der Firma de Dietrich & Cie. in Niederbronn (Elsaß) habe ich 1900 die Lizenz meiner Patente an obgenannte Firma ver-

fahrungen entspringt, die ich bei den Konstruktionen außerordentlich großer Wagen gesammelt habe. Da ich bei diesen stets ein Minimum des Gewichtes erstrebte, war es mir ein leichtes, Tourenwagen von 160 mm Bohrung mit einem Chassisgewicht von 1050 kg zu liefern.

Die Ursache, daß ich mich jetzt der Fabrikation so kleiner Wagen zugewendet habe, ist lediglich nur die, den Beweis zu erbringen, daß das Gewicht eines Wagens keinerlei Bedeutung für die Stabilität und Lenkfähigkeit hat, und daß die Größe keinerlei Einfluß auf die

Chassis des 5/15HP Vierzylinders von Ettore Bugatti. Ansicht von der Seite des Auspuff.

Der 5/15HP zweisitzige Vierzylinderwagen von Ettore Bugatti. Oben: Ansicht des Motors von der Seite des Auspuff. Unten: Ansicht des Motors von der Seite der Ansaugung.

Feſtigkeit und Sicherheit ausübt. Es ſind lediglich die Geſamtproportionen und das Verhältnis des Motors zum Wagen ausſchlaggebend.

Ferner haben mich die Reſultate, die ich mit dieſem kleinen Wagen erzielte, noch vollkommener überzeugt, daß einzig und allein das Gewicht für eine angenehme Handhabung und einen ökonomiſchen Betrieb in Betracht kommt, und daß in

dieſem Falle das Teuere und Gute bei weitem das Billigſte iſt. Zu guten und dauerhaften Wagen gehört eben gutes und demnach auch teueres Material und es wäre durchaus falſch, die Höhe des Anſchaffungspreiſes zu berückſichtigen, wo es doch heutzutage ſpeziell auf die billigen Unterhaltungskoſten ankommt.

Der Wagen, der am Bergrennen von Gaillon teilnahm, hat 65 mm Bohrung und 100 mm Hub. Es

311

ist dies ein normaler Tourenwagen, welcher mit zweisitziger Karosserie, amerikanischem Verdeck und sämtlichen Betriebsstoffen 350 Kilogramm wiegt.

Dieses geringe Gewicht ergibt einen sehr leicht zu handhabenden Wagen, der sich überall spielend durchwinden kann und keine langsame Fahrt bei Hindernissen erfordert. Der Wagen ermöglicht auf langen Strecken Durchschnittsgeschwindigkeiten, um die ihn die Besitzer der stärksten Wagen beneiden können. Die Reise von Straßburg nach Paris, die ungefähr 500 Kilometer beträgt, wurde schon oft in neun Stunden mit einem Brennstoffverbrauch von 35 Litern zurückgelegt; diese Ziffern stehen keineswegs hinter denjenigen der Eisenbahn zurück. (Wir hätten diese Ziffern nicht verlautbart, wenn es sich um eine Fahrt in Oesterreich gehandelt hätte. In Oesterreich beträgt das vorgeschriebene Tempo 45 km pro Stunde und wenn jemand schneller fährt, übertritt er die polizeilichen Vorschriften. Ueber Auslandsrekords zerbrechen wir uns indes nicht den Kopf. Die Red.)

Der Vierzylindermotor ist von moderner Konstruktion, die ich aber im Prinzip schon vor zirka zehn Jahren fabrizierte, denn ich habe in meinen Konstruktionen immer die Ventile im obersten Teile der Explosionskammer angeordnet. Jedermann weiß, daß man den besten Nutzeffekt durch Anwendung größtmöglicher Ventile bei möglichst kleiner Oberfläche des Explosionsraumes, der direkt über der Kolbenfläche liegt, erzielt. Um eine umständliche Ventilbetätigung zu vermeiden, ist die Nockenwelle über dem Motor in einem Gehäuse eingeschlossen, welches am Oberteil des Zylinders befestigt ist. Die Nocken laufen im Oelbad, die Nockenwelle ist auf Kugellagern montiert und das Ganze hermetisch verschlossen. Flügelpumpe und Magnet Bosch, Type Bugatti, befinden sich am Vorderteil des Motors und werden auf halber Höhe der vertikalen Welle durch eine horizontale, leicht zerlegbare Welle betätigt. Die metallische Kupplung mit ganz besonderer Anordnung, die keinen Schub auf den Motor ausübt, ist mit einer Feder versehen, deren Härte mit

derjenigen einer weichen Ventilfeder verglichen werden kann. Der Vergaser wird durch ein Fußpedal betätigt. Das Wechselgetriebe ist in allen seinen Dimensionen sehr stark, es hat vier Geschwindigkeiten, einen

Der 5/15HP Vierzylinder von Ettore Bugatti als Zweisitzer karossiert.

Rückwärtsgang und drei Kulissen; in allen Einzelheiten sieht es den großen Wagen genau ähnlich und ist auch mit Kugellagern versehen. Die Hinterachse mit der Differentialstützstrebe und dem Kardangelenk sind von ganz normaler Konstruktion.

Der 5/15HP zweisitzige Vierzylinder von Ettore Bugatti. Ansicht von vorne.

Eine Bremse befindet sich am hinteren Ende des Wechselgetriebes und zwei auf den Hinterrädern.

Die patentierte, sehr leichte und weiche Steuerung ist am Lenkrad mit einem Zündverstellhebel versehen.

Die Vorderachse ist aus Spezial-Nickelstahl hergestellt und hat Doppel-T-Profil. Der Kühler ist ein Wabenkühler.

er dem kleinen Isotta. Der Motor hatte vier Zylinder, eine Bohrung von 62 mm, einen Hub von 100 mm, und 1200 ccm Hubraum. Die Ventile hingen in einem Gußeisenblock, hatten nun jedes eine eigene Feder und wurden über an den Deutz erinnernde, »bananenförmige« Stößel betätigt. Als Kupplung diente die Deutz-Mehrscheibenkupplung mit ihrem Gelenkhebelmechanismus; auch das Getriebe wurde unverändert übernommen. Rahmen und Aufhängung waren eine verkleinerte Version des Typ 9. Das erfreuliche Ergebnis war ein leichter Wagen mit ausgezeichneten Fahrleistungen, der bei allen, die ihn fuhren, Bewunderung hervorrief, und dem Bugatti die später in seiner Werbung verbreitete Erkenntnis verdankte: »Le poid c'est l'ennemi.« (Der Wagen steht heute im Harrah-Automobil-Museum in Reno, Nevada, nachdem er 1940 von der Familie Bugatti nach Bordeaux gebracht und in den Wirren des Kriegsendes im Frankreich des Jahres 1944 aus dem Familienbesitz »befreit« wurde.)

Die nächsten Monate waren für Bugattis Zukunft entscheidend. Er eignete sich besser zum Herrn als zum Diener; immer nur Entwürfe für andere zu liefern, konnte nicht sein Lebensziel sein. Mit seinen 28 Jahren wollte er unabhängig werden. Er hatte Beziehungen und Freunde, auf die er sich stützen konnte. Unter ihnen war der spanische Bankier de Vizcaya, der im Elsaß einen Jagdsitz besaß und die Darmstädter Bank in Straßburg vertrat. Er hatte sich bereits an der Finanzierung des Typ 8-Projekts von Deutz beteiligt und war von dem neuen, kleinen Auto begeistert. So zog Bugatti von Köln zurück ins Elsaß und brachte seine treuen Mitarbeiter Kortz und Friderich (der gerade seinen Wehrdienst beendet hatte) mit. Sie bezogen eine alte Färberei in Molsheim, einer Kleinstadt westlich von Straßburg am Nordende der Weinstraße, von de Vizcaya ausfindig gemacht. Das war Ende 1909.

So wurde am 1. Jan. 1910 die unabhängige Firma Ettore Bugatti Automobile gegründet, die das 1,2-Liter-Auto in leicht abgewandelter Form als Typ 13, den ersten eigentlichen Bugatti-Wagen, herstellen wollte.

Der Motor wurde auf 65 × 100 mm (1327 ccm)

vergrößert, die »bananenförmigen« Stößel wurden vereinfacht und lagen nun nicht mehr frei. Drei Fahrgestell-Längen wurden angeboten: der T 13 mit 2,0, der T 15 mit 2,4 und der T 17 mit 2,55 m Radstand.

Die Arbeit war nicht leicht, doch dafür fand der Wagen auf dem Pariser Autosalon 1910 auch einige Beachtung; schon vorher wurde seine gute Leistung beim Bergrennen von Gaillon in der Fachpresse enthusiastisch begrüßt.

Hugh Conway

313

ETTORE BUGATTI
ALS RENNFAHRER
IN DEUTSCHLAND

Der 1901 zwischen Ettore Bugatti und der Automobilfabrik De Dietrich in Niederbronn im Elsaß abgeschlossene Vertrag leitete die konstruktive Zusammenarbeit des jungen italienischen Technikers mit dem renommierten Unternehmen ein. Erstaunlich schnell gelang es Bugatti, seine avantgardistischen Ideen zu verwirklichen, was nicht zuletzt an der ausgezeichneten Zusammenarbeit und dem Entgegenkommen, welches Baron de Dietrich dem jungen Bugatti entgegenbrachte, lag.
Schon im Jahre 1902 konnte sich Bugatti mit den von ihm gebauten Fahrzeugen an verschiedenen Rennen beteiligen und auch recht eindrucksvolle Erfolge erzielen. Beim Internationalen Frankfurter

Bahnrennen placierte sich Bugatti mit einem 20/24-HP-De Dietrich-Bugatti als Zweiter und in der Klasse der Rennwagen mit einem 40/45-Typ, nach einem Mercedes-Simplex-40-HP, ebenfalls als Zweiter. Dieser von Bugatti entwickelte Rennwagen wich stark von der herkömmlichen Bauart ab. Der Fahrersitz war nach hinten an das Wagenende verlegt, wodurch die Gewichtsverteilung verbes-

1 Ettore Bugatti mit seinem 60-PS-Rennwagen während des Frankfurter Bahnrennens im August 1903.

sert wurde. Ein gravierender Nachteil war allerdings, daß durch den langen Vorbau die Sicht des Lenkers stark behindert wurde. Mit demselben Fahrzeug beteiligte sich auch Bugatti am Semmering-Rennen desselben Jahres.

Im darauffolgenden Jahr, am 30. 8. 1903, beteiligte sich Bugatti wiederum an derselben Veranstaltung in Frankfurt am Main, diesmal mit einem Fahrzeug, dessen Motorleistung auf 60-HP gesteigert worden war, das sonst jedoch die gleichen Konstruktionsmerkmale aufwies. Er wurde wieder Zweiter in der Rennwagenklasse. Beim Berliner Herbstrennen konnte er sich in der Klasse bis 30-HP mit einem 20/24-HP-De Dietrich ebenfalls an die zweite Stelle placieren. Auch am Semmering-Rennen 1903 nahm er wieder teil und gelangte als Fünfter ins Ziel. − Auf eine Beteiligung am Rennen Paris−Madrid mußte er verzichten, weil sein Wagen mit der Begründung nicht abgenommen wurde, daß die Sichtverhältnisse für den Lenker unzureichend wären. E.E.C. Mathis, der Generalvertreter der Firma De Dietrich, fuhr den Wagen nach Paris und inoffiziell weiter nach Bordeaux. Ob Bugatti ihn begleitete ist nicht bekannt. Der Rennwagen war jedoch im Herbst 1903 in Wien ausgestellt, zusammen mit einem 20/24-HP-De Dietrich-Bugatti, den Bugatti persönlich nach Wien gefahren hatte.

Aus dem Jahre 1904 sind keine Beteiligungen Bugattis an Rennen oder Zuverlässigkeitsfahrten bekannt geworden. Seine Tätigkeit für De Dietrich wurde beendet, und er schloß mit Mathis einen Vertrag ab, der Bugatti verpflichtete, für ihn einen neuen Wagen zu konstruieren. Offensichtlich war Bugatti durch diese Arbeit so beansprucht, daß er sich an keinem Wettbewerb beteiligen konnte. Die ersten Hermes- bzw. Hermes-Simplex-Wagen waren bereits im Dezember 1904 fertiggestellt; die Karosserien stammten von der Firma Wiederkehr in Colmar und vor allem von Utermöhle in Köln. Utermöhle war damals einer der bekanntesten Karosserienhersteller Westdeutschlands, der in engem Zusammenhang mit der Gasmotorenfabrik Deutz stand, in dessen Vorstand auch Gustav Langen saß. Aus diesen Jahren stammt die Bekanntschaft zwischen Bugatti und Langen. Auf einem Hermes-Simplex-50-PS beteiligte sich Langen an der ersten

2 *Prinz Heinrich Fahrt 1908. Robert Dunlop auf einem Deutz-Wagen.*

Herkomer-Fahrt 1905. Auch Bugatti soll bei dieser Veranstaltung mitgewirkt haben. Die Hermes-Automobile waren 1905 sowohl in Paris als auch in Berlin ausgestellt. 1906 beteiligten sich Gustav Langen und Ettore Bugatti am Kaiserstuhlrennen bei Freiburg und Langen zusätzlich an der Westdeutschen Zuverlässigkeitsfahrt. Eine Teilnahme von Bugatti bzw. von Hermes-Wagen an der dritten Herkomerfahrt 1907 ist nicht mehr nachzuweisen. Dafür fuhr E.E.C. Mathis mit einem Hermes beim Kaiserpreisrennen im Taunus mit. Der Vierzylindermotor hatte die Abmessungen 140 mm Bohrung und 130 mm Hub, Zylinderinhalt ca. 8 Liter. Ein besonderer Erfolg ist diesem Wagen nicht beschieden gewesen. Bugatti hatte schon

3 *Ettore Bugatti während der Prinz-Heinrich-Fahrt 1910 in Molsheim.*

vorher anläßlich der Herkomer-Fahrt diesen Wagen zusammen mit Mathis in Lindau, einem Etappenziel dieser Veranstaltung, demonstriert.

Bugatti war schon damals bei Deutz mit den Vorarbeiten für die neuen Deutz-Typen beschäftigt. An der Prinz-Heinrich-Fahrt 1908 nahmen drei Deutz-Wagen teil. Gefahren wurden sie von Ettore Bugatti, Gustav Langen und Robert Dunlop. Bugatti verunglückte mit seinem Wagen bei Itzehoe in Holstein, weil er wegen Übermüdung einschlief. Die restlichen Deutz-Wagen placierten sich unter »ferner liefen«. Dasselbe Fahrerteam − Bugatti, Langen und Dunlop − beteiligte sich auch an der Prinz Heinrich-Fahrt 1909, dieses Mal mit einem Deutz-Typ 9A, 24/45 PS mit Kardanantrieb. Auch bei dieser Veranstaltung kamen die Deutz-Wagen nicht zu bemerkenswerten Erfolgen.

Im August 1909 nahm Bugatti mit einem neuartigen Deutz-Kleinwagen an der Geschwindigkeitskonkurrenz des Frankfurter Automobilklubs teil. Er erreichte eine Höchstgeschwindigkeit von 90 km/Stunde und kam an die sechste Stelle. Sieger war ein Dixi mit 103 km/Stunde. Offensichtlich handelte es sich bei diesem kleinen Deutz-Wagen um den Bugatti Typ 10 mit 62 mm Bohrung und 100 mm Hub, den Vorgänger des legendären Typ 13. Da Bugatti damals noch für die Gasmotorenfabrik Deutz arbeitete, mußte dieser Wagen das Deutz-Emblem am Kühler führen.

Bugatti gründete zwar im Dezember 1909 sein eigenes Werk in Molsheim, blieb aber weiterhin vertragsgemäß beratender Ingenieur bei Deutz. An der Prinz-Heinrich-Fahrt 1910 beteiligte sich Bugatti bereits mit einem Wagen, der seinen eigenen Namen und den für dieses neue Fabrikat sehr charakteristischen Kühler hatte. Vermutlich ist dieser große 5-Liter-Bugatti noch bei Deutz gebaut worden. Der Vierzylindermotor hatte die Abmessungen 100 mm Bohrung und 160 mm Hub und leistete etwa 100 PS. Die an dieser Veranstaltung ebenfalls teilnehmenden Deutz-Wagen hatten ganz ähnliche Abmessungen, nämlich 110 x 160 mm

Bohrung und Hub. Als Beifahrer von Bugatti fungierte wieder Robert Dunlop. Der meergrün lakkierte Wagen mit rotem Fahrgestell und Rädern erregte viel Aufsehen. Bugatti konnte zwar die Prinz-Heinrich-Fahrt beenden, rangierte jedoch nicht unter den Siegern. Bei einem von Bugatti gegebenen Sektfrühstück in Molsheim hielten sich prominente Teilnehmer der Prinz-Heinrich-Fahrt wie Ferdinand Porsche, Herzog Ludwig in Bayern u. a. längere Zeit in den Fabrikräumen auf. Damals war es, daß Herzog Ludwig als erster den neuen 5-Liter-Bugatti bestellte, der ihm Anfang 1912 ausgeliefert wurde. Von den an dieser Prinz-Heinrich-Fahrt teilnehmenden drei Deutz-Wagen gelang es nur einem, die Goldene Plakette zu erhalten.

Die Prinz-Heinrich-Fahrt 1910 war die letzte Veranstaltung in Deutschland, an der sich Ettore Bugatti persönlich beteiligte. Die Einrichtung und der Ausbau seiner neuen Fabrik nahmen ihn stark in Anspruch. Merkwürdigerweise haben sich die neuen, kleinen Bugatti-Wagen vom Typ 13, 15 und 17 in der Zeit vor dem Ersten Weltkrieg nur selten an deutschen Wettbewerben beteiligt. Möglicherweise spielte hierbei auch die ihnen hier erwachsene Konkurrenz der kleinen und erfolgreichen Apollo- und Wanderer-Wagen eine Rolle. Interessanterweise hatte de Vizcaya Senior, der mit Bugatti befreundet und ihm bei der Beschaffung von Bankkrediten behilflich war, die Apollo Generalvertretung in Straßburg inne! Die Renntätigkeit von Bugatti wurde fast ausschließlich nach Frankreich und England verlegt, wo die Wagen zu großen Erfolgen kamen. Bei Ausbruch des Ersten Weltkrieges verließ Bugatti Molsheim im Elsaß und gelangte mit Hilfe des Grafen Zeppelin über die Schweiz und Italien nach Frankreich.

Hans-Heinrich von Fersen

ÜBER DAS AUTO

Mein Bugatti ist viel schöner als alle Kunstwerke.

André Derain, ca. 1938

Wir behaupten, daß die Herrlichkeiten der Erde um eine weitere Schönheit bereichert worden ist: die Schönheit der Geschwindigkeit! Ein Rennwagen, dessen Motorhaube mit großen Röhren geschmückt ist, die Schlangen mit explosivem Atem gleichen . . . ein rasendes Automobil, das von einem Maschinengewehr angetrieben zu sein scheint, ist um vieles schöner als die Nike von Samothrake.

Filippo Tommaso Marinetti, Manifesto di Futurismo, 11. Februar 1909

Nichts geht über die Schönheit eines großen summenden Kraftwerks.

F. T. Marinetti, 1914

Wer am Schönheitswert der Technik noch zweifelt, muß angesichts des fliegenden Menschen verstummen.

Richard Graf Coudenhove-Kalergi

Die mechanisierte Welt hat die Menschheit schon immer fasziniert. Tischfontainen und halbe Roboter, so erzählt Petronius, erfreuten die Gäste des Trimalchio. In der Renaissance gehörten Automaten zum Bestand fürstlicher Wunderkammern, Videospiele und anderer technischer »Krimskrams« sind nichts anderes als die mit neuesten Raffinessen ausgestatteten Apparate, deren Zauberkraft dem gewöhnlichen Sterblichen verborgen bleibt. Geschwindigkeit übt eine ähnliche Faszination aus. Kuriere durchhetzten in kürzester Zeit die russische Taiga, Eilboten überbrachten in Windeseile Nachrichten wie die Landung Napoleons. Die olympischen Läufer kamen im Altertum wie in diesem Jahrhundert zu hohen Ehren. Wagenrennen in der römischen Arena, durch die Ben-Hur-Filme seit Ramon Novarro hinreichend bekannt, brachten Zehntausende zum Rasen. Technik und Geschwindigkeit werden seit 1900 am eindrucksvollsten durch den Flieger und den Autorennfahrer personifiziert. Charles Lindbergh, Manfred von Richthofen und Neil Armstrong, Caracciola und Fangio verkörperten die weltweit bekannte Elite, zu der heute der Dutzende von Schaltern, Leuchtdioden und Digitalanzeigen überlegen meisternde Lufthansakapitän getreten ist. Braungebrannt und freundlich-ernst blickt er aus einer Anzeige im »Stern«. Er hat alle Systeme fest im Griff. Er ist der moderne »Siegfried«, der alles kann und den zum Riesenapparat gewandelten Drachen spielend bewältigt.

Heute träumen Vorstandsmitglied und Beamter, Politiker, Architekt und Hausfrau nach dem Genuß eines James-Bond-Films auf gleiche Weise. Sie hoffen insgeheim, daß sich die entfernte Wunderwelt auch ihnen einmal auftun möge, in der Sean O'Connery seinen Aston Martin minutenlang auf zwei Rädern durch Straßenschluchten manövriert und Roger Moore meisterhaft einen von ihm noch niemals geflogenen Hubschrauber durch Fabrikhallen steuert.

Um 1900 erstand ein neuer Held, der die eben erfundene Benzinmaschine zu bewegen wußte und mit dieser bald eine sogar die schnellen Araberpferde weit hinter sich lassende Geschwindigkeit erreichte. In den 20er und 30er Jahren erfolgreicher Rennfahrer zu sein hieß, als Publikumsliebling vergöttert zu werden. Diese »Apparate« der Straße

wurden von Ingenieuren, Erfindern und Künstlern wie Gottlieb Daimler, Marc Birkigt, Ferdinand Porsche und Ettore Bugatti gebaut.

Das Auto – genauer der Benzinmotor – gehört zu den weittragendsten Erfindungen der an schöpferischem Denken gewiß nicht armen Zeit um 1900. Diese der schnellen Fortbewegung und Bequemlichkeit des Menschen dienenden Maschinen wurden durch Rennen, Zuverlässigkeitsprüfungen und ständige Arbeit an der Entwicklung des Fahrgestells, des Motors und der Karosserie im ersten Drittel des Jahrhunderts zu einer Perfektion gebracht, wie sie in anderen Bereichen der Technik kaum erreicht wurde. Das Auto gewährte neue, ungewohnte Mobilität, insbesondere im weiten Amerika. Die Fords und Chevrolets, die Opels und Renaults machten ihre Besitzer unabhängig von Eisenbahn und Pferd. Man konnte nun leicht und schnell von Ort zu Ort brausen, um sich jederzeit und problemlos zu »verändern«.

Die luxuriösen Sport- und Tourenwagen sprachen eine andere Klientel an. Mit diesen Gefährten fuhren die Mächtigen, die »Herrenfahrer« und »Sportskanonen«. In den gigantischen Limousinen

Patentsprachrohr.

(Nach „Motor-Cyclir

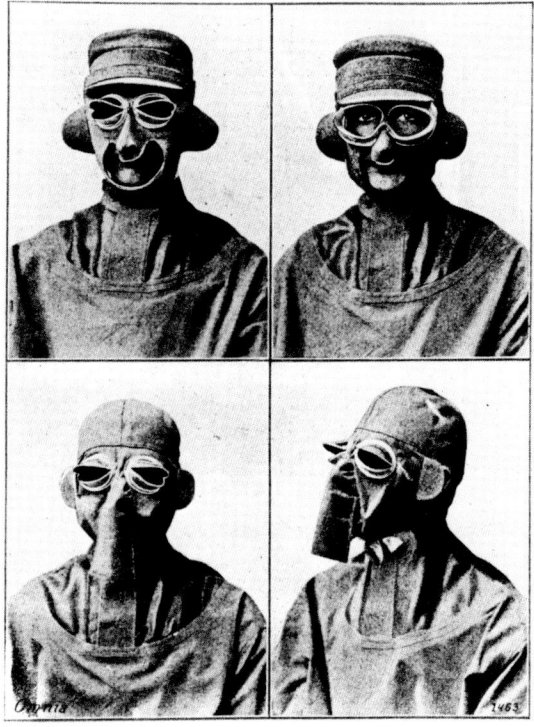

1   Römischer »Rennwagen«.

2   Patentsprachrohr, ca. 1905.

3   Gesichtsschutzmasken (»Omnia«, 1907).

Et le style « scaphandrier ».
(Croquis de L. Sabattier.)

4   Gesichtsschutzmaske, um 1905
(»L'Illustration«, Okt. 1929).

5   Zubehör (»Motor und Sport«, Dez. 1924).

6   Hupen (»Zeitschr. d. Mitteleurop.
Motor-Wagen Vereins«, 1909).

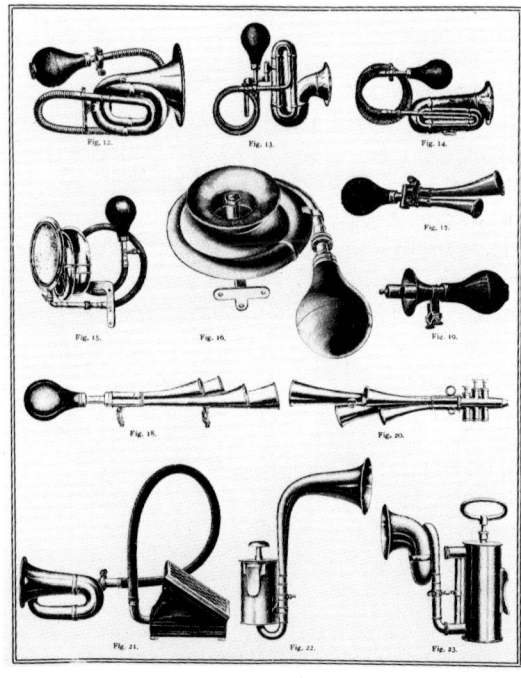

saß einsam vorne der livrierte Chauffeur, hinten
streckten der Generaldirektor und die Filmdiva ihre Beine aus. Das Automobil, zunächst fauchende
und stinkende Erfindung des technischen Zeitalters, Rennwagen und Bauernschreck zugleich, war
erwachsen geworden und gab sich bequem, leise
und sicher wie ein Pullmann-Wagen der Eisenbahn
oder ein Ozeandampfer. Schriftsteller und Politiker leisteten sich gewaltige Gefährte. Thomas
Mann ließ sich gern in großen Wagen fahren, Ga-
briele D'Annunzios Isotta Fraschini steht noch
heute in der Garage seines Hauses in der Nähe des
Gardasees, und Lenins Rolls-Royce wird im Mu-

seum am Roten Platz in Moskau von staunenden Werktätigen bewundert. Könige, Maharadschas und Diktatoren fuhren (und fahren) schnellste und größte Automobile; so hatte Breschnew einen ganzen Stall ausländischer Luxuswagen, und Hitlers Vorliebe für den 7,7-Liter-Mercedes ist bekannt. Tutanchamun ließ sich sein Nilboot auf das kostbarste ausstatten und sorgte sicherlich dafür, schnell von Ort zu Ort gerudert zu werden. Die Könige Ludwig XIV. und Ludwig II. nannten überdekorierte und bequeme Kutschen ihr eigen und hatten sicherlich ihre Freude an diesen mehrspännig gezogene Gefährten. Auch im 20. Jahrhundert hatten und haben Tausende einfach Spaß am Besitz eines starken, bequemen und auffällig schönen Gefährts. Der »Spiegel« schrieb kürzlich, der BMW-Erwerber sei (so glaube er) »dem Normalbürger voraus: Er tritt ein in einen exklusiven Club sportlich-dynamischer Erfolgsmenschen«. Diese Tendenz war bereits 1908 zu spüren: »Es hat sich bei uns das ganz merkwürdige Gefühl entwickelt, sich des Besitzes eines Wagens von 15 PS beinahe zu schämen. Die Bedeutung des Mannes als Automobilisten steigt mit der Zahl der von ihm beherrschten Pferdekräfte.« (*Der Motorwagen* 11, Heft 34, 1908, S. 35.) Ettore Bugatti baute Elitewagen, deren PS-Zahl sehr hoch lag und die sich ihrer Exklusivität mit größerer Berechtigung rühmen konnten als BMW.

Das Wort »Elite« scheint in letzter Zeit einen schalen Beigeschmack bekommen zu haben. Negative Assoziationen, wie hochgestochen, snobistisch und undemokratisch, werden wach, »elitäres Denken« wird der Abkapselung im Elfenbeinturm gleichgesetzt. Autohersteller wie Bugatti, Rolls-Royce und Daimler waren aber bemüht, technisch hochgezüchtete und einwandfreie, schnelle und bequeme »Elite«-Wagen zu bauen, die in ihrer Funktion und ihrer Erscheinung anderen Formen der technischen und künstlerischen Welt ebenbürtig waren. Die Wagen von Mercedes, Hispano Suiza oder Bugatti waren formal und technisch ebenso sorgfältig entworfen und konstruiert wie eine Brücke, eine Monumentalskulptur oder ein architektonisches Gebilde. Diese Wagen waren in der Tat mit ihrer problemlos funktionierenden Mechanik und ihren handwerklich vorbildlich gefertigten

Farbabbildung a
Renault (»La Gazette du Bon Ton«, 1914).

Farbabbildung b
Panhard & Levassor (»La Gazette du Bon Ton«, 1914).

7 *Von einem Kentauren verfolgte Damen,*
ca. 1910.

Karosserien Automobile, die für eine finanziell unabhängige »Elite« fabriziert wurden und von Elitefahrern gemeistert werden sollten. Sie erfüllten den Wunsch vieler, einen starken und schönen Wagen zu fahren, ebenso, wie sich der Reiter wünschte, einen besonders guten Vollblüter zu reiten. Technisch perfektionieren heißt züchten. Ettore Bugatti setzte seine Vollblüter den Arabern gleich und ließ sie auch in Rennen laufen. Vollblüter werden sorgfältig gezüchtet und Prüfungen wie Pferderennen unterworfen, um immer wieder Höchstleistungen zu erreichen. Mit Vollblütern werden die Halb- und Kaltblüter »aufgefrischt«, die, wenn ihnen kein neues »warmes« Blut zugeführt wird, zu schwer und unbeweglich werden. So arbeiteten Ettore Bugatti und andere Konstrukteure an der Verfeinerung der Technik ihrer Wagen, um ein jedenfalls für die damalige Zeit vollkommenes Auto zu »züchten«.

In vielem sind die heutigen Wagen allerdings ihren Vorgängern technisch überlegen. Sie brauchen z. B. nicht geschmiert zu werden, Ölwechsel und andere Serviceleistungen finden nur alle 5000 km statt, die Wagen sind schneller und zuverlässiger trotz oft kleinerer Motoren; Einspritzsysteme verdrängen allmählich den Vergaser, Fahrgestelle und Reifen sind sogar unvergleichlich besser als bei den Vorkriegsmodellen. Für die überlegene Straßenlage heutiger Automobile ist ein 1981 auf dem Nürburgring ausgetragener Test symptomatisch. Als Konkurrenten traten ein Formel 1 3-Liter 12-Zylinder Mercedes-Rennwagen von 1939 mit 483 PS und ein frisierter 1,6-Liter Vierzylinder Golf GTI Wagen mit 152 PS gegeneinander an. Der Mercedes konnte 296 km/h, der Golf 212 km/h laufen. Auf der Geraden ließ der Mercedes den Golf weit hinter sich, in den Kurven jedoch war der VW dem berühmten Silberpfeil seines modernen Fahrgestells und seiner Reifen wegen überlegen (*Motor Revue,* Jahresausgabe 1981/82, S. 52 f.). Wenn aber ein Wagen der Zeit vor und nach dem 1. Weltkrieg, ob massenfabriziert oder — wie ein Bugatti — in Handarbeit gefertigt, sorgfältig gepflegt wurde, konnte er problemlos einige hunderttausend Kilometer laufen. Schon die De Dietrich-Bugatti-Autos von 1904 waren auch nach 100000 und sogar 200000 km wie neu; das bezeugt der Sohn von Ettores Partner, Dominique de Dietrich, in einem in L'Ebé Bugattis Buch veröffentlichten Brief.
Hochgezüchtete Elitewagen gab es in den Jahrzehnten nach dem 1. Weltkrieg in genügender Zahl: perfekte Autos, nach denen sich Bankdirektor, Landwirt und Schuljunge sehnten. Sie verkörperten nicht nur ausgefeilte Technik und Schönheit einer rasant wirkenden Karosserie, sondern besaßen auch die Aura der großen Welt von Baden-Baden oder Monte Carlo. In Automobilausstellungen standen diese Traumwagen in glänzendem Lack leibhaftig vor dem Besucher, der mit runden Augen diese Wunderwerke anstarrte. Natürlich beherrschten Kleinautos wie das »Kommisbrot« von Hanomag, der BMW »Dixi«, der Opel »Laubfrosch« und die Millionen von Fords und Chevrolets die Straßen Europas und Amerikas. Daneben aber erschienen immer neue Luxusgefährte verschiedener Marken, die in den Fabriken und fast

8 *Aus »Die Dame«, 1930.*

9 *Aus »Die Dame«, 1930.*

noch häufiger in den berühmten Karosseriewerk-
stätten mit aufwendigen Aufbauten von höchster
Qualität versehen wurden. Jede dieser Firmen verfügte über künstlerische Talente, die allein oder gemeinsam mit dem Auftraggeber Spezialkarosserien
entwarfen. Sein Automobil ließ sich der Herr Direktor oder der Herr Baron maßschneidern.
Schließlich kaufte »man« seinen Anzug nicht im
Kaufhaus, sondern ließ ihn sich bei Knize in London oder Paris machen. Maßschuhe kamen aus
Wien, Prag oder Budapest, Kleider aus Paris. Es
heißt, daß es in Schlesien keinen Herren von Welt

gab, der einen Serien-Mercedes fuhr oder sich in
einem solchen chauffieren ließ. Das Auto hatte,
wenn irgend möglich, eine Spezialkarosserie ebenso, wie Koffer und Hemden, die Reitkleidung und
die Sättel bei Spezialisten bestellt wurden. Der feine Mann zog sich im Stil von Lord Curzon an und
fuhr in einem Wagen, der teuer war und »formal-
ästhetisch« (wie es heute heißen würde) anderen
Automobilen überlegen sein sollte.
Die hektische Charleston-Zeit brachte F. Scott
Fitzgeralds »Great Gatsby« mit seinem gelben
Rolls-Royce, in Hollywood die Filmstars mit Rie-

In der Auto-Ausstellung (Dezember 1928)

„... ein in Block gelagerter 8-Zylinder, oben gesteuert wie dieser, gewährleistet ...“
„... ja, ich habe mir aber eigentlich etwas gedacht in ganz zartem Beige-Rosé, und nur die Räder diskret mit zwei türkisblauen Linien abgesetzt ...“

» 233 «

10 In der Auto-Ausstellung
(»Die Dame«, 1928).

sen-Duesenbergs und in Molsheim die »Royales« von Ettore Bugatti. Automobile wurden in Schönheitskonkurrenzen prämiert, begleitet oder gefahren von Damen der »Gesellschaft« oder Filmdivas wie Gloria Swanson, Marlene Dietrich oder Brigitte Helm. In den alljährlichen Automobilsalons stellten berühmte Firmen wie Saoutchik, Weyman, Gläser, Kellner oder Gangloff ihre Kreationen gleichberechtigt neben den Automarken aus. Die große Welt war in den Hauptstädten und eleganten Kurorten zu Hause. Man traf sich beim Derby, bei den internationalen Tenniswettkämpfen und den Concours. Berlin, London, Paris und Rom, Karlsbad, »Monte« und Baden-Baden waren die Orte, wo sich Geld- und echter Adel, die internationale Gesellschaft, die Hochstapler und erfolgreichen

Sportler trafen und ihre Wagen zeigten. Die sehr schnellen Bugatti-Sportwagen der Typen 43 und 55, die zweifarbig lackierten, von Jean entworfenen Stromlinien-Limousinen des Typs 50 oder die Cabriolets und Coupés der 57er Reihe gehörten zu den Elitewagen der Epoche, insbesondere weil sich unter ihren Hauben in vielen Rennen bewährte Supermotoren verbargen.

Das sportliche Automobil der Luxusklasse hatte kein festes Verdeck. Roadster und Cabriolet präsentierten sich in einer Reihe von Modellen, die ein weit abwechslungsreicheres Bild boten, als es der heutige Automarkt vermag. Noch rationalisierte man nicht, wenn es hieß, einem verwöhnten Kunden einen fabelhaft eleganten und kostspieligen Wagen zu liefern, der nicht nur im Entwurf, in der handwerklichen Verarbeitung und in der Motorleistung überragend, sondern auch für den Serienwagen vorbildlich war.

In Deutschland waren die Mercedes-Kompressor-Wagen, was Geschwindigkeit und rasante Sportlichkeit anging, führend. Ebenso aufwendig und elegant, aber relativ müde bot sich der Horch dar, dessen letzte Vorkriegsmodelle wohl die elegantesten Karosserien trugen. In England waren die Bentleys und Sunbeams, die Lagondas und Aston Martins führend, in Amerika erschien das miteinander verwandte Dreigestirn Duesenberg, Auburn und Cord mit besonders modern und bullig wirkenden, sportlichen Karosserien auf hochentwickelten Fahrgestellen, deren starke Motoren zumeist mit Kompressoren ausgerüstet waren. Derselben Familie gehörten in Italien Alfa Romeo und Lancia, in Frankreich Hotchkiss, Voysin, Talbot und Delahaye an. Diese Fabrikate waren oft mit Karosserien versehen, die in Verarbeitung und »Design« ebenso zukunftsweisend waren wie diejenigen Jean Bugattis. Besonders die niedrigen, leicht stromlinienförmigen Cabriolets und Roadster von Delahaye, Talbot und Alfa waren von einer Eleganz und Schnelligkeit, die den Modellen von Bugatti ernstlich Konkurrenz machten.

Man kann sich heute nur schwer eine Vorstellung machen von dem Eindruck eines aufwendigen Automobils der 20er und 30er Jahre, insbesondere wenn man wußte, daß fast der gleiche Wagen von Louis Chiron oder Tazio Nuvolari in aufregenden,

»männermordenden« Rennen gefahren wurde. Wenn ein schwarzer Cord-Kompressor oder ein Mercedes SSK mit unheimliche Kraft ausstrahlenden, silbernen Kompressor-Entlüftungsröhren auf dem Kurfürstendamm oder in einem Seebad am Bordstein stand, stockte das Herz fast eines jeden Flaneurs: Vor sich sah er die Traummaschine des neuen Helden. In einem selbstverständlich offenen Auburn oder einem schwarz-weiß lackierten, mit grünen Ledersitzen ausgestatteten Delahaye 135 von Genf nach Lausanne zu flitzen, bedeutete das Himmelreich. Neben einer Rennfahrerin wie Beatrix Gilka-Bötzow zu sitzen und die Kurventechnik ihres Bugatti in einem Chevrolet demonstriert zu bekommen, gehört zu den erhebenden Erinnerungen des Verfassers.

Der Film nahm sich dieses neuartigen, der Männlichkeit und dem Spieltrieb auf wunderbare Weise dienenden Topos schnell an. So sah man im »Kampf« den blonden Manfred von Brauchitsch siegreich im Rennen — selbstverständlich auf Mercedes — und im Ringen um eine schöne Frau. Irgendwo in Südamerika gab es »90 Minuten Aufenthalt«, ein Film, in dem Harry Piel mit einem relativ schwachen Horch im Kampf gegen einen Riesen-Mercedes an einer steilen Klippe fast verloren hätte. Ineinander verhakt, stürzten beide Autos ins Meer; der — dieses eine Mal böse — Besitzer des Mercedes sauste mit, Harry Piel rettete sich natürlich. In amerikanischen Gangsterfilmen spielten die Lincolns und Packards eine ähnliche Rolle im Kampf des Guten gegen das Böse, technische Paraphrasen einer Ritter- und Wild-West Romantik, die Schnelligkeit, viel Geld, Brutalität und einen guten Schuß Puerilität symbolisierten.

Die für heutige Verhältnisse gigantischen Autos der Zeit, deren Namen noch nicht völlig vergessen sind, hießen Isotta Fraschini, Hispano Suiza, Pierce Arrow, Packard und Maybach. Weniger bekannt sind Fabrikate wie Dupont, Minerva oder Bucciali; Unic, Rochet-Schneider, Delauney-Belleville oder Cottin & Desgouttes sind völlig vergessen. Dieser Klasse von mechanischen Dinosauriern, die geräuschlos und weich liefen, gehören heute, allerdings mit Vorbehalt, nur noch Daimler und Rolls-Royce an. Ein sogenannter großer Mercedes ist in seinen Dimensionen nur ein schwacher

11 Cord 810, 1936 (aus Sedgwick, Klassische Wagen III, 1979).

12 Mercedes 500 K, ca. 1935 (aus Fersen, Klassische Wagen I, 1971).

13 Bugatti T 57 S Atalante.

Abglanz dieser Supergefährte. Der Cadillac, ehemals ein hervorragender und sorgfältig gebauter Wagen, hebt sich heute aus der Masse der amerikanischen Kolosse aus dünnem Blech kaum noch heraus.

Die »Royales« von Bugatti waren größer, breiter, schneller und teurer als all diese Automobile. Es muß schon erregend gewesen sein, den nur zweisitzigen, aber fast 6 m langen Roadster von Armand Esders mit über 160 km/h von Paris nach

Die sportliche Frau

bronziert und
verschönt ihre
Haut mit

HUILE ᴅᴇ CHALDÉE

und parfümiert
sich mit

LE SIEN

dem Freiluft-
parfum, dem
Parfum sportlicher
Kameradschaft.

JEAN PATOU

*parfumeur,
Paris*

(Dezember 1930)

14   *Jean Patou und Grand Prix Bugatti, 1930.*

15   *Ein Vorkriegs »Oldtimer« im Jahr 1930
(»L'Illustration«, Okt. 1930).*

16   Aus »Die Dame«, 1930.

18   Aus »Die Dame«, 1930.

Die Autodecke mit festgenähten hohen Überschuhen, die mit Reißverschluß versehen sind,
ist im Winter für die Dame sehr nützlich.

Auf dem Trittbrett eine Waschvorrichtung, die ihr Wasser aus einem Tank durch Nickelhahn erhält:
Nickelbehälter für Handtuch und Seife. Nach Gebrauch wird sie zurückgeklappt, Wasser fließt dann ab.

17   Aus »Die Dame«, 1930.

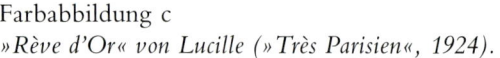

Farbabbildung c
»Rêve d'Or« von Lucille (»Très Parisien«, 1924).

Farbabbildung d
»Volga« von Jean Magnin (»Très Parisien«, 1924).

Biarritz zu jagen. Ettore Bugatti bot für zwei Jahrzehnte Tourenwagen jeder Größe, Sport- und Rennautos an. Dieses reiche Programm hob ihn aus der Gruppe anderer Fabrikanten heraus. Er besaß zudem einen Namen, der südlich-rassig und einladend klang. Der Käufer wußte, daß er mit seinem neuen Auto aus Molsheim den »Patron«, den genialen Konstrukteur, den Grandseigneur, Pferdeliebhaber und Schloßbesitzer miterwarb.

Die Bugattis, Delahayes und Auburns wurden nicht allein von harten Männern gefahren.

In den ersten Jahrzehnten dieses Jahrhunderts begann die Frau, sich frei und sportlich zu fühlen.

Schon vor dem 1. Weltkrieg wurden die Röcke kürzer, die Kleidung allgemein lockerer und freizügiger. Frauen studierten, wurden Ärzte und Naturwissenschaftler. Nach dem Krieg rauchte die »moderne« Frau in der Öffentlichkeit, spielte Tennis in kurzen Röcken, trug knappe Badeanzüge und fuhr ihr Cabriolet überlegen und sicher. Die Behebung von Pannen war für sie keineswegs schwierig. Sie begann, wie Elisabeth Junek mit ihrem Bugatti, Rennen zu fahren und im Flugzeug und Auto an Dauerprüfungen teilzunehmen. Elli Beinhorn und Amelia Earhart waren die berühmten Fliegerinnen dieser Jahre, und Dutzende von

Farbabbildung e
»Mélodrame« and »Psitt« von Beer (»Très Parisien«, 1924).

Farbabbildung f
Zwischen zwei Tänzen (»Très Parisien«, 1924).

hervorragend fahrenden Frauen ließen oft die Männer im sportlichen Konkurrenzkampf hinter sich. Es sollte aber keineswegs verschwiegen werden, daß die sportliche, einen Lancia Lambda oder Bugatti chauffierende Dame zumeist einer gesellschaftlichen Schicht angehörte, die sich gern als die tonangebende bezeichnete oder zumindest glaubte, dort angesiedelt zu sein. Die Kleider kamen von Worth und Coco Chanel und der Schmuck von Cartier. Ascona, Palm Beach und Monte Carlo gehörten zu den »Stätten der Begegnung«. Golf und Tennis wurden neben dem Reiten als gesellschaftsfähige Sportarten akzeptiert, während die Beteili-

gung bei Autorennen noch ein gewisses Stirnrunzeln hervorrief.
Die Damen trugen, wenn sie chauffierten und zu Sportveranstaltungen fuhren, für das jeweilige Ereignis die richtige Kleidung. Für die Fahrt im offenen Wagen wurden modische und sportlich-elegante Röcke und Blusen gewählt. Vor dem 1. Weltkrieg mußten Gesicht und Haare noch sorgfältig geschützt werden, aber nach 1920 gehörte die Frau zu den »Sonnenanbetern« und ließ sich, den nackten Arm auf dem Türrand und die Zigarette im Mund, bräunen und das Haar im Fahrtwind, wenn auch nur bedingt, zerzausen. Die Männer zo-

19 *Radwechsel beim Bugatti T 40 (»L'Illustration«, Okt. 1929).*

gen sich ebenso sorgfältig an. Niemals erschien man ohne Schlips, und die Hosen hatten scharfe Bügelfalten. Abends trug der Herr Smoking oder Frack — wie die alten Fred Astaire-Filme zeigen. Die Feste hatten mehr »Stil« als heute und waren zweifellos lustiger, in New York ebenso wie in Paris oder Berlin, wo z. B. 1924 die Haller Revue »Schön und Schick« im Admiralspalast präsentiert wurde, »eine Revue vom Auto, seinen Chauffeuren und Fahrgästen in 50 Bildern«.

Die sportliche und selbständig handelnde Frau der Zeit war sich, wenn sie das Geld hatte, ihrer Möglichkeiten bewußt, legte Wert auf Komfort und Eleganz, verstaute die eigens für sie angefertigten Toilettenkoffer und Reisetaschen in ihrem von

Gangloff oder Gläser karosserierten Roadster und gewann mit diesem sogar noch Rennen. Symbolfigur dieser sportlich-schicken Frau der Nachkriegszeit war die sympathische Elisabeth Junek aus Prag, die dank ihrer Fahrkunst nicht nur zum internationalen Ruhm der Bugatti-Autos beitrug, sondern durch ihr Engagement für den Motorsport diesen auch popularisieren half.

20   Die Reparatur (L'Illustration«, Okt. 1929).

Rennen

Bis in die 30er Jahre waren die Verkaufszahlen vieler Automarken von den Erfolgen auf den Rennpisten und bei Zuverlässigkeitsprüfungen abhängig. Sogar heute noch werden Siege bei der Monte Carlo-Rallye von den Autofirmen werbewirksam ausgewertet, obwohl jedermann weiß, daß der neue Audi 100 oder ein Mercedes auch ohne Rennerfolge leicht zu verkaufen ist. 515 % erreichte der Produktionszuwachs bei Mercedes nach dem Sieg beim französischen Grand Prix von 1908, 1911

brachte Ford nach einem Sieg beim Bergrennen in Ben Nevis 3000 Wagen in England unter, und BMW hoffte, so heißt es in einem Bericht, bei der Internationalen Alpenfahrt von 1929 zu siegen, um trotz der Wirtschaftskrise die Produktion steigern zu können. Auch wird Fritz von Opels Raketenwagen auf donnernden Rekordfahrten sicherlich den Verkauf des winzigen und billigen »Laubfrosches« kräftig gefördert haben.

Ettore Bugatti beteiligte sich seit 1899 an Rennen. In den 20er und frühen 30er Jahren ließ er seine Wagen bei jeder nur denkbaren Gelegenheit laufen in der Gewißheit, daß die Zahl der verkauften Autos proportional zu den Siegen wachsen würde. Bekannt ist seine Reklame von 1925, in der Zeit vom 1. Januar bis zum 30. September 412 Rennsiege errungen zu haben. Rennen waren zu Anfang unseres Jahrhunderts nicht dazu da, Schaulustigen das prik-

21 Nach dem Rennen
(»L'Illustration«, Okt. 1927).

kelnde Gefühl zu geben, beim Kampf »um Leben und Tod« dabei gewesen zu sein. Das kam später, als die freundschaftlichen und aufregenden Gefechte zwischen Caracciola und Nuvolari, zwischen Varzi und Chiron ausgetragen wurden. Rennen dienten zunächst der Prüfung von Leistung und Zuverlässigkeit der neuartigen Benzinkutschen. Geschwindigkeit, Effizienz, Reparaturanfälligkeit und Stabilität der Reifen wurden registriert und in zeitgenössischen Berichten eingehend kommentiert. Eine Fahrt um 1900 von Paris nach Bordeaux war für die Beteiligten ebenso aufregend wie heute eine Durchquerung der Wüste Gobi. Es gab Grand Prix- und Provinzrennen, Langstreckenfahrten und Straßenrennen, Bergrennen und spezielle Zuverlässigkeitsprüfungen, Fahrten von Peking nach Paris (1907) und um die Welt. Derartige Tests verhalfen der jungen Automobilindustrie zu einer ungemein raschen Entwicklung der Technik. Laufen-

de Verbesserungen an den Motoren und Bremsen, an den Getrieben, Achsen und Rädern waren gerade durch in Konkurrenz mit anderen Wagen ausgetragenen Prüfungen leichter und schneller durchzuführen. Die Automobile waren die fauchenden, ungestüm vorwärtsdrängenden, Gestank und Staub verbreitenden »Rennpferde« des technischen Zeitalters. Laut und vielen noch unheimlich, aber insgeheim bewundert wegen ihrer unverständlichen und komplizierten Technik, wurden sie auf der Piste ebenso schweren Belastungen ausgesetzt wie die Vierbeiner auf der Rennbahn. Kein Wunder, daß Bugatti seine Schöpfungen bald die »pur sang« aus Molsheim nannte.

Die erste große Langstreckenfahrt fand am 22. Juli 1894 zwischen Paris und Rouen statt und ging über 126 km. Es folgten u. a. 1895 das Rennen Paris–Bordeaux (1175 km; Sieger Panhard-Lavassor mit einem Durchschnitt von 24,4 km/h), im April 1898 das erste Rennen in Deutschland von Berlin nach Potsdam und zurück und 1902 die Paris-Wien-Fahrt, an der sich Ettore Bugatti mit einem De Dietrich-Bugatti beteiligte. Ab 1902 wurden die Gordon-Bennett Langstreckenrennen eingerichtet, ab 1904 begannen die Vanderbilt-, 1905 die Herkomer-Rennen und 1908 die Prinz-Heinrich-Fahrten. Immer wieder waren Geschwindigkeit und »Bergfreudigkeit« zu prüfen, wobei das Reifenproblem – d. h. der ständige Reifenwechsel – die Fahrer und die Firmen zur Verzweiflung brachte. Ab 1906, dem ersten Jahr der Targa Florio in Sizilien, waren die Wagen bei den Grand Prix-Rennen gewissen Regeln – Formeln – unterworfen. Motor und Gewicht durften einen bestimmten Hubraum bzw. ein bestimmtes Gesamtgewicht nicht überschreiten. So mußte z. B. Bugatti 1926 auf Grund einer neuen Formel einen 1,5 Liter Vierzylinder GP Wagen (T 37) entwickeln, da der 2 Liter Achtzylinder (T 35) bei diesen Rennen nicht mehr mitfahren durfte. Zudem hatten die Rennwagen zweisitzig zu sein, um einem Mechaniker Platz zu bieten. Die uns geläufigen »Monoposto« kamen erst gegen 1930 auf.

Nach dem ersten Weltkrieg begann die glorreiche Zeit der Großen Preise und der Dauerrennen wie dem 24-Stunden-Rennen von Le Mans. Der Grand Prix von Brescia 1921 brachte Bugatti Sieg und die ersten drei Plätze, und sogleich wurde der T 13 zum »Brescia«. Monte Carlo, Monza, Brooklands, Indianapolis, die Targa Florio, die Avus und der Nürburgring waren die Stätten, auf denen sich die großen und kleinen Marken schlugen. In Frankreich war der Motorsport besonders lebendig. Nicht nur in Clermond-Ferrand, Lyon und Straßburg, sondern fast in jedem Provinznest, auf jeder geeigneten und auch nicht so geeigneten Landstraße wurden allwöchentlich Rennen ausgetragen und von der Stadt- und Landbevölkerung eingehend verfolgt, wie es die während der Ausstellung laufenden Filme im »Bugatti Kino« zeigen.

Dort beherrrschten ab 1925 die Bugattis die Pisten. Rudolf Caracciola schreibt dazu: ». . . Bugatti ist der Künstler unter den Automobilkonstrukteuren, und seine Fabrik in Molsheim im Elsaß ist eher die Bastelwerkstatt eines reichen Mannes als eine Automobilfabrik, mit der Geld verdient werden soll. In diesem Werk wurde unser schwerster, zähester,

erbittertster Gegner gebaut: der schnelle Achtzylinder mit 2,3 Liter Zylinderinhalt« [T 35 B].

Beim ersten Zusammenprall auf dem Nürburgring zog er noch den kürzeren. Die Bremsen wurden heiß und glühten, die Motoren machten nicht mehr mit, indessen unsere Mercedes-Benz-Wagen gleichmütig ihre Runden drehten − mit der Präzision eines Schleifsteins, als ob hier nicht ein Rennen auf Tod und Teufel vor sich ginge, sondern ein harmloses Sonntagnachmittagsvergnügen für höhere Lehranstalten.

Ein Jahr später hatte sich die Situation geändert. Und von nun an wurde jedes Rennen ein Treffen zweier ebenbürtiger Gegner: der brummenden, rasenden Bugattis und unserer schweren geruhsamen deutschen Wagen.« (Rudolf Caracciola und Oskar Weller, *Rennen − Siege − Rekorde,* Stuttgart−Berlin−Leipzig, o. J. [1935].)

Die Sportler waren die Helden jener Zeit. Es gab den Läufer Nurmi, den Tennisspieler Tilden, die

22   *Ein Automobilrennen (»Schnauferl«, ca. 1905).*

Ein Automobilrennen nach Schilderung der sportfeindlichen Tagespresse, der Krakehler, Hämorrhoidarier u. s. w.
(Illustr. v. Emil Kneiss. Aus dem «Schnauferl».)

Farbabbildung g
Bugatti T 35 (aus »L'Illustration«, Okt. 1928).

Farbabbildung h
Cockpit des Bugatti T 35 (aus: »L'Illustration«, Okt. 1928).

23 Beim Autorennen
(»L'Illustration«, Okt. 1927).

Fechterin Helene Mayer, den Fußballspieler Hanne Sobek, auch den Schwimmer Johnny Weismueller, der später als Tarzan zu kinematographischen Ehren gelangte. Unter ihnen bildete sich eine Elite besonderer Art, die Rennfahrer. Der Autorennfahrer war der moderne Ritter. Ihm war vielleicht ein früher Tod beschieden, dem er jeden Sonntag, wie ein Stierkämpfer, gefaßt entgegensah. Mutig brauste er mit dem schnellen Renner davon. Überlegen beherrschte er den rasenden »Vollblüter«, schleuderte mit quietschenden Reifen durch die Kurven, schoß wie ein Pfeil am begeisterten Publikum vorbei und empfing gelegentlich aus präsidialer Hand lächelnd, braungebrannt und ölverschmiert, den Siegeskranz. Von einem solchen Rennen berichtet Arno Arndt am 4. Januar 1909 im Berliner Tageblatt: ». . . Und alles schwarz von Menschen, von Männern mit blauen Schirmmützen und Frauen mit wehenden Schleiern, deren Augen wie im Fieber leuchten und immer nur auf eine riesengroße schwarze Tafel schauen, oder auf ein schwarzes oder blaues oder weißes Etwas, das mit Donnergepolter eins, zwei, drei wie eine Teufelsgestalt kommt und verschwindet . . . brüllend fegt ein Automobil nach dem anderen, oft zwei kämpfend nebeneinander, an den Menschen vorüber. Weiter, nur weiter. Und wieder malen die Pinsel neue Ziffern an die schwarze Tafel, und das Volk rechnet; es rechnet, wer in diesem Riesenkampf pferdeloser Maschinen die beste Zeit gefahren hat, wer der Rasendste gewesen ist . . . Schon stundenlang hat der Kampf gewogt, Kilometer um Kilometer. Runde um Runde. Ein erbittertes Ringen. Schon zeigen hier und dort an der Tafel sich schwarze klaffende Lücken, denn die Ärmsten, die nach und nach von der Bildfläche verschwunden sind, liegen mit zerbrochener Maschine auf der Strecke oder haben sich in den Chausseegraben hineingebohrt auf Nimmerwiedersehen. Oder die zum Platzen geborenen Pneumatika haben ihnen den Rest gegeben. Pneus, die in der rasenden Hetzjagd wie Zunder zermürbten und dann ihre luftige Seele verhauchten . . . Da zeigt sich wie eine Wolke ein schwarzer Punkt und wird immer größer und größer, und aus einem Punkt wird ein ratterndes Ungetüm, das mit einem Male heranschießt und dann hält, umheult von tausend Stimmen und umringt von tausend Menschen, die im Taumel dem Sieger die Hände drücken.« (Zitiert nach H. Mander 1978, S. 111.)

In den 20er und 30er Jahren waren die Namen der Rennfahrer gleichsam »in aller Munde«. Auch die nicht dem Automobilsport besonders Zugeneigten verfolgten die Schicksale der Fahrer und die Siege ihrer Lieblingsmarken. Bei Bugatti stand an erster Stelle Louis Chiron, den eine über die Kriege währende Freundschaft mit dem As bei Mercedes, Rudolf Caracciola, verband. Zum Molsheimer Rennstall gehörten zunächst Ernest Friderich und Pierre Marco – der eine bei Bugatti seit den Tagen in Grafenstaden tätig, der andere der letzte Leiter der Bugatti-Fabrik nach dem 2. Weltkrieg. Dann kamen die drei Brüder Vizcaya – Pierre, Fernand und Jean –, René Dreyfus, Jean-Pierre Wimille, Maurice Trintignant, Philippe Etancelin und andere.

24 Elisabeth Junek nach ihrem Sieg beim Prager Bergrennen, 1925 (Archiv H. H. v. Fersen).

25 Paula Stuck, die Frau des Rennfahrers Hans Stuck, war die bekannte Tennisspielerin Paula von Reznicek.

Rennfahrerinnen.
Von Paula Stuck

... kommt man abends in die Garage gefahren und steht irgendein unauffälliger Wagen ein wenig im Weg oder aus der Reihe, wird todsicher der jeweilige Begleiter mit ironischer Höflichkeit bemerken: „Das kann nur eine Fahrerin gewesen sein!" Und dann läßt man aus reinem Oppositionsgeist den Wächter rufen und flötet besonders liebenswürdig: „Nicht wahr, dieses blau-graue Kabriolett gehört doch einem Herrn?" Und dann erwidert der Gefragte prompt und unabänderlich: „Bedauere, das ist das Auto von Frau Grete Müller."

Solche Geschehnisse wiederholen sich mehrmals am Tag. Wird falsch überholt oder nicht ausgewichen, bleibt ein Wagen unter der grünen Lampe stehen oder stoppt ein Gefährt zwei Meter vor dem dahinter Fahrenden — ohne ein Zeichen zu geben — immer prophezeit die Stimme des starken Geschlechts: „Eine Frau, eine Frau!" Bis auf wenige Ausnahmen erhält sich dadurch mit der Herr der Schöpfung seine dominierende Stellung!

Ich suche nach einer psychologischen Gegenerklärung. Es wird schwer halten! Eine ganze Weltanschauung steht gegen die motorsportliche Betätigung der Frau. Neuerdings kämpft auch die Mode mit ...

Warum, um des Himmels willen — sollen bei angenommen 100 000 Selbstfahrerinnen in Berlin nicht 500 ein ganz klein wenig aus der Reihe fahren? Der Prozentsatz bei den Fahrern ist bestimmt derselbe, nur mit dem Unterschied, daß der Mann am Steuer bereits zur Gewohnheit geworden ist und die Frau am Volant immer noch — irgendwie — und besonders, wenn sie nicht ganz reizlos ist, auffällt und Aufsehen erregt.

Was die Frau kann — kann sie gut. Ebensogut wie der Mann! Und wenn er platzt: Ebensogut! Sämtliche Statistiken — nicht nur in der Autobranche — sprechen dafür.

Fährt eine Frau mit Andacht und Passion, Ehrgeiz und Verständnis Auto — steht sie dem Mann kaum nach. Schauen wir in die Liste der bekannten deutschen und internationalen Automobilveranstaltungen. Da finden wir bei den Zuverlässigkeitsfahrten, Stern- und Zielfahrten immer wieder ebensoviel Frauen wie Männernamen, die von sich reden machen, wie Lotte Bahr und Liliane Roehrs. Sie überwinden dieselben Anstrengungen wie ihre Männer, Freunde und Brüder. Sie verzichten auf Schlaf, gewöhnen sich tageweise Hungern und Trinken ab — und sind eisern in ihrer Pflichterfüllung. Was sie an Ausdauer und Kräfteverteilung zu leisten haben — muß die Rennfahrerin an Konzentration und Mut aufbringen, denn bei diesem Wagnis kann sie mit dem Mann nicht Schritt halten.

Ja, die Rennfahrerinnen! Die Pulse der Menge schlagen schneller — die sensationslüsterne „Masse Mensch" gerät in Ekstase, wenn das aufreizende Heulen der rasenden Raubtiere ausbricht. Helden der neuen Romantik! Dem Tenor wird der mit dem Tode spielende Meister vom Volant vorgezogen. Gar erst die Meisterin unseres Dezenniums ...!

Allen überlegen — zu ihrer Zeit den forschesten Draufgängern ebenbürtig, war die kleine, reizende Pragerin: Frau Junek. Wenn man die zierliche — immer liebenswürdige und hilfsbereite Sportsfrau in dem runden Sitz ihres Bugattis verschwinden sah, fragte man sich unwillkürlich: „Kann diese zarte Person tatsächlich diese 200 PS beherrschen?" Ihr Name hat in der Geschichte des Automobilismus einen einzigen Klang. Ihre vielen Klassen- und Kategoriensiege sprechen für sich. Ihre sensationelle Targafahrung vor 5 Jahren bildet noch heute oft das Gesprächsthema bei Zusammenkünften von begeisterten Sachverständigen. Wer sie im Vorjahr als „Rennleiter" am Masaryk-Ring wiedersah und begrüßte, wußte nicht recht, ob er mit einem lachenden Auge sich freuen sollte, daß dieser besonders nette Mensch den Gefahren eines „200 Kilometer-Ringens" entrückt ist — oder mit einem weinenden — bedauern sollte, daß der europäische Sport um eine prominente Anführerin gekommen ist.

Nach Frau Junek waren vor Jahren Ernes Merck und Gräfin Margot Einsiedel wohl die bekanntesten Rennfahrerinnen.

Heute haben wir in Deutschland eigentlich nur zwei richtige Rennfahrerinnen — Frau Bea Gilka-Bötzow, geb. Gräfin Einsiedel, und die Debütantin Edith Frisch, die durch ihre Zähigkeit und Zuverlässigkeit mit Recht Hochachtung verdient.

Österreich besitzt seine „Kanone" in Minki Klinger — die seit Jahren die österreichische Damenmeisterschaft innehat. Mit kühler Abgeklärtheit meistert die Linzerin ihren schweren Steyrwagen — und erntet mit Recht die Anerkennung und Anhänglichkeit der Zuschauermengen.

Italien verdient mit der schlanken Prinzessin Colonna — Alfa-Romeo, einer nicht nur waghalsigen, sondern auch eleganten und gesellschaftlich eine Rolle spielenden Vertreterin im In- und Ausland, besondere Erwähnung. Wir erinnern uns ihres Sieges am Zirlerberg.

In Budapest, Wien, Prag war — als ihre schauspielerische Tätigkeit noch nicht ihre Hauptbeschäftigung darstellte — Friedl Haerlin der Zielpunkt der Photographen und Reporter. Sie verdiente es aber auch ihrer Leistungen wegen, denn sie verstand etwas von Maschine und Fahren, ebenso wie Frau v. Koznian, die auf ihrem Austro-Daimler hauptsächlich in Zakopane und Lemberg von sich reden machte. In Frankreich ist die mutige Mme. Itier die erfolgreichste und beliebteste Fahrerin.

Gedenken wir noch der schneidigen Motorradfahrerinnen, unserer Hanni Köhler-Oral, auf die wir nicht besonders einzugehen brauchen, da sie durch ihre ehemaligen Heldentaten in aller Mund bleibt und der jungen Frau Lore Keller-Stößer, die ihrem Motorrad Valet gesagt hat und zum Auto übergesiedelt ist.

26 Ein Rennfahrer-Trio mit H. J. v. Morgen hinter einem Bugatti T 35.

Neben den Fabrikfahrern, zu denen natürlich auch die anderen Großen der Zeit, wie Tazio Nuvolari und Achille Varzi, Hans Stuck und Bernd Rosemeyer, zählten, beteiligten sich Privatfahrer an den Ausscheidungen. Einen Mercedes- oder Bugatti-Renner zu besitzen gehörte zum höchsten Glück eines engagierten Automobilisten. Diese sogenannten Amateure waren hervorragende Fahrer, die viele Siege und Plazierungen errangen und vielleicht noch mehr Interessenten an Sport- und Tourenmodellen nach Stuttgart und Molsheim zogen als die Berufspiloten. Unter den Damen stand an erster Stelle Elisabeth Junek aus Prag, die allein oder gemeinsam mit ihrem später verunglückten Mann in den 20er und frühen 30er Jahren auf Bugatti häufig siegte. Auf Bugatti fuhren auch die beiden Gräfinnen Einsiedel, die eine mit einem Einsiedel, die andere mit dem Gutsbesitzer Gilka-Bötzow verheiratet. Natürlich kostete der Erwerb eines Bugatti und die Beteiligung am Rennsport

Geld. Nicht alle Besitzer dieser zwischen 1924 und 1934 gebauten Grand Prix-Wagen waren unermeßlich reich, sondern manche setzten – wie Kurt Kiefer, Gründer und Präsident des Deutschen Bugatti Clubs – die paar tausend Mark, die ihnen vielleicht zur Verfügung standen, ein, um einen gebrauchten oder – nach einigem Flehen – einen von Ettore extra herabgesetzten Bugatti zu erstehen, diesen höchstpersönlich zu pflegen und dann in Rennen zu fahren. So erwarb z. B. Beatrix Gilka von Chiron um 1930 einen Bugatti für nur 1000 Mark.
Die Herrenfahrer waren draufgängerisch und liebten die Geschwindigkeit und den Ruhm, die ihnen die Bugattis oder andere Wagen brachten. Viele von ihnen starben auf den Rennpisten. Mit ihren Rennautos aus Molsheim wurden besonders Prinz Leiningen und die Grafen Zborowski und Czaykowski bekannt. Beim Training mit seinem Bugatti verunglückte Hans Joachim von Morgen aus unerklärlichen Gründen, und der 25jährige Fürst Ge-

*27 Kurt Kiefer auf Bugatti T 35 B,
Sieger beim 8. Hainbergrennen, 1934.*

wir wußten, daß bei der leisesten Aufforderung das
›Tier‹ sehr viel mehr tun würde als nur gehorchen.
Es würde alles hergeben und auf die geringsten Bewegungen von Handgelenk, Fuß, Finger oder
Blick unmittelbar reagieren . . . Die Anforderungen, die jede Sekunde an den Fahrer gestellt werden, verlangen von ihm, daß er dauernd die Grenze
des Möglichen überschreitet, daß er mit seinem
Wagen bei höchster Konzentration ein rhythmi-
sches Zusammenspiel anstreben muß . . . « (Über-
setzt aus dem Vorwort bei Conway-Greilshamer,
S. 8.)

*28 Fürst Georg Christian Lobkowicz vor dem Avus-
Rennen 1932, bei dem er mit seinem Bugatti T 54 töd-
lich verunglückte (Archiv H. H. v. Fersen). Vergleiche
S. 285, Abb. 90.*

org Christian Lobkowicz starb, als er sich mit dem
neuen, aber schwer manövrierbaren T 54 auf der
Avus 1932 überschlug. Keiner dieser vielen Privatfahrer hat den Beginn eines Rennens besser zu
schildern gewußt als Philippe de Rothschild, der
u. a. 1929 mit seinem T 35 B am Grand Prix von
Monaco teilnahm: »Wenn man in einem blauen
Rennwagen saß und das Lenkrad in seinen Händen
spürte, transzendiert man, im Zeitalter der Chi-
rons, Caracciolas und Etancelins, vom einfachen
Fahrer zum Piloten. Man fühlte sich eins mit einer
fein abgestimmten Maschine, die gleichsam ein
Teil der Natur war, entworfen von einem Künstler, dem das Klassische ebenso vertraut war wie
südliche Eleganz und südlicher Charme. Man
konnte nicht vermuten, daß Ettore Bugattis Automobile sich zu zornigen Ungeheuern entfalteten,
mit Rädern gleich den Wurzeln eines Baobab-Bau-
mes, arrogante, prähistorische Tiere . . . Dann
kam das Anlassen des Motors: ein Geräusch, auf
das man gewartet hatte, mit einer Folge verschiedener Töne, die Ungeduld verrieten, die zu hören,
zu interpretieren, zu meistern und zu verstehen
waren, aber nicht forciert werden durften . . . Diese herrlichen Sekunden direkt vor dem Start des
Rennens waren Augenblicke der Erlösung, weil

29 *Preisgünstige Autos*
(*»Automobil-Welt«, Nr. 31, 1907*).

Bugatti war tätig zu einer Zeit, als der fast explo-
sionsartige Zuwachs an Fabriken und Fabrikaten
und, nach Einführung des Fließbandes, an schierer
Menge von Automobilen den Markt mit Benzin-
gefährten jeder Art und jedes Preises überflutete.
Im Gegensatz zum heutigen Automarkt war die
Vielzahl insbesondere der teuren Modelle verwir-
rend. Zwischen 1900 und 1930 hat es über 1000
Automarken gegeben, von denen auch ein Spezialist heute nur noch wenig weiß (vgl. die Liste bei
Schrader). Kaum ein Mensch kennt, wenn wir
z. B. das Jahr 1907 nehmen, Hering & Richard,
Ruppe & Sohn oder Laurin & Klement. Nur die
Älteren erinnern sich vage an um 1930 bekannte
Wagen wie Röhr, Brennabor oder Panhard, Austro-Daimler, Protos oder Hupmobile. Der im
Deutschen Museum in München ausgestellte herrliche Minerva trägt einen Namen, den nicht jeder
kennt, und sogar die in der Zeit nach dem 2. Weltkrieg verschwundenen De Sotos und Borgwards
sind keineswegs jedem Schuljungen geläufig.
Statistiken sind langweilig, aber doch gelegentlich
erhellend. Einige Zahlen mögen das verdeutlichen,
da sie zum Verständnis der Bugatti-Automobile
beitragen.
Zu Anfang des Jahrhunderts war in der Motorisie-
rung Frankreich das führende Land. 1899 gab es
dort 1438 Personen- und 234 Lastkraftwagen,
während in demselben Jahr in den Vereinigten
Staaten nur 600 und 1901 in Deutschland nur 845
Benzinwagen in Betrieb waren. Während in Frankreich bereits 1895 der Dampfantrieb für Straßen-
fahrzeuge zugunsten der »Benziner« ausschied,
produzierte Amerika 1900 noch 1681 Dampf-,
1575 Elektro- und nur 936 Benzinwagen.
1901 präsentierte Bugatti sein erstes, von ihm
selbst zusammengesetztes Automobil in Mailand,
1910 begann er in Molsheim die Produktion seines
T 13-Sportwagens. In diesem Jahrzehnt wuchs in
Frankreich die alljährliche Gesamtproduktion von

Autos von 2000 auf 26 000 Personen- und 20 000
Lastkraftwagen an. Deutschland stellte 1910 rund
41 000 Wagen her. In den Vereinigten Staaten
schnellten in den ersten Jahren des Jahrhunderts die
Zahlen sprunghaft nach oben: 1903 wurden 10 000,
1909 bereits 115 000 und 1910 fast 200 000 Einheiten in 200 Fabriken hergestellt.
Der Bestand an Automobilen zu Beginn des 1.
Weltkrieges belief sich in Deutschland (50 Millionen Einwohner) auf 64 000, in Frankreich (40 Millionen) auf 100 000, in England (36 Millionen) auf
178 000 und in den USA (95 Millionen) auf
1 711 000 Automobile, die, so muß man betonen,
alle sehr gut liefen und zuverlässig waren. Zum
Vergleich: Ettore Bugatti hat von 1910 bis 1914
insgesamt nur rund 350 Wagen gebaut!
Nach dem Krieg überrundete Amerika die europäische Industrie um ein Vielfaches, obwohl auf
unserem Kontinent manche Fabrik in den 20er Jah-

ren ebenfalls das Fließband übernahm und damit sehr leistungsfähig wurde. So entstanden bei Opel 1926 auf dem neuen Fließband 16 466, 1930 26 127 Autos bei einer Belegschaft von 9000. 1933 hatte Opel eine Jahreskapazität von 60 000 Einheiten (heute läuft bei VW alle 15 Sekunden ein Wagen vom Band). Dagegen brachte es eine auf handgefertigte Hochleistungswagen spezialisierte Fabrik wie Bugatti 1930 mit gut 1000 Arbeitern höchstens auf 500−600 Einheiten. Dasselbe wird für ähnlich geartete Automobile wie Alfa, Duesenberg, Delahaye, Hispano Suiza oder Lagonda gegolten haben.

Produktionszahlen von Automobilen

	1929	1930	1931	1932	1933	1934
Frankreich	215 000	181 000	161 000	138 000	146 000	180 000
Deutschland	92 000	72 000	58 000	41 000	90 000	269 000
England	182 000	170 000	160 000	180 000	220 000	379 000
Italien	44 000	28 000	24 000	25 000	36 000	61 000
USA	4 600 000	2 780 000	1 973 000	1 135 000	1 606 000	3 915 000
Kanada	207 000	125 000	65 000	50 000	54 000	153 000

30   Opel, 1927.

Ein weiterer Zahlenvergleich. Die leichten, zweisitzigen Bugatti-Sportwagen vor 1914 kosteten etwa 6000 Mark. In Deutschland war ein Vierzylinder um 1910/11 für 8000 Mark, in Amerika für 3000 Mark zu haben. Von 1910 bis 1914 sanken die Autopreise dank zunehmender Produktionszahlen erheblich, wobei die amerikanischen Wagen der Fließbandproduktion in der Regel weniger als die Hälfte der vergleichbaren europäischen Modelle kosteten. Sogenannte Mittelklassewagen waren im Europa von 1910 für 15 000 Mark, in Amerika für 5000 Mark erhältlich. Das jährliche (!) Durchschnittseinkommen betrug allerdings 1908 in Frankreich nur 514, in Deutschland 555 und in England 815 Mark. Die relativ hochbezahlten Fabrikarbeiter verdienten 1910 zwischen 25 und 45 Mark wöchentlich, d.h. über das Doppelte des Durchschnittslohns. Dafür konnte man sich allerdings kein Auto und kaum ein Fahrrad leisten. Nach dem 1. Weltkrieg ergeben die Zahlen ein anderes Bild. Ein kleiner 1-Liter-Opel-»Laubfrosch« mit 12 PS von 1924, der 70 km/h lief und 5 Liter auf 100 km verbrauchte, hatte einen Preis von 4000 Mark; 1929 kostete ein Sechszylinder Opel mit 40

for the
YOUNG BUSINESS MAN

The Ford Runabout is a profitable partner and a happy companion for the boy who is making his mark in business and at school.

It reduces distance from a matter of miles to a matter of minutes. By saving time and effort, it makes larger earnings possible. And costing little to buy and keep going, it quickly pays for itself.

When vacation time rolls round the Runabout enables the young business man to reduce by hours the time between work and play.

Let us tell you how easy it is to buy a Ford on the Weekly Purchase Plan.

FORD MOTOR COMPANY, DETROIT, MICHIGAN

THE RUNABOUT
$265
F. O. B. Detroit
Demountable Rims
and Starter $85 extra

Ford
THE UNIVERSAL CAR

1923

Die Hersteller des Lincoln-Motorwagens hatten die erlesenste Vereinigung von Menschen, Erfahrungen und Material hinter sich, die man je in der Geschichte des Automobilismus erlebte. So entstand in ihnen der Wunsch, das beste Automobil der Welt zu bauen. Der glühende Wille, einmal etwas schlechthin Vollkommenes zu schaffen, bediente sich der Kombination aus schlechthin Vollkommenes zu schaffen, bediente sich der Kombination aus der erlesensten Rohstoffe unter der Leitung erfahrener, für ihr Ziel begeisterter Ingenieure. So entstand der Lincoln. Lincoln stellt im Automobilbau die äußerste Annäherung an die Grenzen menschlichen Könnens und technischer Möglichkeiten dar. — Wenn Sie diesen vornehmen und wunderschönen Wagen einmal zu einer unverbindlichen Probefahrt benutzen wollen, so werden sich unsere Vertreter freuen, Ihnen alle Wunder des Lincoln zeigen zu dürfen. Verlangen Sie bitte unsere reich illustrierte Drucksache A7.

Elektrische Vergaservorwärmung, sofortiges Anspringen. — Lautloser geschmeidiger Gang. — Vollkommener Massenausgleich durch Zündfolge außer Takt. — Thermostatisch bewegte Kühler-Jalousien, kein Heißlaufen, kein Wasserverlust. — Vorn eng eingespanntes Rahmen ergibt durch minimen Radeinschlag kleinen Drehkreis. — Ein sechsfaches Bremssystem garantiert unbedingte Fahrsicherheit.

LINCOLN

FORD MOTOR COMPANY A G   BERLIN - WESTHAFEN

31   Ford, 1923.   32   Lincoln, 1927.

PS (80 km/h, 11 l Verbrauch) dann nur noch 4540 Mark. Die Wagen der »gehobenen« Klasse waren erheblich teurer. Die 6-Liter Achtzylinder-Pullmann-Limousine der gleichen Marke (seit 1928 zum amerikanischen General Motors Konzern gehörig), mit 110 PS ausgestattet, lief 130 km/h und hatte einen Benzinverbrauch von 23 l; 1928 lag der Preis bei 21 000 Mark. Der diesem Modell entsprechende, aber aufwendigere Isotta Fraschini kostete über 30000, der wohl teuerste Mercedes-Sport, ein SSK Sport-Cabriolet, 54000 Mark. Die Amerikaner waren viel billiger, im allgemeinen bequemer, größer und zum Teil technisch fortgeschrittener. So gab es den Ford »Model T« von 1923 für $ 265,– (mit abnehmbaren Felgen und elektrischem Starter $ 85,– extra), d. h., er kostete ca. 1000 Rentenmark, ein Viertel des Opel-»Laubfrosches«! 1929 wurde ein offener und bequemer De

Soto (des Chrysler-Konzerns) für 6 700 Mark angeboten — ein ungefähr gleichstarker, aber besser gebauter Bugatti kostete über das Doppelte. Ein komfortabler Chevrolet »Master« Innenlenker, der 140 km/h lief, hatte 1935 in Deutschland einen Preis von 5 400 Mark, während ein Mercedes der vergleichbaren Größe 10 000 Mark kostete.

Die Bugatti »Royales« überstiegen alles bisher Dagewesene. Karosseriert hatten sie Preise um 140–160 000 Mark. Ein Rolls-Royce von bester Qualität war dagegen um die Hälfte billiger, und in Frankreich kosteten die großen Delage-Wagen mit Pullmann-Karosserie um 35 000 und der luxuriöse 7-Liter-Renault rund 50 000 Mark.

Die Weltwirtschaftskrise um 1930 brachte auch die Autoindustrie in große Nöte. Opel beschäftigte 1925 87000 Arbeiter, die bis 1932 auf 30000 reduziert wurden. Bei Bugatti in Molsheim verringerte sich die Zahl von ca. 1200 auf gut 600, um allerdings dann wieder, wie bei Opel, anzusteigen. 1928 lag in Deutschland »fast die Hälfte aller Einkommen (ohne Lohnempfänger) in der niedrigsten Gruppe von 5000 bis 8000 Rentenmark jährlich« (P. Gränz – P. Kirchberg, *Klassiker auf vier Rädern,* Jena – Berlin 1980, S. 76). Für die meisten Bewohner Europas mußte daher der Erwerb eines Autos, auch des kleinsten Opels oder Hanomags, außerhalb ihrer finanziellen Möglichkeiten bleiben.

Während zur gleichen, wirtschaftlich desolaten Zeit, d.h. im Jahr 1932, in den Vereinigten Staaten auf je fünf Einwohner ein Auto kam, konnte sich in Frankreich nur jeder 28., in England jeder 29. und in Deutschland nur jeder 100. einen Wagen leisten. Es ist bewundernswert, daß es Ettore Bugatti gelang, trotz seiner kostspieligen Automobile diese schweren Zeiten, wenn auch nicht ungeschoren, zu überstehen.

Axel von Saldern

33   Anzeige für Chrysler Stromlinienwagen, 1934.

OLDTIMER UND MODERNE

Zur Ästhetik des Automobils während der Ära Bugatti

In der Geschichte des Automobils ist das Jahr 1909 vor allem durch zwei Ereignisse hervorgehoben, die sicher nicht als künstlerisch relevant gelten dürfen: Ford spezialisierte sich nach dem Erfolg des Modells im Vorjahr auf die Serienproduktion des Ford T mit einem Absatz von 19 000 Stück pro anno, und Wilhelm Maybach gründete mit dem Grafen Zeppelin zusammen die Maybach Motorenwerke GmbH. Am 20. Februar des gleichen Jahres lasen die Pariser im »Figaro« einige provokante Sätze, die zwar nicht nur dem Automobil galten, die aber das Automobil zum Vehikel der Herausforderung an das Kunsturteil der Leser vorstellten: »Wir behaupten, daß die Herrlichkeit der Welt um eine neue Schönheit reicher wurde: um die Schönheit des Tempos. Ein Rennwagen, geschmückt mit

seinen starken, Schlangen voll explosiven Atems gleichen Röhren, ein brüllendes Auto, das aus einem Maschinengewehr zu schießen scheint, ist schöner als die Nike von Samothrake«. Diese kurze Passage in Marinettis »Futuristischem Manifest« ist nicht die früheste, wohl aber die bekannteste Einführung der Benzin-Motorwagen in die Kunstgeschichte.[1] Die deutsche Übersetzung gibt nicht den ganzen Witz Marinettis wieder, seine Assoziationen wecken zwar die Vorstellung von Fehlzündungen der Benzinmotoren im frühen Entwicklungsstadium, man mag sich auch fragen, wie in aller Welt denn ein futuristischer Rennwagen wohl ausgesehen hätte, der doch um 1909 weit von dem entfernt war, was für uns als Inbegriff des Rennwagens gilt. Marinettis Vorstellung übersteigt die

1a

344

Wirklichkeit der Motorkarossen von 1909 und trägt ihr, zugleich für den zeitgenössischen Leser vermutlich unmittelbar verständlich, Rechnung; denn er spricht nicht von der Siegesgöttin von Samothrake, sondern in seiner Muttersprache von der »Vittoria di Samotracia«[2]. »Victoria« hieß auch der bequeme Reisewagen des späten 19. Jahrhunderts, der von Pferden gezogen wurde, und als Carl Benz einen bequemen Reisewagen konstruierte, nutzte er alle Erfahrungen dieses Victoria-Typs, von dem er auch den Namen entlieh. »Victoria« oder »Milord« waren zu Beginn des Jahrhunderts populäre Gefährte, und eine Anspielung auf die Vittoria di Samotracia weckte unwillkürlich die Erinnerung an eine Victoria von Benz oder von Labourdette. Die Wirklichkeit hinter Marinettis futuristischer Emphase war die der Postkutsche. Er hätte, wenn es ihm nicht so sehr um die knatternden Explosionsgeräusche gegangen wäre, ebensogut die Kaleschen der guten alten Zeit besingen können. Ein Blick auf eine Konstruktionszeichnung oder in eine Karosseriewerkstatt des ersten Jahrzehnts unseres Jahrhunderts macht die Parallelität von Pferde- und Benzingefährt überdeutlich (Abb. 1a und b).

Wenig genug unterschied die Konstruktion und die Haupttypen voneinander. Die Typen waren nach den Funktionen differenziert, wie sie sich bis zum 19. Jahrhundert herausgebildet hatten. Nur befand sich statt des eleganten Reisegepäcks vorn oder hinten auf den neuen Motorfahrzeugen eine sargähnliche Kiste: der Motorkasten. Aus ihm wurde der kubisch verkleidete Maschinenteil des Automobils, dem der Kühler die gesichtsbestimmende und bald auch prestigeträchtige Fassade gab.

Die Ästhetik des Automobils folgte zwangsläufig – entsprechend den Normen für fast alle »nützlichen Künste« – typologisch traditionell geprägten

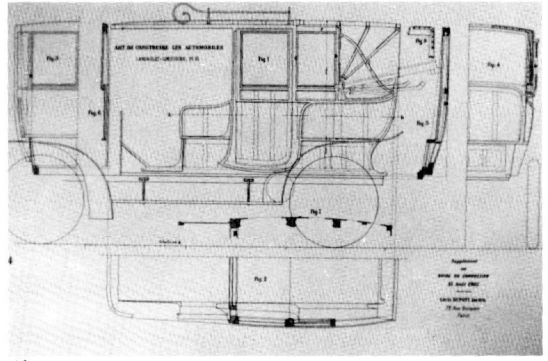
1b

2a

2b

1a   *Blick in die Automobil-Karosserie-Werkstatt von Labourdette, 1905*

1b   *Konstruktionszeichnung einer Landaulet-Limousine von Labourdette, 1905*

2a   *Milord-Victoria von Labourdette, Ende 19. Jh.*

2b   *Carl Benz, 1898*

3 *Ettore Bugatti zugeschriebenes Modell im Auto-Museum Turin, nach 1902*

Regulativen. Auch in den aufregendsten Konstruktionen, im extravagantesten Styling setzte sich der konservative Charakter der Automobilform unverkennbar durch — angefangen von der Orientierung an der Postkutsche über die Creationen von Ettore und Jean Bugatti bis heute.

Warum sollte das Automobil eine Ausnahme von der Regel machen, daß in der Kunstgeschichte eine funktional fortentwickelte oder im Material variierte Form immer auf der Grundlage einer bekannten und bewährten verwirklicht wurde — angefangen von den Ton-Nachbildungen prähistorischer oder frühgeschichtlicher Metallgefäße bis zur Orientierung der Photographie an der Malerei?[3]

Die Namen gaben direkte Hinweise auf die Zusammenhänge zwischen Pferdewagen und Motorfahrzeug,[4] es bedürfte nicht des Messens in Pferdestärken als einer Demonstration der Parallelen.

Nicht alle Typen der Pferdewagen erwiesen sich für den Antrieb mit Motoren geeignet, doch wurden sie fast alle eine gewisse Zeit lang in beiden Funktionen erprobt (abgesehen vom zweirädrigen, einachsigen Tilbury oder Buggy, den allenfalls ein Akrobat als Motor-Nutzfahrzeug hätte kutschieren können). Eines der kleinsten und elegantesten Gefährte des 19. Jahrhunderts war der »Duc«, beliebt vor allem bei eleganten Damen zum Spazierenfahren ihrer Garderoben. Elegant blieb der kleine Vierrädrige auch, wenn man ihn mit einem Benzinmotor ausstattete; denn der Maschinenkasten konnte unauffällig unter dem Sitz verschwinden. Eine ähnliche Möglichkeit bot der Dog-Cart, da man an der Stelle des Hundeverschlags zwischen den Rücklehnen der Sitze den Motor unterbringen konnte. Der Nachteil des Dog-Cart-Typus bestand darin, daß die Fahrgäste mit den Rücken gegeneinander saßen. Weitaus besser entsprach der Milord- oder Victoria-Typus den Erfordernissen des Automobils. Fahrer und Gefahrene waren deutlich voneinander getrennt, ein aufstellbarer

Verschlag konnte vor Regen oder Sonnenstrahlen schützen, und auf dem rückwärtigen, für das Gepäck bestimmten Teil konnte der Motorkasten Platz finden. Als im Laufe der Entwicklung der Motor vor dem Fahrersitz angeordnet wurde, blieb am hinteren Ende erneut Platz für das Gepäck. Carl Benz hat wohl als erster diesen Vorzug des Milord- oder Victoria-Typus erkannt, als er seinen Benzinwagen von 1893 als »Victoria« auslegte und benannte. Für eine normative Entwicklung der Automobilform war die Grundlage gefunden (Abb. 2a und b). Am Beginn der Karossen, die mit dem Namen Bugatti in Verbindung gebracht werden, steht kennzeichnenderweise jedoch nicht der Victoria-Typus, sondern ein anderer, dem eleganten »Duc« verwandter (Abb. 3).

Automobilgeschichte machten weitere Typen, die wir bis heute kennen. Einer der beliebten, schnellen Sportwagen des 19. Jahrhunderts war der »Amerikaner«, eine hochrädrige, flache Kiste mit darauf montierten Sitzen. In England nannte man ihn ebenso wie in Frankreich »Spider« — wer denkt, wenn er von dem robusten Motor-Spider spricht, noch an sein Vorbild unter den Pferdewagen vor mehr als einhundert Jahren?

Nicht die Sportwagen aber waren es, die der frühen Automobil-Industrie größere Umsätze bringen konnten, sondern die bequemeren Wagen. Die Berline war seit dem 18. Jahrhundert der Typus, der dem Bedürfnis nach Kommodität am meisten entgegenkam. Man war in diesem Gefährt unter sich, saß einander gegenüber, gegen die Außenwelt durch einen festen, mit Türen versehenen Verschlag geschützt, der Fahrer befand sich draußen auf offenem Sitz. Die Federung der weit auseinander gestellten Achsen garantierte Milderung der Stöße während der Fahrt. Eine motorgetriebene Berline der Firma Gangloff, Colmar, befand sich im Besitz der Familie Bugatti. Leider kennen wir den Zustand aus dem Jahre 1910, der dem der Berline der Pferdezeit so offenkundig ähnelt, nur noch aus einer Photographie. Die bekannten Modelle des als »Hampton Car« berühmt gewordenen Typus geben von der ursprünglichen Orientierung an der Berline nicht mehr viel zu erkennen (Abb. 4a – c).

4a

4b

4c

4a Berline des 19. Jh.
4b Berline der Firma Gangloff, Colmar, 1910, gebraucht von der Familie Bugatti.
4c Bugatti »Hampton Car«, um 1912

347

5a

5d

5b

Als man den Komfort der Berline behalten, ihn aber für zwei Fahrgäste allein haben wollte, verkürzte man den vorderen Teil des Fahrgastraumes, man »coupierte« ihn. Das Coupé war erfunden. Das klassische Coupé trennte Fahrer- und Fahrgastteil; der livrierte Fahrer saß außerhalb des Verschlages. Wollte man selbst fahren, benötigte man keinen Sitz für den Fahrert, dann entstand ein so monströs erscheinendes Gefährt wie der Renault von 1899, der im Volksmund auch »Hutschachtel auf Rädern« hieß und als erste Motor-Limousine der Welt gilt. Was hat das Limousin mit der Limousine zu tun, wodurch ist sie definiert? Diese Fragen sind nicht zur vollen Zufriedenheit zu beantworten. Vom Coupé mit Fahrer unterscheidet sich die Limousine zwischen 1903 und 1910 vor allem dadurch, daß auch der Fahrer durch eine Front-Glasscheibe geschützt ist. Manchmal war auch das schützende Dach über den Fahrersitz hinweg gezogen. So entstand in der Beachtung der Funktionen aus dem Coupé der heutige gängigste

5c

5a Coupé von Labourdette,
    um 1900
5b Louis Renault, 1899,
    erste Motor-Limousine
    der Welt
5c Coupé-Limousine von
    Labourdette auf einem
    Renault-Chassis, um 1911
5d Panhard, 1910 (Typus der
    Landaulet-Limousine)

348

Typus des Personenwagens. Da dieser Typus jedoch nicht sofort als verbindlich angesehen wurde,
fanden sich gerade in den Kinderjahren der Limousine zahlreiche Variationen, etwa die Coupé-Limousine oder die Limousine mit einem teilweise
entfernbaren Verschlag (Abb. 5a – d).
Wer verbände mit dem Fahren im offenen »Landauer« nicht die Vorstellung vom herrschaftlichen
Sommervergnügen. Der Pferdewagen mit offenem Verschlag, den man bei Wind und Wetter
schließen konnte, ist so exakt für das Automobil
übernommen worden wie kaum ein anderer Wa-
gentypus, ebenso das verkürzte, für zwei Personen
bestimmte Landaulet mit separatem Fahrersitz –
gleichsam ein Landauer-Coupé (Abb. 6a und b).
Die Mischung von Landauer und Limousine (Abb.
5d) versuchte, die Vorzüge des einen mit denen des
anderen Typus zu verbinden, jedoch nicht mit dau-
erndem Erfolg. Schließlich setzte sich das seit dem
17. Jh. bekannte Cabriolet als die adäquate Form
des Automobils mit auf- und abklappbarem Ver-

deck durch, natürlich in der größeren, vierrädrigen
Form und mit seitlichen, fest montierten Fenstern,
bei denen sich ein Teil (A der Abb.) hinter den anderen (B der Abb.) schieben ließ (Abb. 6a – c).
Auch der offene bzw. mit klappbarem Verdeck
versehene Sportwagen hat seine Vorgänger in der
Pferdekarosse, allerdings behielt er nicht wie das
Cabriolet bis heute den alten Namen »Phaeton«,
benannt nach jenem unglücklichen Sohn des Son-
nengottes Helios und der Nymphe Klymene, dem
für einen Tag die Lenkung des Sonnenwagens an-
vertraut wurde und der in seinem Ungestüm der
Erde zu nahe kam, so daß Zeus ihn, um eine größere Katastrophe zu verhindern, mit dem Blitz er-
schlagen mußte. Ob der leichte Kutschierwagen,
in dem der Fahrer hinter den Fahrgästen stand, als
so gefährlich angesehen wurde, daß man ihn nach
dem durch Übermut ums Leben gekommenen
Halbgott der Antike nannte? Gefährlich blieben die
meisten Automobile, die sich aus dem Phaeton-
Typus entwickelten, wie der Name »Torpedo« be-

6a   Landauer-Karosserie von Labourdette, um 1905
6b   Landaulet, Ende 19. Jh.
6c   Cabriolet, Mitte 19. Jh.

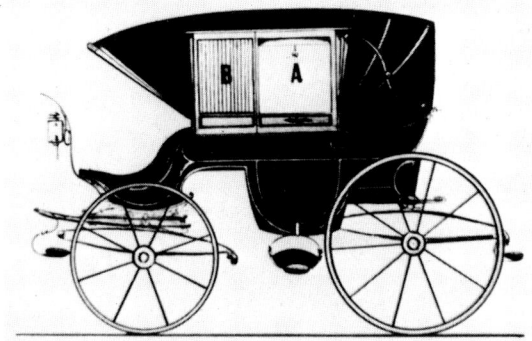

7a

7b

weist. In der straffen, die Horizontale betonenden Form des »Torpedo-Typs« wird zum erstenmal eine Linienführung sichtbar, die das Automobil aus dem Entwicklungsstadium der Postkutsche herausführen sollte (Abb. 7a – d).

Neben der Funktionalität prägte jedoch auch während dieser Postkutschen-Ära die Tendenz zur Stilisierung der Form den Karosseriebau. Die Tradition dieser Stilisierung führt soweit zurück wie keine andere aus der Proto-Kunstgeschichte des Auto-

mobils: bis zu den Pferderennwagen der römischen Arena. Um diese Rennwagen so leicht wie möglich zu machen, wurde ihre Konstruktion auf einen schalenförmigen Sitz über der Wagenachse reduziert. Diese Muschelform lebt in der Linienführung vor allem der seitlichen Sitzwangen von Pferde- und Motorwagen fort. Die Kurvatur läuft von der gewölbten oder in einem spannungsvollen Bogen geführten Linie in einer Spitze aus, die von Ettore und Jean Bugatti bis in die dreißiger Jahre hinein

7c

7d

7a Phaeton, Labourdette, Ende 19. Jh.
7b Dietrich-Bugatti, Phaeton-Typus, 1904
7c Torpedo von Labourdette, vor 1914
7d Torpedo von Rolls-Royce, vor 1914

8a

8b

8c

8f

8d

8g

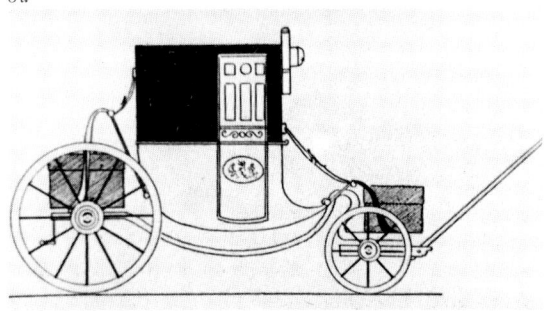

8e

8a   *Römischer Rennwagen in der Arena*
8b   *Zweirädriges Cabriolet des 19. Jh.*
8c   *Cabriolet, England, Ende 18. Jh.*
8d   *Bugatti, Typ Electrique, 1926*
8e   *Reisewagen, spätes 18. Jh.*
8f   *Bugatti-Coupé, um 1913/14*
8g   *Labourdette-Coupé, 1906*

8h

8i

8i   Bugatti T 40,
    1926–30

als dekoratives Element der Karosserie und als ihr
geradezu plakativ hervorstechendes Merkmal
verwendet wurde (Abb. 8a – i).

Während in Typus und Dekor das Beharrungsver-
mögen der Bugatti und ihrer Zeitgenossen dominierte, erschien die verborgene Ästhetik der Automobile um so revolutionärer. Diese verborgene
Ästhetik war die Maschine. Ettore Bugatti muß
unter denjenigen, die die technische Schönheit der
Maschine bewußt verwirklichen, als einer der ersten angesehen werden. Die Ingenieure des Ma-
schinenzeitalters dachten an Konstruktion und
Funktionalität, kaum an Ästhetik – die ästhetische

Würdigung ihrer Arbeit überließen sie denjenigen,
denen es auf die Rezeption des Technisch-Schönen
ankam[5]) und die diese Rezeption als Stimulanz für
ihre eigene Arbeit ansahen. Die formale Erscheinung der Maschine wurde zum Gestaltungsprinzip
eines neuen Stils. Die technische Ästhetik nahm die
technische Form so zum Vorbild wie die klassische
Ästhetik die Natur.

Die Bugatti-Motoren und maschinelle Teile der
Bugatti-Automobile können als exemplarische
Zeugnisse dieser während der zwanziger Jahre
enthusiastisch gefeierten technischen Ästhetik
gelten. Ihre Merkmale sind äußerste Präzision und

9a *Ettore Bugatti, 8-Zylinder-Maschine, um 1921*
9b *Ettore Bugatti, Kurbelwelle für die Typen T35B,
     T43 und T51, etwa 1926–1931 verwendet*
9c *Bugatti-Maschine für den Typ 46, Endzustand,
     um 1929*

9a

9b

10 *J. Knau, Teemaschine, Tombak, Neusilber,
     Ebenholz, Bauhaus-Werkstätten Weimar, 1924*

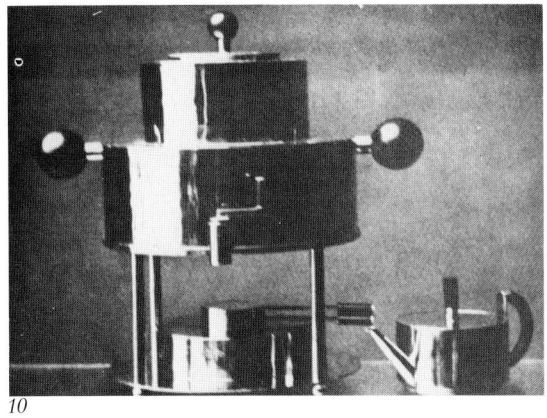

10

9c

Überschaulichkeit, Regelmäßigkeit der Struktur, Klarheit des Aufbaus, einfachste geometrische Formen, vor allem Kreis und Rechteck, Betonung des Materials, insbesondere des blanken Metalls (Abb. 9a – c).

Die technischen Elemente der Bugatti-Wagen – etwa Motoren, Kurbelwellen oder Räder – finden sich in vergleichbarer Weise an Erzeugnissen der Bauhaus-Werkstätten (Abb. 10). Diese Parallelität ist sicher nicht dadurch bedingt, daß die Bauhaus-Entwerfer Bugatti-Wagen als spezifische Vorbilder gewählt hätten – sie orientierten sich an der Schönheit der Maschine ganz allgemein, – doch lassen sich die Gemeinsamkeiten von Bauhaus-Stil und technischer Ästhetik an nur wenigen Automobilen so deutlich zeigen wie an Bugatti-Wagen, weil Ettore und später Jean Bugatti das künstlerische Moment ihrer Motoren und ihrer Technik so kompromißlos sichtbar machten. Technische Ästhetik war für sie ein mit äußerster handwerklicher Präzision und künstlerischem Empfindungsvermögen hergestelltes Ergebnis – die Maschine war das Resultat künstlerisch-handwerklicher Fähigkeiten, sie wurde nicht etwa nach den Regeln der Maschine selbst hergestellt. Auch darin besteht die Gemeinsamkeit mit den Bauhaus-Werkstätten.

11   Graf Zborowski in einem »Chitty-Chitty-Bang-Bang« mit einem sechszylindrigen 23-Liter-Motor, 1921

Der äußeren Erscheinung der Automobile, der Ab-
lösung ihrer Formen von Kutschierwagen durch
technisch geprägte, kam die Maschinenästhetik
nicht unmittelbar, sondern mittelbar zugute. Erst
dadurch, daß die Geometrie maschineller Strukturen andere Bereiche – das Design, die Architektur,
die Malerei und Plastik – prägte, fügte sich auch
die äußere Erscheinung des Automobils dem neuen
Stil. Dies geschah in größerer Breite erst während
der späten zwanziger Jahre und um 1930, also zu

12   Willi Baumeister, Mensch und Maschine, 1927

13   Carl Großberg, Der gelbe Kessel, 1933

einem Zeitpunkt, als geometrisch strukturiertes Design bereits einige Zeit existierte. Zu den frühen Beispielen des neuen Kasten-Typus zählen einige Rennwagen, die in Fortentwicklung des Phaeton-Torpedo-Typs einen kubischen Umriß besaßen und deren Seitenansicht durch das Rechteck der Karosserie und die Kreise der Räder ihren Charakter erhielt (Abb. 11).

Ein Maler wie Willi Baumeister hätte fasziniert vor einem Rennwagen wie dem Chitty-Chitty-Bang-Bang des Grafen Zborowski gestanden. Freunde berichten, daß er begeistert die schnellen Wagen studierte, die auf der Stuttgarter Königstraße parkten. »Mensch und Maschine« — diese Darstellung Baumeisters interpretiert in Thema und Form eine die zwanziger Jahre auf weite Strecken kennzeichnende Haltung (Abb. 12). Bis in die dreißiger Jahre hinein blieb die Maschine das Thema der Maler — erst dann wurde das Interesse an einer technisch-künstlichen Welt durch eine neue Hinwendung zur organischen Form, also zur Natur, abgelöst.

Beispiele für die Breite und Ausschließlichkeit der Maschinenästhetik jener Jahre ließen sich in einer kaum übersehbaren Zahl anführen — hier müssen einige wenige genügen. Eine zwar im Stil der »neuen Sachlichkeit« gemalte, jedoch offenbar mehr assoziativ als wirklichkeitsgetreu dargestellte Maschinenhalle — Carl Großbergs »Der gelbe Kessel« aus dem Jahre 1933 — wird zu einer dem Surrealismus nahestehenden und geheimnisvoll-bedrohlichen Apotheose des Technischen (Abb. 13). Schmuckstücke — wie die von Jean Fouquet oder Naum Slutzki — erinnern an Kugellager (Abb. 14b). Ein Anhänger von Gérard Sandoz dürfte durch eine Zündkerze angeregt sein (Abb. 15a). Noch weiter war Francis Picabia gegangen, als er auf dadaistische Weise 1915 eine Zündkerzenzeichnung unter dem Titel »Portrait einer jungen Amerikanerin im Zustand der Nacktheit« vorgestellt hatte (Abb. 15b).

14a

14b

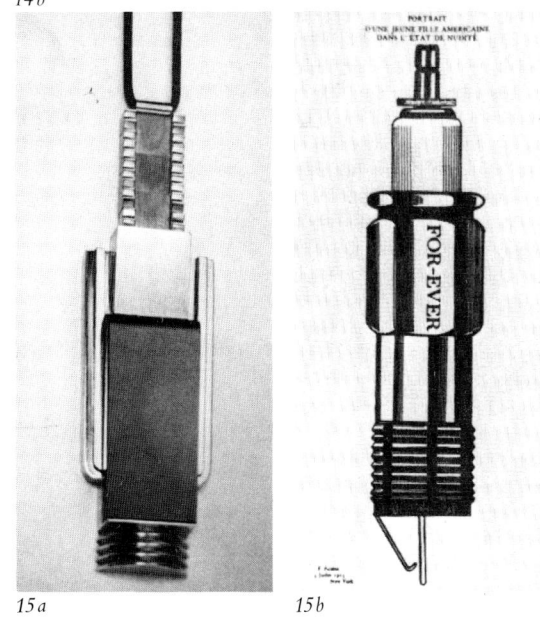

15a   15b

14a *Jean Fouquet, Armreif und Fingerring,
      Bergkristall, Amethyst, Mondstein, Platin,
      um 1930*

14b *Naum Slutzki, Anhänger, Weißgold und
      Bergkristall, um 1930*

15a *Gerard Sandoz, Anhänger, Silber, Hämatit,
      Citrin, Onyx, um 1928*

15b *Francis Picabia, Porträt einer jungen Amerika-
      nerin im Zustand der Nacktheit, 1915*

16

16   *Pierre Legrain, Glas-Piano, vor 1930*

17a   *Walter Gropius, Adler-Cabriolet, 1930,*
       Vorderansicht

17b   *Walter Dexel, Bildnis Hugenberg, 1933*

17c   *Medé, Pastillen-Reklame, Finnland, nach 1930*

17a

Sogar Konzertflügel mußten der Maschinenästhetik Tribut zollen, indem sie die Schönheit ihrer Mechanik durch ein gläsernes Gehäuse offen zeigten (Abb. 16).

Dieser Stilisierungswille, der alles und jedes erfaßte, mußte letzten Endes alles seiner formalen Nomenklatur entsprechend darstellungsfähig erscheinen lassen. Dieselben gestalterischen Elemente, die Walter Gropius für seine Adler-Karosserie benutzte, ließen sich ebensogut für eine Pastillen-Reklame wie für ein Portrait von Hugenberg verwenden (Abb. 17a – c).

Corbusier hatte schon zu Beginn der zwanziger Jahre gefordert, daß Haus und Auto wie jedes Gebrauchsobjekt des Alltags auf dieselbe Weise formal ausgerichtet und standardisiert sein müsse[6]. Ein wenig zum Ärger der Automobil-Industrie, die lieber die Extravaganz ihrer Modelle als deren

Standard in ihrer Werbung hervorhebt, betonte er in seiner Zeitschrift »Esprit Nouveau« diese Allgemeingültigkeit, aber es versöhnte die Werbemanager mit seinen Ideen, daß er den gleichen Standard auch in Vergleichen von Sportautos mit den Tempeln Paestums und der Athener Akropolis zu sehen glaubte (Abb. 18a – b).

Die kubische, kastenförmige Formgebung des Automobils entsprach kaum Ettore Bugattis Vorstellung von eleganter Karosserieform. Er war immer bestrebt, in Umriß und Detail-Ausbildung seiner Modelle die leichte Bewegung der traditionellen Pferdewagen zu erhalten und die Seiten durch die seit den römischen Rennwagen charakteristische Kurvatur mit der vorn auslaufenden Spitze zu akzentuieren. Die kubische Form wurde von den um einen ausgeprägten Zeitstil bemühten Entwerfern favorisiert – so, wie Corbusier schon 1921/22 den

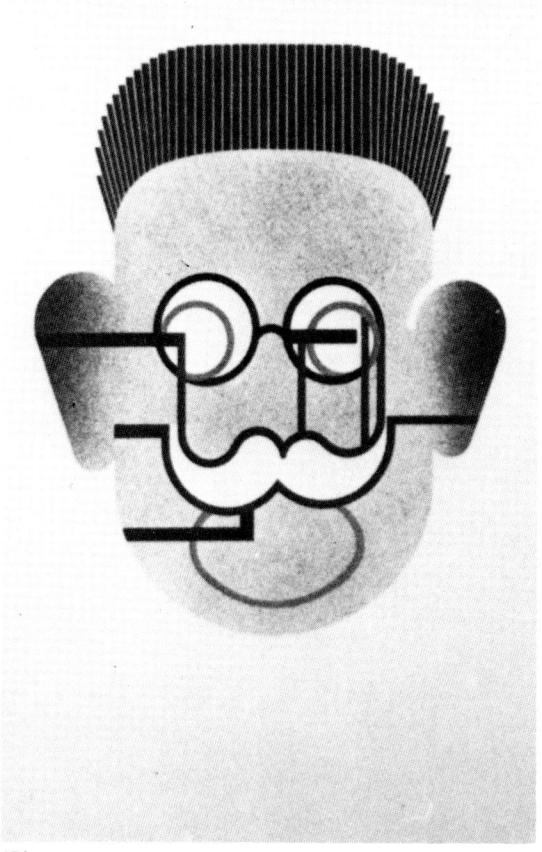

17b

17c

357

CAMIONNETTE

18a

18b

Citroën 10 HP als Parallele seines Citroën-Hauses angesehen und vorgestellt hatte. Ein anderes Modell dieser Struktur war zwar geschäftlich kein sonderlicher Erfolg, wurde aber zu einem der angesehensten Automobile der Design-Geschichte, weil der Entwerfer kein Geringerer als Walter Gropius war. Sein Adler-Wagen von 1930, vor allem in der Ausführung als Limousine, ist ein Stück Bauhaus-Architektur, alle seine Seiten sind formal muster-

18a   *Citroën 10 HP, um 1921*
18b   *Le Corbusier, Citrohan-Haus, Modell, ausgestellt im Salon d'automne, Paris 1922*
19a   *Walter Gropius, Adler-Limousine, 1930*
19b   *Steyr, 1930*
19c   *Rolls-Royce, 1928−1935*
19d   *Bugatti, Typ 38 mit kubischer Karosserie, um 1926/27*

19a

19b

19c

19d

gültige Fassaden, seine Einzelelemente sind klar voneinander abgesetzt wie bei einem in rhythmische Quader gegliederten Architekturmodell. Man spürt die tektonischen Bezugslinien, etwa in der Horizontalen der Trittbretter oder in den die Türflächen scharf und eindeutig pointierenden Türgriffen. Wenige Wagen wurden so konsequent formal — fast schon formalistisch — konzipiert wie Gropius' Adler-Modell, neben dem man vor allem den Steyr von 1930 und den seit 1928 gebauten, in

te, liefern unter den Erzeugnissen der Bauhaus-Werkstätten die Stühle und Tische von Marcel Breuer (Abb. 20a) den eindeutigsten Beweis. Was an Stahl- und Holzmöbeln in vergleichbarer Struktur während der zwanziger Jahre entstand, folgt der von Breuer vorgestellten Richtung. Eine Alternative boten in der Mitte der dreißiger Jahre erst die aus gebogenem Holz bestehenden Möbel von Alvar Aalto (Abb. 20b) — sie lösten die othogonale Ordnung durch eine geschwungene Linienfüh-

20a   Marcel Breuer, Kinderstühle und Tisch,
         Bauhaus-Werkstätten, 1923 (dazu Breuers
         Lattenstuhl von 1919)

20b   Alvar Aalto, Eßtisch-Gruppe,
         Maserbirkenfurnier, eines der ersten Modelle
         für Artex, 1935

konservativer Attitude bis 1935 gelieferten Rolls-Royce nennen müßte (Abb. 19c). Wie schnell die Bauhaus- (oder sagt man besser: Baukasten-?) Mode verging, zeigt ein Vergleich des Rolls-Royce mit der ein Jahr älteren Vorstudie Ferdinand Porsches zu seinem Volkswagen oder den gleichzeitigen Entwürfen von Jean Bugatti.

Der Formwechsel von der kubischen zu einer organischen Struktur darf als eine der durchgreifendsten und einflußreichsten Umbrüche in der Stilgeschichte des 20. Jahrhunderts gelten und als ein Phänomen, das sich in der Malerei und Plastik ebenso nachweisen läßt wie in allen Bereichen des Design, im dreidimensionalen wie im flächigen Objekt. Zur Demonstration des Stilwechsels müssen in unserem Zusammenhang einige Hinweise genügen.

Dafür, daß die Vorbildlichkeit der holländischen Stijl-Bewegung das normative Grundkonzept der orthogonal-geometrischen Formgebung bestimm-

rung ab. Dieselben Gegensätze zeigen Stoffe oder Gefäße der zwanziger und dreißiger Jahre (Abb. 21a – b, Abb. 22a – b). Aber nicht nur verschiedene, auch dieselben Künstler wandelten ihren Darstellungs-Modus. Herbert Bayer entwarf sein berühmtes Plakat für die Ausstellung »Europäisches Kunstgewerbe« aus dem Jahre 1927 noch in einem rechteckigen Raster — knapp zehn Jahre später bevorzugt er weiche, molluskenhafte Formen (Abb. 23a – b). Pablo Picasso stellt die gewinkelten Figurationen seines »Atelier« von 1927/28 vor eine Wand mit rechteckigen Elementen, während seine entwicklungsgeschichtlich früh entstandene »Sitzende Figur« — eine von mehreren, sehr ähnlichen — ausschließlich aus gekurvten Formen komponiert ist (Abb. 24a – b). Willi Baumeisters »Flächenkräfte« von 1921 werden von Rechtecken dominiert, seine Ideogramme von 1937/38 dagegen kennen nur Bögen und Kurven (Abb. 25a – b).

21a

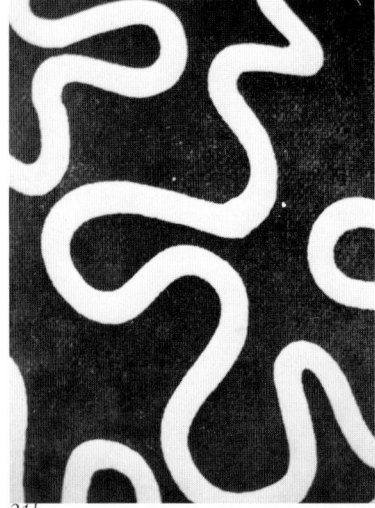

21b

22a

22b

23a

23b

21a   *Ruth Consemüller-Hollös, Wandbehang, Bauhaus-Werkstätten, um 1926*
21b   *Antonin Kypal, Druckstoff, Prag, um 1936/37*
22a   *W. Rössger und F. Masby, Kanne, Tombak und Neusilber, Bauhaus-Werkstätten, 1924*
22b   *Wolfgang Tümpel, Feuerzangenbowle. Messing, Nußbaum, 1935*

23a   *Herbert Bayer, Plakat, 1927*
23b   *Herbert Bayer, Dunstlöcher weiß, 1936*

24a

24a Pablo Picasso, Das Atelier, 1927/28
24b Pablo Picasso, Sitzende Figur im roten Sessel, 1932
25a Willi Baumeister, Flächenkräfte, 1921
25b Willi Baumeister, Torii, 1938

24b

25a

25b

26 a

26 b

27

26 a   Jacques Lipchitz, *Der Gitarrist, 1918*
26 b   Jacques Lipchitz, *Mutter und Kind, 1940*
27   Henry Moore, *Komposition, 1932*

362

Selbst in der Plastik läßt sich ein ähnlicher Wandel beobachten – man vergleiche den »Gitarristen« des Jahres 1918 von Jacques Lipchitz mit seiner »Mutter und Kind« – von 1940 (Abb. 26a – b) – die große Zeitspanne zwischen der Entstehung beider Bildwerke beweist, daß der Stilwandel kein Augenblicksphänomen, sondern ein längerer, tiefgreifender Prozeß war. Henry Moores Plastik hat die organische Formgebung in der Plastik über mehr als ein halbes Jahrhundert bewahrt (Abb. 26), und als Kronzeuge für diese bildnerische Haltung über Jahrzehnte hin ließe sich ebensogut Hans Arp aufführen.

Die tiefgreifende Wandlung der Form innerhalb weniger Jahre – zwischen 1930 und 1934 – hätte nicht so einschneidend erfolgen können, wenn es sich dabei um ein bloß formalistisches Phänomen gehandelt hätte. Hinter der Wandlung der Form steckt ein Wechsel der inhaltlichen Dimension, steckt eine Veränderung des Gehalts. Wenn Baumeister in den zwanziger Jahren die technische Schönheit bewunderte, so war er in den dreißiger Jahren von Goethes Urpflanzen-Theorie, also von der Morphologie der Natur, fasziniert. Die Maler des »Stijl« hatten, gestützt auf Schoenmaker, ihre metaphysische Weltordnung als eine geometrisch-mathematische verstanden[7]. Baumeister gelangte, von solchen Quellen her, zu der Überzeugung, daß es möglich sein müsse, Zeichen für Leben, Wachstum, Natur auf individuelle, sich anderer Strukturen bedienende Weise darzustellen.[8] Was für ihn gilt, steckt mehr oder minder deutlich hinter allen Wandlungen der Form – dies bezeugen nicht zuletzt die veränderten Bauweisen der Automobil-Karosserien.

»Natur« war in diesem Fall nicht das Wachstum, sondern die Physik – die Automobilentwerfer folgen einem ähnlichen physikalisch orientiertem Naturbegriff wie die Architektur-Theoretiker der Renaissance[9] – eine physikalisch rationale, den Luftwiderstand mindernde Formgebung entsprach einem solchen Konzept. Die fortschrittliche Karosserieform der dreißiger Jahre folgt den Gesetzen der Ärodynamik, also prinzipiell denselben Gesetzen wie etwa die Plastik von Moore oder Arp: Strömung prägt Form. Die Entscheidung für eine strömungsgerechte Form, die, wie die Vergleichs-reihe zeigt, eine ausgeprägt ästhetische Komponente besitzt, war zugleich eine Entscheidung für die Vorherrschaft der Funktion über die Konstruktion. Die Debatte um »form follows function« und »form follows construction«, die bis in die zweite Hälfte des Jahrhunderts immer wieder auflebte (am ausgeprägtesten in den späten fünfziger Jahren, als eine organische Formgebung wieder durch eine tektonischere abgelöst wurde), war in der Mitte der dreißiger Jahre zugunsten der Funktionalisten entschieden – mit der Bedingung, daß *eine einzige* Funktion, das Tempo, erfüllt und am Auto ablesbar sein sollte. Marinettis Wort von der »Schönheit des Tempos« war um rund drei Jahrzehnte zu früh geäußert worden; erst jetzt, um 1934/35, ließ es sich im Bereich der Automobilform ästhetisch verifizieren.

Für die Bugatti-Karosserien ist der Formwandel ganz entscheidend mit der kurzen, aber um so eingreifenderen und bis heute bewunderungswürdigen Leistung von Jean Bugatti verbunden. Wie sehr sein Stil nicht nur zu einem bestimmenden Faktor des Bugatti-Ateliers wurde, sondern in die Zeit eingebunden war, läßt sich aus einer Beispielreihe ablesen, die ausschließlich Karosserie-Modelle aus den fünf Jahren zwischen 1934 und 1939 enthält (Abb. 28a – h). Im Umriß des englischen »Triumph« beginnt die gekurvte Linie sich langsam neben der geraden zu behaupten. Konsequenter formt Jean Bugatti das Atalante-Coupé, in dessen Seitenansicht nur der traditionelle Bugatti-Kühler noch einen vertikalen Akzent setzt.

In den ärodynamisch konsequent ausgebildeten Rennwagen verzichtet Bugatti mehr und mehr auf die zum Markenzeichen stilisierte Kühlerfassade, zuletzt vollständig.

Eine konsequente Entwicklung zur normativen, bis heute erfolgreichsten und langlebigsten Automobilform überhaupt erhellt aus der Gegenüberstellung von Ferdinand Porsches erster Vorstudie für den »Volkswagen« und der drei Jahre später auf den Markt gebrachten Ausführung. Die weichere Linienführung wird selbst für die steifen Londoner Busse nicht verschmäht (Abb. 28g). Das extravagante Bugatti-Coupé des Typs »Atlantic« kann mit Recht als Paradebeispiel am Ende der angedeuteten Entwicklungsreihe stehen (Abb. 28h)

28a

28b

28c

28d

Der von Hegel beschworene »Zeitgeist« verrät sich während der dreißiger Jahre innerhalb des Automobil-Entwurfs mit einer in anderen Bereichen von Formgebung und künstlerischer Aussage seltenen, international homogen realisierten Eindeutigkeit. Gegensätze wie in der Architektur und wie natürlich in Malerei und Plastik — Gegensätze, die sich aus individualistischer Haltung ebenso ableiten wie aus ideologischen Zwängen — treten in der Ästhetik des Automobils gänzlich in den Hintergrund. Technik konnte schwerlich eine Domäne von Individualismus oder Ideologie werden, deshalb konnte das Technisch-Schöne innerhalb eines politisch in mehrere Lager geteilten Kontinents eine der letzten verbleibenden Gemeinsamkeiten bleiben.

Der Beitrag von Ettore und Jean Bugatti nimmt in dieser letzten ästhetischen Gemeinschaftsleistung Europas eine erste Stelle ein. Das verwundete und auseinandergerissene Europa der Zeit nach dem zweiten Weltkrieg konnte, auch wenn Ettore Bugatti es noch einmal versuchte, nicht mehr die Kraft zu einer ähnlichen Einheit des Stils aufbringen. So möchte man, in Abänderung des berühmten Stoßseufzers, wer nicht vor 1789 gelebt habe, wüßte nicht, was das Leben sei, heute sagen: Wer nicht vor 1939 gelebt hat, weiß nicht, was Autofahren ist.

Heinz Spielmann

28e

28f

28a Triumph, 1934

28b Bugatti, Atalante-Coupé auf Typ 57,
     um 1936/37

28c Bugatti, Typ 57G mit J. P. Wimille beim
     Grand Prix des C.A.C.F. 1936

28d Zwei Bugattis beim Start, 1939

28e Ferdinand Porsche, erste Vorstudie zum
     Volkswagen, 1934

28f Ferdinand Porsche, Volkswagen,
     KdF-Limousine, 1937/38

28g Doppeldecker-Bus der London Transport
     Executive, 1939

28h Bugatti Atlantic-Coupé, um 1937/38

28g

28i

28h

Anmerkungen

1) Erste Beobachtungen wie die in diesem Aufsatz vorgestellten erschienen in einer Artikelfolge der Wochenzeitung *Die Zeit*: Heinz Spielmann, die Schönheit des Tempos, eine Kunstkritik des Autos, *Die Zeit,* 31. 5. 1963, S. 39; 7. 6. 1963, S. 37; 14. 6. 1963, S. 35; 21. 6. 1963, S. 35, und 28. 6. 1963, S. 37.

2) F. T. Marinetti, *Fondazione e Manifesto del Futurismo,* Venezia o. J. (1950).

3) Heinz Spielmann und Fritz Kempe, Kunsthistorische Kriterien der Photographie um 1900, in *Photographie der Jugendstil-Zeit,* Frankfurt 1983.

4) Vgl. Jean Henri-Labourdette, *Un siècle de carosserie francaise,* Lausanne 1972. Octave Uzanne, *La Locomotion à travers l'histoire,* Paris 1900.

5) Der Begriff des »Technisch-Schönen« als Alternative zum »Naturschönen« Hegels wurde von Max Bense eingeführt. Vgl. Max Bense, *Aestetica, metaphysische Beobachtungen am Schönen,* Stuttgart 1954, – Max Bense, *Aesthetik und Zivilisation,* Krefeld und Baden-Baden 1958.

6) Stanislaus von Moos, Standard und Elite, Le Corbusier, Die Industrie und der »Esprit Nouveau«, *Die nützlichen Künste,* herausgegeben von Tilmann Buddensieg und Henning Rogge, Berlin 1981.

7) Hans L. C. Jaffé, *Mondrian und De Stijl,* Köln 1967, S. 17 f.

8) Willi Baumeister, Zimmer- und Wandgeister, Anmerkungen zum Inhalt meiner Bilder. Ein Fragment aus dem Nachlaß des Künstlers und damit zusammenhängende Briefe, herausgegeben von Heinz Spielmann, *Jahrbuch der Hamburger Kunstsammlungen,* Bd 12, 1967, S. 121 ff., vor allem S. 156.

9) Heinz Spielmann, *Palladio und die Antike – Untersuchungen seines zeichnerischen Nachlasses,* München 1966, S. 104 f.

Photonachweis

Autokarosserien:

H. G. Conway, *Bugatti – le pur-sang des automobiles,* Sparkford und Lawrence Drive, 1979. – Ingo Seiff, *Das große Buch der Oldtimer,* Hamburg 1982. – Jean Henri-Labourdette, *Un siècle de carosserie française.* Lausanne 1972.

Design:

Martin Battersby, *The Decorative Twenties,* London 1976. – *50 Jahre Bauhaus,* Ausst.-Kat., Stuttgart 1968. – *Art Déco, Schmuck und Bücher aus Frankreich,* Ausst.-Kat., Pforzheim, München und Hamburg 1975. – *Thirties, British Art and Design before the War,* Ausst.-Kat., London 1979. – *Die dreißiger Jahre – Schauplatz Deutschland,* Publ. zur Ausst., München, Essen, Zürich 1977. – *Funkis, Suomi Nykyaikaa Etsimässä,* Ausst.-Kat., Helsinki 1980. – *Český Funkcionalismus 1920–1940,* Ausst.-Kat., Prag und Brünn 1978. – *Neue Arbeiten der Bauhaus-Werkstätten* (– neue Bauhausbücher), mit einer Anmerkung des Herausgebers und einem Kommentar von Heinz Spielmann, Mainz und Berlin 1981.

KATALOG

Automobile, Fahrgestelle

E 1
Bugatti T 13 A »Brescia« Farbtafel 21
1923
Fahrgestell-Nr. 2260/667
Rennsportkarosserie von Bugatti, Molsheim.
In den vergangenen sieben Jahren restauriert.

Kent Olsson, Svenljunga

E 2
Bébé Peugeot
1912

Auto + Technik-Museum, Sinsheim

E 3
Bugatti T 30 Farbtafel 22
1923
Fahrgestell-Nr. 4053

*Norddeutsches Auto- und Motorrad-Museum,
Bad Oeynhausen*

E 4
Bugatti T 37 GP Farbtafel 23
1. Juli 1928
Fahrgestell-Nr. 37 347
Grand-Prix-Karosserie von Bugatti, Molsheim
Restauriert 1970/71
Abgebildet: *Centenaire* 1979, Liste des participants,
Nr. 12; verschiedene Automobilzeitschriften.

Jürgen Komischke, Friedrichsdorf

E 5
Bugatti T 37 A Farbtafel 24
Ca. 1928
Dieser Wagen gehörte ursprünglich René Dreyfus,
der auf ihm viele Rennen gewann. Bis vor kurzem
besaß er eines der besten Restaurants in New York,
das »Chanteclair«.

Privatbesitz

E 6
Bugatti T 40
Nach 1926

Manfred Knebel, Siegen

E 7
Bugatti F Typ 46
1931
Fahrgestell-Nr. 46 355
Zweitüriges, fünfsitziges Cabriolet von
van Vooren
Der Wagen wurde in allen mechanischen Teilen
(Motor, Bremsen, Fahrgestell) 1979–82 restau-
riert.

*Deutsches Auto-Museum Schloß Langenburg e.V.,
Langenburg*

E 8
Bugatti T 46
1928
Limousine von Weinberger, München
Guter Zustand

Privatbesitz

E 9 Farbtafel 25
Bugatti T 46 S (»Kleiner Royale«)
1929
Limousine von Pritchard Demoulin
180 PS, Höchstgeschwindigkeit 160 km/h

Privatbesitz

E 10
Bugatti T 49
Farbtafel 26

1928 (?)

Fahrgestell-Nr. 49 395

Zweitüriges, viersitziges Cabriolet von »Carosserie Langenthal«

Gebrauchsspuren, seit 1969 nicht restauriert;
Aluminium-Guß-Schaufel-Räder.

Privatbesitz

E 11
Bugatti T 49
Farbtafel 27

Nach 1930

Manfred Knebel, Siegen

E 12
Bugatti T 49
1930

E 7

Fahrgestell-Nr. 49 424
Zweisitziger Roadster von Erdmann & Rossi, Berlin
Motor und Karosserie in gutem Zustand. Vor 1936 im Besitz von Werner Hillegaart, Hamburg.

Kurt Kiefer, Duisburg (Gründer und Vorsitzender des Bugatti Club Deutschland seit 1951)

E 13
Bugatti T 51 GP   Farbtafel 29
1931
Fahrgestell-Nr. 51 145
Grand-Prix-Karosserie von Bugatti, Molsheim
Guter Zustand
Der Wagen wurde fabrikneu von Achille Varzi gefahren (2mal Nürburgring, Monaco, Dieppe, Francochamps, Targa Florio usw.)
Abgebildet: *Centenaire* 1979, Liste des participants, Nr. 51.

Privatbesitz

E 14
Bugatti T 55 mit Kompressor
1931
Fahrgestell-Nr. 55 216
Coupé von Bugatti, Molsheim
Originalzustand
Abgebildet: *Centenaire* 1979, Liste des participants, Nr. 55; Conway 1979, Abb. 217.

Privatbesitz

E 15
Bugatti T 57 »Ventoux«
1939
Karosserie von Gangloff, Colmar
135 PS, Höchstgeschwindigkeit 150 km/h; hydraulische Stoßdämpfer und 2-Kreis-Bremssystem.

Privatbesitz

E 14

Farbtafel 21 *Bugatti T 13 A »Brescia«. 1923, Kat.-Nr. E 1 (Kent Olsson).*

Farbtafel 22
Bugatti T 30, 1923, Kat.-Nr. E 3
Norddeutsches Auto- und Motorradmuseum,
Bad Oeynhausen.

E 15

Farbtafel 23
Bugatti T 37 GP, 1928, Kat.-Nr. E 4
(Jürgen Komischke, Friedrichsdorf).

Farbtafel 24
Bugatti T 37 A, ca. 1928, Kat.-Nr. E 5
(Privatbesitz).

Farbtafel 25
Bugatti T 46 S, 1929, Kat.-Nr. E 9
(Privatbesitz).

Farbtafel 26
Bugatti T 49, 1928 (?), Kat.-Nr. E 10
(Privatbesitz).

Farbtafel 27   *Bugatti T 49, nach 1930, Kat.-Nr. E 11 (Manfred Knebel, Siegen).*

Farbtafel 28   *Bugatti T 57 Ventoux, 1938, Kat.-Nr. E 16 (Auto + Technik Museum, Sinsheim).*

E 16
Bugatti T 57 »Ventoux«   Farbtafel 28
1938
Karosserie von Bugatti, Molsheim
Guter Zustand

Auto + Technik-Museum, Sinsheim

Farbtafel 29   *Bugatti T 51GP, 1931, Kat.-Nr. 13 (Privatbesitz).*

Farbtafel 30
Bugatti T 57C Atalante, 1938/39, Kat.-Nr. E 18
(Klaus Werner, Wuppertal).

Farbtafel 31
Bugatti T 57, ca. 1937
(Photo Albrecht Gerster).

376

Farbtafel 32   *Bugatti T 101, 1952, Kat.-Nr. E 20 (Privatbesitz).*

E 17
Bugatti T 57 »Stelvio«   Vgl. Farbtafel 31
1936
Fahrgestell-Nr. 57300
Nicht restauriert

Manuel Ferrer, Neu Börnsen

E 19
Bugatti T 57 »Atalante«
Ca. 1938
Coupé von Gangloff, Colmar
Abgebildet: *Centenaire* 1979, Liste des participants,
Nr. 120.

Michel Seydoux, Paris

E 18
Bugatti T 57 C »Atalante«   Farbtafel 30
1938/39
Fahrgestell-Nr. 57 718 C
Coupé von Bugatti, Molsheim
Originalzustand

Klaus Werner, Wuppertal

E 20
Bugatti T 101 C   Farbtafel 32
1952
Fahrgestell-Nr. 101 501
Cabriolet von Gangloff, Colmar
Originalzustand
Abgebildet: *Centenaire* 1979, Liste des participants,
Nr. 101; Martinez, *Les folles européennes,* Editions
spa, S. 64–69.

Privatbesitz

Farbtafel 33
Bugatti T 57 C Fahrgestell, Kat.-Nr. E 21
(Privatbesitz).

E 20a
Bugatti T 37 A Fahrgestell
1928
Fahrgestell-Nr. 37314

Privatbesitz

E 21
Bugatti T 57 C Fahrgestell   Farbtafel 33
1939
180 PS, Höchstgeschwindigkeit 180 km/h.
Das Fahrzeug wird noch restauriert.

Privatbesitz

Motore und Motorteile

E 22
Motor des Rabag-Bugatti
Ca. 1921

Privatbesitz

E 23
T 46 S-Motor
1930
140 PS, Trockensumpfschmierung

Privatbesitz

E 24
T 49-Motor

Manfred Knebel, Siegen

E 25
GP-Guß-Motorblock eines 4-Zylinders
1928

Jürgen Komischke, Friedrichsdorf

E 26
Kühler vom T 37 A GP-Wagen

Privatbesitz

E 27
Kurbelwelle vom Motor eines
T 40 / 40 A / 37 / 37 A
4 Zylinder, Hub 100 mm

Privatbesitz

E 28
Kurbelwelle vom Motor eines
T 46 / T 46 S
8 Zylinder, Hub 130 mm

Privatbesitz

E 29
Nockenwelle eines
4-Zylinder-GP-Motors
1928

Jürgen Komischke, Friedrichsdorf

E 30
Nockenwellengehäuse eines T 40 / 40 A / 37 / 37 A
Bugatti verwandte, mit Ausnahme des T 50, keine abnehmbaren Zylinderköpfe. Nockenwellengehäuse sind also keine Zylinderköpfe.

Privatbesitz

E 30 a
Nockenwellengehäuse eines T 46 / T 46 S

Privatbesitz

E 31
Ventilsteuerung eines T 13 Brescia
Bereits 1914 verwandte Bugatti 4 Ventile pro Zylinder.

Privatbesitz

E 32
Pleuel eines 4-Zylinder-GP-Motors
1928

Jürgen Komischke, Friedrichsdorf

E 33
Roots-Kompressor eines T 46 S
Sog. nasse Kompressoren liefen, im Gegensatz zu Mercedes, ständig mit. Bei diesem Kompressor betrug die Drehzahl, bei 3 500 U/min. des Motors, 8750 U/min.

Privatbesitz

E 34
Entlüftungsstutzen eines T 57

Privatbesitz

E 35
Ventilatorflügel für T 46 / 46 S / 50
Nur wenige Bugatti hatten einen Ventilatorflügel, ein Nachteil, der erst relativ spät geändert wurde.

Privatbesitz

E 36
Ventilatorflügel für T 57 / 57 C / 57 SC
1934–1940

Privatbesitz

E 37
Aluminium-Ansaugkrümmer eines T 40
1928

Jürgen Komischke, Friedrichsdorf

E 37 a
Vergaser für T 46/46 S
Ausschließlich für diese Typen verwandt. Er wurde am Wasserumlauf angeschlossen, um das Luft-Gas-Gemisch vorzuwärmen.

Privatbesitz

E 38
GP Rohling Schaltkulisse
Bronze (Neuguß)

Jürgen Komischke, Friedrichsdorf

E 39
Vorderachse eines T 35 GP

H. G. Conway, London

E 40
Vorderachse eines T 52 Baby
Erstmals 1927 vorgestellt. Antrieb durch 12-Volt-Elektromotor.

Privatbesitz

E 41
GP Federträger
ca. 1928

Jürgen Komischke, Friedrichsdorf

E 42
Bremsankerplatte für T 46 / 46 S / 50
Zur Aufnahme der Bremsbacken. Die Bremsen wurden durch Seilzug mechanisch betätigt. Das Nachstellen erfolgte automatisch.

Privatbesitz

E 43
Bremstrommel für T 57 / 57 C / 57 SC
Anfangs für mechanische Bremsen mit Seilzug gedacht. Später wurden hydraulische Zweikreisbremsen verwandt.

Privatbesitz

E 44
Rad für T 46 / 46 S
Aluminiumguß mit angegossener Bremstrommel (Dm. 400 mm). Die Bremsfläche beträgt 628 cm^2. Die »Schaufeln« waren zur Kühlung der Bremsen gedacht.

Privatbesitz

E 45
Rad mit 8 Speichen
Aluminiumguß

Manfred Knebel, Siegen

E 46
Radkappe für T 46 / 46 S / 49
Aluminiumguß

Privatbesitz

E 47
GP Lenkrad
ca. 1928

Jürgen Komischke, Friedrichsdorf

E 48
Lenkrad der T 57 / 57 C / 57 SC
Dieses Lenkrad ist viel leichter und feiner als alle anderen vorher verwandten Lenkräder.

Privatbesitz

E 49
Tank-Schraubverschluß eines GP-Wagens
ca. 1928
Aluminium

Jürgen Komischke, Friedrichsdorf

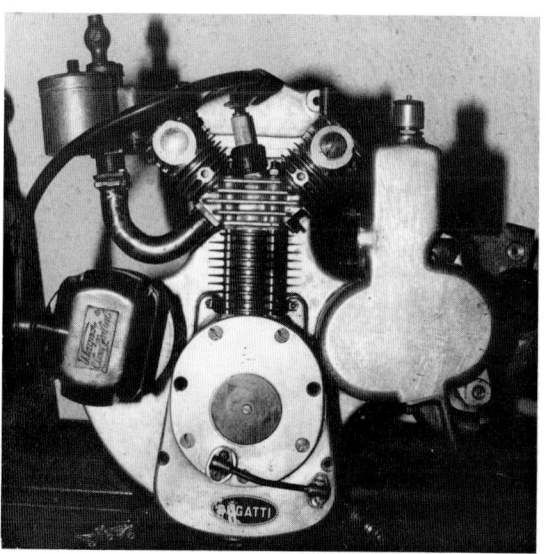

E 50
Schrauben und Muttern
Bugatti verwandte keine herkömmlichen Schrauben und Muttern, sondern ließ sie in Molsheim herstellen. Abmessungen vorwiegend 5,0; 7,0; 9,0; 11,00 mm. Schraubenkopf und Mutter sind in ihrer Art einmalig.

Privatbesitz

E 51
GP Karosserieschraube
ca. 1928

Jürgen Komischke, Friedrichsdorf

E 52
Wasserkastendeckel eines T 73 A
1947

Jürgen Komischke, Friedrichsdorf

E 53
Fahrradmotor T 72
1943

Walter Metz, Moosbrunn

Diverses

E 54
Ehrenpokal
An Ettore Bugatti vergebener Pokal zum großen Preis der Stadt Mailand anläßlich der Internationalen Ausstellung Mai/Juni 1901 für das von Bugatti gebaute Automobil (Typ 2 in der Typenliste). Inschrift: »Esposizione Internazionale Milano 1901 – Patrocinata dall'Associazione Lombarda dei Giornalisti«.

Privatbesitz

E 53

Farbtafel 34   *Plakat mit T 35, Ernst Dryden, Kat.-Nr. E 63 (Eric Lipmann; Gerhard von Raffay).*

Farbtafel 35
Plakatentwurf, A. M. Cassandre, Kat.-Nr. E 64a
(Sammlung Hervé und Isabelle Poulain).

Farbtafel 36
Plakatentwurf, Ernst Dryden, um 1930,
Kat.-Nr. E 71 (Eric Lipmann).

Farbtafel 37   *Bugatti T 44 auf Umschlag von »Omnia«, Roger Soubie, Februar 1929.*

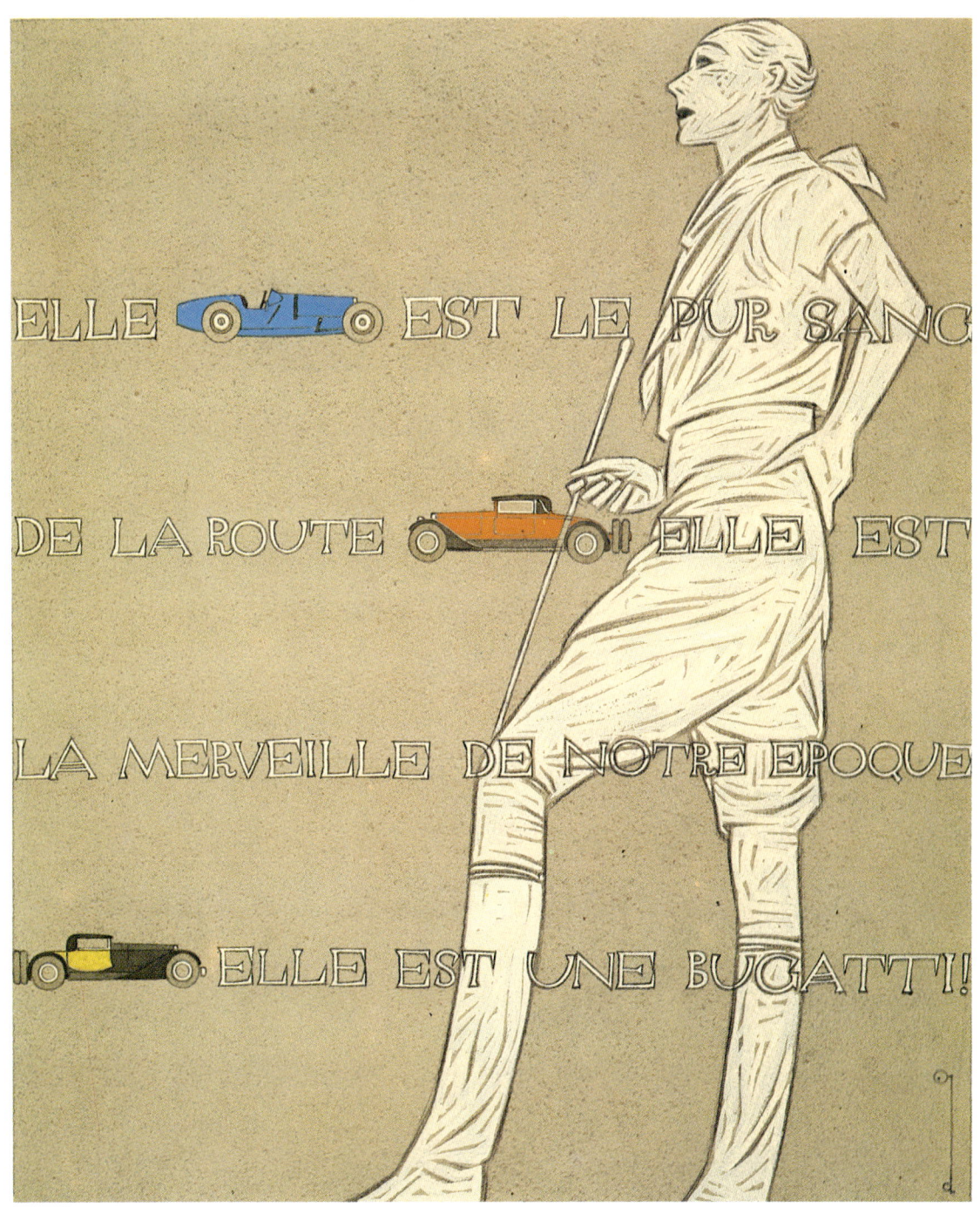

Farbtafel 38   *Plakatentwurf, Ernst Dryden, um 1930, Kat.-Nr. E 70 (Eric Lipmann).*

E 55
Sieben Konstruktionszeichnungen
Ettore Bugatti, 20er und 30er Jahre?
Bleistift

H. G. Conway, London

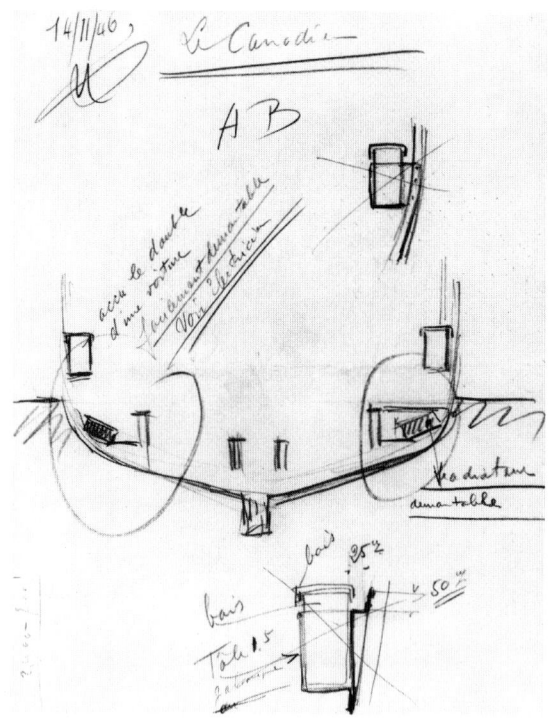

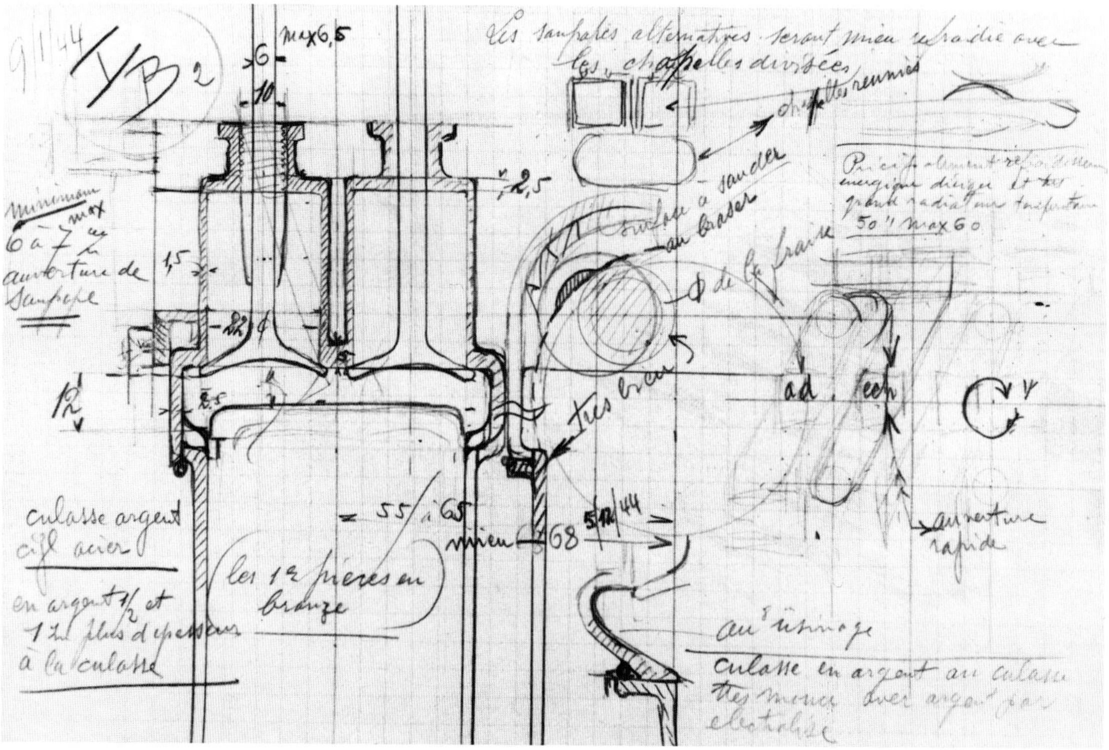

850
1650
1850
2000
800

huile
750
1200

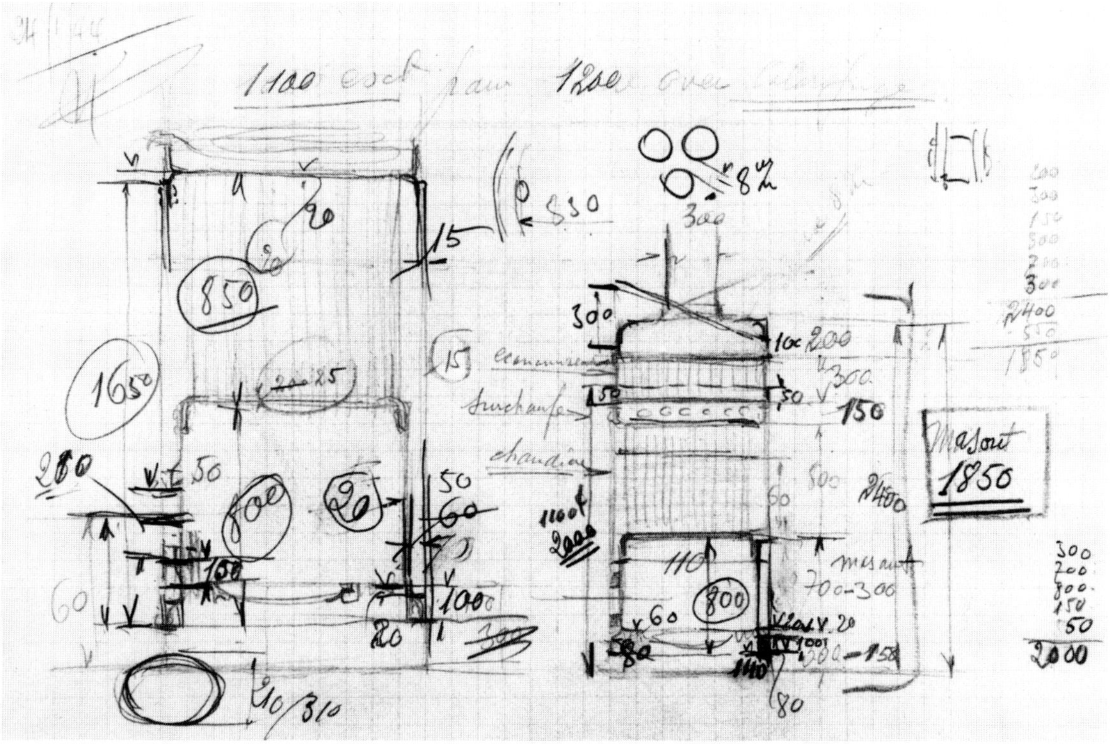

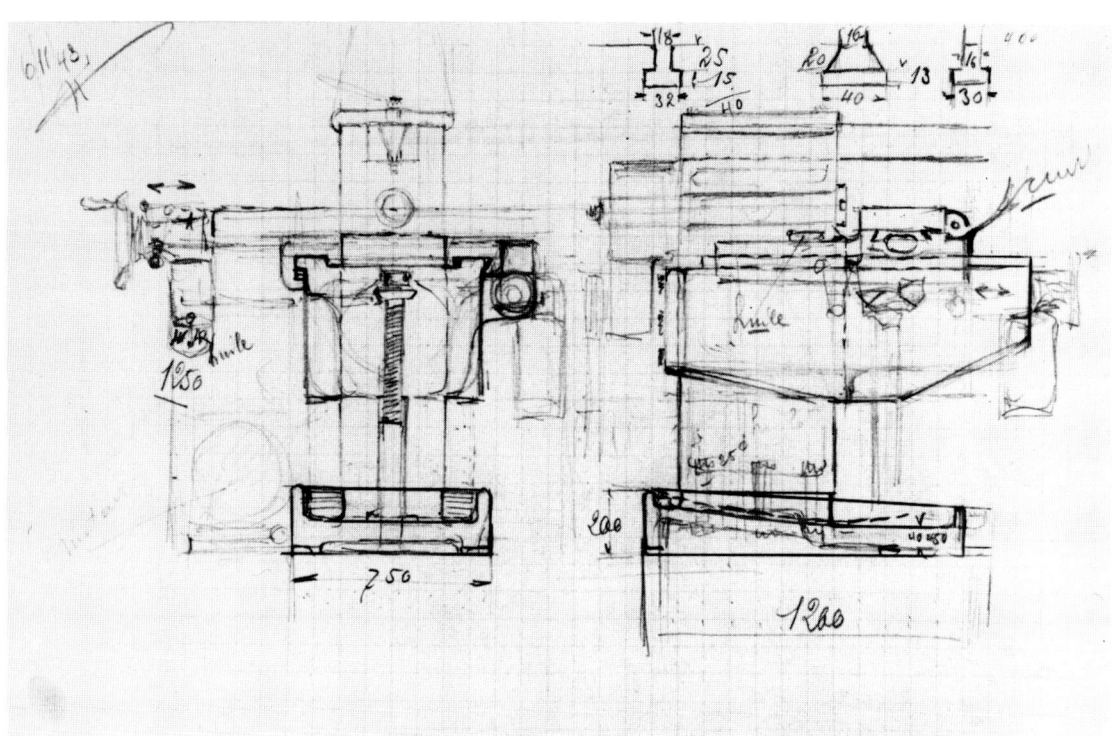

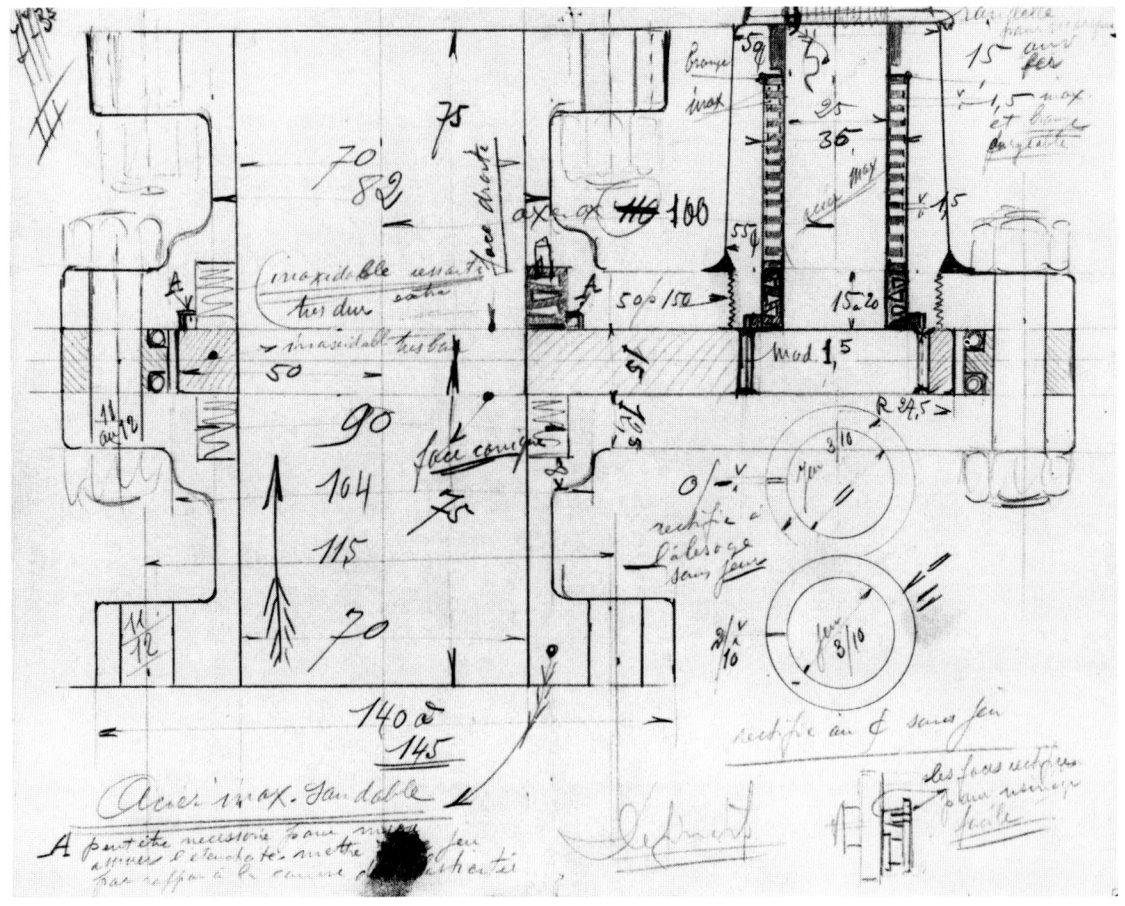

E 55

388

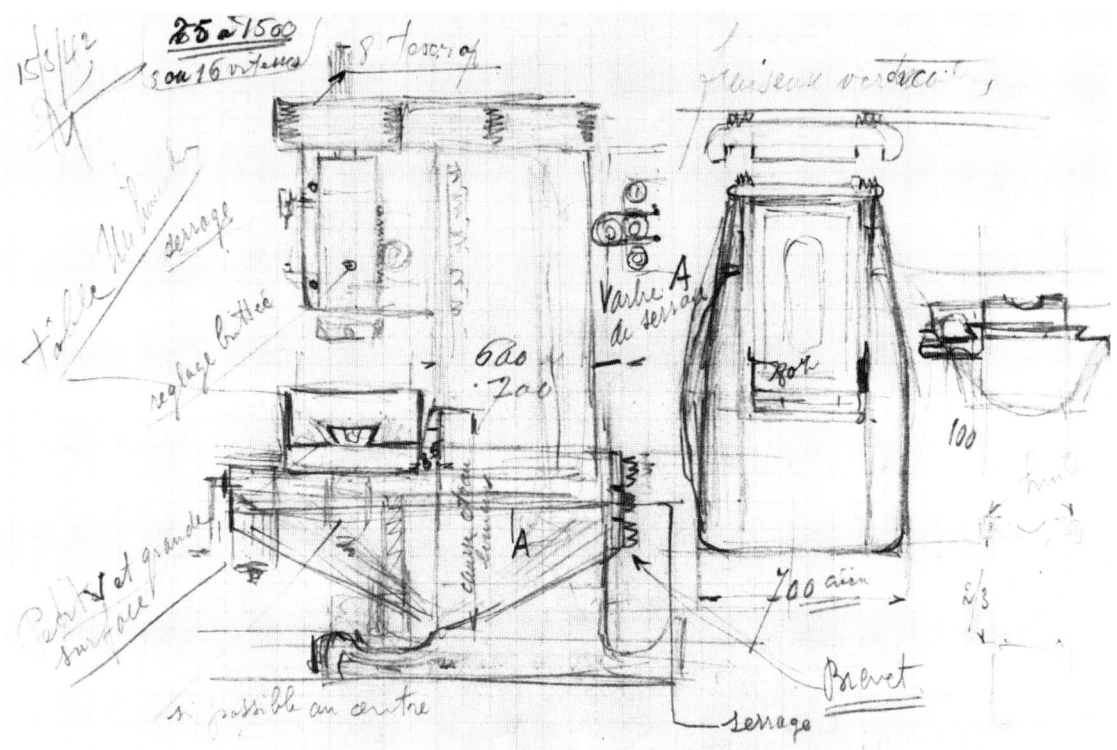

E 55

389

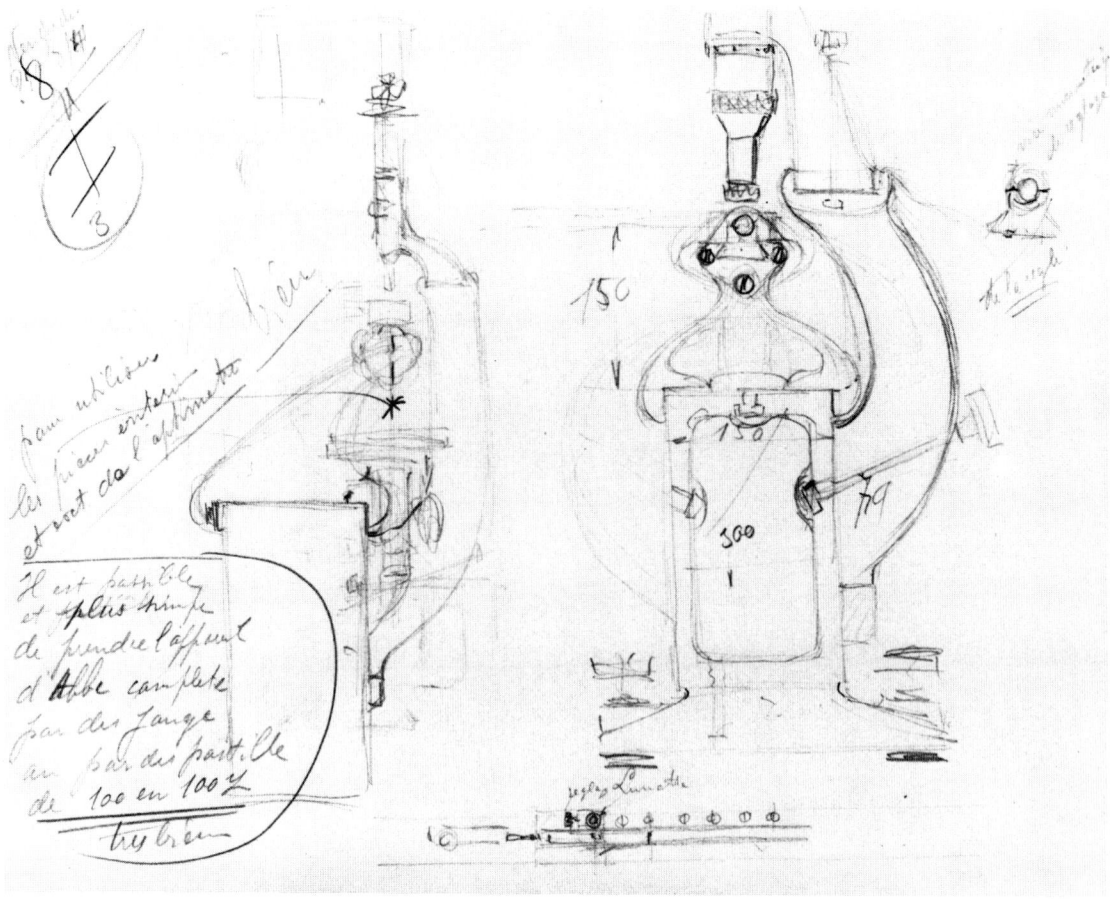

E 55

E 55 a
Entwurf für einen Kolben
Ettore Bugatti, 1944
Bleistift

Klaus Mierzwiak, Hamburg

E 56
Neun Konstruktionszeichnungen für De Dietrich-Bugatti Automobile
Entwurfsbüro der Firma, 1902–1903

a) Typ 3. Der erste De Dietrich-Bugatti Wagen 1902
b) Typ 3. Der erste De Dietrich-Bugatti Wagen 1902
c) Obere Ummantelung des Getriebes und des Differentials des ersten De Dietrich-Bugatti-Wagens
d) Typ 5. Der Paris–Madrid-Rennwagen
Dieser Wagen wurde nicht zugelassen, da der Sitz zu niedrig war und damit dem Fahrer ungenügende Sicht gab.
Original (unrestauriert) und Umzeichnung.

E 56 a

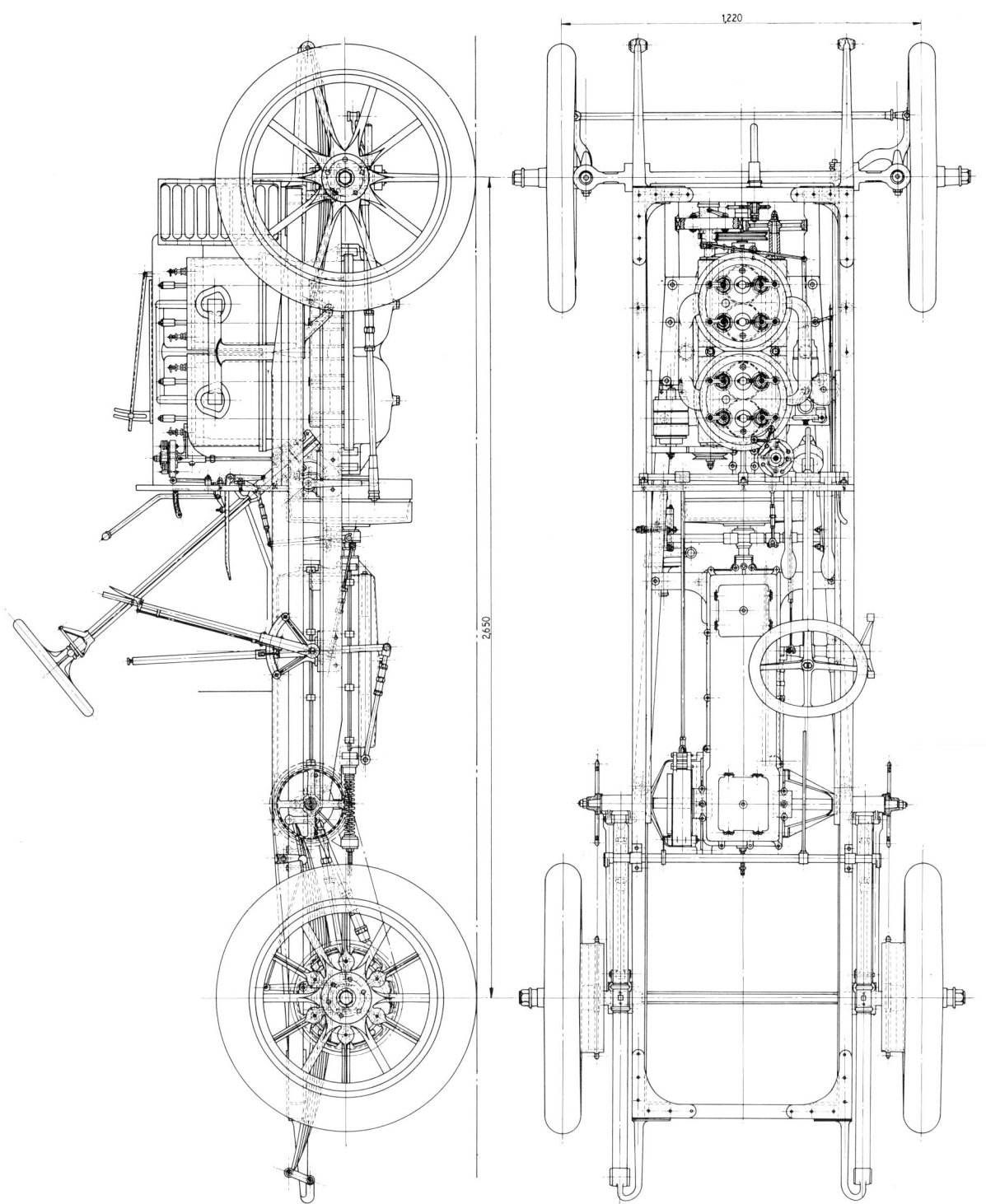

1,220

2,650

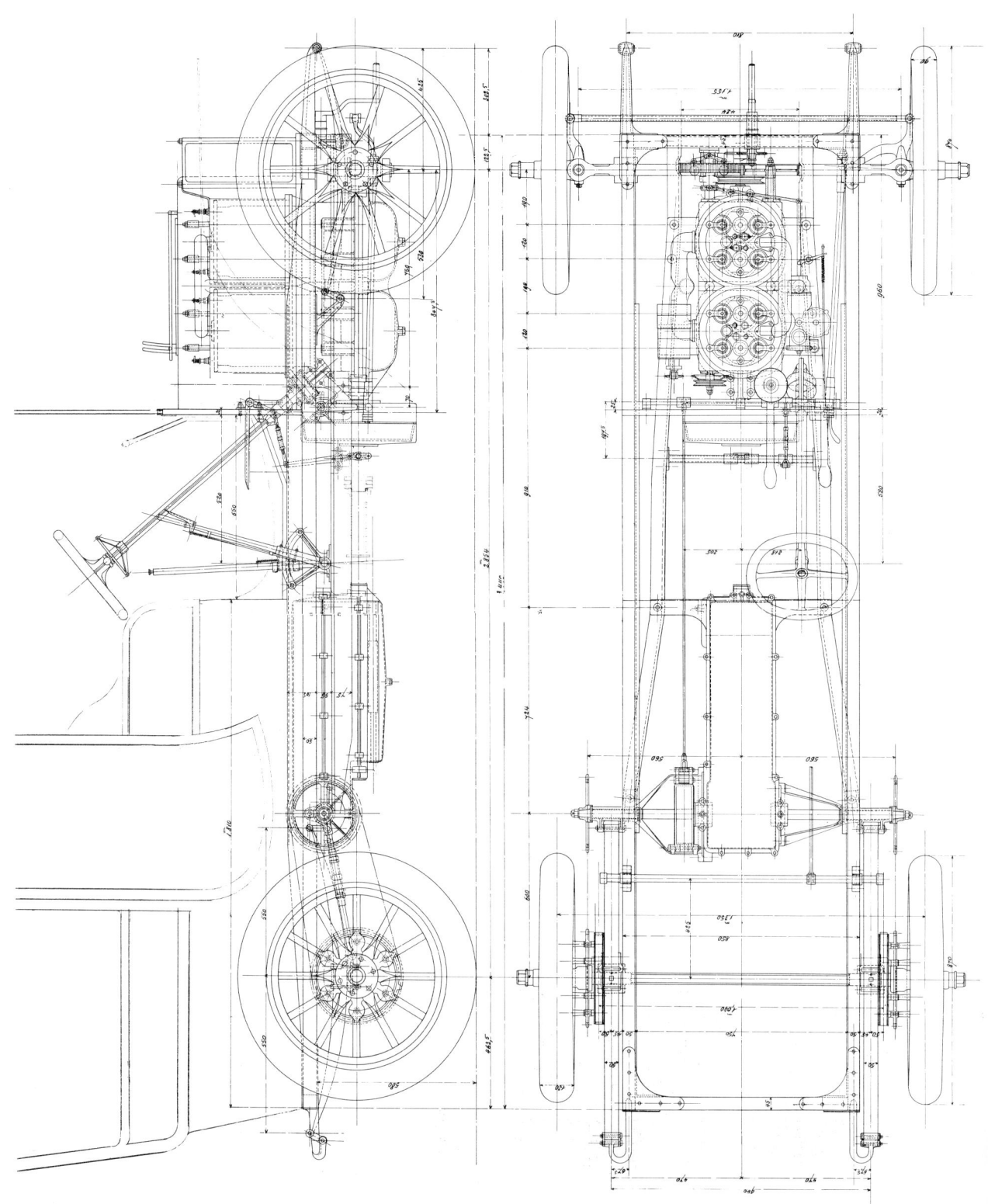

392

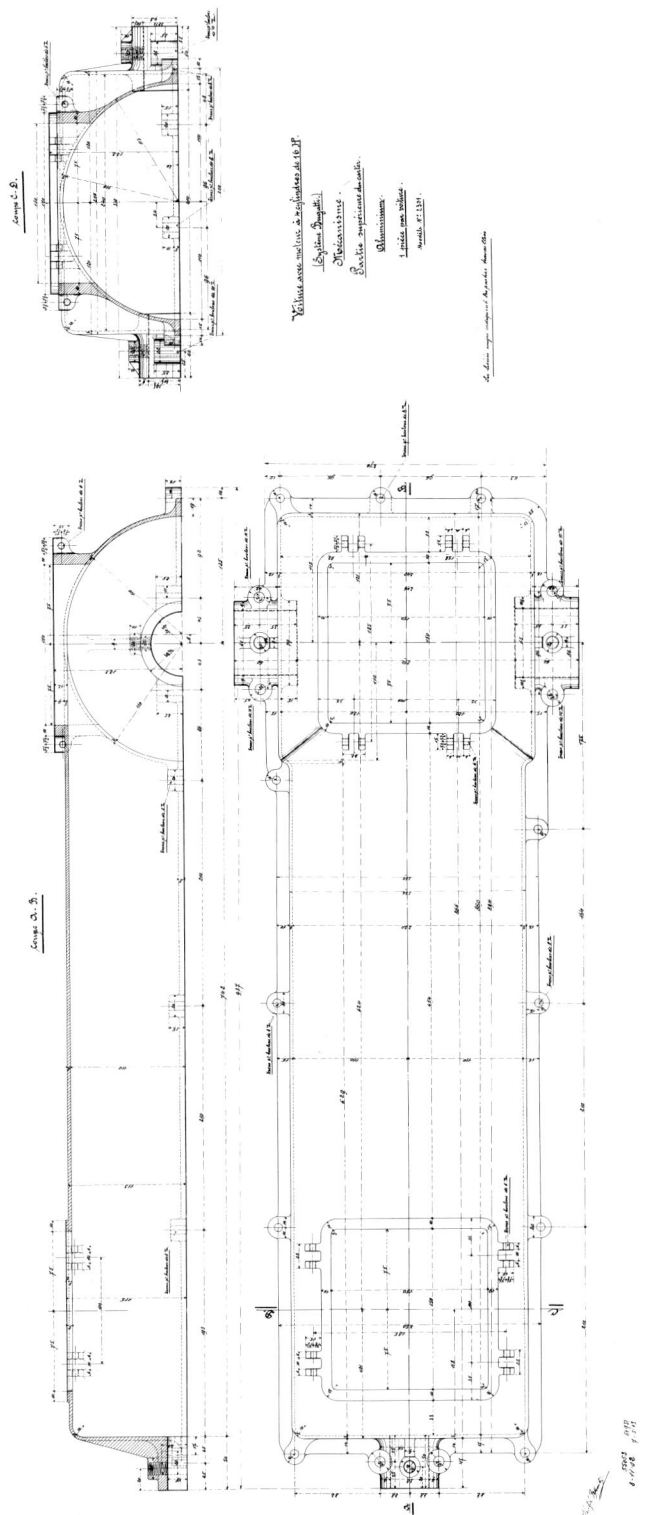

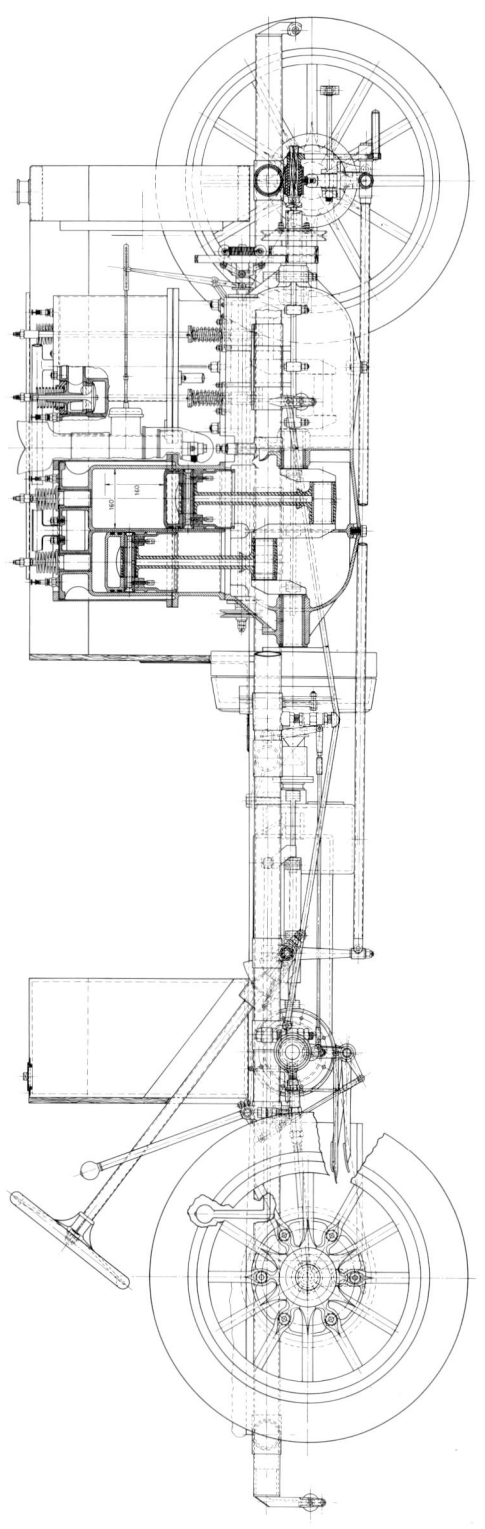

E 56 d

e) Zylinderblock der 1903 De Dietrich-Bugatti
   Wagen
   Die Zylinder saßen in einem Kupfermantel
   zur Aufnahme des Kühlwassers. Obenliegende
   Ventile.
f) Karosserieentwurf für den De Dietrich-Bugatti
   Wagen
   1903
g) Entwurf für ein Kühlsystem
   M. Loyal, Paris
   Für den De Dietrich-Bugatti von 1903. Der
   Wassertank für das System sollte hinten angebracht werden.
h) Karosserieentwurf
   Karosseriewerkstatt Wiederkehr, Colmar, für
   einen De Dietrich Wagen. Wiederkehr wurde
   1910 von Gangloff übernommen.
i) Verschiedene Entwürfe

De Dietrich & Cie. Reichshoffen

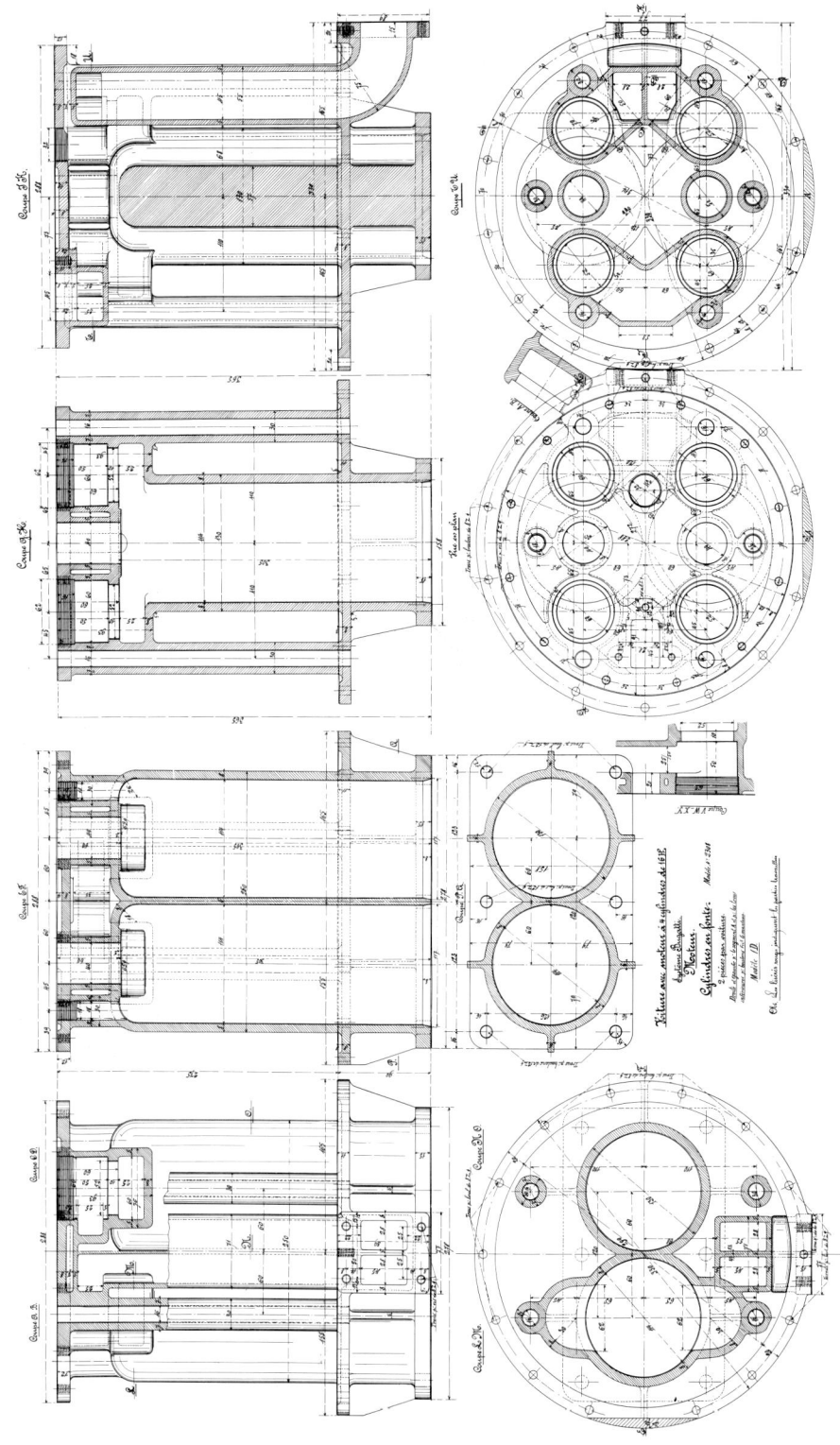

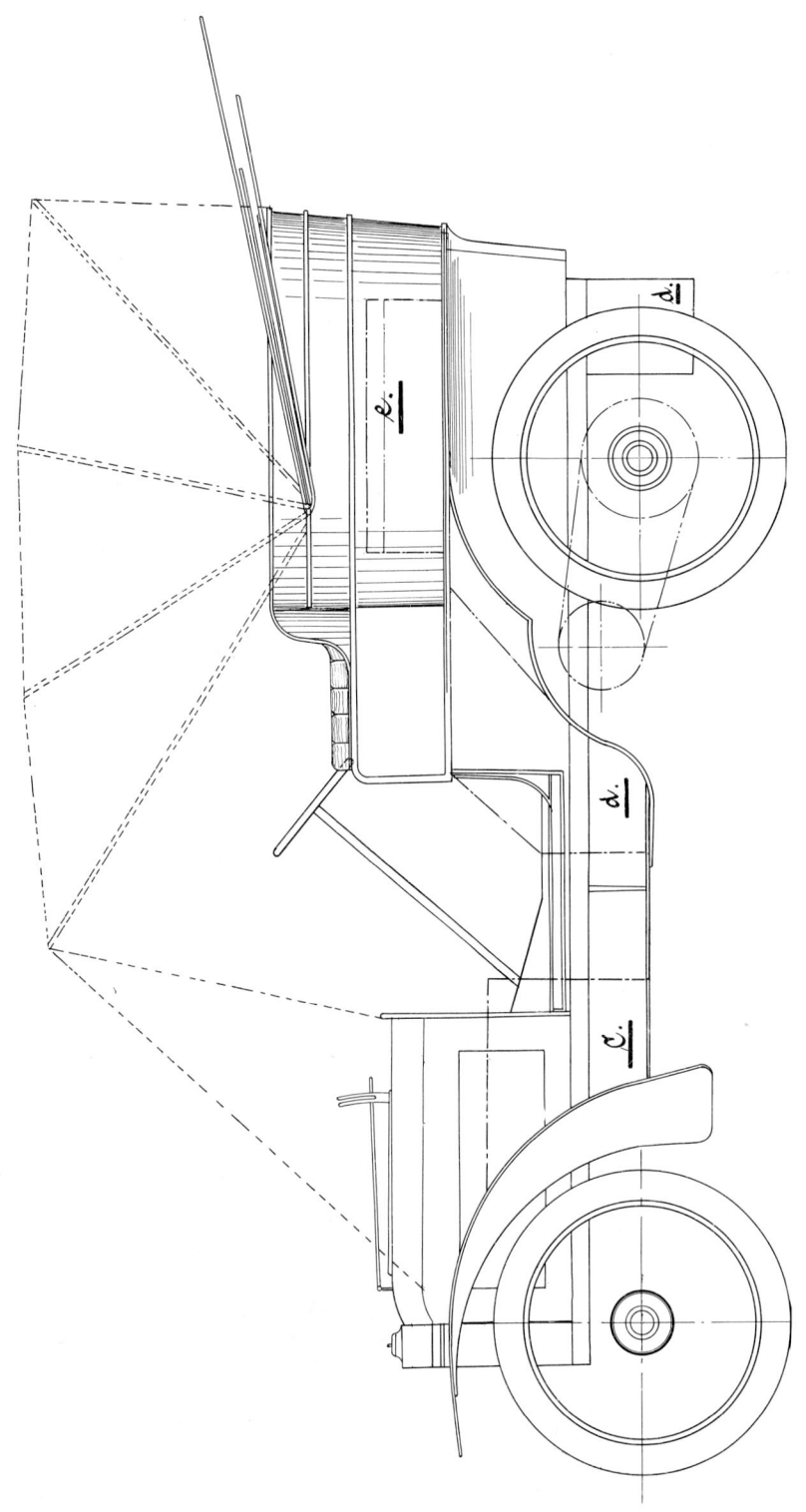

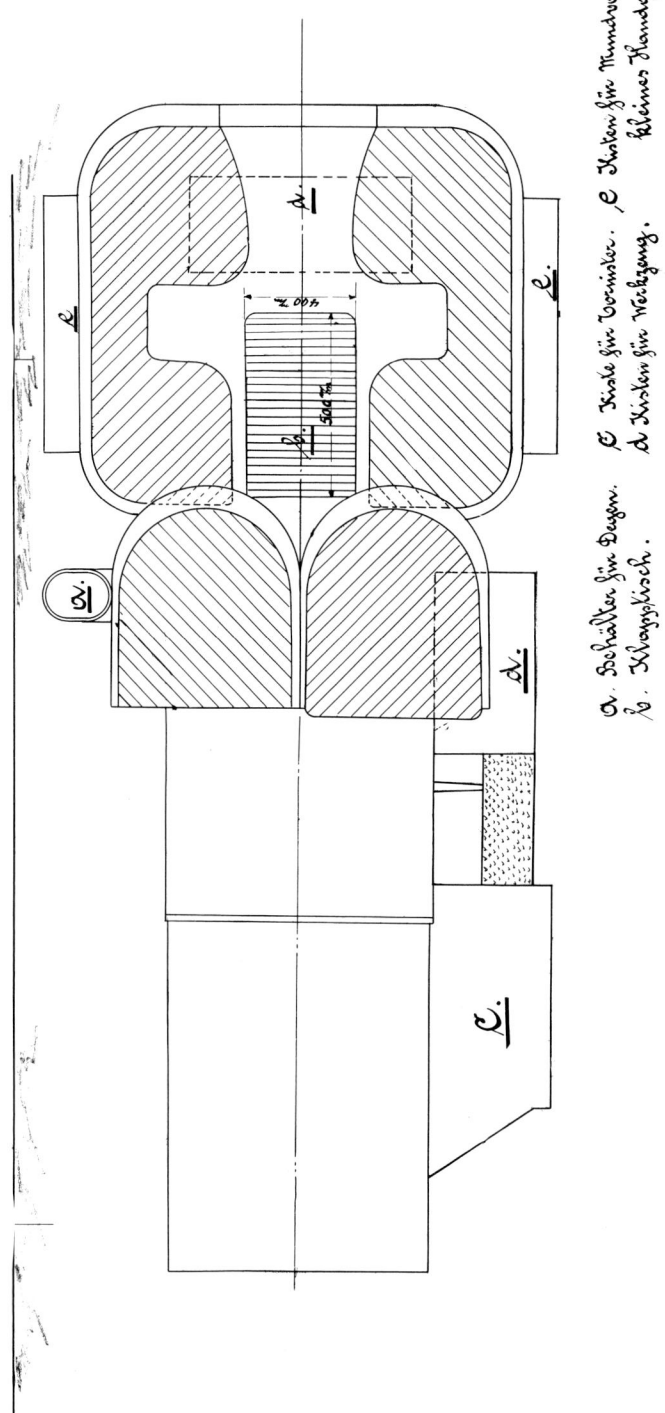

a. Schubfach für Degen.
b. Klappstisch.
c. Kiste für Vorräte.
d. Kisten für Werkzeug.
e. Kisten für Mundvorrat und kleines Handgepäck.

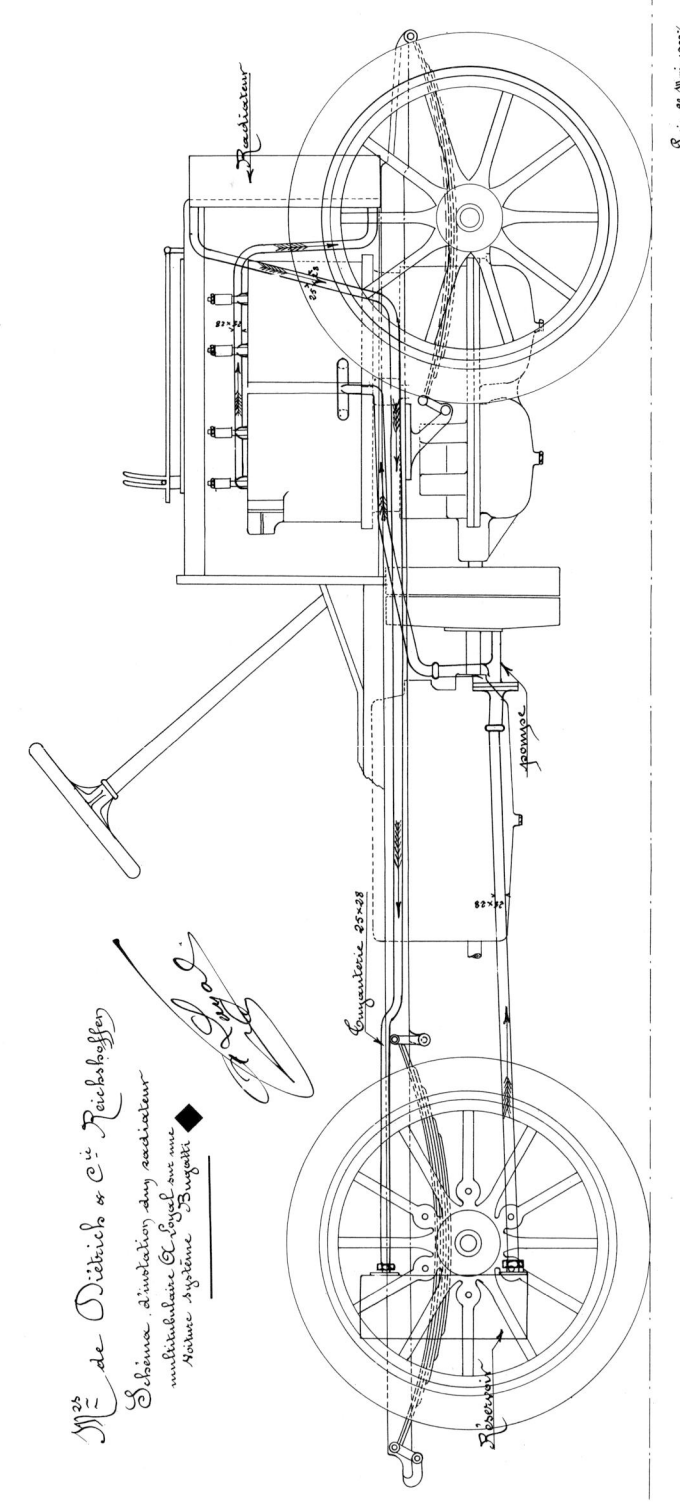

Mᵉˢ de Diétrich & Cⁱᵉ Reichshoffen
Schéma d'installation d'un radiateur
multitubulaire & Loyal sur une
Voiture système Bugatti ◆

Paris 28 Mai 1903

E 56g

Radiateur

Pompe

Conjanteur 25×28

Réservoir

398

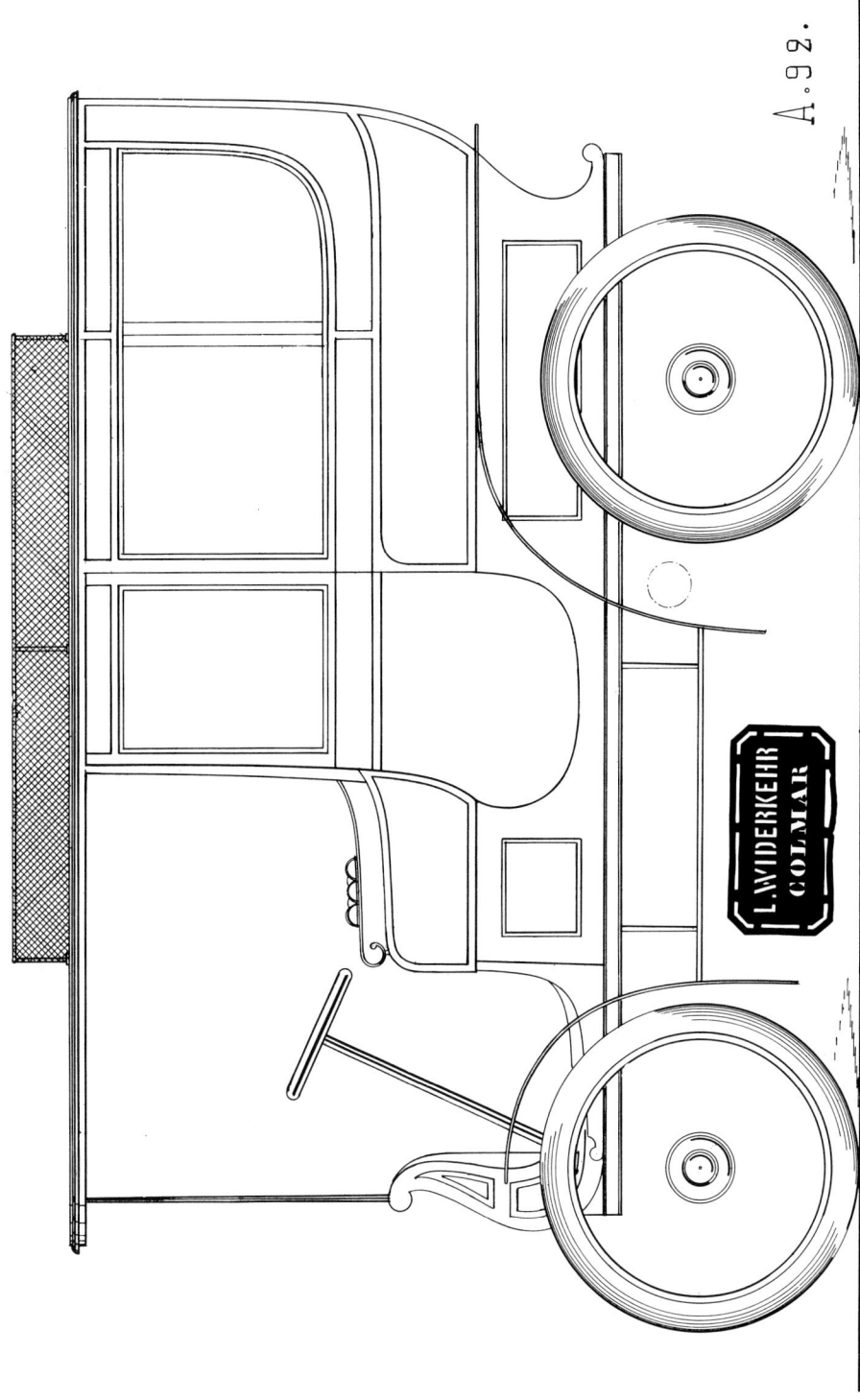

A.92.

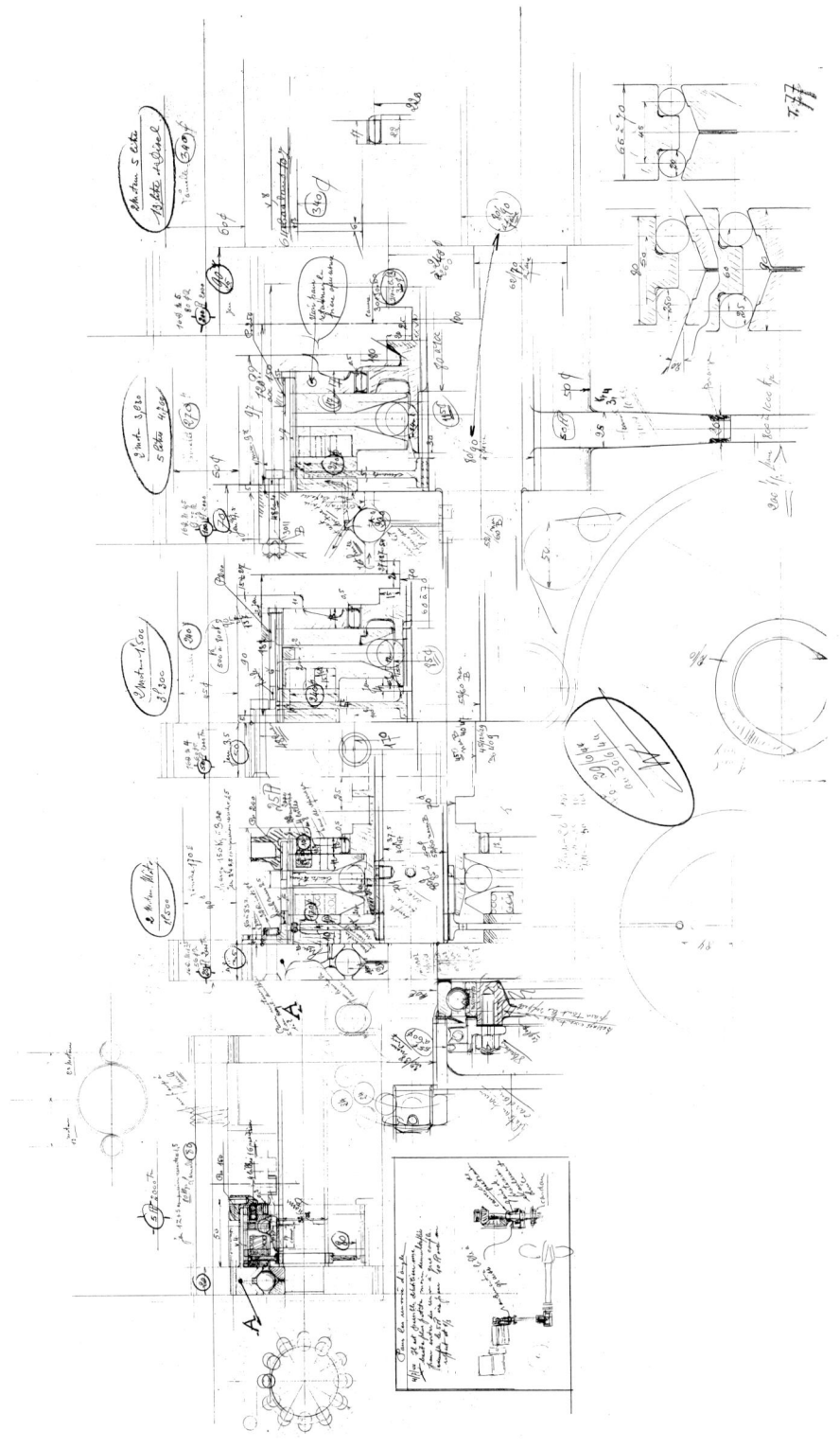

400

E 56i   Verschiedene Konstruktionszeichnungen.

E 57
Ölkanister mit Bugatti-Aufdruck
30er Jahre

H. G. Conway, London

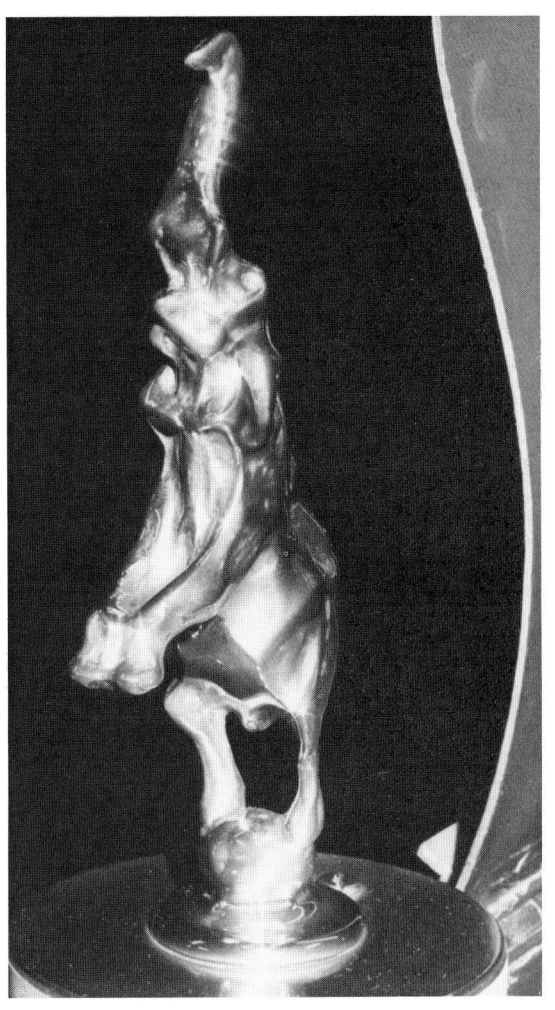

E 58
Elefanten-Kühlerfigur
des T 41 »Royale«
Rembrandt Bugatti, Guß ca. 1926–32

Privatbesitz

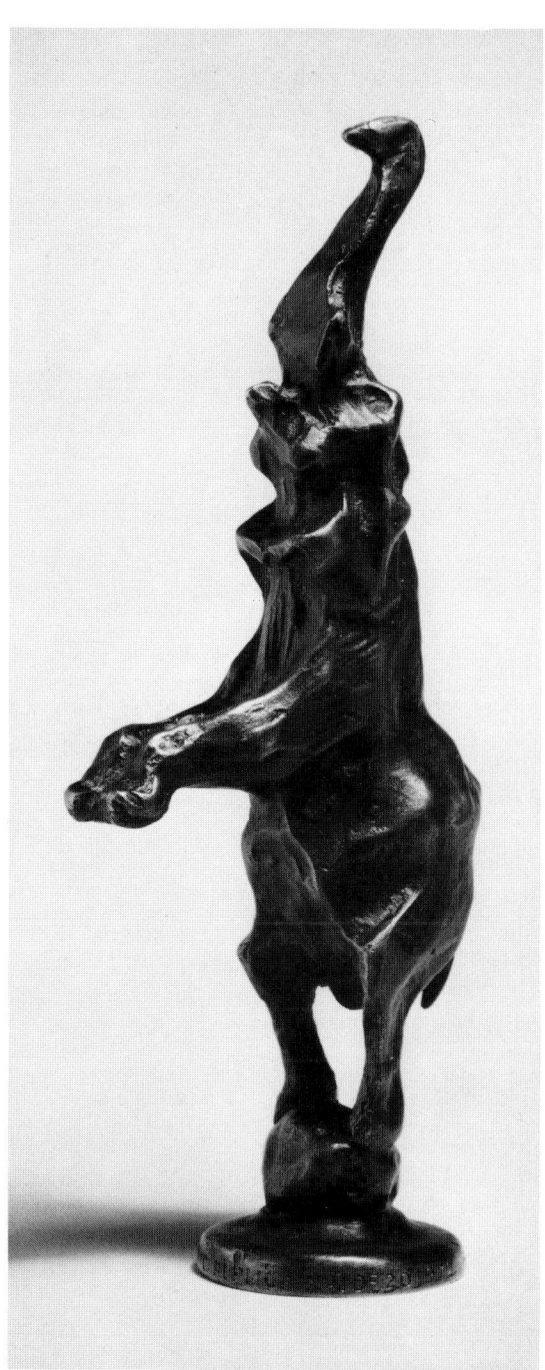

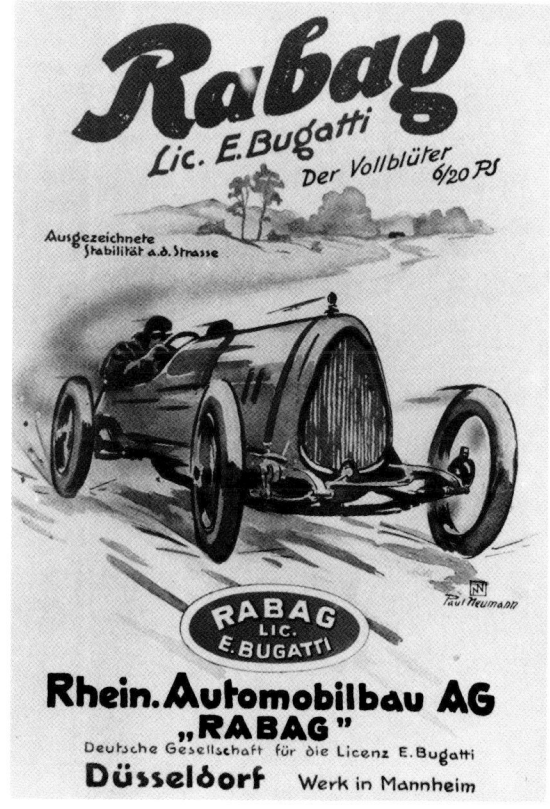

E 59
Replike der Elefanten-Kühlerfigur
Guß 3/20. Vom Bugatti Owners Club in Auftrag
gegeben; 60er Jahre

H. G. Conway, London

E 60
Selbstporträt von Ettore Bugatti
Bleistift
31 x 21

H. G. Conway, London

E 61
Plakat für Rabag-Bugatti
ca. 1922

Privatbesitz

E 62
Plakat mit T 35
J. U. Engelhard, 1925
Verlegt von Omnia
45,5 x 62,5

Stadtmuseum München

LE PUR-SANG DES AUTOMOBILES

ALSACE   MOLSHEIM   BAS-RHIN

E 62a
Plakat wie E 62
mit französischem Text (Reproduktion)

Gerhard von Raffay, Hamburg

E 63
Plakat mit T 35
Ernst Dryden, 1926
48,5 × 65

Eric Lipmann, London
Gerhard von Raffay, Hamburg

Farbtafel 34

E 64
Plakatentwurf mit T 35
Roger Soubie
86 × 63 (Reproduktion)

Gerhard von Raffay, Hamburg

BUGATTI

LE PUR-SANG DE L'AUTOMOBILE

E 64 a
Plakatentwurf für Bugatti   Farbtafel 35
A. M. Cassandre
159 x 117

Sammlung Hervé und Isabelle Poulain, Paris

E 65
»Bugatti
Le pur-sang de l'automobile«
Charles Loupot, 1924
Aquarell und Gouache, 33,5 x 22

Sammlung Hervé und Isabelle Poulain, Paris

E 66
Schönheitskonkurrenz mit T 44
Ernst Dryden, 1928
47 x 54

Eric Lipmann, London

René Vincent

E 67

E 67
Plakat mit T 46
René Vincent, 1930
139 x 99

Gerhard von Raffay, Hamburg

E 68
Plakat mit »T 51«
E. Schönholzer, 1932

Privatsammlung Erich Kellenberger, Lausanne

E 69
Titelblatt für »Die Dame«
Ernst Dryden, ca. 1932
48 x 38

Eric Lipmann, London

E 70   Farbtafel 38
Elle est la pur sang de la route
Plakatentwurf von Ernst Dryden, um 1930
38 x 32

Eric Lipmann, London

E 71   Farbtafel 36
Entwurf für Bugatti-Plakat
Ernst Dryden, um 1930

Eric Lipmann, London

E 72
Bugatti-Rennwagen
René Vincent, um 1930
Aquarell

Sammlung Hervé und Isabelle Poulain, Paris

E 69

E 73
Farbenentwürfe von Karosserien für Bugatti- Automobile
Gangloff (Colmar), Vanden Plas (Brüssel) usw.

Sammlung Hervé und Isabelle Poulain, Paris

CARROSSERIE-GANGLOFF-COLMAR.

BUGATTI

BUGATTI 8 CYL. TYPE 46.

CARROSSERIE GANGLOFF COLMAR.

2407.

249G. CARROSSERIE GANGLOFF COLMAR.
BUGATTI 3L,300

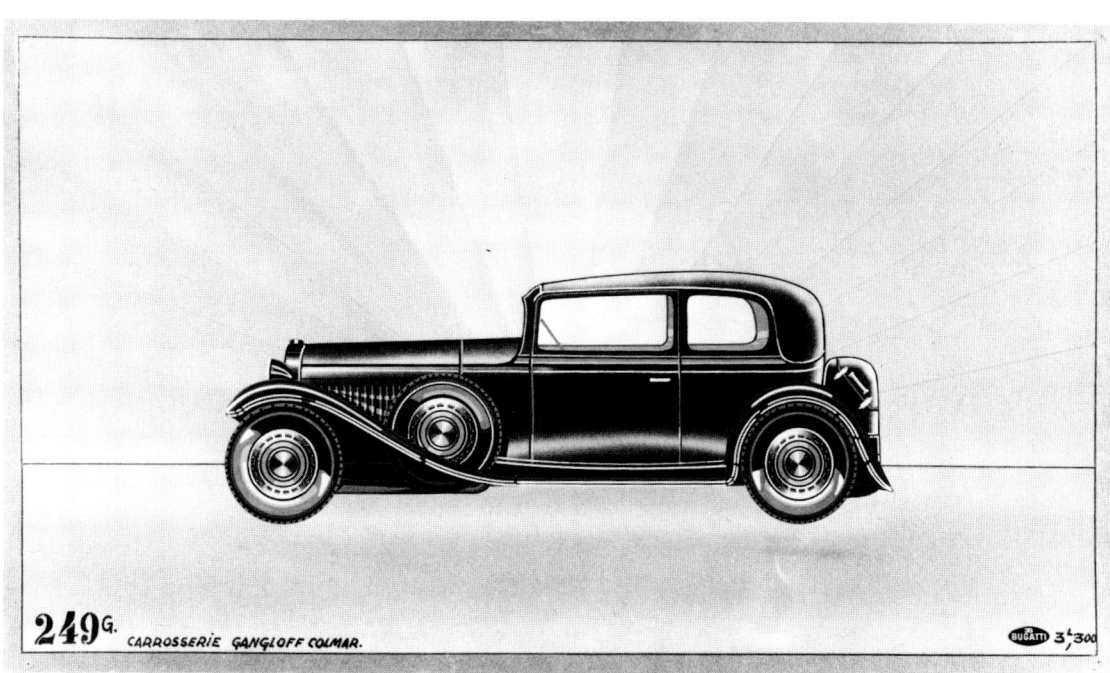

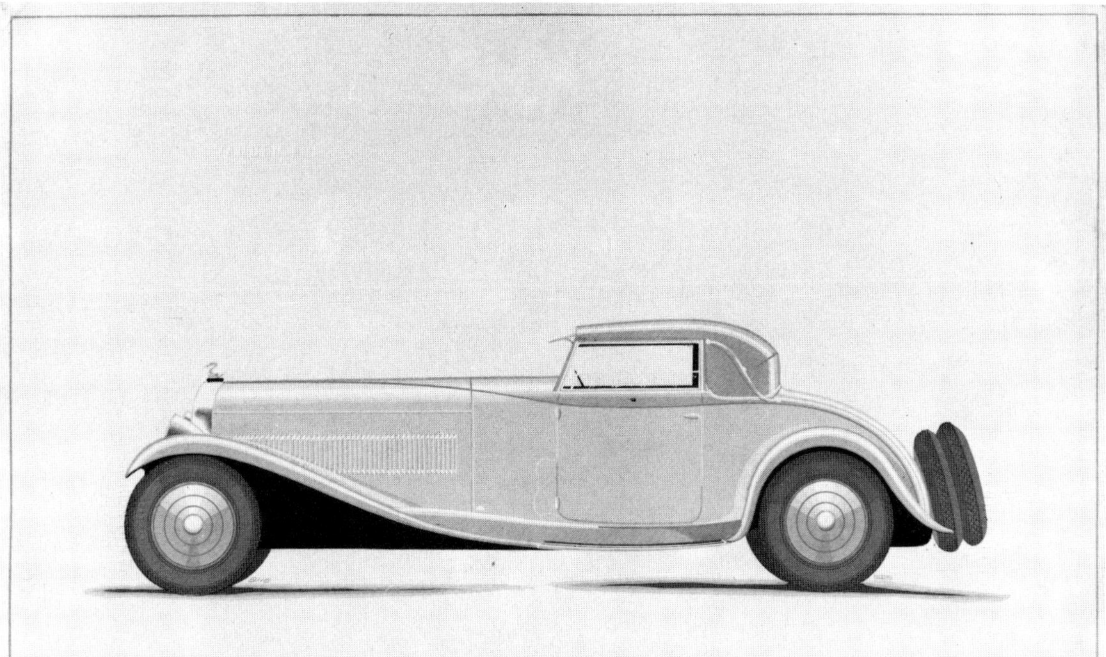

E 73

E 73

E 74
Drei Farbenentwürfe einer
französischen Lackfabrik für
Bugatti-Karosserien
ca. 1925–30

Jürgen Komischke, Friedrichsdorf

E 75
Plakatentwurf für Bugatti
Gerold, 1932
56,5 x 40

Gerhard von Raffay, Hamburg

E 76
Plakat mit T 57 und Autorail
R. Géri, ca. 1935
100 x 62,5

H. G. Conway, London
Gerhard von Raffay, Hamburg

E 77
Paß von Ettore Bugatti

Privatbesitz

E 78
Toilettenkoffer von Ettore Bugatti

Privatbesitz

BUGATTI

AUTOMOBILES
AUTORAILS MOLSHEIM (Alsace)

E 79
Bugatti Kühlerschild

H. G. Conway, London

E 80
Schild der Firma »Carosserie Ludwig Weinberger München«
Erbauer der »Royale«-Karosserie für Dr. Fuchs, Nürnberg. Abb. 45, S. 205

Erik Eckermann, Seeshaupt

E 81
Verschiedene Bugatti-Kataloge und -Prospekte
20er und 30er Jahre

H. G. Conway, London
Jürgen Komischke, Friedrichsdorf

E 82
Profilansichten von Bugatti-Automobilen
Paul Kestler, veröffentlicht in seinem Bugatti-Buch, Paris 1981

Paul Kestler, Straßburg

E 83
Auto- und Autorail-Modelle

Dr. Bernhard Simon, Frankfurt
Edi Strebel, Schönbühl-Urtenen

E 81   Als Vorlage für ein Plakat in Hamburg verwandt.

414

CHRONOLOGIE DER AUTOTECHNIK

1862	Beau de Rochas: Patent für Viertaktmotor
1876	Zweitaktmotor von Karl Benz
	Viertaktmotor von Nikolaus August Otto in Gemeinschaft mit Gottlieb Daimler, Eugen Langen und Wilhelm Maybach
1885	Erster einbaufähiger Viertaktmotor, erstes motorisiertes Fahrrad von Gottlieb Daimler (1890 Gründung der Daimler-Werke, Ferdinand Porsche kommt 1923 zu Daimler, 1926 Zusammenschluß mit Benz zu Daimler-Benz AG)
1886	Erster »Patent-Motorwagen« (Dreirad) von Karl Benz
	Erster Daimler-Motorwagen (18 km Geschwindigkeit)
	Erster in Frankreich gebauter Motor von Fernand Forest
1887	Magnetzündung von Bosch
1889	Daimler Motor-Lizenz von Sarasin erworben. Seine Witwe brachte diese in die Ehe mit Levassor ein (Levassor-Panhard)
1891	Vier-Zylinder-Motor bei Panhard und Peugeot
1893	Erster Ford-Motor
1894	Spritzdüsenvergaser bei Maybach
	Vor 1900: Kulissenschaltung mit wechselnder Zahnradübersetzung bei Maybach
1895	Luftgefüllter Reifen bei Peugeot mit Michelin als Fahrer
1896	Erstes Ford-Auto
1898	Kardanwelle bei Renault
1900	Vorwählgetriebe
	Linkslenker bei Daimler
1901	Ettore Bugattis erstes, in Mailand vorgestelltes Automobil
	Einführung des Mercedes
1902	Sechszylinder-Motor mit Vierradantrieb bei Spyker (Holland)
	Achtzylinder-Motor bei CGV (Frankreich)
	Hochspannungs- und Batteriezündung
1903	Innenbackenbremsen
1904	Vierradbremse. Dreigangautomatik bei Sturtevant (USA)
1906	Abnehmbare Felgen
1907	Rolls-Royce Silver Ghost
1908	Ford Model T (über 16 Millionen; 1925: 280 Dollar)
	22-l-Motor bei Mercedes
1909	Lamellenkupplung bei Bugatti-Deutz
	Vorderradbremse bei Isotta Fraschini

1912/13	Ganzstahlkarosserie, u. a. bei Hupmobile (USA)
1914	Mehrzahl der amerikanischen Automobile: Linkslenker
	Erste gebogene Windschutzscheibe
1916	Mechanischer Scheibenwischer bei Willis Knight (USA)
1919	Vierrad-Servobremse bei Hispano Suiza
1920	Abnehmbare Räder bei europäischen Autos
Ab 1920	Gepreßte Stahlblechrahmen gefolgt von Zentralrohrrahmen und selbsttragender Stahlkarosserie
	Pendelachsen
1921	Rückfahrtscheinwerfer bei Wills-Sainte Claire
	Erster Serienwagen mit Kompressor bei Daimler
1921/22	Hydraulische Vierradbremsen bei Duesenberg (bei Maserati erst 1933)
1922	Hydraulische Vorderradbremsen bei Bugatti eingeführt (hydraulisches Zweikreissystem bei Bugatti erst ca. 1938)
1924	Elektrische Benzinpumpe
1925	Verwendung von Chrom statt Nickel
1926	Innenheizung (USA)
	Sicherheitsglas bei Stutz (USA)
1929	Synchronisiertes Getriebe bei Cadillac (bei Rolls-Royce und Vauxhall 1932 eingeführt)
Anfang d. 30er Jahre	Einzelradaufhängung
1931	Vollsynchronisiertes Getriebe bei Maybach (1935 bei Adler eingeführt)
1932	Autoradio mit Lautsprecher (Jensen)
1934	Gebogene Windschutzscheibe ohne Mittelpfosten bei Chrysler
1935	Scheibenwaschanlage serienmäßig bei Triumph (England), elektrische Wischer von Trico, USA

GLOSSAR

Achse

Als Achse wird die Verbindung zwischen zwei in Fahrtrichtung nebeneinander liegenden Rädern bezeichnet (Vorder-, Hinter-, Antriebsachse), auch dann, wenn die Räder nicht, wie bei der *Starrachse,* einen gemeinsamen Achskörper haben, sondern im Fall der *Einzelradaufhängung* einzeln so angebracht sind, daß keine unmittelbare Verbindung zwischen ihnen besteht.

Die *De-Dion-Achse* ist der Sonderfall einer Starrachse. Sie verbindet die Vorteile der starren Radverbindung (gleichbleibender Abstand und gleiche Lage der Räder zueinander) mit denen der Einzelradaufhängung (geringe ungefederte Massen). Die beiden Antriebskörper verbindet ein leichter Achskörper, das schwere Differential ist an einem Rahmen oder an der Karosserie befestigt. Den sehr guten Fahreigenschaften steht ein hoher technischer Aufwand gegenüber, so daß sich diese Achse meist nur bei teuren Fahrzeugen findet.

Aufladung

Die Aufladung ist ein Mittel zur Leistungssteigerung bei Verbrennungsmotoren. *Lader* ist der Sammelbegriff für Zusatzeinrichtungen, die den Zylindern das Kraftstoff-Luft-Gemisch oder die Verbrennungsluft unter Überdruck (etwa 0,6 bis 1,2 bar) zuführen. Weil sich dabei die Dichte der Verbrennungsluft und die für die Verbrennung nutzbare Luftmenge erhöht, verbessert sich die Füllung des Motors und damit seine spezifische Leistung. Aufladen kann man einen Motor mit einer Ladepumpe, einem Kompressor oder einem Abgasturbolader.

Ladepumpen wurden früher häufig bei Zweitakt-Rennmotoren eingesetzt. Sie werden mechanisch von der Kurbelwelle mit angetrieben umd arbeiten im Gegentakt zum Motorkolben, was dazu führt, daß mehr Kraftstoff-Luft-Gemisch angesaugt, dieses stärker als sonst vorverdichtet wird und mit höherer Intensität in den Motorzylinder strömt.

Der *Kompressor* ist ein mechanisch (z. B. über Keilriemen) von der Kurbelwelle des Motors mit angetriebenes Gebläse, in dessen Gehäuse rotierende Läufer ineinandergreifen (allerdings gibt es auch Schleudergebläse), die Luft dabei verdichten und zum Motor drücken. Er erfordert einen hohen technischen Aufwand und war daher seinerzeit Hochleistungs- und Rennfahrzeugen vorbehalten. Eine Sonderform ist das *Roots-Gebläse*. In diesem Gebläse wälzen sich Drehkolben so gegeneinander ab, daß sie sich gegenseitig sowie das umgebende Gehäuse spaltfrei abdichten. Dabei erfolgt die Druckerhöhung der Luft in den veränderlichen Kammern zwischen Drehkolben und Gehäuse.

Bremsen

Im Vergleich zu den heutigen Hochleistungsbremsen waren Fahrzeugbremsen früher eine gemütliche Angelegenheit: bei dem einen Auto ließ sich die Getriebewelle − und damit mittelbar die Räder − abbremsen, bei einem anderen wirkte eine über einen Handhebel betätigte Bremse auf die Hinterräder (an den Vorderrädern ist die Bremswirkung höher), die Kraft wurde durch Seilzüge übertragen, was zum Schiefziehen der Bremse führen könnte, oder durch Gestänge.

Ein großer Fortschritt nach der mechanischen Vierradbremse war die *hydraulisch betätigte Vierradbremse*. Seilzüge wurden nur noch für die *handbetätigte Feststellbremse* (Handbremse) verwendet. Mit zunehmenden Ansprüchen zeigte sich aber, daß die *Trommelbremse,* bei der sich durch den Druck vom Hydraulikzylinder Reibbeläge gegen die Innenseite der am Rad befindlichen Bremstrommel pressen, mitunter in ihrer Wirkung nachließ. Der heutige Stand der Technik sieht zumindest an der Vorderachse *Scheibenbremsen* vor, die sehr viel belastbarer sind. Dabei umfaßt eine mit Reibbelägen bestückte Zange eine mit der Nabe des Rades verbundene Stahlscheibe und bremst die Räder so ab.

Differential

Zum Ausgleich bei der Kurvenfahrt oder durch die Geländebeschaffenheit auftretenden Weg- bzw. Drehzahlunterschiede zwischen den Antriebsrädern muß in der Antriebsachse ein Ausgleichsgetriebe (Differential) installiert werden. Es verhindert nicht nur ein Verspannen der Antriebswellen und übermäßigen Schlupf der Reifen, sondern es verteilt auch das Antriebsdrehmoment gleichmäßig auf beide Räder. Da jeweils nur so viel Drehmoment auf den Boden übertragen werden kann, wie das Rad mit der geringsten Haftung zuläßt, kann im Extremfall das Anfahren oder die Weiterfahrt unmöglich werden (bei Glätte, auf Sand, in Schlammlöchern usw.). Das Rad hat dann keine Bodenhaftung, sondern 100 Prozent Schlupf und »dreht durch«.

Drehmoment

Die Wirkung einer Kraft, die um einen Drehpunkt an einem Hebelarm angreift (beim Fahrrad z. B. greift die Beinkraft um den Drehpunkt der Tretlagerachse an der Tretkurbel an). Das Drehmoment bestimmt zusammen mit der Drehzahl, wie gut das Auto »zieht«, also beschleunigt und Steigungen überwindet. Das Drehmoment ist weitgehend vom Hubraum abhängig: einem großen Hubraum entspricht ein hohes Drehmoment.

Fahrwerk

Als Fahrwerk wird die Gesamtheit aller Teile und Baugruppen eines Autos angesehen, die zur Führung, Federung und zum Abbremsen der Räder sowie zu ihrer Verbindung mit der Karosserie erforderlich sind. Dazu gehören Vorder- und Hinterachse, Federungssystem mit Stoßdämpfern, Lenkung, Bremsen sowie die Räder selbst. Vom Fahrwerk hängen Fahreigenschaften (»Straßenlage«) und Fahrkomfort ab. Anfänglich hatte das Fahrwerk einen eigenen tragenden Rahmen, ein *Chassis,* mit *starrer Vorder-* und *Hinterachse,* heute sind die *Einzelradaufhängungen* unmittelbar mit der Karosserie verbunden. Bei modernen Autos werden Fahrbahnunebenheiten mit Hilfe von Schraubenfedern oder Torsionsstäben ausgeglichen. Frühere Fahrzeuge hatten häufig Blattfedern, die aus einzelnen Lagen oder aus zu Paketen zusammengefaßten mehreren Lagen Federstahl bestanden. Je nach Einbaulage bezeichnet man sie als *Quer-* oder *Längsblattfeder* und je nach der Form des Federpakets als *Viertel-, Halb-, Dreiviertel-* oder *Vollelliptikfedern.*
Eine andere Aufgabe haben die meist *Stoßdämpfer* genannten *Schwingungsdämpfer:* sie sollen dafür sorgen, daß die Räder Bodenkontakt behalten und nicht »springen«, sind also ein für die Fahrsicherheit wichtiges Bauteil. Früher verwendete man lamellenförmige, mechanische *Reibungsstoßdämpfer* und später *hydraulische Hebelstoßdämpfer.* Erstere waren nicht besonders wirksam, und letztere verschlissen sehr rasch, daher finden sich heute praktisch überall *Teleskopstoßdämpfer.* Bei ihnen wird (wie auch bei den hydraulischen Hebelstoßdämpfern) die Schwingungsenergie durch den Strömungswiderstand einer Ölfüllung in Wärme umgewandelt.
Der Abstand von Mitte Vorderachse bis Mitte Hinterachse ist der *Rad-* oder *Achsabstand.* Fahreigenschaften (und Platzverhältnisse) hängen stark vom Radstand ab. Faustregel: Langer Radabstand bedeutet komfortables und sicheres Fahren (besserer Geradeauslauf).

Feder siehe *Fahrwerk*

Getriebe

Mechanische Einrichtung zur Weiterleitung oder Umformung von Bewegungen. Als wesentlichstes Kennzeichen besitzen Getriebe stets wenigstens drei feste, d. h., in sich widerstandsfähige Glieder, und zwar je eines für Antrieb und Abtrieb, sowie das Gestell.

Hub und Bohrung

Die Kennmaße eines Motorzylinders sind der *Hub* (der Weg, den der Kolben im Zylinder zurücklegt) und die *Bohrung* (der Durchmesser des Zylinders). Da das *Drehmoment* (also die ›Kraft‹ des Motors) von *Hubraum* und *Drehzahl* abhängt, die Drehzahl bei früheren Autos aber aus vielen Gründen vergleichsweise niedrig war und sich nicht steigern ließ, und da der Hub nicht ohne weiteres veränderbar ist, lag es nahe, zur Leistungssteigerung die *Bohrung* zu vergrößern, soweit der Motorblock dazu Platz ließ. Diesen Vorgang bezeichnet man als *Aufbohren.*
Ein Verhältnis zwischen Hub und Bohrung von 1 : 1 nennt man »quadratisch«. Bei den meisten neueren Automotoren ist der Hub kleiner als die Bohrung (unterquadratisch), während in der Frühzeit des Automobils ein sehr langer Hub im Verhältnis zur Bohrung die Regel war (überquadratisch). Der Vorteil des Langhubmotors ist hohe Leistungsabgabe bei geringen Drehzahlen, während der kurze Kolbenweg (und damit niedrige Kolbengeschwindigkeit) beim Kurzhubmotor höhere Drehzahlen ermöglicht.

Hydraulikbremse siehe *Bremsen*

Karosserie (Fahrwerksaufbau)

Als Autos noch ein *Chassis,* also Fahrwerksrahmen hatten, mußte die Karosserie nicht mittragen. So wurden die Aufbauten getrennt angefertigt und aufgesetzt. Zahlreiche Hersteller boten speziell nach den Kundenwünschen angefertigte Karosserien an. Holz war ein ebenso wichtiges Material wie Blech. Neben den auch bei uns noch üblichen klassischen Formen Limousine, Coupé, Cabriolet oder Roadster (der Kombi und seine Spielarten Schrägheck-Kombilimousine und Kombicoupé sind neueren Datums) gab es noch zahlreiche andere, häufig aus dem Kutschenbau übernommene Varianten: Landau, Landaulet, Voiturette usw. Um die Mitte der dreißiger Jahre wurde die *selbsttragende Ganzstahlkarosserie* eingeführt, bei der das Fahrwerk (besser: Tragwerk) mit der Karosserie zu einer Einheit verschweißt ist. Vorteile dieser Bauweise sind hohe Formfestigkeit und Verwindungssteifigkeit sowie die Möglichkeit, aufprallsichere »Fahrgastzellen« zu konstruieren. Da die getrennte Anfertigung von Tragwerk und Aufbau sehr kostspielig war, muß die Ganzstahlkarosserie als wichtiger Schritt zum Auto als preisgünstiges Großserienprodukt angesehen werden.

Kompressor siehe *Aufladung*

Königswelle

Gewöhnlich werden obenliegende Nockenwellen über Ketten oder Zahnriemen angetrieben. Bei bestimmten Motoren fand (und findet, ein Beispiel sind Rennmotoren) eine Königswelle Anwendung. Bei dieser Anordnung treibt die Kurbelwelle über ein unteres Kegelradpaar eine Zwischenwelle und ein oberes Kegelradpaar die Nockenwelle an. Diese elegante und teure Lösung spart Platz und ermöglicht hohe Drehzahlen.

Kühlung

Alle Verbrennungsmotoren werden mit Luft gekühlt, auch die »*wassergekühlten*«. Bei ihnen dient das Wasser lediglich als Transportmittel zur Abfuhr der überschüssigen Wärme an den eigentlichen Kühler, der sie an die Außenluft abgibt, was

bei »*luftgekühlten*« Motoren unmittelbar über ein vom Motor angetriebenes, ständig mitlaufendes Kühlgebläse geschieht. Bei frühen, leistungsschwachen Motoren genügte oft die *Thermosyphonwirkung,* durch die das erwärmte Wasser aus dem Motor zum noch nicht erwärmten Kühler strömte, der selbst häufig aus einem einfachen *Schlangenrohr* bestand. Da die Menge der abgeführten Kühlluft von der Umlaufgeschwindigkeit des Kühlmittels, von der Menge der abgegebenen Luft sowie davon abhängt, wie rasch sie nach außen abgegeben wird, haben heutige Motoren eine vom Motor mit angetriebene Wasserpumpe, einen stark verrippten Kühler zur Vergrößerung der kühlenden Oberfläche und ein ebenfalls vom Motor angetriebenes Kühlgebläse, das sich in vielen Fahrzeugen (z. B. über einen Thermostaten) selbsttätig abschaltet, wenn eine Kühlluftzufuhr nicht erforderlich ist — das spart Motorleistung.

Beim *Wabenkühler,* der vorn aussieht wie eine große Bienenwabe, sind die neben- und übereinander liegenden Sechsecke die aufgeweiteten Öffnungen waagerecht liegender, vorn und hinten offener Röhrchen. Die durch sie streichende Kühlluft entzieht dem sie umgebenden Kühlmittel Wärme. An die Stelle solcher Luftröhrenkühler sind längst Wasserröhrenkühler getreten. Bei ihnen durchdringen vom Kühlmittel durchströmte, senkrecht stehende Röhrchen eine große Anzahl waagerecht und liegend angeordneter Bleche, an denen die Kühlluft vorbeistreicht.

Kurbelgehäuse siehe *Motor*

Kurbelwelle

Im Verbrennungsmotor eine unterhalb der Kolben drehbar gelagerte Welle, die die geradlinige Bewegung der Kolben in eine Drehbewegung umwandelt. An ihrem hinteren Ende sitzt das Schwungrad, in dessen Verzahnung der Anlasser eingreift, um sie beim Anlaßvorgang drehen zu können, und die Kupplung, die zum Trennen des Kraftflusses zwischen Motor und Getriebe erforderlich ist.

Die Antriebsleistung eines Kraftfahrzeugs liefern heute stets Verbrennungsmotoren. Das ist keineswegs selbstverständlich; es hatte gute Gründe, daß man in den Kindertagen des Autos, als dieses seinen späteren Entwicklungsstand noch nicht erreicht hatte, mit Dampfmaschinen, Gasmotoren, Elektromotoren und sogar mit atmosphärischen Maschinen (Dampfkolbenmaschinen) als Antriebsaggregaten experimentierte.

Unterscheiden kann man Verbrennungsmotoren nach ihrem Arbeitsprinzip (Diesel- oder Ottomotor), nach ihrer Arbeitsweise (Zwei- oder Viertaktmotor), nach ihrer Bauweise (Reihenmotor, V-Motor, Boxermotor) und nach der Art der Gemischzuführung (Saugmotor, aufgeladener Motor, Vergasermotor, Einspritzmotor), außerdem nach der Anordnung der beweglichen Teile: Hubkolbenmotor, Kreiskolbenmotor (»Wankelmotor«), Sterlingmotor usw.

Verbrennungsmotoren bestehen aus dem Motorblock mit den als »Zylinder« bezeichneten Bohrungen, dem meist mit dem Block zusammengegossenen Kurbelgehäuse und dem mit dem Block verschraubten Zylinderkopf. Dieser nimmt die Zündkerzen (oder Einspritzdüsen) und Ventile auf und meist auch die Brennräume, in denen das Kraftstoff-Luft-Gemisch entzündet wird. Bei neueren Motoren sind diese allerdings gelegentlich in den Kolben eingearbeitet. Den unteren Abschluß bildet die Ölwanne, die das zur Schmierung und Kühlung der beweglichen Motorteile erforderliche Öl aufnimmt (Ölsumpf).

Der *Ottomotor* ist, einfach gesagt, ein Benzinmotor. Verbrennungsmotoren arbeiten nach zwei Prinzipien: entweder bekommen sie ein Kraftstoff-Luft-Gemisch zugeführt, das von außen gezündet werden muß (Ottomotor), oder der Kraftstoff wird so hoch verdichtet, daß er sich durch die dabei entstehende Temperatur selbst entzündet (Dieselmotor, auch Selbstzünder genannt). Zwar braucht der Dieselmotor keine Zündanlage, dafür aber eine aufwendige Einspritzanlage, während der Ottomotor mit einem einfacher und billiger herzustellenden sowie unanfälligeren Vergaser arbeiten kann.

Beim *Reihenmotor* sind die Zylinder in einer Reihe hintereinander angeordnet. Er ist wegen seines einfachen Aufbaus der gebräuchlichste Motor und wird heute nur noch als Vier- oder Sechszylindermotor hergestellt. Man baut ihn längs oder quer, senkrecht stehend und geneigt, in Lkws und Bussen als Unterflurmotor auch flach liegend.

Beim *Boxermotor* liegen sich zwei Zylinder oder Zylinderreihen in einer Ebene gegenüber. Die Kolben wirken dabei gegenläufig (›boxen‹ gegeneinander).

Beim *V-Motor* stehen sich zwei Zylinderreihen in einem Winkel geneigt gegenüber, die Kolben wirken auf eine für beide Reihen gemeinsame Kurbelwelle.

Einen Motor, der sich das Kraftstoff-Luft-Gemisch durch den Unterdruck, der beim Herabgehen des Kolbens entsteht, »selbst holt«, nennt man *Saugmotor,* im Unterschied zum *aufgeladenen Motor,* dem es »eingepustet« wird.

Da der Zweitaktmotor heute im PKW-Bau keine Rolle mehr spielt, ist »Verbrennungsmotor« in diesem Zusammenhang identisch mit dem *Viertaktmotor.* So heißt er, weil ein Arbeitszyklus aus vier Abschnitten besteht. Das Kraftstoff-Luft-Gemisch wird:

1. angesaugt
2. verdichtet
3. gezündet (Arbeitstakt), dann wird das Abgas
4. ausgestoßen.

Gesteuert werden diese Vorgänge beim Zweitaktmotor meist durch vom Kolben beim Auf- und Abgehen abwechselnd verdeckte und freigegebene Schlitze, beim Viertaktmotor hingegen durch *Ventile,* die über eine *Nockenwelle* abhängig von den Kurbelwellenumdrehungen geöffnet werden und sich durch Federdruck wieder schließen. Während es früher Ventile gab, die von unten nach oben arbeiteten — *stehende Ventile* —, geschieht das inzwischen ausschließlich von oben nach unten, also durch *hängende Ventile* (ohv). Bei manchen Motoren liegt die Nockenwelle so tief unten im Block, daß die Ventile über Stößelstangen mittelbar gehoben werden müssen. In diesem Zusammenhang hört man gelegentlich auch »Stoßstange« und *»Stoßstangenmotor«.* Bei modernen Motoren ist die Nockenwelle oben im Zylinderkopf untergebracht. Entweder liegt eine für alle Ventile zwischen den Ventilreihen (ohc), oder je eine für die Einlaß- und Auslaßventile über jenen (dohc). In diesem Fall spricht man von einem *Doppelnockenwellenmotor.*

Nockenwelle siehe *Motor*

Pleuelstange

Beim Kurbelbetrieb von Kraft- und Arbeitsmaschinen das Organ, das die hin- und hergehende Bewegung in eine rotierende (und umgekehrt) umwandelt. Die Stangen haben an jedem Ende einen Kopf (offen, d. h. geteilt, oder auch geschlossen, auch gabelförmig), der lagerartig einen der Zapfen (Kolben- oder Kreuzkopfbolzen, Kubelzapfen) umschließt.

Seilzugbremse siehe *Bremsen*

Stoßdämpfer siehe *Fahrwerk*

Ventil siehe *Motor*

Vergaser

Ottomotoren, denen der Kraftstoff nicht eingespritzt wird, brauchen für die Herstellung des Kraftstoff-Luft-Gemischs einen Vergaser. Im Prinzip erfolgt diese Gemischherstellung durch Injektorwirkung. Der vom Motor angesaugte Luftstrom reißt aus einer Düse Kraftstoff heraus, zerstäubt ihn und vermischt ihn mit Luft. Allerdings ist das lediglich eine Vorstufe der Vergasung, eine Vernebelung. Das Gas entsteht erst in der warmen Ansaugleitung und im heißen Brennraum des Motors.

Vergaser können sehr einfach ausgeführt sein, wie sie das anfangs auch waren (was geringen Wirkungsgrad und hohen Verbrauch bedeutete) oder sehr kompliziert mit Sondereinrichtungen für alle Betriebsbedingungen: Starteinrichtung (Choke) für den Kaltstart, Leerlaufeinrichtung (in Wirklichkeit ein kleiner Hilfsvergaser), Beschleunigungseinrichtung, die den Kraftstoff ins System spritzt, weil beim Beschleunigen das Hauptdüsensystem mit einer gewissen Verzögerung reagiert usw.

Zündung

Beim Ottomotor muß sichergestellt sein, daß ein Zündfunke das zündfähig verdichtete Kraftstoff-Luft-Gemisch explodieren läßt, damit der dabei entstehende Druck den Kolben abwärtstreiben kann.

Bei der ursprünglich benutzten *Glührohrzündung* ragte ein Glührohr in den Brennraum des Zylinders, an dem sich das Gemisch entzündete, sobald es hinreichend verdichtet war. Bald aber mußte man nach Wegen suchen, wie man zu einem genau bestimmten Zeitpunkt an der Zündkerze einen Funken überspringen lassen konnte. Da frühe Fahrzeuge weder Batterie noch Lichtmaschinen hatten, erfolgte die Zündung über einen *Magnetzünder.* Dabei erzeugte ein über Zahnräder von der Kurbelwelle angetriebener Generator den erforderlichen Zündstrom.

Als später die Autos Lichtanlagen hatten, brauchten sie zwar noch keine Batterie (Anlassen mit Handkurbel), aber eine Lichtmaschine. In solchen Fällen wurde sie und der zur Erzeugung des Zündstroms benötigte Generator häufig in einer *Schwunglicht-Magnetzündanlage* zusammengefaßt.

Autos mit Batterien haben auch bei Motorstillstand Strom − das macht den *elektrischen Anlasser* möglich, aber auch die Batteriezündung. Der von der Batterie gelieferte Strom (früher 6, heute 12 V, bei größeren Nutzfahrzeugen 24 V) wird in der Zündspule auf die erforderliche Spannung von mehreren tausend Volt gebracht. Gelegentlich fand sich früher auch die *Kondensatorzündung,* die zur Erzeugung des Hochspannungsfunken die Energie eines aufgeladenen Speicherkondensators nutzte. Die Verteilung des Zündstroms auf die Zündkerzen erfolgte jahrzehntelang auf mechanischem Wege durch Unterbrecherkontakte, heute finden sich vielfach *kontaktlose Zündanlagen,* die mit optischen oder induktiven Gebern gesteuert werden.

Zylinder siehe *Motor*

Erstellt von Karl A. Klewer für Ingo Seiff, Das große Buch der Oldtimer, 1982

Ausgewählte Literatur neuerer Zeit

Über Ettore Bugatti und seinen Sohn Jean erschienen in den vergangenen Jahrzehnten viele Bücher und Aufsätze. Die Bugatti-Clubs, allen voran der englische Bugatti Owners Club, haben dazu beigetragen, die Bedeutung und den Ruhm dieser Familie zu mehren. Die englische Zeitschrift *Bugantics,* aber auch andere Fachzeitschriften, haben Dutzende von Aufsätzen zu den verschiedensten Themen der Bugatti-Automobile veröffentlicht: Renn- und Fahrberichte, Vergleiche mit anderen Wagen, Restaurierungsprobleme, die Abfolge und Zahl der frühen Modelle usw. Wohl keine Automarke, nicht einmal Rolls-Royce oder Mercedes, können eine derart umfangreiche Literatur aufweisen. Besondere Beachtung verdienen die Arbeiten von Hugh Conway und von Uwe und Monika Hucke. Seit Jahrzehnten mit Bugatti bestens vertraut, waren und sind vornehmlich diese Autoren in der Lage, auf reiches Archivmaterial zurückgreifen zu können. Erwähnt werden müssen aber auch andere Verfasser, die kürzlich wichtige Beiträge zur Erforschung der Geschichte der Bugatti-Wagen geleistet haben: Griffith Borgeson, Pierre Dumont, Robert Jarraud, Paul Kestler, Georges Leguillon, Amaury Lot, Erwin Tragatsch u. a. Für den mit der Automobiltechnik vertrauten Museumsbesucher mögen besonders zeitgenössische Fahrberichte interessant sein, die bei Conway, Dumont, in *The Amazing Bugattis* usw. wieder abgedruckt sind. Dazu gehören auch die Testfahrten von Michael Bowler und anderen Journalisten anläßlich der Bugatti-Ausstellung 1979 im Royal College of Art, in *Thoroughbreds and Classic Cars* 7, Nr. 4, Jan. 1980, S. 50f. und die Beschreibung des Duells zwischen Louis Chiron und René Dreyfus beim Großen Preis von Monaco 1930, berichtet von Herbert Liebenau, *Motor Revue,* Heft 25, Frühjahr 1958, S. 68–74.

The Amazing Bugattis
Publikation zur Ausstellung im Royal College of Art, London 1979

Jacques Borgé und
Nicolas Viasnoff
La Bugatti, Paris 1977

Griffith Borgeson
Bugatti, The Dynamics of Mythology, London 1981

Michael Bowler
Fullbore Bugatti Bouillon, *Thoroughbreds and Classic Cars,* Jg. 7, 4, 1980, S. 50ff.

W. F. Bradley
Ettore Bugatti, Abingdon 1948, Neudruck London 1959

L'Ebé Bugatti
L'Epopée Bugatti, Paris 1966, engl. Ausg. London 1967

Bugantics
Zeitschrift des Bugatti Owners Club, Bd. 1–45 (1982)

Centenaire Ettore Bugatti 1881–1981
Fondation Prestige Bugatti, Straßburg 1981 (auch als Publikation ohne Liste der am Centenaire beteiligten Automobile unter dem Titel *Ettore Bugatti* publiziert)

Hugh G. Conway
The Bugatti Register and Data Book, London 1962

Hugh G. Conway
Grand Prix Bugatti, London 1968

Hugh G. Conway
Bugatti, le pur-sang des automobiles, 3. Aufl., Sparkford 1979

Hugh G. Conway und
Jacques Greilsamer
Bugatti, 2. Aufl., Lausanne 1982

Philippe Dejean und
Uwe Hucke
Carlo-Rembrandt-Ettore-Jean Bugatti, Paris 1981

René Dreyfus
My Bugatti Years, *Automobile Quarterly,* Jg. VI, 1, New York 1967, S. 8–25

Pierre Dumont
Les »pur sang« de Molsheim, Paris 1975

Barry Eaglesfield und
C. W. Peter Hampton
The Bugatti Book, Abingdon 1954, 3 Neudrucke, London 1956–1960

Raymond Flower und
Michael Wynn Jones
100 Years of Motoring, London 1981

Richard von Frankenberg
Ettore Bugatti, *Motor Revue,* Heft 13, 1955, S. 41–49

Edward Hallums
The Quality of Work and the Quality of Art – A Study on Bugatti, London 1979

Ferdinand Hediger
Klassische Wagen II: Belgien, Frankreich, Italien, Spanien, Bern–Stuttgart 1974

Jean Henri-Labourdette
Un siècle de carrosserie française, Lausanne 1972

David Hodges
The French Grand Prix, London 1967

Klaus Honnef
Verkehrskultur, Recklinghausen 1972

Monika und Uwe Hucke
Die Geschichte der Bugatti-Automobile, Nettelstedt 1971

Monika und Uwe Hucke
Bugatti – Dokumentation einer Automobilmarke, 2. Aufl., Bad Oeynhausen 1976

Uwe Hucke
Ettore Bugatti oltre l'automobile, *Le grandi automobili,* Nr. 2, 1982/83. S. 74 ff.

Robert Jarraud
Doubles arbres Bugatti, Paris 1977

Paul Kestler
Bugatti, L'évolution d'un style, Lausanne 1975

Paul Kestler
Bugatti, Paris 1981

Ralf J. F. Kieselbach
Stromlinienautos, Europa und USA, Aerodynamik im Pkw-Bau 1900—1945, Stuttgart 1982

François Laffon und Elisabeth Lambert
L'Affaire Schlumpf, Mülhausen 1982

Georges J. Leguillon
Il y a 100 ans Bugatti, Straßburg o. J. (ca. 1981)

Herbert Liebenau
Bugatti gegen Bugatti, Das Duell Chiron —Dreyfus beim Grand Prix von Monaco 1930, *Motor Revue,* Heft 25, 1958, S. 68—74

Amaury Lot
Bugatti, automobiles et autorails, Straßburg 1979

Ekkehard Mai
Technik, Maschinen, Automaten und der Freiraum der Kunst, *Das Kunstwerk XXXIII, Nr. 3, 1980, S. 3f.*

Ekkehard Mai
In: *Die Nützlichen Künste,* Ausst. Berlin 1981, S. 332 f.

Helmut Mander
Automobilindustrie und Automobilsport, Frankfurt 1978

Edoardo Massucci
Bébé Auto — Kinderautos, Mailand 1982

Hervé Poulain
L'Art et l'automobile, Zug 1973

Halwart Schrader
Automobil Faszination, München—Wien—Zürich 1982

Halwart Schrader (Herausg.)
Die Automobile der Gebrüder Schlumpf (mit W. Drehsen, W. Haas, H.-J. Schneider), München 1979

Ingo Seiff
Das große Buch der Oldtimer, Hamburg 1982

H. Chr. Graf Seherr-Thoss
60 Jahre Targa Florio, München 1966

H. Chr. Graf Seherr-Thoss
Pioniere und Wiegestätten der europäischen Automobilindustrie, *Form der Technik,* München 1971, S. 228—236

Erwin Tragatsch
Die deutschen Bugatti Fahrer, *Motor Revue,* Heft 69, 1969, S. 48 ff.

Erwin Tragatsch
Das große Bugatti Buch, 2. Aufl., Stuttgart 1983

H. U. Wieselmann
Jean Bugatti und sein Typ 57, *Motor Revue,* Heft 72, 1969, S. 38 ff.

TABELLE DER TYPEN

Diese mit den notwendigsten Angaben versehene Aufstellung der Typen richtet sich nach den Angaben und Listen in den Büchern von Conway, Hucke u. a. sowie den neuesten Informationen von Hugh Conway. Preise, PS-Zahlen, Höchstgeschwindigkeiten und Zahl der gebauten Wagen sind approximativ. Im allgemeinen sind die Preise für die Fahrgestelle höher als für die Karosserien. So kostete z. B. ein Fahrgestell des T 49 11 000,– Mark, der karosserierte Wagen knapp unter 20 000,– Mark. Bei den Preisangaben wurden die Franken-Beträge im Verhältnis 5,9 : 1 in Mark umgerechnet.

Die bekanntesten Grand-Prix-Wagen: T 35, T 37, T 39, T 51, T 59.

Die bekanntesten Tourenwagen: T 30, T 40, T 44, T 46, T 49, T 50, T 57.

Grand-Sport-Wagen: T 43, T 55.

GP = Grand Prix   R = Rennwagen   SS = Super Sport   T = Tourenwagen
GS = Grand Sport   SGS = Super Grand Sport

Typ	Jahr	Fertigungsort	Art
Vor Molsheim			
1	1900	Mailand, Prinetti & Stucchi	Dreirad
2	1900/1901	Mailand (finanziert von den Grafen Gulinelli)	4-Zyl.-Auto, 90 x 120
3	1902	De Dietrich, Niederbronn	16-PS-Wagen, 114 x 130
4 (oder 5?)	1902	De Dietrich, Niederbronn	24-PS-Wagen, 124 x 130
5 (oder 4?)	1903	De Dietrich, Niederbronn	50-PS-Rennwagen, 60 x 160 (für Paris – Madrid-Rennen)

Typ	Jahr	Fertigungsort	Art
Vor Molsheim			
6	1904	Mathis-Hermes, Grafenstaden	50-PS-Wagen, 136 x 150 (60 PS, 140 x 150)
7	1905/06	Mathis-Hermes, Grafenstaden	90 PS, 160 x 160 (gebaut?)
8	1907/08	Köln-Deutz	8 A: 40−60 PS, 146 x 150, Ketten-Antrieb 8 B: 24−40 PS, 124 x 130, Ketten-Antrieb 8 C: 20−30 PS, 110 x 130, Ketten-Antrieb
9	1908/09	Köln-Deutz	9 A: 24−40 PS, 124 x 130, Kardan-Antrieb 9 B: 24−40 PS, 124 x 130, Kardan-Antrieb 9 C: 20−30 PS, 110 x 130, Kardan-Antrieb
Molsheim			
10	1909	T 13 Prototyp, 62 x 100	4 Zylinder, 2 Ventile
11		Typenbezeichnung unklar (für Deutz?)	
12		Typenbezeichnung unklar (für Deutz?)	

Typ	Jahr	Art	Zylinderzahl	Ventile pro Zylind.	ccm	PS	Kompressor	Geschwindigkeit	Radstand	Zahl der gebauten Wagen	Zahl der erhaltenen Wagen	Bemerkungen	Preis	Folgetyp
13	1910–14	T	4	2	1327, 1368; 65x100	15–18		90	200				ca. 6000 M	T 37
13	1919–26	R Typ. Brescia Nur Motor (unbekannt)	4	3	1453	ca. 25		95	200					
14	1911											10 Autos gebaut (1. Juni 1911)		
15, 17	1911–13	T	4	2	1327; 65x100				240, 255	435	20	Identisch mit T 13, aber größeres Fahrgestell		
16	1911													
18–20 (s.u.) 21														
22	1913–14	T	4	2	1327; 1368				240			Fast identisch mit T13, 15, 17		
22	1919–26	R »Modifizierter« Brescia	4	4	1453, 1496; 66/69x100	40—50		150	240	ca. 2000	142			
23	1913–14	T	4	2	1327, 1368			120	255			Fast identisch mit T 13, 15, 17, 22		T 40
23	1919/21–1926	R »Modifizierter« Brescia	4	4	1453, 1496	40			255					
24	1914													
25	1914		4	2								Wie T 22 Motor, 68x108 (gebaut?)		

Typ	Jahr	Art	Zylinderzahl	Ventile pro Zylind.	ccm	PS	Kompressor	Geschwindigkeit	Radstand	Zahl der gebauten Wagen	Zahl der erhaltenen Wagen	Bemerkungen	Preis	Folgetyp
26	1914		4	2								Wie T 23 Motor, 68×108 (gebaut?)		
27	1914		4	2								Motor mit 16 Ventilen für T 13–23-Wagen		
18	1912–14	R »Roland Garros« (»Black Bess«)	4	3	5027; 100×160	100		ca. 150	255	4–5	3	Roland Garros war ein bekannter Flieger und Freund Ettore Bugattis		
19	1912	Bébé Peugeot												
20	1912–13	»Grosser« Peugeot												
28	1921	T	8	3	2995; 69×100				312			Nur 1 Exemplar als Prototyp gebaut.		T 38
29	1922	T	8	3	1991; 60×100				240			Typenbezeichnung unklar. Prototyp des T 30.		
30, 30A	1922–23 (–1926?)	T	8	3	1991; 60×88	75		ca. 120	255, 285	600	35	Erster Serienwagen mit Vorderradbremsen. Die Rennversion des T 30 lief 198 km. T 30 A hatte einen verstärkten Rahmen.		T 38
31														
32	1923	GP	8	3	1991	104		187	200			»Tank«-Karosserie. Erste in Molsheim gebaute »wirkliche« Karosserie.		
33	1923		8	3	1991							Prototyp mit Schaltung an der Hinterachse; nicht gebaut.		
34	1923	Nur Motor	16									Als Flugzeugmotor entworfen.		

Typ	Jahr	Art	Zylinderzahl	Ventile pro Zylind.	ccm	PS	Kompressor	Geschwindigkeit	Radstand	Zahl der gebauten Wagen	Zahl der erhaltenen Wagen	Bemerkungen	Preis	Folgetyp
35	1924–30	GP	8	3	1991; 60x88	95		175	240	130		Eine Variante mit 1,5-l-Motor, eine weitere mit 1,1-l-Kompressor-Motor (3 Exemplare) von 1925–27 gebaut.	20400 M	
35A	1926–30	S	8	3	1991; 60x88	75		150	240			Preisgünstige Sportversion des GP Wagens.	1929: 12000 M (70.000 FF)	T 43, 51
35B	1927–30	GP	8	3	2262; 60x100	140	ja	200	240	340	148	Erfolgreichster Wagen der T 35-Serie.	1927: 28000 M (165.000 FF)	
35C	1927–30	GP	8	3	1991; 60x88	125	ja	200	240			Die Typen 35 B und 35 C konnten auch ohne Kompressor geliefert werden, wobei der Käufer 30.000 Fr. sparte.	25400 M (150.000 FF)	
35T	1927–30	GP	8	3	2262;	105		200	240			Sog. Targa-Florio-Wagen.		
36	1925/26	GP	8	3	1100		ja		250	2		Einsitzig; ursprünglich ohne Hinterradfederung.		
37	1925–30	S	4	3	1496; 69x100	70		150	240	290	131	Weiterentwicklung des T 13 Brescia. Fahrgestell und Karosserie dem T 35 ähnlich.	9200 M (54.000 FF)	
37A	1927–30	GP	4	3	1496	100	ja	über 160	über 240				12500 M (74.000 FF)	
38	1926–27	T	8	3	1991; 60x100	70		140	312	385	29	Fahrgestell von T 28 übernommen. Motor: Weiterentwicklung des T 30.		T 44
38A (C)	1927	S	8	3	1991	90	ja		312	wenige Exemplare			1929: 12700 M (75.000 FF)	T 43

Typ	Jahr	Art	Zylinderzahl	Ventile pro Zylind.	ccm	PS	Kompressor	Geschwindigkeit	Radstand	Zahl der gebauten Wagen	Zahl der erhaltenen Wagen	Bemerkungen	Preis	Folgetyp
39	1926–29	GP	8	3	1493; 66x100	80		168	240	8	siehe T 35	Dieser Wagen entsprach der neuen 1,5-l-Rennformel.		
39A	1926–29	GP	8	3	1493	120	ja	200	240	(8–10)		Weniger als 10 Exemplare gebaut.	1929: 28000 M (165.000 FF)	
40	1926–30	T	4	3	1496; 69x100	45		130	256/271	800	171	Nachfolger der T 22 und 23, Motor vom T 37, Chassis dem T 38 ähnlich	1929: Preis des Chassis: 5200 M (36.500 FF)	
40A	1930	T	4	3	1627; 72x100	50		130	271	40–50		zumeist Roadster-Karosserie	1930: 8500 M (49.800 FF)	
41	1926–33	T Royale	8	3	(14,726), 12,763; 125x130	300		über 160	430/457	6 (7)	6	Prototyp (Wagen 1) von 1926 mit 14.726-ccm-Motor. Auch dieser erhielt später den 13-l-Motor.	ca. 160000 M	
42		Bootsmotor												
43	1927–31	GS	8	3	2262; 60x100	115	ja	170	297	160	61	Bester Seriensportwagen der Zeit. Erster Wagen dieses Typs, der über 160 km lief. Motor vom T 35 übernommen.	28000 M (165.000 FF)	T 55
43a	1927–31	GS	8	3	2262	100	ja	160	297			Roadster		
43A	1927–30	SGS	16	3	3850		ja		297	0		Sollte 68000 M (400.000 FF) kosten; wurde nicht gebaut.		
44	1927–30	T	8	3	2991; 69x100	95		150	312	1095	117	Ersetzt den T 38. Motor ähnlich dem T 35 und T 38. Chassis ähnlich dem T 38 und T 43.	1929: Chassis 10200 M (60.000 FF)	T 49
45	1928–30	GP	16	3	3801 (2986); 60x84	270	ja	200–250 (?)	260	2–3	2 (3)	Siehe T 47.		

Typ	Jahr	Art	Zylinderzahl	Ventile pro Zylind.	ccm	PS	Kompressor	Geschwindigkeit	Radstand	Zahl der gebauten Wagen	Zahl der erhaltenen Wagen	Bemerkungen	Preis	Folgetyp
46	1929–36	T	8	3	5359; 81x130	140		150	350	350–400	51		1930: Chassis 17000 M (100.800 FF); für 6 Aluminiumräder 6000 FF extra.	T 50
46S	1931–36	T	8	3	5359	160	ja	160	350	c. 15	51	Der »Kleine Royale«.	1931: Chassis 21000 M (125.000 FF)	
47	1928–30	GS	16	3	2986; 60x66	240	ja		275	1	s. T 45	Grand-Sport-Version des T 45 (unter 3 l). Vielleicht für die Le-Mans-Rennen als Konkurrenz der Bentleys und Mercedes SSK gebaut (Hucke, S. 195). Nicht fertiggestellt.	1930: 42000 M (250.000 FF). Torpedo-Karosserie für Sportwagenrennen: 4300 M (25.000 FF).	
48	1930/31	Motor	4		996		ja		247	20		Motor für 1-l-Peugeot.		
49	1930–34	T	8	3	3257; 72x100	90		150	312/322	470	76	Weiterentwicklung des T 44-Chassis.	1933: Chassis 11000 M (65.000 FF).	T 57
50	1930–34	T, S, GS	8	2	4972; 86x107	225	ja	185	310	65	21	Motor vom amerikanischen Miller-Rennmotor angeregt. Vom T 50 gab es eine Le-Mans-Version (275 PS, über 200 km). Erster Bugatti mit 2 Nockenwellen.	1930: Chassis ohne Kompressor: 25000 M (150.000 FF), mit Kompressor 30000 M (180.000 FF). Für dasselbe Chassis bezahlte man 1933 nur 22000 M (130.000 FF), mit einer »profilé«-Karosserie 27000 M (160.000 FF).	
50T	1930	GT	8	2	4972	200	ja	165	350	65	21			
50B	1935–39	Motor										Als Rennmotor gedacht (Boote, Flugzeuge) B 1: 4,7 l, 84x107, Kompressor B 2: 4,5 l, ohne Kompressor B 3: 3,1, 78x78, mit Kompressor		

Typ	Jahr	Art	Zylinderzahl	Ventile pro Zylind.	ccm	PS	Kompressor	Geschwindigkeit	Radstand	Zahl der gebauten Wagen	Zahl der erhaltenen Wagen	Bemerkungen	Preis	Folgetyp
51	1931–35	GP	8	2	2262; 60x100	190	ja	230	240	40	30	Ähnlich dem T 35 B, aber beeinflußt vom T 50-Motor. Neben dem T 35 B der erfolgreichste Bugatti-Rennwagen. 2 Nockenwellen.	1931: 28000 M (165.000 FF).	
51 A	1931–35	GP	8	2	1493; 60x66	140	ja	210	240			Von den Typen 51 A und 51 C wurden nur wenige Exemplare gebaut.		
51 C	1931/32–35	GP	8	2	1991; 60x88	160	ja	218	200					
52	1926/27 f.	Miniatur des T 35							120/130	über 100?	30	Elektromotor. Ursprünglich für Roland Bugatti gebaut. Heute werden in England Repliken hergestellt (ca. DM 12000).		
53	1932	GP	8	2	4972; 86x107	300	ja	180?	260	2	2	T 50-Motor. Einziger Bugatti mit Vierradantrieb.		
54	1931–34	GP	8	2	4972; 86x107	275–300	ja	200	275	5	3	T 50- bzw. T 53-Motor. Chassis vom T 47.	Preise für den GP-Wagen T 51 und T 54 mußte man 1931 anfordern.	
55	1932–35	SS	8	2	2262; 60x100	135	ja	180	275	38	27	Löst den T 43 ab. Hat T 51-Motor und T 54-Chassis. Benötigte von 0–100 km 13 Sekunden.	1932: 18000 M (105.000 FF).	
56	1928/31	Zwei-sitziger Elektro-wagen										Zwei Exemplare erhalten. Hauptsächlich zum Gebrauch Ettore Bugattis auf dem Werkgelände.		

Typ	Jahr	Art	Zylinderzahl	Ventile pro Zylind.	ccm	PS	Kompressor	Geschwindigkeit	Radstand	Zahl der gebauten Wagen	Zahl der erhaltenen Wagen	Bemerkungen	Preis	Folgetyp
57	1933/34 (Serie 1) –1940	T	8	2	3257; 72x100	135	–	160	330	670–750	>348	Motor mit dem T 49 verwandt. Über die Hälfte der T 57-Serie in Molsheim karossiert (einschließlich sämtlicher Hauptkarosserietypen), die anderen zumeist bei Gangloff hergestellt. Karosserietypen: Ventoux, Galibier, Stelvio, Aravis, Atalante (ca. 6 Exemplare), Aérolithe (Vorgänger des Atlantic, 1935/36), Atlantic (3 Exemplare auf 57SC-Fahrgestelle verkauft). Der T57 beschleunigte von 0 auf 100 km in 12,2 Sekunden.	Das Chassis eines T 57 kostete 1933 10600 M (63.000 FF). 1937 12200 M (72.000 FF) und 1938 12700 M (75.000 FF). Die Preise mit Karosserien aus Molsheim betrugen 1937 für »Ventoux« 17500 M (103.000 FF), »Galibier« 18100 M (107.000 FF), »Stelvio« 17600 M (104.500 FF) und »Atalante« 18300 M (108.000 FF). Ein T57C-Chassis kostete 1937 15000 M (88.000 FF), ein 57 S 16.000 FF (95.000 M), ein 57 SC 19000 M (111.000 FF). Der »Atalante« 57 S kostete 22300 M (132.000 FF), der »Atlantic« 57 S 24000 M (141.000 FF). Ein »Galibier«-Innenlenker oder ein »Stelvio«-Cabriolet auf dem 57C-Chassis kostete 1938 23000 bzw. 22800 M (136.000 bzw. 135.000 FF). Am teuersten waren 1937/38 ein »Aravis«-Cabriolet auf 57C-Chassis: 24500 M (145.000 FF) und ein »Atlantic« mit demselben Fahrgestell: 25500 M (150.000 FF).	T 64
57C	1937/38–1940	T	8	2	3257	160	ja	180	330					
57S	1936–38	T	8	2	3257	175	–	über 180	298	41	34			
57SC	1937–38	T	8	2	3257	210	ja	200	298					

Typ	Jahr	Art	Zylinderzahl	Ventile pro Zylind.	ccm	PS	Kompressor	Geschwindigkeit	Radstand	Zahl der gebauten Wagen	Zahl der erhaltenen Wagen	Bemerkungen	Preis	Folgetyp
57 G	1936/37	GS	8	2	3257				298			Als T 57 S 40 und S 45 (4 l und 4,5 l) mit 300 PS bzw. 400 PS und Stromlinienkarosserie für Le Mans gebaut (1937).		
58		Diesel-Motor												
59	1934–36	GP	8	2	3257; 72x100	250	ja	über 250	260	6–7	5	Letzter Bugatti-GP-Formel-1-Wagen. 4 Stück ausgeliefert, 1–2 verblieben im Werk.		
59 50 B	1935–37	GP	8	2	4741	400	ja	280	260	9		Die letzten Karosserie-Versionen imitierten den GP Mercedes. Die Motore sind Weiterentwicklungen der 50 B- und 57 C-Maschinen.		
59 50 B II	1937	GP	8	2	4432				260					
59 50 B III	1938	GP	8	2	2980		ja		260					
60		Flugzeug-Motor		4	86x88							Nicht gebaut.		
61		Getriebe für Triebwagen												
62		Getriebe f. T 59(?)										Prototyp		
64	1939–40	T	8	2	4432				330	2		Nur 2 Prototypen gebaut. Sollte den T 57 ersetzen.		
65														

Typ	Jahr	Art	Zylinderzahl	Ventile pro Zylind.	ccm	PS	Kompressor	Geschwindigkeit	Radstand	Zahl der gebauten Wagen	Zahl der erhaltenen Wagen	Bemerkungen	Preis	Folgetyp
66	1938	Flugzeug-Motor, T 50 B	V 8	4										
67												Projekt für Flugzeug-Motor.		
68	1942	T	4	4	369; 48,5x50				220			Entwurf eines sparsamen 2-Zylinder-Wagens.		
69														
70			8		18,5 l; 140x150							4-Motoren-Projekt		
71														
72	1943											Bootsmotor		
73 A	1945/47	S	4	3	1488; 76x82		ja	230	260	2		1 Chassis und 1 Motor gebaut.		
73 C	1945/47	GP	4	4	1488; 76x82		ja		240					
74		Dampf-maschine	4											
75	1945	Boots-motor (Jou-Jou)	1		60x60									
76		Last-wagen-motor	8		80x106									
77						100						Getriebe für Bootsmotor: Rückwärtsgang.		
78		Motor	8		80x106							Projekt für Tourenwagen.		

Typ	Jahr	Art	Zylinderzahl	Ventile pro Zylind.	ccm	PS	Kompressor	Geschwindigkeit	Radstand	Zahl der gebauten Wagen	Zahl der erhaltenen Wagen	Bemerkungen	Preis	Folgetyp
79														
80			12									Getriebe für 12 Zylinder »Licorne« Bootsmotor.		
101	1951	T	8	2	3257; 72x100	140		160	330	6–7	6	Letzter Bugatti-Tourenwagen.		
101C	1951	T	8	2	3257		ja		330					
102			4									Projekt für 4-Zylinder-Sportwagen.		
251	1955–56	GP	8	2	2421	230		260	220	2		Letztes GP-Modell, von Colombo entworfen. Nicht eingesetzt.		
451	1957		16									Projekt für 16-Zylinder-Wagen, von Noel Domboy entworfen. Nicht ausgeführt.		

Insgesamt ca. 7950 Automobile gebaut
Insgesamt ca. 1500 heute erhalten

NOTIZEN

AUTO UND PLAKAT

Das Automobil, das heute als Massenverkehrsmittel die Straße beherrscht, hatte als das seltene, neue und aufregende Gefährt der Jahrhundertwende schon früh seinen Platz in der Werbung und vor allem in ihrem wirksamsten Medium, dem Bildplakat. In Frankreich und in Belgien noch vor 1900, bald danach auch in Deutschland. Die zahlreichen Plakate begabter und engagierter Künstler »im Dienste des Automobils« geben gleichsam en passant Zeugnis von der bewegten, interessanten und bedeutenden Geschichte des Automobils von seiner Geburtsstunde an. Sie stellen bescheidene Modelle kleinerer Firmen − in der Werbung eher eifriger als die Großen − ebenso wie die Modelle von »Königen« des Automobils, z. B. Bugatti, vor. Sie haben ihren dokumentarischen und künstlerischen Wert bis heute nicht verloren, und nicht verloren hat die Werbung ihren Platz in der Welt des Automobils.

1898 zeichnet Henri de Toulouse-Lautrec in einer seiner unvergleichlichen Lithographien einen der ersten Automobilisten in Frankreich, seinen Vetter und Freund Tapié de Celeyran in der typischen Vermummung, die das Auto jener Zeit verlangte, ein Blatt, das nur in ungefähr 15 Exemplaren abgezogen wurde (Nr. P 1). Maler, Illustratoren, Graphiker und Karikaturisten, inspiriert durch das neueste Fahrzeug, bereichern mit witzigen, geistreichen, mitunter auch hintergründigen Pointen in Bild und Wort die satirischen Blätter der Zeit zum Thema »Automobil« und die Affiche mit beschwingten oder pathetischen Kreationen. Namhafte Künstler wie Chéret, Gaudy, Mignot oder Misti entwerfen Auto-Plakate (Nr. P 2−5), und bereits um 1898 befindet sich unter ihnen ein Modell, das in den folgenden Jahrzehnten neben Bugatti, Mercedes, Delage u.a. zu den bemerkenswertesten gehören sollte, ein Delahaye (Nr. P 7). In einer noch stark vom Art Nouveau geprägten Darstellung verbindet sich die beliebte allegorische Frau-

engestalt langer Tradition mit dem sensationellen modernen Vehikel, mehr als halb verspielte Attraktion und charmante Arabeske denn als ernst zu nehmendes Fahrzeug gezeichnet. Darstellungen wie diese, vorwiegend unter dem Aspekt reizvoller Neuheit, mitunter in Relation zu den anderen noch jungen Fortbewegungsmitteln des Jahrhunderts, Eisenbahn und Fahrrad, bald auch Doppeldecker, sind um jene Zeit häufig. Häufig sind auch Damen am Steuer, obwohl sie tatsächlich nur selten chauffierten. Stets aber entstammen die Insassen der teuren Automobile der mondänen Welt des Fin de siècle, nach »le dernier cri« gekleidet; auch in den folgenden Jahrzehnten wird die Eleganz der Kleidung mit der Eleganz des Automobils korrespondieren. Die neue technische Errungenschaft faszinierte nicht zuletzt durch eine »Aura des Geheimnisses«, die Fahrer und Passagiere als »kühne Erforscher unbekannter Territorien« umgab, als die sie damals noch galten oder sich fühlten. Es ist unter den Affichen der Zeit aber auch schon ein Blatt von ungewöhnlichem Symbolgehalt − einem Symbol, das vom künftigen »König der Straße« und seinen Rennen nicht mehr zu trennen sein wird: das Symbol der Gefahr (Nr. P 2).

Nach 1900 dominiert im Auto-Plakat − analog zur immer funktionelleren Entwicklung des Automobils − eine sachliche Darstellung, wesentlich gestaltet und beeinflußt durch die Begründer und Meister des deutschen »Sachplakats« wie Lucian Bernhard, Ludwig Hohlwein oder Hans Rudi Erdt (Nr. P 15−35). Internationale Automobil-Austellungen, zunehmend Rennen, oder Autozubehör und -kleidung spielen auch im Plakat eine nicht unerhebliche Rolle, und es machen werbend auf sich aufmerksam neue Autofirmen und -modelle unterschiedlichen Anspruchs und Charakters wie Mercedes, Opel, »der rassige Audi« (u.a. Nr. P 23, 34, 35, 28, 29) oder Renault; noch nicht Bugatti, obwohl seit 1901 schon wortwörtlich »im Rennen«.

Das Auto mit den unverkennbaren Merkmalen seines Modells, in Gesamtansicht oder in einem wichtigen Detail, reflektiert die wachsende Bedeutung des neuen »Straßenschlagers«, und obwohl immer noch weitgehend gekennzeichnet als das Fahrzeug Privilegierter, weist das Auto der Zukunft über den exklusiven Kreis bereits hinaus. Es gibt nicht nur einen Rolls-Royce (1906), einen Benz-Rennwagen (1911) oder einen Bugatti-Sportwagen (1912), sondern daneben schon und in steigendem Maße die Fahrzeuge der Klein- und Mittelbetriebe, die in der ersten Entwicklungsphase die Automobilindustrie bestimmten, wie den Renault, einen »Populaires-Dion Bouton«, einen »Hansa Lloyd« (Nr. P 14, 27) oder den Ford in den USA. Der Fahrer im Bewußtsein des Aufbruchs in neue Dimensionen relativer Bewältigung von Raum und Zeit — etwa in dem strengen Plakat von Erdt (Nr. P 25), am mit knappen Strichen umrissenen Lenkrad, löst den livrierten Chauffeur der romantischen Autokutsche der neunziger Jahre ab. Die Erforschung und Vervollkommnung des Jahrhundertfahrzeuges hat begonnen. Neuheiten, Schnelligkeit und Kraft werden in Bild und Wort angepriesen, mitunter gern unter Verwendung eines Symbols. Der Blitz versinnbildlicht Kraft und Schnelligkeit des Fahrzeuges (Opel Nr. P 25), ebenso das Tiersymbol. Favoriten sind Löwe und Pferd, unter den Vögeln der Adler (Nr. P 30). Der »Siegeszug« des Automobils zeichnet sich immer deutlicher ab. Wenn der Schriftsteller O. J. Bierbaum — der 1903 in einem offenen Reisewagen der Firma Adler eine Reise von Berlin nach Sorrent und zurück an den Rhein machte — schrieb, das »Maschinelle« sei bis auf Kleinigkeiten »tadellos«, aber: »Wesentlich fehlt's noch am Ästhetischen und am Komfort. . . Unsere Automobile sehen aus wie Zugwagen ohne Zugtiere. Ein Laufwagen soll aber Selbstgefühl genug haben, auszusehen wie eine Maschine . . . «, so fand sich dieser Wunsch noch vor dem ersten Weltkrieg weitgehend erfüllt.

In den zwanziger Jahren erobert sich das Auto nach der durch den ersten Weltkrieg bedingten Zäsur endgültig seinen Platz auf der Straße. Bekannte Firmennamen erscheinen mit verbesserten und weiterentwickelten Modellen wieder, und neue — neu jedenfalls im Plakat — treten hinzu. Einer von ihnen ist Bugatti — »le Pur-Sang de l'Automobile«. Graphiker von Weltrang wie Cassandre oder Loupot, Coulon oder Vincent entwerfen Plakate für erlesene Automodelle und besonders für ihre Rennen. Manche dieser Klassiker der Plakatkunst, fasziniert von dem neuen Medium der Fortbewegung, widmen ihm — neben Schiff und Eisenbahn — einen beträchtlichen Teil ihres Werkes und übertragen die eigene Faszination in erregende Plakatschöpfungen (Nr. P 40 u. a.). Expressionismus, Kubismus, Art Deco werden zu bestimmenden Stilelementen. Beliebteste Motive im Bereich des Tempo suggerierenden Autos sind Rennwagen in stiebender Fahrt auf gefährlichen Straßen, oft frontal unvermittelt über einer Bergkuppe auftauchend, gigantisch, atemberaubend und meist von großem ästhetischem Reiz (Nr. P. 47, 60, 64, 76).

In diesen Jahren entstehen nicht zufällig die ersten genialen — leider nicht ausgeführten — Plakatentwürfe für Bugatti, von Charles Loupot, datiert 1924, und von Cassandre etwa um dieselbe Zeit (Kat. Nr. E 65 und Kat. Nr. E 64a). In beiden Entwürfen hat der knappe Text eine unmittelbare Beziehung zum Bild, »Vollblutpferd« und technisch-ästhetisches Meisterwerk gehen eine Synthese ein. Bei Loupot steigt ein Roß, an einen ungeflügelten Pegasus erinnernd, über einem edlen Bugatti auf, sich in expressionistischen Formen gleichsam von Kühler und Erde lösend. Bei Cassandre sind in strenger Stilisierung und geometrischen Formen Vorderrad und der berühmte geschwungene Kühler in die Silhouette des Pferdekopfes formvollendet eingebunden. In späteren ausgeführten Plakaten anderer Künstler entfällt meist der auf das Vollblut bezogene Text, und das symbolhafte Pferd wird durch ein Bugatti-Modell ersetzt. Wie in Frankreich Cassandre oder Vincent, in der Schweiz u. a. Coulon oder Loupot, sind in Deutschland und Österreich zwei namhafte Maler, Illustratoren und Gebrauchsgraphiker Mitte und Ende der zwanziger Jahre mit dem Namen Bugatti verbunden: J. U. Engelhard in München und Ernst Deutsch, gebürtiger Wiener, beheimatet erst in Berlin, dann in Paris und schließlich in Hollywood, beide Mitarbeiter angesehener Mode- und Sportzeitschriften — bezeichnend für die enge Liaison, die Mode und Sport immer wieder eingehen.

Ernst Deutsch, der 1918 den Familiennamen Ernst Dryden annahm und später einige Jahre (um 1930) Art-Director der Zeitschrift »Die Dame« war, lieferte während seiner Pariser Zeit zwischen 1926 und 1933 für Bugatti verschiedene dekorative Entwürfe, darunter ein schönes Plakat (Kat. Nr. E 63). Engelhard ist in seinem reichhaltigen Plakatwerk u. a. mit einigen einprägsamen Plakaten für Rennen aus den zwanziger und dreißiger Jahren hervorgetreten (Nr. P 48, 49) und 1925 durch eines der raren Plakate für Bugatti (Kat. Nr. E 62). Übrigens stammt auch eines der ersten Plakate für den ADAC (1927) von Engelhard.

Bugatti, ein Auto für Könige, ein König unter den Automobilen, war nicht für den großen Markt bestimmt, und es konnte sein Anliegen nicht sein, in großem Stile zu werben. *Die* Plakate jedoch, die für Bugatti — vorwiegend von Künstlern Frankreichs und der Schweiz — entstanden, entsprechen dem Stil und Niveau ihrer Auftraggeber, »der großen Linie der Bugattis«. Die Schönheit der Form eines »Bugatti« an sich und die Schönheit des Wagens in sausender Fahrt — das Phänomen der Geschwindigkeit, demonstriert an einem »Bugatti«, charakterisiert den Bugatti im Plakat. Fast nie fehlen ein leuchtendes Blau und ein intensives dynamisches Rot.

Die Jahre um 1930 — »Schrittmacher« für eine neuartige Vernetzung der Welt — bringen einen neuartigen Massenverkehr und mit ihm das Automobil als Massenprodukt. Der Automobilbau erfährt eine phantastische Steigerung (gegen 1932 werden bereits 36 Millionen Autos in der Welt gezählt). Immer schnellere Fahrzeuge mit unterschiedlichen Antrieben kommen auf den Markt und ins Plakat. In Eisenach baut BMW einen für viele erschwinglichen »Dixi«. Neue Typen und ihre Details werden in beispielhaften Plakaten, etwa im Stil der »neuen Sachlichkeit«, vorgestellt (BMW Nr. P 62). Neue Modelle in Kontrast zu Oldtimern ein und derselben Firma (Mercedes) fordern zum Vergleich auch im Plakat auf (Nr. P 74). Daneben schildern Plakate malerisch das durch das Auto en masse veränderte Straßenbild (Nr. P 70, 73). Im Schwinden ist das luxuriöse Automobil als individuelles Fahrzeug, zunächst als Autokutsche von anno dazumal oder der schnittige Wagen der zwanziger Jahre — immer deutlicher treten in den Vordergrund die Tendenzen zum Fahrzeug für — fast — jedermann. Die neuen Formen des Automobils sollten, wie andere Formen der industriellen Massenproduktion, nicht nur ästhetisch befriedigen, sondern sie sollten auch auf eine demokratisch strukturierte Gesellschaft bezogen sein, ja sie sollten die »Hoffnung auf eine bessere Welt symbolisieren«. Der Architekt und Bauhaus-Direktor Gropius, der auch der Designer der beiden Adler-Modelle Standard 6 und 8 von 1930 war, formulierte seine Intentionen so: »das maß der schönheit eines automobils hängt nicht von der zutat an schnörkeln und zierrat ab, sondern von der harmonie des ganzen organismus, von der logik seiner funktion . . . ein moderner gebrauchswagen soll technisch vollendet, schön und billig sein . . . «

Mittlerweile hat der »billige Gebrauchswagen« — in den dreißiger Jahren schon stark »im Kommen« — das frühe Gefährt der Exklusiven, das so bald zum nostalgischen Relikt werden sollte, verdrängt. Modelle, Stile, Prioritäten wechseln, Tendenzen wandeln sich und verändern Auto wie Plakat. Geblieben ist die große Faszination: Auto.

Ruth Malhotra

Farbtafel 39   *Automobile Club de Belgique, 1898. G. Gaudy, Kat.-Nr. P 2*

17c

Farbtafel 40   *Usines Delin, 1898. G. Gaudy, Kat.-Nr. P 3*

Farbtafel 41
Automobiles Delahaye, um 1898
Kat.-Nr. P 7

Farbtafel 42
Züst-Automob.-Ausst., 1907. Th. Th. Heine
Kat.-Nr. P 18

Farbtafel 43
Mercedes Daimler Motoren-Ges., um 1910
Kat.-Nr. P 23

Farbtafel 44 *Bosch-Licht, 1913. L. Bernhard,*
Kat.-Nr. P 32 (diese Farbtafel wird der
Robert Bosch GmbH verdankt)

Farbtafel 45
Fahre Opel, vor 1914
Kat.-Nr. P 34

Farbtafel 46
Philippossian Automobile, 1920. Ch. Loupot
Kat.-Nr. P 40

Farbtafel 48
Welti-Furrer Taxameter, 1923. O. Morach
Kat.-Nr. P 46

Farbtafel 47
Lloyd Bremen, 1913. L. Bernhard
Kat.-Nr. P 31

Farbtafel 50
VI. Internat. Klausenrennen, 1927. E. de Coulon
Kat.-Nr. P 53

Farbtafel 49
IVme Course Klausen, 1925. K. Bickel
Kat.-Nr. P 47

Farbtafel 51
Winterhalder Taxameter, um 1930. Ch. Kühn
Kat.-Nr. P 65

Farbtafel 52
IX. Internat. Klausenrennen, 1932.
E. Schoenholzer
Kat.-Nr. 68 a

P 1 L'Automobiliste, 1898. H. de Toulouse-Lautrec

P 4 *Le Cyclodrome, 1898. Victor Mignot*

P 5 Cudell & Co., 1898. Misti

P 6 Automobiles Tereau, 1898. Tamagno

P 8 Cycles/ Automobiles Terrot, um 1898

457

P 9   Phébus, um 1898   P 10   Boon's Cacao, um 1898

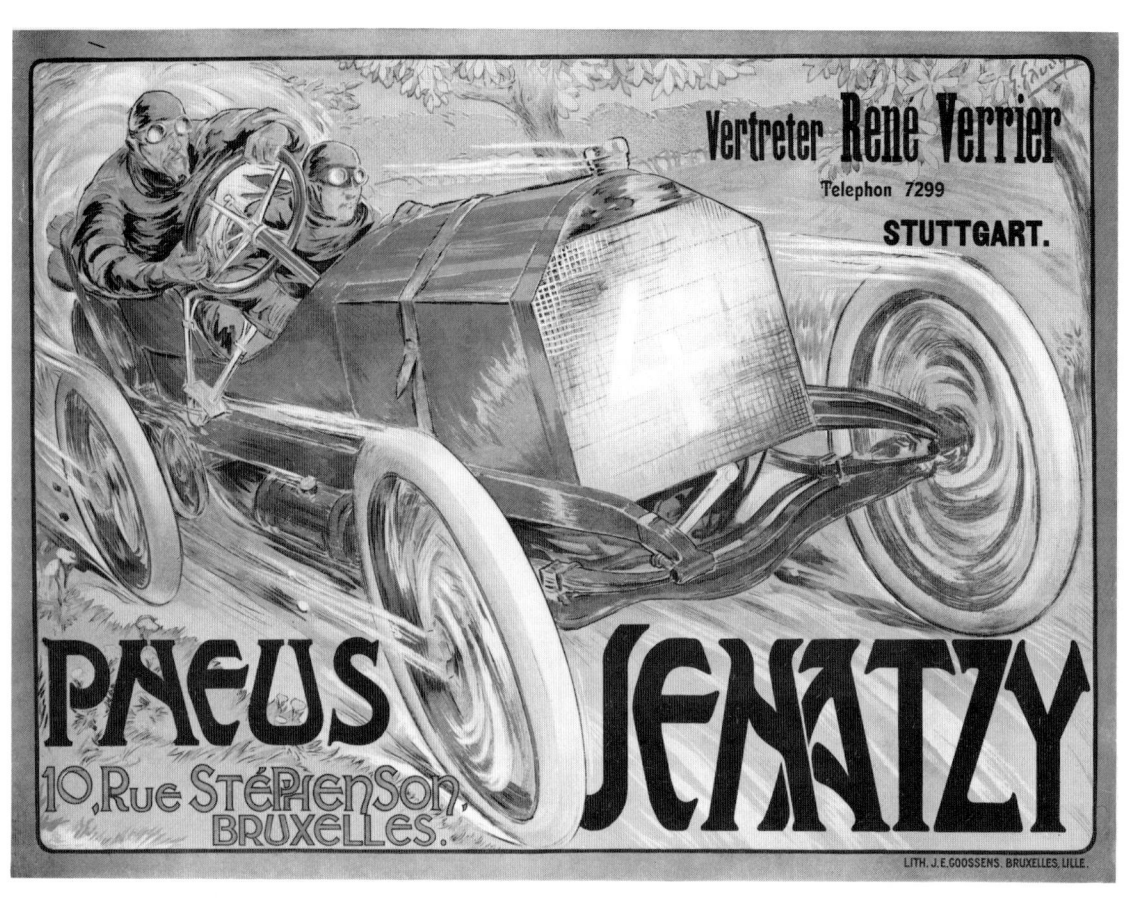

P 11   Pneus Jenatzy, um 1900. G. Gaudy

P 12   Cottereau & Cie., 1902. J. Abeillé

P 15   Polymobil, um 1905. L. Bernhard

P 13   Automobiles Ader, 1903. G. Meunier

P 14   *Populaires de Dion-Bouton, 1903. Misti*

P 16   *Anwander Autobekleidung, um 1905. C. Moos*

P 17   *Züst-Automob.-Ausst., 1907. O. Gulbransson*

P 19   *Internationale Automobil-Ausstellung, 1907*

P 20   Ausstellung moderner Verkehrsmittel, 1909. J. Klinger

P 24   Int. Automob.-Ausst., 1911. L. Bernhard   *P 25   Automobile Opel, 1911. H. R. Erdt*

P 26   Poky-Zündkerze, 1911. H. R. Erdt

P 27   Hansa Automobil-Ges., vor 1912. O. Amtsberg

P 28   Audi Automobilwerke, 1912. L. Hohlwein

P 33 a   Audi Automobilwerke Zwickau,
         um 1913.

P 29   Audi der Rassewagen, 1912. J. R. Witzel

P 30   Adler, 1913. L. Bernhard

P 33   Continental-Pneumatik, 1913.
       J. E. F. Gipkens

P 38   Spyker-Auto's, um 1914. P. Vanderhem

P 43   *Selve der »Beste«, 1921. J. U. Engelhard*

P 44   *Der rassige Steyr-Wagen, 1922.*
      J. U. Engelhard

P 45   *Voisin Automobiles, 1923. Ch. Loupot*

P 50   *Grand Café Odéon, 1925. E. Huber*

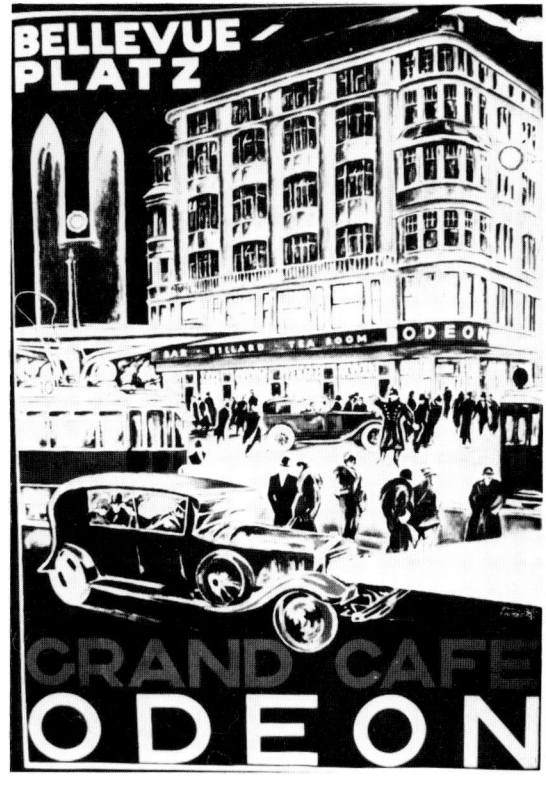

P 49   *Der 10/50 P.S. Steiger, 1925. J. U. Engelhard*

P 51   *Exposition Citroën, 1925*

P 52   Citroën, um 1925. R. de Valerie

P 54   Bern / Schweizer Ausst. f. Frauenarbeit, 1928.
       E. Henziross

P 55   Citroën, 1928. P. Louÿs

P 56   I. Int. St. Moritzer Automob.-Woche, 1929.
       O. Baumberger

P 57   Permis de Conduire, 1929. F. Bernard

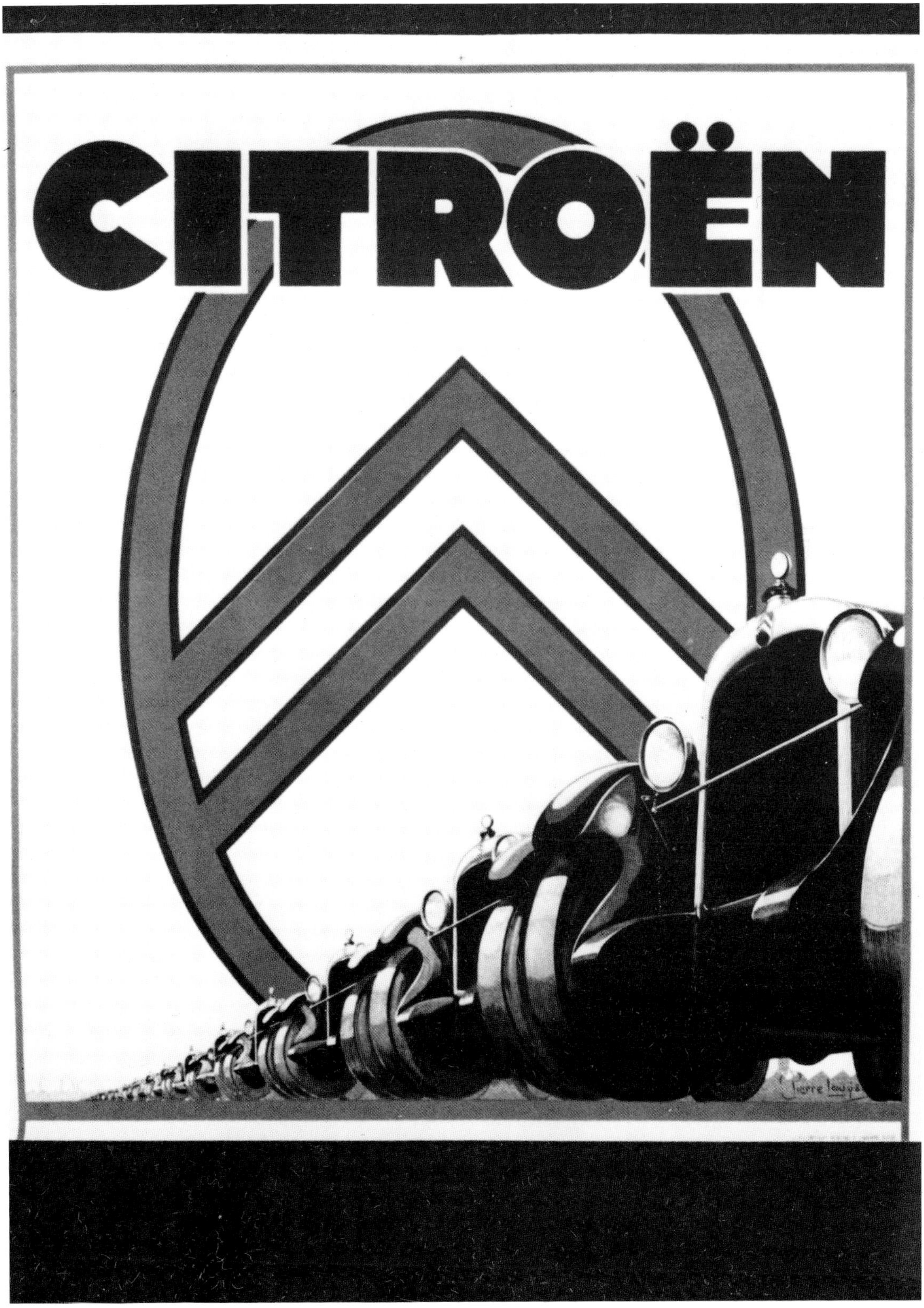
CITROËN

P 58   RAI Autom. & Motor, 1930. A. M. Cassandre

P 59   Candee, Gummi-u. Schneeschuhe, 1929. Tato (?)

P 60   FN Automobile, vor 1930. M. Martinet

P 61   Black & Decker, 1930. F. Bernard

P 63   DUCO cuirasse l'auto, um 1930. A. Girard

P 62   Der neue BMW mit Schwingachse, um 1930.
       H. Ehlers

P 64   *Chrysler, um 1930. O. Ernst*

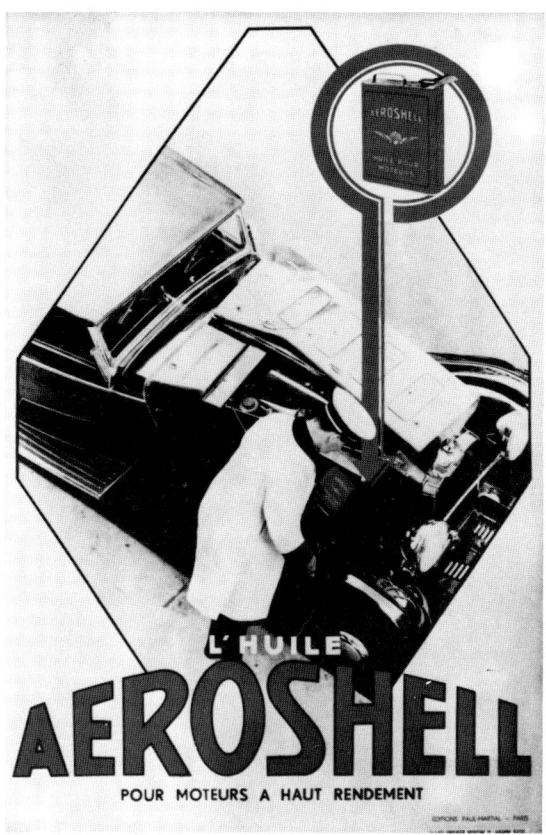

P 66   L'Huile Aeroshell, um 1930

P 66 a   Triplex, 1931. A. M. Cassandre   P 67   The West-End is awakening, 1931. E. M. Dinkel

P 69   Genève, XIe Salon Aut., 1934. H. Fehr

P 68   Motor Comptoir, 1932. O. Baumberger

Berlin bei Nacht (An der Kaiser-Wilhelm-Gedächtniskirche)

Auskünfte und Werbeschriften durch alle Reise- und Verkehrsbüros des In- und Auslandes

P 71   Bally Trotteur, 1934

P 72   Nelson Bohnalite Pistons, um 1934

P 73   *Berlin / Deutsches Verkehrsbüro, um 1934.*
        W. Dzubas

P 74   *Mercedes-Benz, um 1935. J. Wiertz*

P 75   General Motors Suisse, 1938.
       A. W. Diggelmann

P 76   Grand Prix Zürich, 1939. A. Schnider

AUTOPLAKATE 1898–1939

P 1
L'Automobiliste
Henri de Toulouse-Lautrec, 1898

Litho 37 x 26,8
Bibliothèque Nationale, Cabinet des Estampes, Paris

P 2
Automobile Club de Belgique
Georges Gaudy, 1898   Farbtafel 39

Farblitho O. de Rycker, Bruxelles 128,5 x 93
Museum für Kunst und Gewerbe, Hamburg

P 3
Usines Delin/Louvain Belgique
Georges Gaudy, 1898   Farbtafel 40

Farblitho O. de Rycker, Bruxelles 114,5 x 86,5
Museum für Kunst und Gewerbe, Hamburg

P 4
Le Cyclodrome/Bruxelles
Victor Mignot, 1898

Farblitho J. E. Goossens, Bruxelles, Lille, Paris
88,5 x 125
Kunsthalle Bremen

P 5
Cudell & Co Aachen/De Dion-Bouton
Misti (Pseud. von Ferdinand Mifliez), 1898

Farblitho 160 x 120
Kunsthalle Bremen

P 6
Automobiles Tereau & Cie/Dijon
Tamagno, 1898
Farblitho Lith. Parisienne, Paris 88,5 x 125
Deutsches Plakatmuseum, Essen

P 7
Automobiles Delahaye
Anonym, um 1898   Farbtafel 41

Farblitho J. Barreau, Paris 129 x 94
Privatsammlung Erich Kellenberger, Lausanne

P 8
Cycles/Automobiles Terrot Dijon
Anonym, um 1898

Farblitho Vercasson & Cie, Paris 160 x 116
Deutsches Plakatmuseum Essen

P 9
Phébus/Paris
Anonym, um 1898

Farblitho Imp. Marechal, Paris 96,5 x 213,5
Staatliche Museen Preußischer Kulturbesitz,
Kunstbibliothek, Berlin

P 10
Boon's Cacao/Wormerveer
Anonym, um 1898

Farblitho Van Leer, Amsterdam 76,5 x 47,5
Museum für Kunst und Gewerbe, Hamburg

P 11
Pneus Senatzy/Bruxelles
Georges Gaudy, um 1900

Farblitho J. E. Goossens, Bruxelles, Lille 80 x 122,5
Staatsgalerie Stuttgart

P 12
Cottereau & Cie. Dijon
Jack Abeillé, 1902

Farblitho G. Gerin Fils, Dijon, Paris 161 x 120
Privatsammlung Erich Kellenberger, Lausanne

P 13
Automobiles Ader/Paris
Georges Meunier, 1903

Farblitho Imp. Chaix, Paris 110 x 160,5
Museum für Kunst und Gewerbe, Hamburg

P 14
Populaires de Dion-Bouton/Puteaux (Seine)
Misti (Pseud. von Ferdinand Mifliez), 1903

Farblitho P. J. Barreau, Paris 94 x 130,5
Staatsgalerie Stuttgart

P 15
Polymobil
Lucian Bernhard (Pseud. von Emil Kahn), um 1905

Farblitho Hollerbaum & Schmidt, Berlin 61 x 86
Staatliche Museen Preußischer Kulturbesitz, Kunstbibliothek, Berlin

P 16
Anwander Autobekleidung/München
Carl Moos, um 1905

Farblitho Reichhold & Lang, München 110 x 80
Stadtmuseum München

P 17
Züst-Automobil-Ausstellung München 1907
Olaf Gulbransson, 1907

Farblitho Wolf u. Sohn, München 109 x 95
Museum für Kunst und Gewerbe, Hamburg

P 18
Züst-Automobil-Ausstellung München 1907
Thomas Theodor Heine, 1907   Farbtafel 42

Farblitho Wolf u. Sohn, München 55 x 44
Stadtmuseum München

P 19
Internationale Automobil-Ausstellung Berlin 1907
Anonym, 1907

Farblitho Kunstdruck Wendisch, Berlin-Schöneberg 67,5 x 92
Staatsgalerie Stuttgart

P 20
Ausstellung moderner Verkehrsmittel Berlin 1909
Julius Klinger, 1909

Farblitho Hollerbaum & Schmidt, Berlin 68,5 x 92
Museum für Kunst und Gewerbe, Hamburg

P 21
Forstenriederpark Prinz-Heinrich-Fahrt
1909
Otto (Odo) Ludwig Naegele, 1909

Farblitho Velisch, München 115 x 85,5
Stadtmuseum München

P 22
Calmon Asbest und Gummiwerke AG
Hamburg
Fritz Gässl, um 1910

Farblitho Vereinigte Druckereien und Kunstanstalten (G. Schuh & Cie), München 87 x 57
Museum für Kunst und Gewerbe, Hamburg

P 23
Mercedes Daimler
Motoren-Gesellschaft
Anonym, um 1910   Farbtafel 43

Farblitho Graphische Kunst, Stuttgart 105 x 68
Staatliche Museen Preußischer Kulturbesitz,
Kunstbibliothek, Berlin

P 24
Internationale Automobil-Ausstellung
Berlin 1911
Lucian Bernhard (Pseud. von Emil Kahn), 1911

Farblitho Hollerbaum & Schmidt, Berlin 69 x 92
Museum für Kunst und Gewerbe, Hamburg

P 25
Automobile Opel
Hans Rudi Erdt, 1911

Farblitho Hollerbaum & Schmidt, Berlin 70 x 96
Museum für Kunst und Gewerbe, Hamburg

P 26
Poky-Zündkerze Charlottenburg
Hans Rudi Erdt, 1911

Farblitho Hollerbaum & Schmidt, Berlin 69,5 x 95
Stadtmuseum München

P 27
Hansa Automobil-Gesellschaft
Varel-Oldenburg
Otto Amtsberg, vor 1912

Farblitho A. Kypke, Wilmersdorf 95 x 62
Staatliche Museen Preußischer Kulturbesitz,
Kunstbibliothek, Berlin

P 28
Audi Automobilwerke Zwickau i. S.
Ludwig Hohlwein, 1912

Farblitho Vereinigte Druck- und Kunstanstalten,
München 118 x 86
Staatliche Museen Preußischer Kulturbesitz,
Kunstbibliothek, Berlin

P 29
»Audi der Rassewagen«
Josef Rudolf Witzel, 1912

Farblitho Vereinigte Druck- und Kunstanstalten,
München 91 x 124
Privatsammlung Erich Kellenberger, Lausanne

P 30
Adler
Lucian Bernhard (Pseud. von Emil Kahn), 1913

Farblitho Hollerbaum & Schmidt, Berlin 69 x 93,5
Staatliche Museen Preußischer Kulturbesitz,
Kunstbibliothek, Berlin

P 40
Philippossian Automobiles Genève
Charles Loupot, 1920   Farbtafel 46

Farblitho Lith. Säuberlin & Pfeiffer S.A., Vevey
90 x 128
Privatsammlung Erich Kellenberger, Lausanne

P 41
Peters Union Pneumatik
Ludwig Hohlwein, um 1920

Farblitho Kornsand & Co., Frankfurt a. M. 92 x 70
Museum für Kunst und Gewerbe, Hamburg

P 42
Hirschbold Kraftfahrzeuge München
Johann Baptist Maier (Pseud. von Hans Ibe),
vor 1921

Farblitho R. Etzold, München 119 x 90
Stadtmuseum München

P 43
Selve der »Beste«
Julius Ussy Engelhard, 1921

Farblitho O. Consée, München 66 x 86
Stadtmuseum München

P 44
Der rassige Steyr-Wagen
Julius Ussy Engelhard, 1922

Farblitho O. Consée, München 90 x 61
Stadtmuseum München

P 45
Voisin Automobiles
Charles Loupot, 1923

Farblitho 160 x 120
Privatsammlung Erich Kellenberger, Lausanne

P 46
Welti-Furrer Taxameter
Otto Morach, 1923   Farbtafel 48

Farblitho »Wolfsberg« Zürich 128 x 90
Privatsammlung Erich Kellenberger, Lausanne

P 47
IV me Course Klausen 1925
Karl Bickel, 1925   Farbtafel 49

Farblitho »Wolfsberg« Zürich 128 x 91
Privatsammlung Erich Kellenberger, Lausanne

P 48
Forstenriederpark-Rennen 1925
Julius Ussy Engelhard, 1925

Farblitho O. Consée, München 90 x 120
Stadtmuseum München

P 49
Der 10/50 P.S. Steiger
Julius Ussy Engelhard, 1925

Farblitho O. Consée, München 45 x 62,5
Stadtmuseum München

P 50
Grand Café Odéon
Emil Huber, 1925

Farblitho Art. Inst. Orell Füssli, Zürich 128 x 90
Privatsammlung Erich Kellenberger, Lausanne

P 61
Black & Decker
Francis Bernard, 1930

Farblitho Kunstverlag Paul Martial, Copyright by
E.P.M. 1930   160 x 120
Privatsammlung Erich Kellenberger, Lausanne

P 62
Der neue BMW mit Schwingachse
Henry Ehlers, um 1930

Farblitho Kunst im Druck, München 83,5 x 113,5
Stadtmuseum München

P 63
DUCO cuirasse l'auto
A. Girard, um 1930

Farblitho An. Girard Neuilly S/S 158 x 119
Privatsammlung Erich Kellenberger, Lausanne

P 64
Chrysler Amag Automobil Zürich
Otto Ernst, um 1930

Farblitho A. Trüb & Cie, Aarau 127,5 x 90,5
Museum für Kunst und Gewerbe, Hamburg

P 65
Winterhalder Taxameter
Charles Kuhn, um 1930   Farbtafel 51

Farblitho »Wolfsberg«, Zürich 129 x 91
Privatsammlung Erich Kellenberger, Lausanne

P 66
L'Huile Aeroshell
Anonym, um 1930

Photomontage Editions Paul Martial, Paris
116 x 77
Privatsammlung Erich Kellenberger, Lausanne

P 66 a
Triplex
A. M. Cassandre (Pseud. von Jean-Marie
Mouron), 1931

Farblitho Alliance-Graphique
Loupot-Cassandre, Paris 120 x 80
Privatsammlung Erich Kellenberger, Lausanne

P 67
**The West-End is awakening By
Underground**
E. M. Dinkel, 1931

Farblitho V. Brooks, Day & Sons, London 102 x 63
Museum für Kunst und Gewerbe, Hamburg

P 68
Motor Comptoir Zürich 1932
Otto Baumberger, 1932

Farblitho Gebr. Fretz AG, Zürich 126 x 90
Privatsammlung Erich Kellenberger, Lausanne

P 68 a
IX. Internat. Klausenrennen 1932
E. Schoenholzer, 1932
                                        Farbtafel 52

Farblitho Gebr. Fretz AG Zürich, 128 x 91
Privatsammlung Erich Kellenberger, Lausanne

P 69
Genève, XIe Salon Automobile 1934
Henri Fehr, 1934

Farblitho Affiches »Sonor« S.A., Genève 128 x 91
Privatsammlung Erich Kellenberger, Lausanne

P 70
Deutschland Berlin bei Nacht
Jupp Wiertz, 1934
Farblitho Printed in Germany 101 x 63,3
Museum für Kunst und Gewerbe, Hamburg

P 71
Bally Trotteur
Photo Paris, 1934

Photolitho Art. Inst. Orell, Füssli, Zürich 128 x 90
Privatsammlung Kellenberger, Lausanne

P 72
Nelson Bohnalite Pistons
Anonym, um 1934

Offset Art. Inst. Orell, Füssli, Zürich
101,4 x 69,7
Museum für Kunst und Gewerbe, Hamburg

P 73
Berlin »Deutsches Verkehrsbüro«
Willy Dzubas, um 1934

Offset O. Elsner KG Berlin 73 x 52
Museum für Kunst und Gewerbe, Hamburg

P 74
Mercedes-Benz
Jupp Wiertz, um 1935

Offset Offsetdruck M. Müller & Sohn, Berlin
117 x 83
*Staatliche Museen Preußischer Kulturbesitz,
Kunstbibliothek, Berlin*

P 75
General Motors Suisse
Alex W. Diggelmann, 1938

Farblitho J. C. Müller, Zürich 128 x 90
Privatsammlung Erich Kellenberger, Lausanne

P 76
Grand Prix Zürich
Ad. Schnider, 1939

Farblitho Art. Inst. Orell Füssli 128 x 91
Privatsammlung Erich Kellenberger, Lausanne

ARAL

FÜHRTE ALS ERSTER DAS SUPER-BENZIN EIN
BEREITS 1924 AUF EINE STÄRKERE IDEE IST
BISHER NOCH NIEMAND GEKOMMEN

ARAL Wie ernst ein Unternehmen die Forderungen
und Wünsche seiner Kunden nimmt, sieht man am
besten an der Qualität seiner Produkte und Leistungen.

AUTO
MUSEUM
HILLERS

Tremsbüttel
täglich 10–18 Uhr   bei Bargteheide

und in

Hamburg beim ZOB
täglich 10–17 Uhr

Im Motorsport erfolgreich.
Im Straßenverkehr bewährt.

Shell TMO. Unser bestes Öl.

LANG LEBE
IHR MOTOR

JENSEN

ERFINDER DES AUTOLAUTSPRECHERS

SCHAULANDT

1915	PETER JENSEN ERFINDET DEN LAUT- SPRECHER (DYNAMISCHES PRINZIP)
1932	JENSEN ENTWICKELT DAS ERSTE AUTO- RADIO-LAUTSPRECHERSYSTEM
	IM SELBEN JAHR STELLT JENSEN DEN ERSTEN COAXIAL-LAUTSPRECHER VOR
1950	JENSEN PRÄSENTIERT DEN ERSTEN TRIAX- LAUTSPRECHER (DREIWEG SYSTEM)
1972	DER ERSTE AUTO-LAUTSPRECHER IN HIFI-QUALITÄT

157 RD8

AUTO-SAMMLUNG
ÖHRINGEN
1.4. - 31.10. täglich 13-17 Uhr

Die Chevron-Tankstelle
– immer Ihr guter Nachbar.

Immer an der Spitze

Unsere Kunden müssen sich auf uns verlassen können, war schon der Wahlspruch der beiden wagemutigen Kalifornier, die vor über 100 Jahren den Grundstein für die Unternehmensgruppe Chevron legten.

Chevron Mineralölerzeugnisse unterliegen einer strengen Qualitätskontrolle. Sie werden in Chevron-eigenen Forschungsstätten ständig von hochqualifizierten Wissenschaftlern geprüft und dort, wo es noch möglich ist, nach neuesten Erkenntnissen verbessert.

Das ist der Grund, warum Chevron Erzeugnisse einen Spitzenplatz in der Beurteilung der Benutzer einnehmen. Viele sagen: Einmal Chevron, immer Chevron.

600.000 Tonnen Beton
schwimmen in der Nordsee.

Die Chevron entdeckte in den dreißiger Jahren die großen Ölvorkommen in Saudi-Arabien, von wo heute noch ein großer Teil des Rohöls kommt, das von 38 Chevron-eigenen oder Beteiligungsraffinerien in 19 Ländern der Erde verarbeitet wird. Mitte der siebziger Jahre ließ Chevron die damals größte Bohrinsel der Welt – mit 600.000 t Gewicht – erbauen und über 900 Kilometer mitten in die Nordsee zwischen Aberdeen und Stavanger schleppen (siehe Foto). Die Chevron hat damit wieder einen wesentlichen Beitrag zur Verbesserung der geografischen Risikoverteilung unserer Ölversorgung geleistet.

Das richtige Öl bringt's.

Anspruchsvolle Qualität ist das Kennzeichen aller Chevron Kraft- und Schmierstoffe, wie z. B. Chevron Super Golden Motor Oil 15W-50 und Chevron Delo 300 E Motor Oil Multigrade 15W-40 (speziell für Dieselmotoren). Chevron-Autoexperten raten: Regelmäßiger Ölwechsel verlängert die Motor-Lebensdauer.

Der Kraftstoff mit dem Pfiff.

Nur bei Chevron gibt es den Qualitätskraftstoff mit dem Spezial-Zusatz F-310. Ein Produkt der Chevron-Forschung. F-310 macht Chevron Normal- und Super-Benzin besonders kraftvoll, motorschonend und ergiebig.

Benzin für die Zukunft.

Die Chevron sieht ihre Hauptaufgabe in der Erschließung neuer Öl- und Gasquellen in politisch sicheren Gebieten. Etwa 40.000 Menschen arbeiten in den rund 140 Gesellschaften der Chevron-Gruppe. Die meisten davon in den USA und in Kanada. Aber auch in Südamerika, in Indonesien und vor der chinesischen Küste suchen Chevron-Mitarbeiter nach Öl – dem unentbehrlichen Rohstoff insbesondere für Autofahrer.

Verbunden damit ist eine sorgfältige, umweltfreundliche Verarbeitung des Rohöls zu Fertigprodukten von höchster Qualität. Chevron-Forscher überwachen ständig das hohe Qualitätsniveau auch an dieser Tankstelle verkauften Mineralöl-Produkte. Wo Verbesserungen noch möglich sind, werden sie durchgeführt.

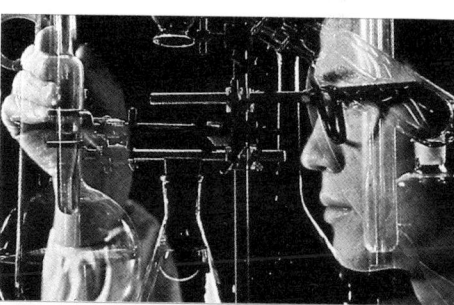

Verantwortung für
250.000 private Anleger

Chevron-Tankstellen in Deutschland sind Bestandteil des weltumspannenden Tankstellennetzes der Chevron-Gruppe. Diese nimmt auf der Weltrangliste aller Erdölgesellschaften den 5. Platz ein.

Die Anfänge der Chevron-Gruppe liegen bei der 1879 gegründeten Pacific Oil Company, die unter dem späteren Namen Standard Oil Company of California zu großer Bedeutung im internationalen Erdölge-

schäft heranwuchs u... zum Mittelpunkt der Ch...ron-Gruppe wurde.

Chevron –
Erfahrung, die Vertrauen schafft.

Wo der Ku... noch König

Wer mit der Che... Erdoel Deutschl... GmbH zu tun ... merkt es sofort: ... dieser Mineralölfi... ist der Kunde ... König.

Ob er an eine Che... Tankstelle fährt, o... bei einem Chev... Händler Heizöl ... stellt oder ob er ... Schmierstoffberatu... braucht, die Exper... von Chevron s... immer zur Stelle, ... einem Dienst am K... den, den man ... anders so oft vermi... Chevron Kunden w... sen, daß sie mit ih... Problemen am A... an der Ölheizung ... an der Maschine ... Betrieb nie alle... gelassen werden. ... Die Chevron-Exper... kommen, wenn ... gerufen werden.